中国特色社会主义经济建设协同创新中心资助项目

中国住房消费发展报告
(1998－2015)

Annual Report on Development of Housing Consumption in China
(1998－2015)

周京奎　等著

经济科学出版社

图书在版编目（CIP）数据

中国住房消费发展报告：1998~2015 / 周京奎等著.
—北京：经济科学出版社，2016.3
ISBN 978-7-5141-6687-3

Ⅰ.①中⋯　Ⅱ.①周⋯　Ⅲ.①城市-住宅-消费-调查报告-中国-1998~2015　Ⅳ.①F299.233.5

中国版本图书馆 CIP 数据核字（2016）第 053338 号

责任编辑：王东萍
责任校对：徐领柱　刘欣欣
责任印制：李　鹏

中国住房消费发展报告（1998-2015）
周京奎　等著
经济科学出版社出版、发行　新华书店经销
社址：北京市海淀区阜成路甲 28 号　邮编：100142
教材分社电话：010-88191344　发行部电话：010-88191522
网址：www.esp.com.cn
电子邮件：espbj3@esp.com.cn
天猫网店：经济科学出版社旗舰店
网址：http://jjkxcbs.tmall.com
北京密兴印刷有限公司印装
710×1000　16 开　28 印张　480000 字
2016 年 3 月第 1 版　2016 年 3 月第 1 次印刷
ISBN 978-7-5141-6687-3　定价：68.00 元
（图书出现印装问题，本社负责调换。电话：010-88191502）
（版权所有　侵权必究　举报电话：010-88191586
电子邮箱：dbts@esp.com.cn）

本报告得到中国特色社会主义经济建设协同创新中心梁琪教授负责的"中国特色社会主义经济理论建设平台"的资助，在此表示感谢！此外，本报告还得到国家社会科学基金重大项目"京津冀交通、环境及产业协同发展机制创新研究"（15ZDA019）、国家社会科学基金重点项目"新型城镇化背景下城市产业承载力提升路径与政策选择研究"（14AZD110）、教育部人文社会科学重点研究基地重大项目"产业转型升级与创新型经济发展——以要素价格－技术选择动态关系视角的理论与实证研究"（14JJD790004）资助。

前　言

随着中国新型城镇化建设的发展和中国经济进入新常态，住房问题作为重要的民生问题将长期受到各级政府、企业、居民关注，但关注点已不是市场供给问题，而是供给如何适应需求问题，也就是说了解住房消费现状及趋势，是政府制定决策、企业制定发展决策及居民做出理性消费决策的关键，也是规避市场风险的关键。从这一层面来看，住房消费问题是事关我国社会经济协调发展的重大经济问题。为此，南开大学经济学院周京奎教授牵头的房地产与城市发展研究小组展开了此领域的研究，并撰写中国首部住房消费领域的研究报告《中国住房消费发展报告》。总体来说，该报告的出版具有如下重大意义：

1. 为国家制定住房发展政策提供服务。在经济新常态发展阶段，要推动经济平稳及高质量发展，不仅需要推动产业转型、增强创新能力，更需要发现推动和培育经济增长的新引擎。过去10余年，住房供给增长型城镇化模式成为推动经济增长的重要动力。然而，在住房价格长期高位运行的市场环境下，住房供给的高增长导致住房供求失衡，使其推动经济增长的引擎作用正在消失。因此，构建基于住房需求的住房供给增长型城镇化模式将成为推动经济增长的新动力。为此，需要对住房消费发展状况进行充分了解，并掌握城镇家庭住房消费信息及其动态变化，这是构建基于住房需求的住房供给增长型城镇化模式的重要基础。

正是基于上述重要性，我们展开了《中国住房消费发展报告》研究，并在上述报告中构建住房消费发展指数体系，包括住房特征需求指数、住房支付能力指数、住房价格风险指数、住房消费结构指数、住房消费增长指数、住房消费景气指数等。上述有关住房消费体系、住房消费指数体系研究，可以使政府部门掌握住房需求动态变化趋势，制定以需求为导向的住房产业发展规划，并以此构建基于住房需求的住房供给增长型城镇化模式，最终使其成为推动经济增长的新动力。

2. 为企业制定发展规划提供服务。住房消费水平及动态变化趋势是影响企业发展战略的重要信息，这里所谈及的企业发展战略包括两个方面：一是房地产企业的发展战略，二是试图进入房地产行业的企业的发展战略。前者涉及房地产产业是否会因为发展战略失误而绑架中国经济的问题，后者涉及实体企业盲目进入是否会导致产业空心化问题。在基于住房需求的住房供给增长型城镇化模式下，房地产企业利润将回归微利时代，这是企业必须要面对的市场环境。各类型企业只有了解真实的住房需求发展趋势及其在经济增长中可能扮演的角色，才有可能制定科学的企业发展战略。

目前，房地产企业尚难以全面了解城镇家庭住房消费状况、潜力及预期，使企业战略布局缺少市场需求信息支撑，而本报告将成为企业获取相关信息的重要平台。其中，本报告所编制的住房各类指数有助于企业了解住房消费发展趋势、不同类型城市间的差异、居民住房消费偏好及住房消费预期，使其能制定更符合市场需求的企业发展规划。

3. 为解决住房民生问题提供服务。从居民住房福利角度来看，合理的住房消费决策是居民获得高水平住房福利的前提。住房市场信息不对称问题较为突出，消费者在掌握较少信息的情况下，进入住房市场必然会产生从众行为，使其不得不面对较高的住房价格，这是影响其住房福利水平的重要因素之一。从住房消费能力角度来看，向市场提供与居民消费能力相适应的住房，是改善住房民生问题的关键，这需要全面了解城镇居民的住房消费能力。从住房市场运转效率来看，住房市场运行效率越高，其就越有助于解决住房民生问题。住房供给与需求的匹配率越高，意味着住房供给的数量和质量是符合市场需求的，其代表着住房市场运行效率。我们开展的住房消费发展研究对居民的住房消费决策选择、消费能力、市场需求潜力等给出了判断，这使得本报告可从住房福利水平、住房消费能力、住房市场运行效率等角度为解决住房民生问题提供政策咨询。

《中国住房消费发展报告》共15章，包括总报告、住房消费规模、住房消费结构、住房消费能力、住房消费决策、住房消费政策等六篇。其中，第一章中国住房消费发展——总体报告、第二章住房消费规模分析及预测、第三章经济基本面与住房消费规模分析及预测、第四章住房消费信贷发展及风险分析、第五章住房消费结构分析及预测——基于供给视角、第六章住房消费结构分析及预测——基于需求视角、第七章住房特征需求、第八章住房消费能力分析——基于宏观视角、第九章住房消费能力分析——基于微观视角、第十章住房消费决策分析及预测、第十一章预期、偏好与住房消费决策分析及预测、第十二章住房价格风险与住房消费决策分析、第十三章住房公积金政策与住房消费发展、第十四章保障住房政策与住房消费发展、第十五章住房调控政策与住房消费发展。

经过近三年的筹划、前期准备和实施，周京奎教授牵头的房地产与城市发展研究小组完成了《中国住房消费发展报告》的撰写工作，研究小组成员希望本报告能够在政府制定住房发展政策、企业制定发展规划、解决住房民生问题方面提供强有力的数据支持和政策咨询。

周京奎

2015 年 12 月 10 日

摘　要

本报告认为，宏观政策及住房市场预期影响微观主体行为，微观主体行为决定着住房需求规模及增长幅度，住房需求规模及增长状况决定着住房价格水平及变化趋势。基于上述分析框架，本报告将评述1998~2015年的住房消费发展现状，预测2015~2016年住房消费发展趋势；通过构建住房消费发展系列指数，评估中国住房消费发展水平，并分析住房消费发展过程面临的问题与挑战，针对住房消费均衡发展提出政策建议。

1998~2015年住房消费发展分析显示：住房消费与经济基本面存在紧密的互动关系；住房价格风险对住房消费的影响存在显著的区域差异；基于供给视角的住房消费结构分析表明，90平方米及以下的住房供给与需求匹配性最好；基于需求视角的住房消费结构分析表明，我国家庭户的住房消费得到很大改善，其人均住房建筑面积和人均房间数均有所增加，而住房设施也有所完善；城市居民住房特征需求比较合理，住房特征需求偏好结构也呈现多样性；城市居民住房支付能力存在较大差异，一线、准一线城市家庭住房消费能力较低，而二、三、四线城市家庭住房消费能力状况要好于一线、准一线城市；我国个人住房贷款风险不是很高，信贷风险主要集中在房地产开发环节；在微观消费方面，居民对未来住房市场预期不太乐观，投资愿望不强烈，居民住房消费偏好存在较大的区域差异和受教育类型差异；住房公积金融资模式难以发挥保障功能；保障住房消费融资模式存在融资模式单一、资金使用效率低等问题。

2015~2016年住房消费发展预测显示：在住房价格变化方面，未来住房价格在不同类型城市间将有较大的波动差异，在短期内，住房价格调整会以稳定为基调，但是一些三线城市会有一定的回落。在经济基本面与住房消费方面，住房需求在城市类型间将出现分化，一二线城市较好的经济基本面对外来人口有较强的吸引力，从而使这类型城市保持较高的住房需求；在较高的住房需求推动下，一二线城市的住房投资需求仍会保持持续增长，而三四线城市则存在较大的去库存压力，将存在住房投资需求不足的问题。在住房消费结构方面，由于当前国内经济处于调整时期，国家也对房地产商开发小户型住房给予一定税费优惠，而小户型住房则属于低收入者的刚性需求，从而预期短期内住房市场以小户型为主。在住房需求特征方面，未来我国居民的住房特征需求将会更侧重于生态环境等高层次需求。

基于对城市家庭住房消费调查数据的分析发现：在购房时机选择方面，大部分家庭认为现在购房时机不好，导致其对于未来住房市场预期不乐观，使得原本具有购房需求的家庭持观望态度，购房意愿整体上不强烈。在未来两年的购房选择方面，大部分家庭认为未来两年进入住房市场的可能性较低，这将直接影响未来住房市场需求规模，说明在未来两年内，我国房地产市场需求仍疲软，家庭购房意愿不强烈。在未来两年的购房目的方面，未来城镇家庭以投资为主要目的的住房需求并未占主体，居民购买住房主要还是为了家人居住或是改善居住条件，也即刚性需求。在市场预期方面，2014年下半年以来，我国房地产市场整体上出现较为明显的疲软态势，影响了购房者的预期，使得城镇家庭对未来房地产市场预期不太乐观，投资愿望不强烈。

住房承载环境竞争力指数、住房价格风险指数、住房消费增长指数、住房特征需求指数、住房消费结构指数、住房消费景气指数、住房支付能力指数7大指数显示：根据城市住房承载环境竞争力指标值的高低，城市类型划分为一线城市、准一线城市、二线城市、三线城市、四线城市、五线城市等六线城市；住房价格风险最大的城市为深圳、北京、上海、牡丹江、广州；深圳、杭州、广州等10大城市住房消费增长指数处于较高水平；随着城市承载力水平的降低，住房消费结构总指数呈倒U型结构；直辖市和省会城市住房特征需求综合指数相对较高，从全国总体来看，住房特征需求综合指数值的高低值分布相对较为平均；从全国层面来看，住房消费景气水平较低，城市居民持有较强的观望心理；城市居民住房支付能力上处于较低水平，但已呈现逐步提高的趋势。

中国住房消费发展面临的问题与挑战是：住房供求结构失衡抑制了住房消费规模增长；经济基本面过度波动在推高房价的同时将抑制真实住房需求；住房供给与需求结构的匹配性存在较大的住房特征差异；住房价格长期高位运行降低了居民住房消费能力；居民对未来住房市场预期不太乐观，投资愿望不强烈；出租型保障住房消费融资模式尚处于缺位状态；住房价格长期高位运行所累积的市场风险对住房消费增长产生了不可忽视的负面影响。

本报告对推动住房消费持续发展的建议：(1)进一步降低住房消费信贷约束，支持改善型住房消费。(2)建立住房调控自动激活机制，抑制住房价格风险。(3) 制定扩大普通商品住宅供给政策。(4) 在公积金贷款及还款计划中设立针对中低收入家庭的贷款业务，对中低收入家庭的公积金贷款和还款提供利率及期限上的优惠。(5) 各类型城市应根据本地区的住房消费发展实际，针对住房消费偏好与消费能力、市场风险类型与程度、消费景气水平，制定相应的调控政策。(6) 地方政府应把调控的重点放到供给结构与需求结构的匹配上。

目　录

第一章　中国住房消费发展：总体报告 … 1

一、1998~2015 年住房消费发展分析 … 1
（一）住房消费与经济基本面存在紧密的互动关系 … 1
（二）住房价格风险对住房消费的影响存在显著的区域差异 … 5
（三）基于供给视角的住房消费结构分析 … 7
（四）基于需求视角的住房消费结构分析 … 8
（五）住房特征需求现状 … 9
（六）城市居民住房支付能力存在较大差异 … 10
（七）住房消费信贷风险尚处于较低水平 … 14
（八）居民对未来住房市场预期不太乐观，投资愿望不强烈 … 16
（九）居民住房消费偏好存在较大的区域差异和受教育类型差异 … 18
（十）住房公积金融资模式难以发挥保障功能 … 21
（十一）保障住房消费融资模式存在融资模式单一、资金使用效率低等问题 … 22

二、2015~2016 年住房消费发展预测 … 25
（一）经济基本面对住房消费影响预测 … 25
（二）住房消费结构预测——基于供给视角 … 25
（三）住房消费结构预测——基于需求视角 … 26
（四）住房需求特征预测 … 26
（五）住房消费预期及消费决策预测 … 27
（六）住房消费偏好及消费选择预测 … 27

三、中国住房消费发展指数体系 … 28
（一）住房价格风险指数 … 28
（二）住房消费增长指数 … 29

（三）住房消费结构指数 …………………………………… 30
　　（四）住房特征需求综合指数 ………………………………… 31
　　（五）住房消费景气指数 ……………………………………… 32
四、问题和挑战 ………………………………………………………… 34
　　（一）住房供求结构失衡抑制了住房消费规模增长 ………… 34
　　（二）经济基本面过度波动在推高房价的同时将抑制真实住房
　　　　　需求 ……………………………………………………… 35
　　（三）住房供给与需求结构的匹配性存在较大的住房特征
　　　　　差异 ……………………………………………………… 35
　　（四）住房价格长期高位运行降低了居民住房消费能力 …… 36
　　（五）居民对未来住房市场预期不太乐观，投资愿望不强烈 … 37
　　（六）出租型保障住房消费融资模式尚处于缺位状态 ……… 37
　　（七）住房价格长期高位运行所累积的市场风险对住房消费增长
　　　　　产生了不可忽视的负面影响 …………………………… 37
五、政策建议 …………………………………………………………… 38
　　（一）有关促进住房消费增长的建议 ………………………… 38
　　（二）采取积极措施防止经济基本面过度波动 ……………… 38
　　（三）防范住房消费信贷风险的政策建议 …………………… 39
　　（四）构建居民住房消费能力预警体系的政策建议 ………… 39
　　（五）防范市场风险，促进城镇家庭合理住房消费的政策 … 40
　　（六）要进一步强化公积金制度的保障功能，构建中低收入家庭
　　　　　住房消费融资新模式 …………………………………… 40
　　（七）转变住房调控政策的建议 ……………………………… 40

第二章　住房消费规模分析及预测　　　　　　　　　　　　 42

一、1998~2014年住房消费规模——基于全国视角分析 ………… 42
　　（一）住房消费规模及增速分析 ……………………………… 42
　　（二）不同类型住房消费规模比较分析 ……………………… 44
二、2010~2015年住房消费规模——基于城市类型视角分析 …… 49
　　（一）不同类型城市住房消费规模分析 ……………………… 49
　　（二）主要城市租赁住房消费规模分析 ……………………… 52
三、当前住房消费规模发展过程中面临的主要问题 ……………… 54
四、分析总结及预测 …………………………………………………… 56

第三章　经济基本面与住房消费规模分析及预测 ······ 58

一、1998~2014年我国宏观经济基本面回顾 ······ 58

二、宏观经济基本面与住房消费规模相关性分析 ······ 61

（一）理论分析 ······ 61

（二）具体数据分析 ······ 63

（三）经济基本面与住房消费其他方面关系 ······ 71

三、宏观经济基本面对住房消费的动态影响分析 ······ 76

（一）利率变化 ······ 78

（二）通胀冲击 ······ 79

（三）存款准备金率冲击 ······ 81

（四）偏好冲击 ······ 81

四、政策建议及预测 ······ 84

第四章　住房消费信贷发展及风险分析 ······ 86

一、住房消费信贷发展及信贷风险分析 ······ 86

（一）住房消费信贷规模 ······ 86

（二）个人住房贷款增长率 ······ 88

二、住房消费信贷风险类型及成因分析 ······ 94

（一）住房消费信贷风险类型 ······ 94

（二）住房消费信贷风险成因分析 ······ 95

三、住房消费信贷风险预警分析 ······ 97

四、住房消费信贷风险防范政策建议 ······ 99

（一）转变房地产市场信贷调控手段 ······ 99

（二）推进信用体系建设 ······ 100

（三）完善银行房地产信贷内部控制 ······ 100

（四）稳定贷款者持久收入，提高理财能力 ······ 101

本章附录 ······ 102

第五章　住房消费结构分析及预测——基于供给视角 ······ 104

一、按建筑面积分住宅价格指数 ······ 104

二、按建筑面积分住宅商品房销售额及套数 ······ 110

三、基于16个城市楼盘数据的住房消费结构分析 ······ 113

（一）按建筑面积分 ··· 113
　　（二）按卧室数量分 ··· 115
　　（三）按项目总楼层分 ··· 117
　　（四）供给与需求匹配性 ··· 119
四、总结及预测 ·· 121
　　（一）总结 ··· 121
　　（二）预测 ··· 122

第六章　住房消费结构分析及预测——基于需求视角 ··········· 123

一、全国人口普查数据分析 ·· 123
　　（一）家庭户住房概况 ··· 123
　　（二）家庭户人均住房建筑面积情况 ································ 127
　　（三）家庭户住房房间数情况 ······································· 128
　　（四）按住房设施分类 ··· 131
　　（五）按住房用途、建筑层数、承重类型分类 ···················· 138
　　（六）按住房建成年代分类 ··· 142
　　（七）按户主类型分类 ··· 146
二、中国城市家庭住房消费调查数据分析 ······························· 150
　　（一）按住房建筑面积分 ·· 151
　　（二）按房屋结构分 ··· 152
　　（三）按住房项目总楼层分 ··· 153
　　（四）按住房设施分类 ··· 153
　　（五）按房龄分类 ·· 156
三、总结及预测 ·· 156
　　（一）总结 ··· 156
　　（二）预测 ··· 157

第七章　住房特征需求 ··· 159

一、住房特征需求理论 ·· 159
二、住房特征需求现状（市级） ··· 160
　　（一）公共财政支出 ··· 160
　　（二）邮政、电信、宽带方面住房特征需求 ······················· 161
　　（三）教育方面住房特征需求 ······································· 163

（四）医疗方面住房特征需求 ………………………………… 165
　　（五）交通方面住房特征需求 ………………………………… 166
　　（六）生态环境方面住房特征需求 …………………………… 167
　三、住房特征需求偏好结构 ……………………………………… 169
　　（一）住房特征需求下的综合指数 …………………………… 169
　　（二）住房特征需求偏好结构 ………………………………… 170
　四、总结及预测 …………………………………………………… 175
　　（一）总结 ……………………………………………………… 175
　　（二）预测 ……………………………………………………… 176

第八章　住房消费能力分析——基于宏观视角 ……………… 178

　一、住房消费能力测度方法 ……………………………………… 178
　　（一）房价收入比 ……………………………………………… 178
　　（二）住房支付能力指数 ……………………………………… 181
　二、286个地级以上城市城镇居民住房消费能力发展与评价 … 183
　　（一）宏观经济背景分析 ……………………………………… 183
　　（二）286个地级以上城市城镇居民住房支付能力发展分析 … 184
　　（三）不同类别城市城镇居民住房支付能力的比较分析 …… 187
　三、代表性大中城市居民住房消费能力分析 …………………… 190
　　（一）我国城市居民整体住房支付能力发展分析 …………… 190
　　（二）不同类别城市城镇居民住房能力的比较分析 ………… 192
　四、结论与政策建议 ……………………………………………… 194

第九章　住房消费能力分析——基于微观视角 ……………… 197

　一、住房消费能力的计算方法一 ………………………………… 197
　二、住房消费能力的计算方法二 ………………………………… 202
　三、城市家庭住房消费能力差异分析 …………………………… 206
　四、总结及预测 …………………………………………………… 216
　　（一）总结 ……………………………………………………… 216
　　（二）预测 ……………………………………………………… 218

第十章　住房消费决策分析及预测 …………………………… 219

　一、影响住房消费决策的市场环境分析 ………………………… 219

  （一）住房消费需求高涨，商品住宅成交量快速增加 ……… 219
  （二）居民住房自有率较高，东、中、西部差别明显 ……… 221
  （三）住房消费支出增加，但占可支配收入比例下降 ……… 223
 二、住房消费决策分析 ……………………………………………… 224
  （一）住房消费模式发生变化，租买决策中购买仍为主流 …… 224
  （二）18个代表性城市住房消费者的租买选择 …………… 227
  （三）消费者住房决策的影响因素 ………………………… 230
  （四）总结 …………………………………………………… 239
 三、住房消费决策未来变化趋势及预测 ………………………… 241

第十一章　预期、偏好与住房消费决策分析及预测 …………… 242

 一、预期与住房消费决策 ………………………………………… 242
  （一）预期与住房消费 ……………………………………… 242
  （二）投机性需求与刚性需求 ……………………………… 248
  （三）预期与家庭消费决策 ………………………………… 251
 二、偏好与住房消费决策 ………………………………………… 253
  （一）全国层面居民家庭住房权属结构与消费决策 ……… 253
  （二）不同地区的偏好消费决策 …………………………… 255
  （三）不同受教育水平的偏好与消费决策 ………………… 257
 三、住房消费决策预测 …………………………………………… 258
  （一）市场整体预期不容乐观，住房需求持续低迷 ……… 258
  （二）投机性需求逐渐淡出，市场主体转向消费性需求和改善型
    需求 ……………………………………………………… 259
  （三）住房消费者偏好变化对住房市场运行影响预测 …… 259

第十二章　住房价格风险与住房消费决策分析 ………………… 261

 一、住房价格风险形成的经济背景 ……………………………… 261
 二、住房价格风险分析和评估 …………………………………… 263
  （一）住房价格风险分析 …………………………………… 263
  （二）住房价格风险评估 …………………………………… 265
 三、住房价格风险与住房消费决策 ……………………………… 267
  （一）住房价格风险对购房家庭消费的影响 ……………… 268
  （二）住房价格风险对租房家庭的影响 …………………… 270

四、结论及建议 …………………………………………………… 271

第十三章　住房公积金政策与住房消费发展 …………………… 273

　　一、住房公积金政策调整分析 …………………………………… 273
　　二、住房公积制度运行现状 ……………………………………… 274
　　　　（一）公积金缴存额显著增加，区域分化明显 ……………… 274
　　　　（二）公积金提取额分化明显，住房类消费提取占主体 …… 277
　　　　（三）公积金保障性增强，运用效率有待提升 ……………… 279
　　三、住房公积金政策与住房消费发展 …………………………… 280
　　　　（一）公积金政策促进住房消费明显，仍有提升空间 ……… 280
　　　　（二）区域影响各异，中、西部城市公积金效率低下 ……… 282
　　四、住房公积金融资存在的问题分析 …………………………… 284
　　　　（一）现有的具有保障特征的住房消费融资模式难以发挥保障
　　　　　　　功能 ………………………………………………………… 284
　　　　（二）现有消费融资模式的资金使用效率低、资金来源单一 … 286
　　五、结论及建议 …………………………………………………… 289
　　　　（一）强化公积金政策保障功能，拓宽保障范围 …………… 289
　　　　（二）提高公积金使用效率，严防资金"睡大觉" …………… 290
　　　　（三）构建新型住房消费融资模式，实现"人居有其屋" … 290
　　本章附录 …………………………………………………………… 292

第十四章　保障住房政策与住房消费发展 ……………………… 297

　　一、住房保障政策与住房消费脉络演绎 ………………………… 297
　　二、我国住房保障政策与住宅消费发展评价 …………………… 300
　　　　（一）保障住房建设对民生的影响 …………………………… 300
　　　　（二）保障性住房政策对中低收入家庭的福利效应评价 …… 302
　　三、政策建议 ……………………………………………………… 305
　　　　（一）推动住房保障方式转型，调节住房消费市场 ………… 306
　　　　（二）放宽保障性住房金融管制，解决资金瓶颈 …………… 306
　　　　（三）拓宽保障性住房渠道，多方式多角度确保保障性住房
　　　　　　　供给 ………………………………………………………… 306
　　本章附录　保障性住房投融资现状及面临的问题 ……………… 308

第十五章　住房调控政策与住房消费发展 ······ 314

一、住房调控政策演化历程 ······ 314
（一）1998~2014年房地产运行及政府调控 ······ 314
（二）2014年至今：住房市场下行，政府刺激住房需求 ······ 317
二、住房调控政策对住房消费的影响 ······ 318
（一）2004~2013年住房调控政策对住房消费的影响 ······ 318
（二）2014年以来住房调控政策对住房消费需求的影响 ······ 324
三、对政策的评价及政策建议 ······ 326
（一）政策评价 ······ 326
（二）政策建议 ······ 327
本章附录 ······ 329

附录1　住房承载环境竞争力指数 ······ 332
附录2　住房价格风险指数 ······ 362
附录3　住房消费增长指数 ······ 378
附录4　住房消费结构指数 ······ 382
附录5　住房特征需求下的综合指数 ······ 396
附录6　住房消费景气指数 ······ 409
附录7　住房支付能力指数 ······ 412
参考文献 ······ 421
后记 ······ 423

第一章

中国住房消费发展：总体报告

住房消费状况是反映市场发展取向的核心要素，其既可从微观层面反映住房福利水平，也可从宏观层面反映住房市场健康程度。住房消费本身又带有投资性质，这意味着其发展存在着适度问题，否则投资需求过度膨胀将给住房市场带来巨大冲击，进而影响宏观经济稳定和个人住房福利提升。显然，随着中国新型城镇化建设的发展和中国经济进入新常态，住房问题作为重要的民生问题将长期受到各级政府、企业、居民关注，但关注点已不是市场供给问题，而是供给如何适应需求问题，也就是说了解住房消费现状及趋势，是政府制定决策、企业制定发展决策及居民做出理性消费决策的关键，也是规避市场风险的关键。从这一意义来看，住房消费问题属于我国重大经济问题的范畴，必须对住房消费发展规律进行系统研究，及时针对其发展的新取向提出相关政策建议。本报告认为：宏观政策及住房市场预期影响微观主体行为，微观主体行为决定着住房需求规模及增长幅度，住房需求规模及增长状况决定着住房价格水平及变化趋势。基于上述分析框架，本报告将评述1998~2015年的住房消费发展现状，预测2015~2016年住房消费发展趋势；通过构建住房消费发展系列指数，评估中国住房消费发展水平，并分析住房消费发展过程面临的问题与挑战，针对住房消费均衡发展提出政策建议。

一、1998~2015年住房消费发展分析

（一）住房消费与经济基本面存在紧密的互动关系

1. 住房消费与实际利率的关系

在人均商品房销售面积与利率的相关性方面，我们发现2013年人均商品

房销售面积与利率均值呈现正相关，其相关系数为0.39。这说明在我国利率越高，住房消费需求越高。而2013年人均商品房销售面积与利率标准差呈现负相关，其相关系数为-0.15。这说明在我国利率波动越大，住房需求越低。

2. 住房消费与收入的关系

根据承载力指数划分一线城市、准一线城市、二线城市、三线城市、四线城市、五线城市，我们分别计算了城镇居民家庭人均可支配收入、人均商品房销售面积的相关系数，如表1-1。其中，一线城市由于只有北京、上海两个城市，故相关系数为1。我们发现，在我国，承载力指数适中的城市（比如，二线城市）反而相关系数较低。产生上述结果的可能原因是，有一部分户籍在二线城市的居民，常住在一线或准一线城市，并对一线或准一线的商品房有一定的住房消费需求。

表1-1　　　　按承载力划分住房需求与居民收入的关系

承载力	一线城市	准一线城市	二线城市	三线城市	四线城市	五线城市
相关系数	1	0.75	0.24	0.51	0.46	0.63

根据地区的划分：东部地区、中部地区、西部地区、东北地区，我们分别计算了城镇居民家庭人均可支配收入、人均商品房销售面积的相关指数，在表1-2中我们发现，中部地区的居民住房需求与居民收入的关联性最强。

表1-2　　　　按地区划分住房需求与居民收入的关系

地区	东部地区	中部地区	西部地区	东北地区
相关系数	0.44	0.77	0.40	0.48

根据最高行政级别的划分：直辖市、计划单列市、副省级、省会、地级市，我们分别计算了城镇居民家庭人均可支配收入、人均商品房销售面积的相关指数，如表1-3所示。我们发现副省级（-0.30）、计划单列市（0.06）、直辖市（0.15）城市的居民住房需求与居民收入的关联性，要大大低于省会（0.64）、地级市（0.59）城市。总体而言，行政级别越高的城市反而不如行政级别低的城市的关联性。

表1-3　　　　按最高行政级别划分住房需求与居民收入的关系

最高行政级别	直辖市	计划单列市	副省级	省会	地级市
相关系数	0.15	0.06	-0.30	0.64	0.59

最后，我们还收集并计算了 2013 年 26 个省级行政区的城镇居民家庭人均可支配收入、人均商品房销售面积（采用常住人口计算）数据，见图 1-1。同样，我们从图中能很明显发现两者呈现一定的正相关，而通过计算我们得到其相关系数为 0.27。另外，我们还计算了另一种统计口径的情况（采用户籍人口），我们得到其相关系数仍然为正（0.16），但低于采用常住人口计算的相关系数。这说明随着收入的提高，居民的住房消费越高。

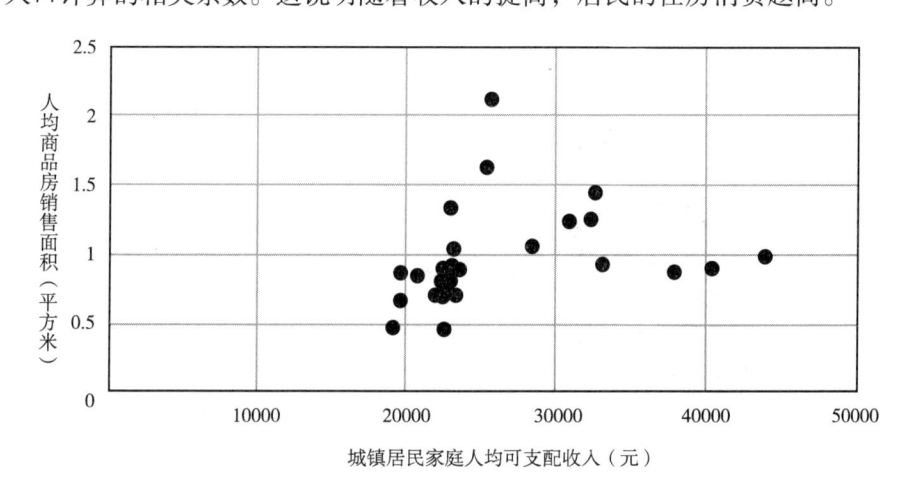

图 1-1　2013 年各省收入与住房消费关系

3. 住房消费与通胀的关系

在我国，通胀和实际利率是呈现完全的负相关。这是由于我国的银行体系主要为总行、分行、支行体系，而市场上的主要名义利率又由各大银行决定，而一般情况下，各个分行、支行的利率与总行保持一致，总行的利率又由央行控制，这就形成了全国领域内名义利率几乎相同的结果。而（1 + 名义利率）=（1 + 实际利率）×（1 + 通货膨胀率），所以通货膨胀率与实际利率完全负相关。这说明住房消费与通胀的关系，与住房消费与实际利率的关系是相反的。

同样，根据我国各省的人均商品房销售面积与居民消费价格指数的统计数据，通过计算发现，2013 年人均商品房销售面积与居民消费价格指数的均值呈现负相关，其相关系数为 -0.08。这说明在我国通胀越高，住房消费需求越低。而 2013 年人均商品房销售面积与居民消费价格指数的标准差呈现负相关，其相关系数为 -0.28。这说明在我国通胀波动越大，住房需求越低。

4. 住房消费与房价的关系

我们收集并计算了 2013 年 193 个城市的商品房平均销售价格、人均商品房销售面积数据（采用户籍人口计算），将其散点图（图1-2）呈现如下。我们从图中能很明显发现两者呈现一定的正相关，而通过计算我们得到其相关系数为0.40，这说明随着房价的提高，居民的住房消费越高。这种现象在一定程度上说明住房不同于一般的商品。至少对于2013年我国的住房截面数据而言，我国住房的收入效应要大于其替代效应，从而表现出随着房价的增加，住房消费不降反升的现象。

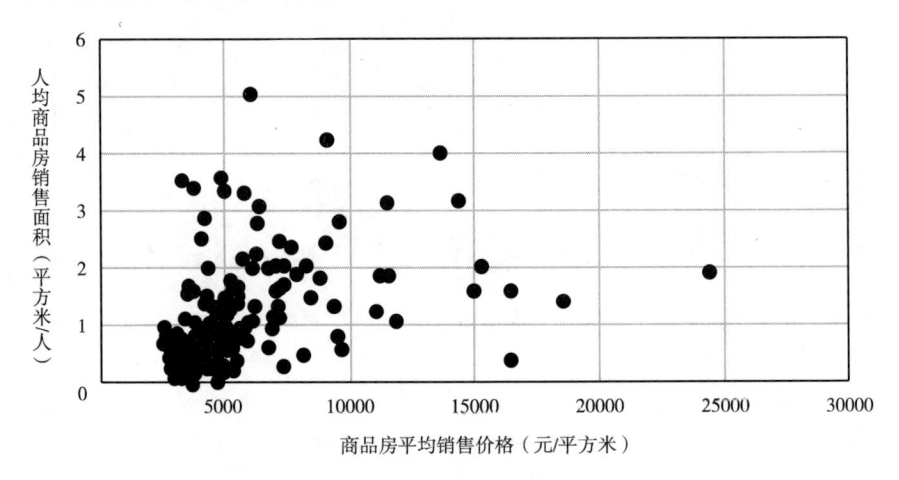

图1-2 房价与住房消费关系

根据承载力指数的划分：一线城市、准一线城市、二线城市、三线城市、四线城市、五线城市，我们分别计算了商品房平均销售价格、人均商品房销售面积的相关系数，如表1-4。其中，一线城市由于只有北京、上海两个城市，故相关系数为-1。我们发现，剔除一线城市特殊情况后，我国的二线城市、三线城市、五线城市的房价与住房需求呈现微弱的负相关，而准一线城市（0.72）、四线城市（0.36）呈现较强的正相关。由此可以得出，我国住房市场的"房价越高，需求越旺"的现象主要由准一线城市和四线城市造成。

表1-4　　　　按承载力划分住房需求与房价的关系

承载力	一线城市	准一线城市	二线城市	三线城市	四线城市	五线城市
相关系数	-1	0.72	-0.01	-0.07	0.36	-0.05

根据地区的划分：东部地区、中部地区、西部地区、东北地区，我们分别计算了商品房平均销售价格、人均商品房销售面积的相关指数，如表1-5

所示。我们发现，除东北地区（-0.11）以外，中部地区（0.72）、西部地区（0.52）、东部地区（0.30）房价与住房需求正相关性。

表1-5　　　　　　　　按地区划分住房需求与房价的关系

地区	东部地区	中部地区	西部地区	东北地区
相关系数	0.30	0.72	0.52	-0.11

根据最高行政级别的划分：直辖市、计划单列市、副省级、省会、地级市，我们分别计算了商品房平均销售价格、人均商品房销售面积的相关指数，如表1-6所示。我们发现省会（-0.16）、直辖市（-0.12）、副省级（-0.06）城市的居民住房需求与房价呈现负相关，而地级市（0.38）、计划单列市（0.14）城市则呈现正相关。

表1-6　　　　　　按最高行政级别划分住房需求与房价的关系

最高行政级别	直辖市	计划单列市	副省级	省会	地级市
相关系数	-0.12	0.14	-0.06	-0.16	0.38

（二）住房价格风险对住房消费的影响存在显著的区域差异

根据本章附录2给出的70大中城市住房价格风险评估，我们发现住房价格风险会影响购房家庭消费决策，即住房价格风险越大，购房家庭会选择观望或者停止购房。但对一些人口净流入的省份来说，住房价格风险对购房家庭影响有限，其刚性购房需求仍是驱动家庭购房继续购买的主要因素。住房价格风险与购房者家庭占比如图1-3所示。从该图可以看出，城市住房价格风险对家庭住房需求影响非常明显，住房价格风险越高，购房意愿逐渐减弱。北京、上海等购房行为受住房价格风险影响相比其他省（市）要小。

从区域的角度看，东部地区人口密集，工业化程度高，住宅用地供给较为紧张，住房供需矛盾较为突出，而中西部地区面积广袤，土地供给相对宽松，住房需求压力较小，这使得住房价格的变动过程表现出较大的区域差异。表1-7给出了2000~2010年全国、东、中、西部住房价格波动的统计情况。从表1-7可以看出，东部、中部地区房价增长较快，增长率均高于全国平均水平，而西部地区房价的增长率远低于全国平均水平。另外，房价增长率的

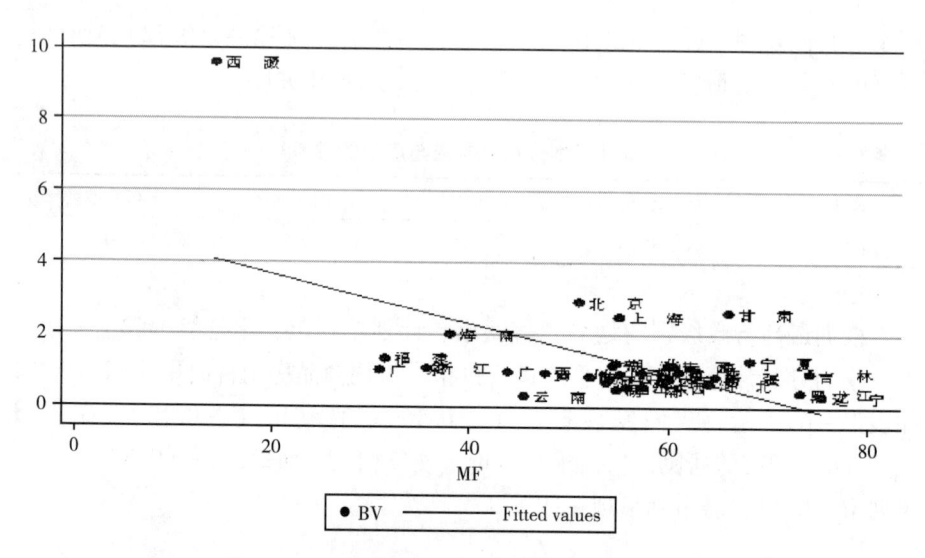

图 1-3 住房价格风险与购房者家庭占比相关

最高值和最低值都出现在西部地区，说明即使在同一区域内部不同省市间住房价格的上涨速度也存在显著的差异。

表 1-7　　东、中、西新建住房价格波动统计特征

年均增长率	东	中	西
平均值	0.13	0.11	0.10
最大值	0.18	0.14	0.13
最小值	0.09	0.08	0.06
标准差	0.03	0.02	0.02
地区数	12	9	10

住房价格风险与东、中、西地区城镇家庭住房消费结构如表 1-8 所示，2010 年住房价格风险西部地区最高，东部地区次之，中部地区风险水平最低。住房价格风险对区域住房消费结构影响不尽相同。在不同住房价格风险水平下，东、中、西地区住房消费占主要仍然是购买住房，占比分别为 49.44%、61.26% 和 53.82%。也就是说，住房价格风险会改变城镇家庭住房消费结构，但这种消费结构变动非常缓慢，这是由于我国城镇家庭住房刚性需求强烈决定的。相同的住房价格风险水平下，西部地区城镇居民住房需求对住房价格风险变动反应最敏感，东部地区次之，中部地区最弱。

表 1-8　　住房价格风险与区域消费结构特征（2010 年）

消费结构	东	中	西
住房价格风险	1.19	0.71	1.87
住房消费（租房）(%)	29.16	17.31	28.33
住房消费（购房）(%)	49.44	61.26	53.82
住房消费（自建）(%)	16.47	17.40	12.85

（三）基于供给视角的住房消费结构分析

就目前来看，在我国的住房消费结构中，90 平方米及以下的住房，其价格在最近 5 年最为坚挺；同时，其供给与需求匹配性也最好；而 90~144 平方米的住房，不仅是开发商供给数量最多的住房，也是开发商销售数量最多的住房。

全国 70 个大中城市中，2015 年 6 月，无论是新建商品住房，还是二手住宅，其 90 平方米及以下、90~144 平方米、144 平方米以上的住房价格均为同比下降、环比上升。从时间维度来看，2014 年 7 月~2015 年 6 月的 12 个月期间，无论是新建商品住房，还是二手住宅，其 90 平方米及以下、90~144 平方米、144 平方米以上的住房价格均呈现 U 型趋势；同时，我们发现建筑面积越小的住房，其价格越稳定，二手住宅又比新建商品住房的价格稳定。而 2010 年 12 月~2015 年 6 月的 55 个月期间，无论是新建商品住房，还是二手住宅，深圳均领涨 90 平方米及以下、90~144 平方米、144 平方米以上的住房，温州均领跌 90 平方米及以下、90~144 平方米、144 平方米以上的住房。

全国住宅商品房中，2013 年 90~144 平方米的住宅占总销售额一半以上。2011~2013 年，90~144 平方米的住宅销售套数最多，其次是 90 平方米及以下；而 2012 年为全国的关键年，甚至有些省的住宅销售套数出现下滑；2013 年为全国的增长年，大部分省的住宅销售套数出现跳跃式增长。

2014 年全国 16 个城市中，若按建筑面积分，开发商销售最多的为 88~89 平方米的商品房，而建筑面积略微大于 90 平方米的商品房，其已售套数较 88~90 平方米的商品房出现急剧下滑。若按建筑面积区间分，90~144 平方米的商品房，在总套数和已售套数上的占比最高（46.07%、44.56%），而 90 平方米以下的商品房，其供给与需求匹配性最好（48.35%）。若按卧室数量分，从供给与需求匹配性来看，则一居室匹配性最高，已售比率为60.52%；而随着卧室数量的增加，已售比率则呈现逐渐下滑趋势；但从销售套数来看，三居室、二居室、四居室销售量最大，均高于一居室。若按项目总楼层分，从供给与需求匹配性来看，总楼层为36、37、20、2、41、43、1、14的项目，其住房供给与需求匹配性最好，已售比率均高于70%；但从销售套数来看，总楼层为18、6、33、17、32、34、31、26、28、2、11的项目，其住房销售量最大，已售量均高于2500套。

（四）基于需求视角的住房消费结构分析

目前，我国家庭户的住房消费得到很大改善，其人均住房建筑面积和人均房间数均有所增加，而住房设施也有所完善。住房消费的改善主要原因为：第一，家庭户生活水平以及收入的提高；第二，建筑技术的提高；第三，住房市场化程度的提高。具体而言，我国家庭户住房消费结构主要呈现以下特点：

2010年，在全国家庭户中，若按家庭户户规模分，三人户比重最大，占比为26.87%；若按家庭户代数分，二代户比重最大，占比为47.83%。2010年，我国家庭户户数、家庭户人数较2000年均出现上升，但家庭户户规模则出现下降。

2010年，在全国家庭户住房中，若按人均住房建筑面积分，20~29平方米的比重最大，占比为23.81%；若按住房房间数分，二间房的占比最大，占比为27.49%；若按代数—间数分，二代户—二间的占比最大，占比为14.07%。

在住房设施方面，管道自来水覆盖率为64.58%，较2000年上升18.87个百分点；厨房覆盖率为84.66%，较2000年上升0.19个百分点；厕所覆盖率为72.47%，较2000年上升0.5个百分点；洗澡设施覆盖率为54.39%，较2000年上升28.41个百分点。

在住房楼层、承重类型及建成年代方面，47.28%的家庭户的住房为平房，25.40%的家庭户的住房为2~3层楼房，18.36%的家庭户的住房为4~6层楼房，而其余8.97%的家庭户的住房为7层及以上楼房；40.34%的家庭户的住房为混合结构，30.07%的家庭户的住房为砖木结构，22.78%的家庭户的住房为钢及钢筋混凝土结构；2010年全国家庭户户数、全国家庭户住房间数、全国家庭户住房建筑面积，均随着住房建成时间的增加而增加。

若按户主教育水平分，2010年，初中教育户主的家庭户人均住房建筑面积最低，而研究生教育户主的家庭户则最高。小学教育户主的家庭户平均每户住房间数最高，而研究生教育户主的家庭户则最低。高中教育户主的家庭户人均住房间数最低，而未上过小学的户主的家庭户则最高。

若按户主职业分，2010年，户主为农、林、牧、渔、水利业生产人员的家庭户，其平均每户住房间数最多。户主为国家机关、党群组织、企业、事业单位负责人的家庭户，其人均住房建筑面积最大；而生产、运输设备操作人员及有关人员则最低。户主为农、林、牧、渔、水利业生产人员的家庭户，其人均住房间数最多；而生产、运输设备操作人员及有关人员则最低。

若按户主职业、人均住房建筑面积分，2010年，户主为国家机关、党群组织、企业、事业单位负责人的家庭户住房条件相对其他职业更好，不仅其人均住房建筑面积在70平方米以上的占比最高，而且其无住房的占比也最低。

（五）住房特征需求现状

目前，中国的住房特征需求比较合理。其中，人口越多的城市，其居民对不同的住房特征需求对象往往也越多，其主要原因为：住房特征需求对象的准公共性，即住房特征需求对象具有一定的"区域私有性"。而公共财政支出越多的城市，其住房特征需求对象的投入也往往越多，其主要逻辑为：相当一部分住房特征需求对象的投入由政府财政支持，故相应的公共财政支出也会较多。

另一方面，中国的住房特征需求偏好结构也呈现多样性，住房特征需求综合指数值较高的几个城市，其偏好结构也存在不同，比如，第七章分析的深圳（0.817）、北京（0.786）、广州（0.746）、上海（0.667）、重庆（0.670）、天津（0.632）。就2013年数据来看，重庆、北京、上海、广州、深圳这5个城市，对不同的住房特征，均有较高的需求。以下为具体的住房特征需求情况。

2013年，中国共有45475所邮政局，12.74亿户移动电话用户，2.11亿户互联网宽带用户。其中，重庆、北京、天津、深圳、东莞的邮政局数量最多，北京、上海、广州、深圳的移动电话用户最多，广州、北京、上海、潍坊的互联网宽带用户最多。

2013年，中国实有城市道路面积51.23亿平方米，实有公共汽车41.47万辆。其中，拉萨、南京、重庆、天津、深圳的城市道路面积最大，深圳、北京、上海、广州、重庆的实有公共汽车数量最多。

2013年，中国拥有2456所普通高等学校，9951所中等职业教育学校，61100所普通中学，198387所小学。在普通高等学校的投入中，国家更多的倾向于发达的东部地区；在小学的投入中，更多地倾向于欠发达的中西部地区。2013年，中国拥有148.37万普通高等学校教师，70.75万中等职业教育学校教师，485.33万普通中学教师，499.51万小学教师。其中，普通高等学校的教师人数是中等职业教育学校的2倍以上，而普通中学的教师人数和小学教师人数几乎持平。

2013年，中国拥有548.05万张医院床位，268.47万个医生。其中，重庆、北京、上海、成都的医院床位最多，北京、重庆、上海、成都、广州的医生最多。

2013年，中国公园绿地总面积44.93万公顷，城市建成区绿化覆盖面积151.03万公顷。其中，广州、重庆、北京、深圳、上海的公园绿地总面积最大，北京、重庆、广州、深圳、上海的城市建成区绿化覆盖面积最大。总体而言，随着生活水平的提高，居民对生态环境的住房特征偏好越来越强。

（六）城市居民住房支付能力存在较大差异

1. 代表性城市居民整体住房支付能力分析

我们分别对43个代表性城市历年的住宅价格（指单位面积住宅商品房平均销售价格，以下简称均价P，单位：元/平方米）、年人均可支配收入（以下简称收入I，单位：元）、房价收入比（PIR）、住房支付能力指数（HAI）等四个指标取算术平均，得出四个指标2005~2014年的平均值，再通过分别观察这些平均值的变化趋势，对所研究城市主要观察年度内的住房支付能力的整体变化情况进行分析，具体如表1-9所示。

表1-9　　　　2005~2014年43个代表性城市均价、收入、
PIR、HAI、MIR的平均值表

变量	2005年	2006年	2007年	2008年	2009年	2010年	2011年	2012年	2013年	2014年
均价	3160	3703	4580	4967	5909	7289	7678	7902	8506	8747
收入	12521	14044	16317	18256	19967	22254	25380	28578	31460	33496
PIR	7.57	7.91	8.42	8.16	8.87	9.82	9.07	8.29	8.11	7.83
HAI	0.70	0.66	0.58	0.50	0.56	0.50	0.52	0.53	0.57	0.59

数据来源：据WIND数据库整理。

从表1-9可知，房价收入比的平均水平取值在7.5~9.83这一区间，表明这些城市城镇居民的住房支付能力较差，但情况尚可接受。在不考虑按揭贷款的情况下，三口之家支付一套90平方米的住宅，平均需要7~10年的。

房价收入比平均水平的变化趋势如图1-4所示。房价收入比的平均水平在2007~2008年和2010~2014年两个阶段有所下滑，其余年份呈现出上升的趋势，即这些城市城镇居民的住房支付能力平均水平在2008、2011~2014年5年内相对上一年度有所提升，其余年度的住房支付能力相对上一年度呈现下降状态。

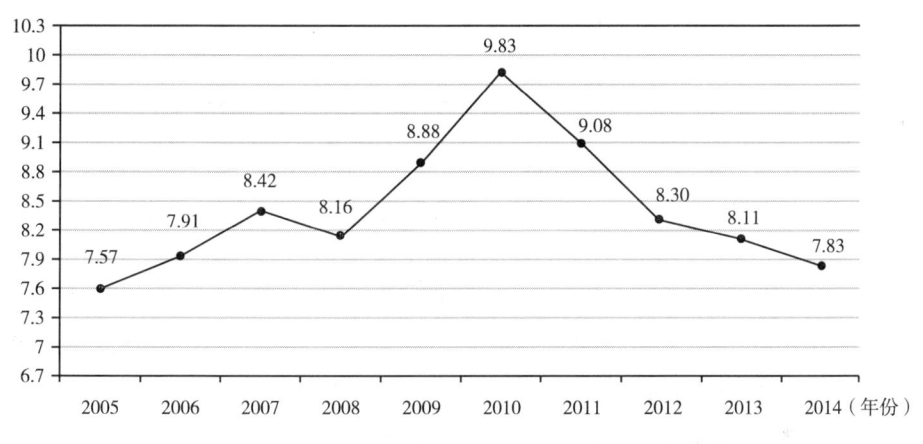

图1-4　2005~2014年43个代表性城市PIR的趋势

图1-5给出了43个代表性城市2005~2014年城镇居民住房支付能力指数平均值的走势。从住房支付能力指数范围来看，住房支付能力指数的平均水平取值在0.51~0.71这一区间，也就意味着从整体上来看，在按揭买房的情况下，这些城市2005~2014年住房支付能力比较弱。从住房支付能力指数平均水平的变化趋势来看，住房支付能力指数的平均水平从2005年的0.71开始逐年下降至2008年的0.51，2009年又上升到0.56，2010年回落至0.51，之后4年连续上升。这表明，在城镇居民按揭贷款买房的情况下，居民的住房支付能力的平均水平经历了先降后升，然后再降再升的过程。

2. 不同类别城市城镇居民住房能力比较分析

（1）房价收入比分析。按城市类型分，2005~2014年43个代表性城市房价收入比均值分布及走势如表1-10所示。2005~2014年，一线城市、准一线城市与其他线城市之间的差异明显，而二、三、四线城市差异较小，这

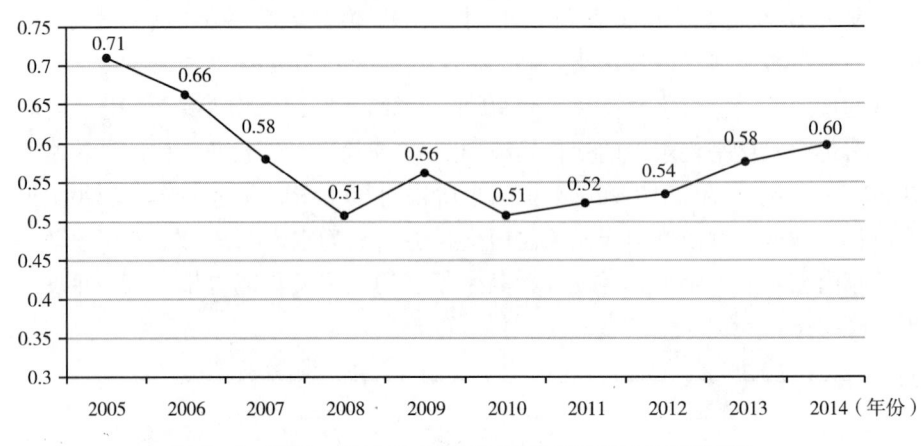

图 1-5　2005～2014 年 43 个代表性城市 HAI 的趋势对比

可能是由于43个代表性城市中的三四线城市都属于东部城市或者省会城市，与二线城市的平均水平相差不大，而由2005～2012年全国所有地级以上城市数据可知二、三、四线城市的平均房价收入比差距也是比较大的。其中，一线城市房价收入比的平均水平区间位于10.37～15.44，准一线城市的平均水平区间为8.51～11.87，二线城市的平均水平在7.56～8.58，三线城市的平均水平在6.96～9.94范围内，四线城市的平均水平在6.52～9.77。这说明一线、准一线城市家庭住房消费能力较低，而二、三、四线城市家庭住房消费能力状况要好于一线、准一线城市。

表 1-10　我国不同类别城市 2005～2014 年房价收入比均值的分布情况

城市级别	一线城市	准一线城市	二线城市	三线城市	四线城市
2005 年	10.37	8.51	7.56	6.96	6.52
2006 年	10.63	9.54	7.48	7.56	7.29
2007 年	12.44	10.57	7.71	8.34	7.34
2008 年	11.57	10.09	7.35	8.27	7.71
2009 年	13.81	10.61	7.86	9.39	8.22
2010 年	15.44	11.87	8.58	9.94	9.77
2011 年	12.56	11.42	8.13	9.94	8.05
2012 年	11.90	10	7.47	9.03	7.47
2013 年	12.13	10.58	7.10	8.58	7.48
2014 年	11.43	10.64	6.59	8.32	7.87

不同级别城市不同年度间的纵向比较如图1-6所示。从5个级别城市的年度总体走势来看，这5线城市的走势基本一致。也就是说，不考虑住房按揭贷款时，由房价收入比所表示的各线城市城镇居民的住房支付能力变化经历了先由弱变强，再减弱再增强的过程。这种类似的趋势说明全国范围内，不同级别城市的住宅商品房市场都受到相似的影响，2008年主要是由于金融危机，房地产市场受到冲击；2010、2011年各线城市房价收入比出现不同幅度的提升，这也是政府出台严格调控政策的主要原因。

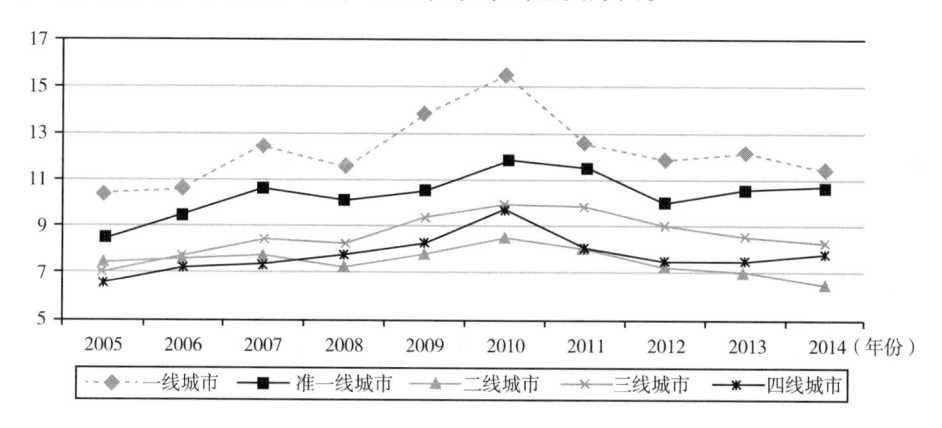

图1-6 我国不同类别城市2005~2014年房价收入比均值的分布情况

（2）住房支付能力指数分析。按城市类型分，2005~2014年代表性城市住房支付能力指数均值走势如图1-7所示。从该图可知，在相同年度截面上，不同级别的城市之间住房可支付能力指数的均值大小未完全按级别顺序排列，一线城市、准一线城市与其他各线城市的差别较大，住房可支付能力严格递增，而二、三、四线城市之间的差别不大且没有明显顺序（再次强调这是因为这43个代表性城市中的三四线城市多是东部城市或者省会城市，属于所有三四线城市中较发达的一部分）。具体来说，在这10年中，一线、准一线、二线城市的HAI值几乎都在0.7以下，支付能力很弱；三四线城市的HAI值除了2005年和2006年外也均在0.7之下，支付能力同样很弱。所有城市在2005~2010年内的变化趋势基本相同，但也有一些细微的差别，从2005~2008年，住房支付能力指数的均值一直在不断减小，2009年出现上升现象，而后2010年又开始下降。这段时期内，住房支付能力指数所表示的城镇居民在住房支付能力经历了逐年下降、之后回升再下降的过程。2011~2014年这4年中，不同级别的城市之间的表现稍有不同。其中，二三线城市的变化相同，均表现为小幅上扬；其他各线城市则基本稳定。

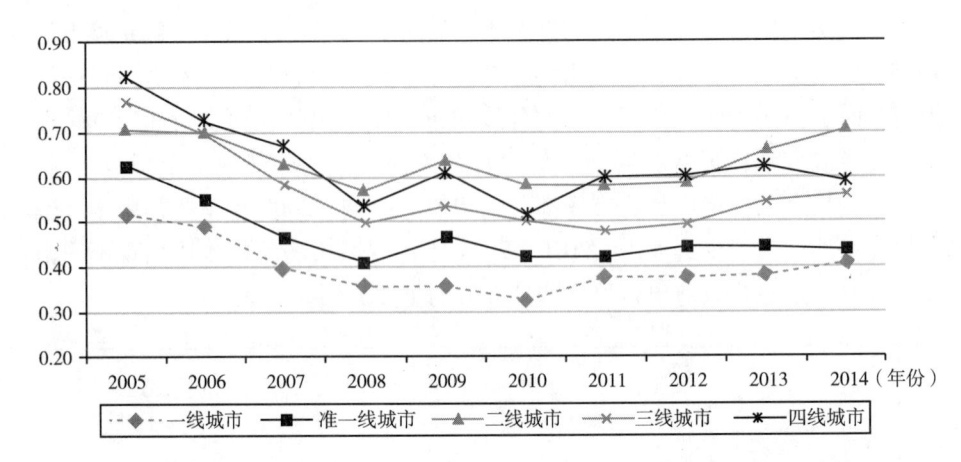

图 1-7 我国不同类别城市 2005~2014 年住房支付能力指数均值的分布情况

以上分析表明，不考虑住房按揭贷款时，由房价收入比所表示的各线城市城镇居民的住房支付能力变化经历了先由弱变强，再减弱再增强的过程；在城镇居民按揭贷款买房的情况下，居民的住房支付能力的平均水平经历了先降后升，然后再降再升的过程；一线、准一线城市家庭住房消费能力较低，而二、三、四线城市家庭住房消费能力状况要好于一线、准一线城市。

（七）住房消费信贷风险尚处于较低水平

本章选取"个人住房贷款不良贷款率"和"房地产业不良贷款率"两个住房信贷风险指数的指标，反映住房信贷风险状况。个人住房贷款不良贷款率是指个人按揭贷款中的次级、可疑和损失款项，衡量的是银行个人住房贷款的质量。房地产业不良贷款率是房地产开发公司银行贷款到期不能如约归还的比例，也包括次级、可疑和损失的贷款。数据来源是已公布的股份制商业银行和城市商业银行的年度定期报告，如表 1-11 和表 1-12 所示。

表 1-11　　2005~2014 年主要商业银行个人住房贷款不良贷款率　　单位：%

个人住房贷款不良贷款率	农业银行	建设银行	中信银行	光大银行	招商银行
2005 年	—	1.32			
2006 年	—	1.37			
2007 年	—	0.8			
2008 年	1.65	0.82	1.53		

续表

个人住房贷款不良贷款率	农业银行	建设银行	中信银行	光大银行	招商银行
2009 年	1.08	0.42	2.41		
2010 年	0.65	0.27	1.71	0.51	0.14
2011 年	0.46	0.2	1.08	0.59	0.12
2012 年	0.36	0.18	0.26	0.53	0.22
2013 年	0.29	0.17	0.24		0.34
2014 年	0.32	0.21	—		0.26

数据来源：wind 数据库。

表1-12　　2005~2014年股份制银行和商业银行房地产业不良贷款率　　单位:%

房地产业不良贷款率	农业银行	工商银行	建设银行	中信银行
2005 年	—	—	6.87	
2006 年	—	—	6.06	
2007 年		2.82	4.84	
2008 年	6.06	2.21	4.67	1.53
2009 年	3.47	1.5	2.6	2.41
2010 年	1.77	1.05	1.64	1.71
2011 年	1.24	0.93	1.88	1.08
2012 年	1.03	0.88	0.98	0.26
2013 年	0.66	0.87	0.76	0.24
2014 年	0.96	0.84	1.1	—

数据来源：wind 资讯。

表1-11显示，个人住房贷款不良贷款率在各个银行间有很大的差异，银行的风险偏好各异。当银行的经营计划、业务种类、发展策略不同时，该指数浮动较大。总体而言，我国个人住房贷款违约率较低。这主要得益于我国银行业在个人住房贷款申请的严把控、高门槛和中国人的传统住房文化。由于住房是生活必需品，属于刚性需求，经济风险造成贷款人潜在违约出现时，出于对拥有住房的认同，贷款人也不会终止还款。因此，个人住房贷款成为银行的优质资产，不良贷款率处于较低水平，并呈逐年下降趋势。

房地产业不良贷款率在各银行间也有较大差异。从表1-12给出的数据可以发现，光大银行的年度数据平均是农业银行的3~4倍，其他银行年度报表中该数据则呈逐年下降趋势。然而，较高的违约率也是由我国房地产业的特殊情况决定的。我国资本市场的不成熟，开发商难以通过证券市场等其他渠道筹集资金，银行成为单一的融资渠道。开发商的大部分资金来源于银行贷款和购房者的定金、预付款，自有资金很少，开发商高风险转移到银行，这使得商业银行承担的房产业风险很高。而近些年来，我国银行业竞争加剧，特别是一些小型银行为增大业务量，占有市场份额，铤而走险，向风险较高的房地产企业批准贷款申请，造成这些银行更高的房地产业不良贷款率。

基于上述分析，我们对住房消费信贷风险现状的判断是，对于我国的住房信贷风险，个人住房贷款风险不是很高，不良贷款率较低；信贷风险主要集中在开发商上，房地产业不良贷款率较高。

（八）居民对未来住房市场预期不太乐观，投资愿望不强烈

图1-8给出了未来家庭住房投资需求意愿的调查结果。该图显示，购房意愿较为强烈的家庭比例约为8.35%，而购房意愿不太强烈的家庭达到23.72%，家庭购房意愿一般的家庭则为52.18%。这与购房时机的调查结果具有一致性，大部分家庭认为现在购房时机不好，导致其对于未来住房市场预期不乐观，使得原本具有购房需求的家庭持观望态度，购房意愿整体上不强烈。

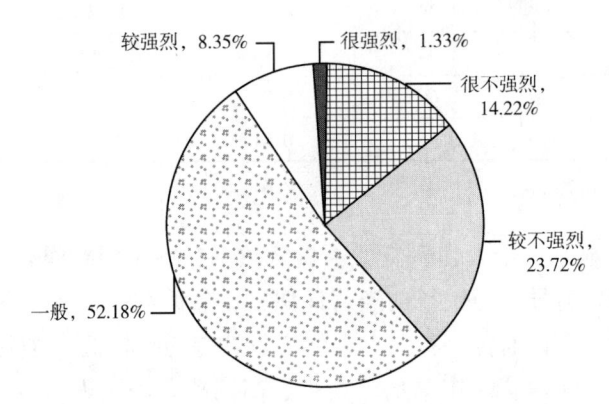

图1-8 未来家庭住房投资需求意愿

数据来源：南开大学中国家庭住房消费调查数据（CFHCS）

未来1~2年家庭购房可能性的统计结果，如图1-9所示，约有39.22%的家庭基本上不太可能在未来两年内购房，仅有约10%的家庭在未来两年内会选择购房。图1-9是居民家庭对住房需求的直观体现，消费者一般能够对

未来两年是否购房作出较为准确预期，也就是说该图从微观层面上反映了未来住房市场的真实需求，在一定程度上说明在未来两年内，我国住房市场存在需求增长下降的趋势。

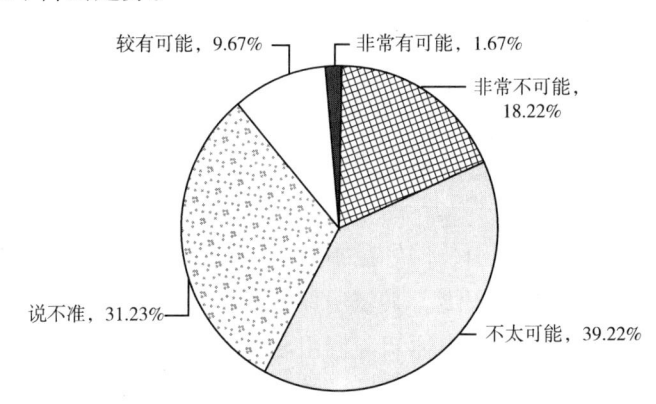

图1-9　未来1~2年家庭购房的可能

数据来源：南开大学中国家庭住房消费调查数据（CFHCS）

对于未来两年内有购房意愿的家庭来说，其购买住房的目的具体如图1-10所示。该图显示，为了改善居住条件的比例为52.02%，首次置业的家庭比例为4.64%，给父母或其他家人居住的比例为24.37%，而投资需求的比例仅占7.35%。

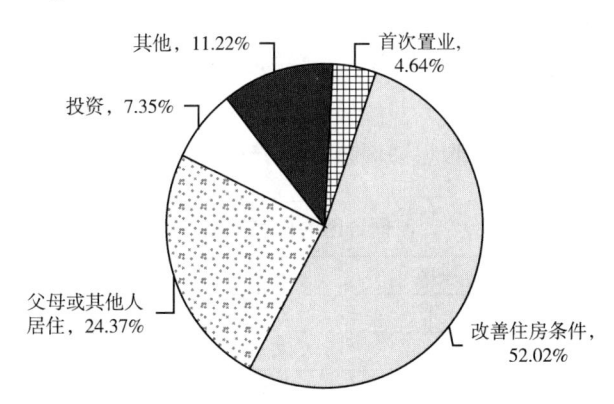

图1-10　家庭购房的主要目的

数据来源：南开大学中国家庭住房消费调查数据（CFHCS）

这表明现阶段我国的住房刚性需求主要来自于改善型住房需求；在绝大多数城市居民家庭已经拥有自住房的情况下，年老的父母或是子女独立门户而购买住房的比例较高，也体现了住房市场的刚性消费需求；住房投资需求或者说投机需求并未占主导地位，住房的投资属性有所减弱。此外，上述数据也显示，居民对未来住房市场预期不太乐观，投资愿望不强烈。产生上述结果的一个可能原因是，2014年下半年以来，我国住房市场整体上出现较为明显的疲软态势，影响了购房者的预期，尤其是投资者的预期，进而导致住房投资需求减少。

（九）居民住房消费偏好存在较大的区域差异和受教育类型差异

这里我们讨论的住房消费偏好是指家庭对于住房的租买选择偏好，全国不同的地区、不同受教育程度，其住房偏好会存在差异。对每个人或每户家庭真实的住房偏好，我们不得而知，但由于偏好决定其最终的住房消费需求决策，因此我们可以根据他们的租买选择，推断其住房偏好。

1. 居民消费偏好区域差异及消费决策。为对不同地区的居民家庭住房偏好进行分析，我们将全国分为东部地区、中部地区和西部地区。

表1-13和图1-11是东中西部地区家庭住房房源的结构分布情况。从这些图表中可以看出，东部地区购买住房和租赁住房的比例均高于中西部地区，其中租赁住房的比例远远高于中西部地区，达到近20%。这说明东部地区更多的城镇居民家庭选择租赁住房。其可能的原因是，东部地区经济发达，房价收入比远高于中西部地区，租赁住房较为适宜；同时，东部地区租赁住房市场比较发达，能为租房者提供满足其需求偏好的住房。对于商品房的消费需求，东中西部地区分别为：14.82%、11.11%、9.51%，东部地区商品房的比例高于中西部地区，这是由于东部地区房地产市场较为活跃、刚性需求较大。

表1-13　　　　　　　不同地区的住房权属　　　　　　　单位：%

地　区	全国	东部地区	中部地区	西部地区
租赁廉租住房	1.45	2.00	1.02	1.79
租赁其他住房	10.50	17.68	6.03	9.27
自建住房	62.31	48.00	65.16	64.64
购买商品房	11.34	14.82	11.11	9.51
购买二手房	2.73	3.23	3.65	2.49
购买经适房	2.18	2.11	2.43	3.00
购买原公有房	6.83	8.46	8.33	6.22
其他	2.66	3.69	2.27	3.09

数据来源：国家统计局。

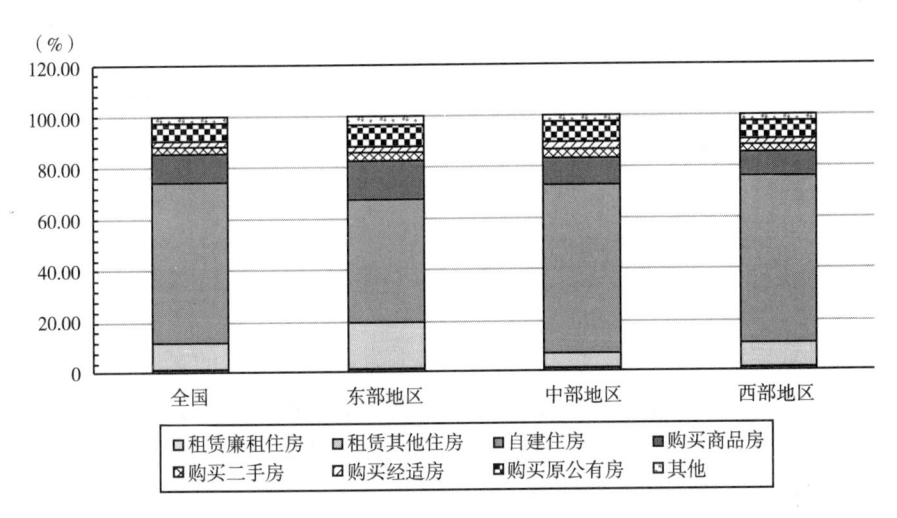

第一章　中国住房消费发展：总体报告

图1-11　东、中、西部地区家庭住房房源结构

数据来源：国家统计局。

2. 教育水平差异与消费决策。表1-14和图1-12是按家庭不同受教育水平住房房源的结构分布情况。从图表中我们发现，受教育水平在初中及以下的，自建房比例较高，其中，受教育水平为未上过小学、小学及初中的自建住房比例分别达到84.04%、81.76%和65.66%，受高中教育的家庭其自建住房比例大幅度降低，仅为34.54%。与上文的分析具有一致性，受教育程度低的往往是农村居民，他们在农村拥有自建住房。受教育水平越高的家庭，其购买住房的比例越高，受教育程度为初中和高中的家庭租赁住房比例高于受大学教育水平的家庭。从表1-14可知，受教育水平越高，一般情况下收入会较高，住房支付能力较强，偏好于购买商品房，而初中或高中教育水平的家庭，其工作稳定性差，收入水平较低并且有部分是城市流动人口（包括部分农村转移劳动力），这部分家庭更倾向于租赁住房，因此出现表1-14给出的结果。

表1-14　　　　　　　不同文化程度的住房权属结构　　　　　　单位:%

住房来源	总计	未上学	小学	初中	高中	专科	本科	研究生
租赁廉租住房	1.50	0.80	0.96	1.74	2.02	1.67	1.50	1.85
租赁其他住房	10.89	4.02	6.18	12.92	14.93	12.98	12.00	15.68
自建住房	60.98	84.04	81.76	65.66	34.54	12.06	4.83	1.75
购买商品房	11.76	2.34	3.22	7.69	22.58	40.06	46.53	45.91

续表

住房来源	总计	未上学	小学	初中	高中	专科	本科	研究生
购买二手房	2.82	1.32	1.58	2.57	4.51	5.40	5.83	7.25
购买经适房	2.26	1.05	1.08	1.77	4.01	5.69	5.97	6.02
购买原公有房	7.03	3.75	3.34	5.32	13.60	16.78	17.55	15.95
其他	2.75	2.67	1.89	2.32	3.81	5.36	5.79	5.59

数据来源：国家统计局官网。

此外，表1-14还显示了，受教育水平为研究生水平的家庭其租赁住房的比例最高为17.53%（租赁廉租住房与租赁其他住房之和），说明学历越高的家庭其住房自有率相对越低，他们更多的偏好于租房。其原因有两个方面：一是受研究生学历的家庭消费习惯和财富积累速度影响，研究生家庭在工作初期住房支付能力较为有限。二是从研究生家庭购房行为上来讲，大多数研究生家庭更希望通过自力更生购房，接受父母或亲戚馈赠较少，也是研究生家庭去租房而不购房的一个主要原因。

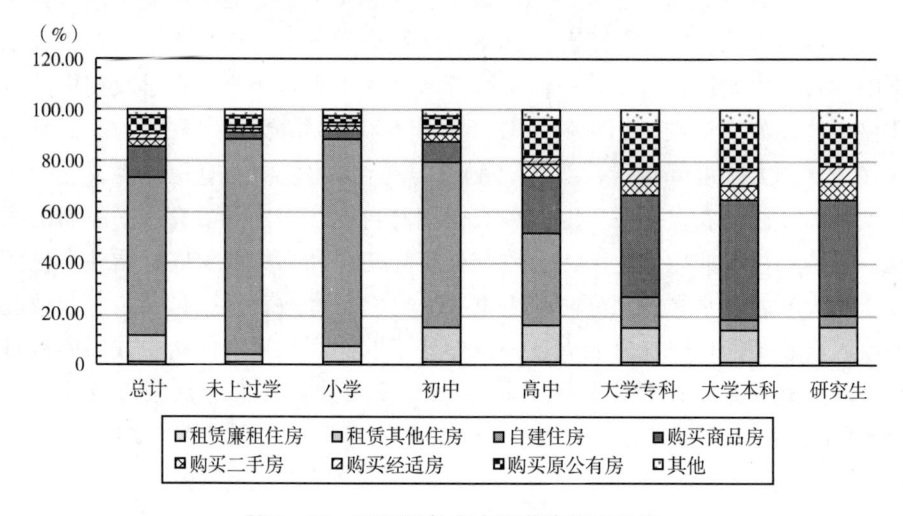

图1-12 不同受教育水平住房权属结构

数据来源：国家统计局。

以上分析表明，从地区差异来看，东部地区购买住房和租赁住房的比例均高于中西部地区，中部地区二手房比例较高；从受教育差异来看，受教育水平越高的家庭，其购买住房的比例越高，受教育程度为初中和高中的家庭租赁住房比例高于受大学（不含研究生家庭）教育水平的家庭。

（十）住房公积金融资模式难以发挥保障功能

1. 现有消费融资模式定位模糊影响了其保障功能。世界银行数据显示，截至 2005 年底，只有 45% 的住房公积金被用来发放住房贷款，而且只有 17% 的缴费者获得了公积金贷款①。正如前文的数字所显示的那样，虽然近几年住房公积金覆盖率有较大提高，但众多中低收入人群仍没有被覆盖其中，使得住房公积金贷款主要使收入较高的家庭受益。以 2008 年为例，高收入家庭住房贷款、归还住房贷款、个人缴存公积金分别为 195.74、614.15、948.09 元，而低收入家庭则分别为 33.39、52.84、96.94 元②。高收入家庭在缴存较高的住房公积金的同时，也从银行获得了更多的住房贷款，其获得的公积金贷款也必然远高于低收入家庭。这说明在错位机制下低收入家庭的住宅消费融资能力远低于高收入家庭，对低收入家庭来说，公积金社会福利性质的融资功能尚未体现。

保障住房融资模式定位模糊、运行模式僵化，与住房支付能力、住宅价格尚未建立联动机制。目前，我国城镇中低收入家庭的住房支付能力很低。假定 70 平方米的住宅为中低收入家庭所能接受的住宅面积，其家庭人口为 3 人，以此计算 2009 年困难户家庭的房价收入比为 18.4，最低收入家庭的房价收入比为 14.7，低收入家庭的房价收入比为 9.45。而中等偏上收入家庭以及高收入家庭的房价收入比均处于国际警戒线之内③。从前面给出的公积金缴存数据可以看出，中低收入家庭很难享受到保障住房消费融资补贴。另外，目前的住房公积金制度定位为提高所有人的住房消费能力，这在房地产市场化初始阶段是可行的，但在社会经济迅速发展、城市化水平不断提高和收入差距继续扩大的现实背景下，高收入和中等偏高收入群体由于已经分享了社会经济发展成果，他们也就不应该再次获得住房公积金制度补贴。因此，现行的住房公积金制度定位有失公平性。

2. 出租型保障住房消费融资模式尚处于缺位状态。我国保障住房分为出售型保障住房和出租型保障住房，目前的保障住房消费融资模式主要针对出售型保障住房，而针对出租型保障住房的融资模式仅有廉租房货币补贴模式，

---

① 世界银行，《中国经济季报》，2005 年第 4 期。
② 数据来源于《中国城市（镇）生活与价格年鉴2009》，中国统计出版社，2009 年 11 月。
③ 房价收入数据是根据《中国统计年鉴1999－2011》中的家庭收入、住宅价格数据计算得到，具体数据信息详见本报告第七章。

该补贴模式主要是针对低收入家庭。具体来说，就是政府针对在市场上无力购买或租用住房的低收入者以发放货币或购房券的形式，帮助其在市场上购房或租房，政府不再提供廉价房源，也即我们常称的"补人头"。然而，这类消费者在各地区所占的比例相对较低，未来我国保障住房供给也将以公共租赁住房为主，而针对公共租赁住房的消费融资模式尚未被提出。导致以公共租赁住房为主的出租型保障住房融资模式缺位的原因主要有两点：

一是与保障住房发展阶段有关。我国保障住房发展经历了两个阶段：第一阶段发生在1998～2007年间，该阶段的特征是把经济适用房作为保障住房供应的主体。第二阶段发生在2007年以后。该阶段着眼于解决中等偏下收入居民以及新就业人员、外来务工人员等"夹心层"群体，标志着我国保障住房发展进入到了以建设出租型保障住房为主的发展阶段。由于在保障住房发展的第一阶段，出租型保障住房供给规模过小，其收益群体也基本上属于社会上最弱势的群体，他们基本上不具备支付能力，因而也就没有必要针对这类群体设计出租型保障住房消费融资模式。

二是与保障住房的产权特征有关。正如前面所讨论的，目前我国尚没有真正意义上的保障住房消费融资模式，也就是说现有的融资模式尚未把中低收入家庭作为服务对象。在这样的背景下，现有的融资模式，如公积金贷款、先存后贷模式的贷款规则必然与普通商业贷款的规则类似，即借款人需要提供必要的抵押品，在通常情况下借款人用其购买的住房作为抵押品。而那些居住在出租型保障住房的家庭归类为脆弱性较高的家庭，他们不仅收入水平较低，同时也缺少财富积累。因此，现有的融资模式尚未对出租型保障住房消费给出对应的融资方案。

（十一）保障住房消费融资模式存在融资模式单一、资金使用效率低等问题

1. 现有消费融资模式的资金使用效率较低。现有的具有保障特征的住房消费融资模式的资金使用效率较低主要是指贷款机构发放的住房消费贷款远低于其可贷资金。由于公积金制度几乎覆盖全体城镇职工，公积金归集的金额也相对较大，这使得公积金贷款模式的资金使用效率低的问题更突出。下面以东中西部4个代表性城市为例进行分析。从表1-15可以看出，代表东部地区的上海市当年公积金归集和贷出金额都远高于其他地区的代表性城市，对比当年归集金额和贷出金额，我们不难发现，2008、2010、2011年公积金

贷出金额都低于当年归集金额。南京代表东部地区的城市，在多数年份该市公积金贷出金额都显著低于当年归集金额。南昌、贵阳分别是中西部地区的代表性城市，其公积金归集和贷出金额都相对较少，但对比公积金归集金额和贷出金额，我们仍能发现同东部地区代表性城市类似的规律，即在大多数年份当年公积金归集金额要高于当年贷出金额。这说明当年归集的资金并不能完全用于住房消费融资，公积金资金使用效率尚处于较低水平。

表1-15　　东、中、西部代表性城市当年公积金归集与贷出金额　　单位：亿元

	上海		南京		南昌		贵阳	
	归集余额	贷出总额	归集余额	贷出余额	归集余额	贷出余额	归集余额	贷出余额
2007年	231.89	287.94	50.76	45.80	10.50	14.80	11.49	9.92
2008年	282.48	198.79	60.40	40.56	13.60	7.60	14.82	12.19
2009年	337.84	566.04	69.71	119.36	15.50	11.00	17.18	18.40
2010年	390.36	302.93	87.17	47.03	16.90	9.10	21.05	11.15
2011年	467.38	271.57	100.27	36.76	21.90	8.60	27.80	17.24
2012年	556.44	410.38	128.19	126.02	28.08	19.30	35.55	31.78
2013年	641.65	614.56	150.88	183.84	33.89	31.35	42.42	28.53
2014年	740.91	472.20	239.73	171.23	74.99	52.31	51.54	29.02

数据来源：各城市公积金运行情况公报（2007~2014）

下面从公积金归集余额与贷出余额的对比角度来进一步分析公积金贷款模式的资金使用效率问题。由于公积金归集余额和贷出余额反映的是各年度的累计数据，该数据更能反映资金的运行状况。表1-16给出了东、中、西部代表性城市公积金归集余额和贷出余额。该表中的数据显示，这些城市公积金归集余额均高于贷出余额，尤其是东部地区的代表性城市的公积金归集余额与贷出余额差明显高于其他城市。这进一步说明，公积金贷款模式下流动性过剩问题较为严重，这极大地降低了资金使用效率。

表1-16　　东、中、西部代表性城市公积金归集余额与贷出余额　　单位：亿元

	上海		南京		南昌		贵阳	
	归集余额	贷出总额	归集余额	贷出余额	归集余额	贷出余额	归集余额	贷出余额
2007年	1513	582.38	141.27	117.19	33.60	29.80	34.37	19.06
2008年	1795	652.08	175.59	133.07	42.60	32.40	42.68	28.64
2009年	2134	1026.86	205.50	214.19	50.30	36.90	49.98	42.61

续表

	上海		南京		南昌		贵阳	
	归集余额	贷出总额	归集余额	贷出余额	归集余额	贷出余额	归集余额	贷出余额
2010年	2524	1127.45	264.72	231.09	57.70	38.50	60.36	48.44
2011年	2991	1203.11	301.19	230.62	70.80	40.70	75.18	59.90
2012年	3745.06	1420.50	370.12	322.81	87.21	53.71	93.50	84.41
2013年	5125.59	1788.31	434.36	461.94	104.71	77.83	114.20	101.64
2014年	4189	2012.00	669.92	673.85	226.08	165.48	136.71	117.74

数据来源：各城市公积金运行情况公报（2007~2014），wind资讯。

2. 现有消费融资模式的资金来源单一。现有保障住房消费融资模式的资金来源主要以个人缴纳的公积金和个人储蓄为主，然而这些来源于个人的资金不能全部用于保障住房消费融资，对于个人缴纳的公积金来说，这些资金将分别用于公积金住房消费贷款、保障住房开发贷款、个人提取公积金等，其中，个人提取公积金所占的比例一直处于较高水平。表1-17给出了东、中、西部代表性城市公积金提取金额及提取比例。从该表可以看出，东部地区代表性城市的公积金提取金额及其归集比例都很高，归集比例在47.6%~56.0%；中西部地区代表性城市的公积金提取比例则相对较低，在25.3%~42.8%。虽然在中西部地区公积金提取比例低于东部地区，但在多数年份该比例处于30%以上。由此可见，在扣除个人提取的公积金后，仅有部分资金用于住房消费贷款。

虽然目前公积金贷款模式存在流动性过剩问题，但这是在该贷款模式没有充分发挥保障住房消费融资功能情况下存在的问题，如果扩大公积金使用对象和范围，如在公积金消费贷款中设立中低收入家庭专项贷款，或者从政策上允许公积金用于出租型保障住房消费等，现有消费融资模式的单一资金来源将不能满足巨额的保障住房消费融资需求。

表1-17 东、中、西部代表性城市公积金提取金额（亿元）及提取比例（%）

	上海		南京		南昌		贵阳	
	提取金额	占归集比例	提取金额	占归集比例	提取金额	占归集比例	提取金额	占归集比例
2007年	839	55.50	129.44	58.94	11.40	25.30	16.39	32.30
2008年	1002	55.80	159.61	49.93	16.80	28.30	22.72	34.70
2009年	1191.12	55.81	202	60.81	25.30	33.40	32.60	39.50
2010年	1417.25	56	261.32	56.67	35.60	38.20	43.27	41.80

续表

	上海		南京		南昌		贵阳	
	提取金额	占归集比例	提取金额	占归集比例	提取金额	占归集比例	提取金额	占归集比例
2011年	1657.66	55.43	297.10	48.05	45.70	39.20	56.25	42.80
2012年	1939.96	51.80	363.74	51.99	13.37	47.61	17.24	48.50
2013年	2316.33	45.19	458.45	62.77	77.35	56	21.72	51.20
2014年	2763.51	65.97	142.75	45.31	44	59	29.02	56.31

数据来源：各城市公积金运行情况公报（2007～2014），wind资讯。

二、2015～2016年住房消费发展预测

（一）经济基本面对住房消费影响预测

经济基本面对未来住房消费的动态影响主要表现在以下几个方面：

1. 住房价格在不同类型城市间将有较大的波动差异。由于我国经济下行压力的加大，中国人民银行会坚持较为宽松的货币政策，在短期内，房地产价格调整会以稳定为基调，但是一些三线城市会有一定的回落，甚至较大的下跌。

2. 住房需求在城市类型间将出现分化。一二线城市较好的经济基本面对外来人口有较强的吸引力，虽然较高的房价也会对城市人口进入形成一定的阻力，但较多的就业机会和较好的公共服务会抵消这些阻力，从而使这类型城市保持较高的住房需求。

3. 住房投资需求将呈现明显的城市类型差异。在较高的住房需求推动下，一二线城市的住房投资需求仍会保持持续增长，而三四线城市则存在较大的去库存压力，将存在住房投资需求不足的问题。

（二）住房消费结构预测——基于供给视角

1. 住房建筑面积方面。在短期，房地产商更愿意提供小户型住房。目前，国内经济处于调整时期，国家也对房地产商开发小户型住房给予一定税费优惠，而小户型住房则属于低收入者的刚性需求，从而短期内住房市场以小户型为主。在长期，随着居民生活水平的提高，以及建筑水平的提高，房地产商将会提供更多中户型、甚至是大户型住房。此外，在长期，存在很多

不确定因素，如果全国居民收入的基尼系数进一步扩大，将会扭曲住房的需求类型，大部分住房将由消费型需求转为投资型需求，甚至是投机性需求。这是因为，低收入者购买住房主要用于消费，而高收入者购买住房主要用于投资或投机，并且多数为中户型、大户型住房，从而导致低收入者的消费型需求被压制，高收入者的投资或投机型需求膨胀，造成小户型住房占比越来越低，中户型、大户型住房占比越来越高的趋势。

2. 项目总楼层方面。在未来，房地产商将会提供更多的高层住宅。原因有以下三点：第一，城市可利用土地资源日渐匮乏；第二，住房需求规模持续扩大；第三，高层建筑技术的不断提高。

（三）住房消费结构预测——基于需求视角

1. 平均每户住房间数方面。在未来，家庭户的住房间数将会有增加的趋势，原因有下面三点：第一，随着全面二孩政策的放开，家庭户将会增加对住房间数的需求。第二，随着收入的提高，居民将会有更强的支付能力来购买房间数较多的住房。第三，随着医疗水平的提高，居民的平均寿命也相对提高，其家庭户的平均代数将会相应增加，这也将增加对住房间数的需求。

2. 人均住房建筑面积方面。虽然我国的人口将会继续增加，同时可用于房地产开发的土地也日益紧张，但我们仍乐观地认为，未来我国的人均住房建筑面积将会进一步增加，其主要原因：第一，高层建筑的技术将会更加成熟；第二，我国目前农村人口较多，农村房屋大部分为一层或两层的宅基地，国家对农村的城镇化有政策倾斜，城镇化过程中，将会以低层和高层的楼房替代一层或两层的宅基地。

3. 住房设施完善方面。在未来，家庭户的住房设施将日渐完善。这主要是因为，目前我国处于经济调整时期，更多地侧重于改善民生，而自来水、暖气、互联网宽带、电网等硬件设施的升级换代，都是国家目前的工作重点。

（四）住房需求特征预测

住房特征需求的发展是与社会的发展阶段息息相关的，随着生活水平的提高，居民将对生态环境更加偏好，这一点与马斯洛人类需求五层次理论如出一辙。这意味着，在未来，我国居民的住房特征需求将会更侧重于生态环境等高层次需求。

另一方面，随着科技的进步，一些落后技术的需求将会被替代，甚至被淘汰。比如，移动电话对固定电话的替代，地铁对公交的部分替代，电子邮件对邮局邮件业务的替代等。这意味着，在未来，我国居民的住房特征需求更侧重于高科技，居民选择住房时，考虑地铁将会多于公交，考虑互联网宽带将会多于传统的邮局、电信等。

（五） 住房消费预期及消费决策预测

基于对城市家庭住房消费调查数据的分析，我们可以对未来住房消费决策做出以下预测：

1. 购房时机选择。大部分家庭认为现在购房时机不好，导致其对于未来住房市场预期不乐观，使得原本具有购房需求的家庭持观望态度，购房意愿整体上不强烈。

2. 未来两年的购房选择。大部分家庭认为未来两年进入住房市场的可能性较低，这将直接影响未来住房市场需求规模，说明在未来两年内，我国房地产市场需求仍疲软，家庭购房意愿不强烈。

3. 未来两年的购房目的。未来城镇家庭以投资为主要目的的住房需求并未占主体，居民购买住房主要还是为了家人居住或是改善居住条件，也即刚性需求。

4. 市场预期。2014年下半年以来，我国房地产市场整体上出现较为明显的疲软态势，影响了购房者的预期，使得城镇家庭对未来房地产市场预期不太乐观，投资愿望不强烈。

（六） 住房消费偏好及消费选择预测

基于对城市家庭住房消费调查数据的分析，我们发现当前住房市场的投资性需求受到一定的抑制，而真正的改善性需求还有很大的空间。对于未来住房消费偏好及消费选择的预测主要有以下几点：

1. 高学历大学生住房消费习惯有了较大变化。这些高素质大学生一旦职业稳定，其购房愿望会越来越强烈。这部分家庭住房消费偏好会从初期租房转到购房，随着其住房支付能力上升，其刚性需求会刺激住房市场发展。

2. 由于资源禀赋约束，一线城市、准一线城市刚性需求和改善性需求依然强烈，住房市场供小于求，将会出现量少价增。二线城市和较为发达的三线城市资源约束相对较小，供求较为平稳，住房消费者购房预期不如一线城市，这一类地区住房市场将从"扩规模"到"调结构"转变，进入价格趋于稳定阶段。

3. 一线和准一线城市住房供给相对于需求规模来说去库存的周期较短，该类型城市的消费者具有较强的住房购买倾向，从而会进一步促进住房市场繁荣，使住房价格保持较高水平。

4. 二线城市、较为发达的三线城市，刚性需求较为强烈，改善性需求意愿不如一线、准一线城市强烈，住房消费者偏好较为稳定，这一类地区住房市场处于量价企稳的阶段，住房市场不会大起大落；三线较弱城市和四线城市，住房市场处于供大于求的阶段，住房消费者偏好变化并不足以驱动住房市场，此类地区住房市场将经历较长期的去库存发展阶段。

三、中国住房消费发展指数体系

（一）住房价格风险指数

本报告编制的住房价格风险指数所使用的数据包括：70个城市的二手住宅价格指数月度数据，70个城市的新建商品住房价格指数月度数据，以及70个城市的新建住宅价格指数月度数据。其中，三个数据汇总时的赋权分别为1/2、1/4、1/4。住房价格风险指数的计算公式为：住房价格风险指数 = 1/2 × 二手住宅价格风险指数 + 1/4 × 新建商品住房价格风险指数 + 1/4 × 新建住宅价格风险指数，该指数值越大，表示风险越大。

本报告附录2给出的住房价格风险指数显示，2015年住房价格风险最大的城市为深圳、北京、上海、牡丹江、广州市，2014年住房价格风险最大的城市为南宁、三亚、泸州、北京、西宁市，2013年住房价格风险最大的城市为韶关、常德、贵阳、南宁、杭州市，2012年住房价格风险最大的城市为金华、温州、杭州、宜昌、昆明市，2011年住房价格风险最大的城市为温州、武汉、平顶山、兰州、福州市。由此可见，每年住房价格风险最大的城市都有较大变动。这说明了住房价格风险，不仅在单个城市的时间序列上具有随机性，而且在某时刻的不同城市上也具有随机性。就2015年来看，深圳具有最大价格风险，这与2015年上半年深圳过快增长的房价基本一致。

若按承载力水平划分,我们将城市分为一线城市、准一线城市、二线城市、三线城市、四线城市、五线城市。但有两点需要注意:第一,这70个城市中并不包括五线城市;第二,大理不属于地级市。而表1-18为按承载力水平划分的住房价格风险指数。其中,2011年和2012年二线城市的住房风险最大,而2013、2014年和2015年一线城市的住房风险最大。

表1-18 按承载力水平分住房价格风险指数

	2011年	2012年	2013年	2014年	2015年
一线城市	0.1088	0.1234	0.5180	0.3243	0.4257
准一线城市	0.1792	0.1334	0.3829	0.2605	0.3454
二线城市	0.1824	0.1979	0.2780	0.2374	0.1126
三线城市	0.1428	0.1813	0.3814	0.2704	0.1170
四线城市	0.1475	0.1392	0.2894	0.2514	0.1248

(二) 住房消费增长指数

1. 30城市住房消费增长年度指数。根据2011~2014年住房消费增长排名,各城市住房消费增长指数差异分化明显。2013年30个大中城市住房消费增长指数100以上的城市达到27个,这意味着2013年我国大多数城市住房消费较为旺盛。为保证住房市场健康稳定运行,2014年国家对房地产进行了严密的调控,导致大多数城市住房消费增长指数明显回落,住房消费增长指数100以上的城市仅11个,可以说住房调控政策作用明显。

从城市级别来看,一线城市仅仅北京和广州住房消费增长指数较高,深圳、上海市回落明显。排名前10位的二三线城市占多数,这意味着房地产调控政策对区域住房消费调控效果不尽相同,这是由于城市间由于住房市场风险水平不同,导致地方政府在调控房地产市场的立场有所不同,二三线城市处于城市规模高速发展时期,房地产市场调控力度显然较小。

从图1-13所知,一、二、三线城市住房消费增长指数趋于一致,在2011年1月~2013年1月,一、二、三线城市住房消费增长指数都呈现出了剧烈波动,这意味着,这一阶段我国住房消费较为旺盛。2014年,由于住房消费过热导致房价居高不下,政府出台一系列抑制住房消费过热的宏观调控

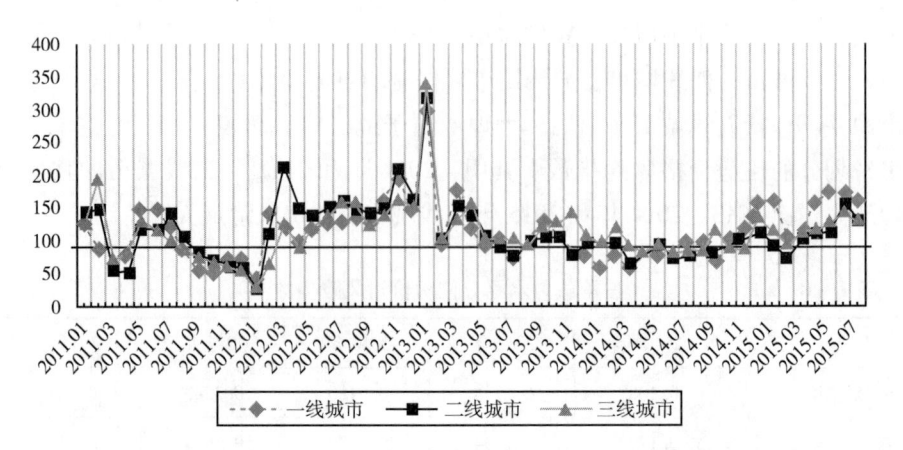

图 1-13　一、二、三线城市住房消费月度增长指数变化趋势

政策，促使住房消费回归到正常发展的轨道，从图 1-13 中住房消费发展指数的波动情况，我可以知道这一时期，政府的宏观调控政策是有效的。

2015 年，我国宏观经济环境恶化，经济增长下行，房地产作为拉动经济增长重要的力量之一，放松房地产调控，释放住房消费需求，符合我国当下经济的新常态。"330"新政的推出，一、二、三线城市住房消费增长指数均有所回升，有效促进了住房消费增长，对我国经济增长起到一定的积极作用。

2. 10 大城市住房消费增长月度指数。2014 年我国住房调控政策力度大，一定程度上抑制了居民住房消费。从图 1-14 所知，2014 年 10 大城市（除北京外）住房消费增长指数波动较为平稳，说明这一时期住房调控政策较好地抑制住了住房价格上涨，促进了住房消费平稳发展。2015 年，"调控政策"松绑对城市影响各异，深圳、杭州、广州住房消费指数开始走高。其中，深圳住房消费指数在 6 月达到峰值，高达 315.3，上半年住房消费指数远远高于其他城市。刚性需求强烈的城市由于住房调控而受到抑制，随着住房"调控政策"的松绑和退出，这类型城市被抑制的住房消费需求得到释放，从而消费指数走高。

（三）住房消费结构指数

利用第六次全国人口普查数据编制的住房消费结构指数，由平均每户住房间数分指数、人均住房建筑面积分指数、住房设施完善分指数构成。其中，平均每户住房间数分指数的均值为 0.3585，标准差为 0.1791，偏度为 0.2651，峰为 -0.2349；四分位数分别为 0、0.2243、0.3645、0.4790、1。

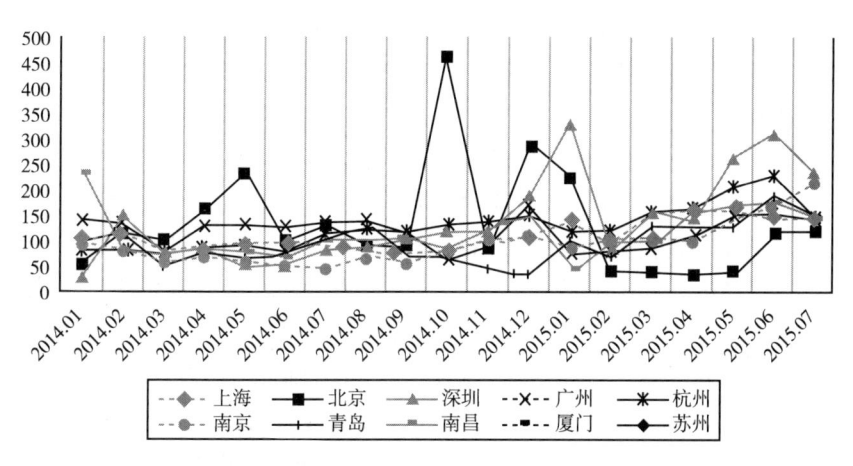

图 1-14 2014.01~2015.07 月十大城市住房消费增长指数变动情况

人均住房建筑面积分指数的均值为 0.4075，标准差为 0.1502，偏度为 0.4069，峰度为 0.5114；四分位数分别为 0、0.2945、0.4057、0.5010、1。住房设施完善分指数的均值为 0.6402，标准差为 0.1684、偏度为 -0.5521，峰度为 0.6681；四分位数分别为 0.0260、0.5303、0.6549、0.7649、0.9734。其详细指数详见附录 4。

表 1-19 住房消费结构指数数据概况

	平均每户住房间数分指数	人均住房建筑面积分指数	住房设施完善分指数	总指数
均值	0.3585	0.4075	0.6402	0.4687
标准差	0.1791	0.1502	0.1684	0.1154
偏度	0.2651	0.4069	-0.5521	-0.4157
峰度	-0.2349	0.5114	0.6881	0.2161
最小值	0	0	0.0260	0.0501
上四分位数	0.2243	0.2945	0.5303	0.3943
中位数	0.3645	0.4057	0.6549	0.4800
下四分位数	0.4790	0.5010	0.7649	0.5575
最大值	1	1	0.9734	0.7789

（四）住房特征需求综合指数

根据《中国城市统计年鉴 2014》的数据，我们分别计算了 290 个城市的综合指数，其均值为 0.3052，标准差为 0.1319，偏度为 1.2712，峰度为 1.7220；四分位数分别为 0.1096、0.2173、0.2738、0.3544、0.8170，具体指数详见本报告附录5。

表1-20列出了前10名和后10名城市的住房特征需求综合指数。我们发现：前10名依次为深圳、北京、三沙、广州、东莞、上海、重庆、天津、西安、武汉市。而我们计算所采用的准公共物品分别为：城市维护建设资金支出，邮政局数，固定电话户数，移动电话户数，互联网宽带户数，高等学校数、中等职业教育学校数、普通中学数、小学数，高等学校数教师、中等职业教育学校教师数、普通中学教师数、小学教师数，医院床位数、医生数，排水管道长，公园绿地面积、城市建成区绿化覆盖面积，年末实有城市道路面积、年末实有公共汽车数。值得一提的是，深圳的综合指数值高于北京、广州、上海三个城市。这意味着，深圳住房的准公共物品的外部溢价更大些。这也为2015年深圳房价的迅速增长提供了一些解释。而三沙的综合指数值也较高，主要得惠于政府的政策支持。

表1-20　　　　　　　　　住房特征需求指数简表

排序	城市	综合指标	排序	城市	综合指标
1	深圳市	0.817034	281	吴忠	0.134033
2	北京市	0.786443	282	阳江	0.131108
3	三沙市	0.747624	283	广安	0.125403
4	广州市	0.745679	284	贺州	0.125139
5	东莞市	0.720155	285	汕尾	0.124783
6	上海市	0.677164	286	来宾	0.124629
7	重庆市	0.670032	287	云浮	0.11602
8	天津市	0.632158	288	崇左	0.111982
9	西安市	0.631707	289	随州	0.110371
10	武汉市	0.621338	290	海东	0.10959

（五）住房消费景气指数

根据中国城市家庭住房消费调查数据，我们计算得到32个城市的住房消费景气指数，详见本报告附录6。该指数显示，洛阳、遵义、庆阳、秦皇岛、石家庄、衡阳、呼和浩特这7个城市的家庭户成员，对住房消费市场比较乐观，其住房消费景气指数均大于临界值100；而剩下的25个城市的家庭户成员，则比较悲观。而通过加权计算，我们还得到全国平均住房消费景气指数为86.32，低于临界值100。总而言之，整个住房消费市场呈现了一定的悲观态势。

下面我们将从三个维度去观察住房消费景气指数的差异。

首先，按地区分布划分，图1-15中，东部地区住房消费景气指数为85.05，中部地区为86.79，西部地区为88.54。从而，整体呈现从东向西住房消费景气指数逐渐增加，家庭户成员越来越乐观的趋势。

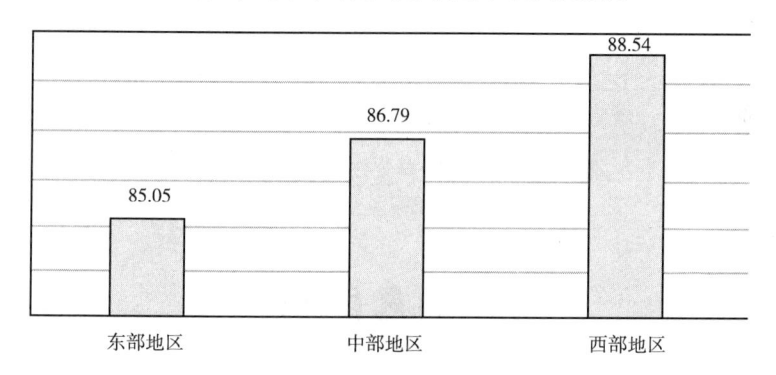

图1-15 按地区分布分住房消费景气指数

其次，按城市承载力划分，图1-16中，一线城市住房消费景气指数为78.88，准一线城市为83.80，二线城市为86.41，三线城市为89.35，四线城市为92.10，五线城市为98.76。从而，整体呈现随着城市承载力的下降，住房消费景气指数逐渐增加，家庭户成员越来越乐观的趋势。

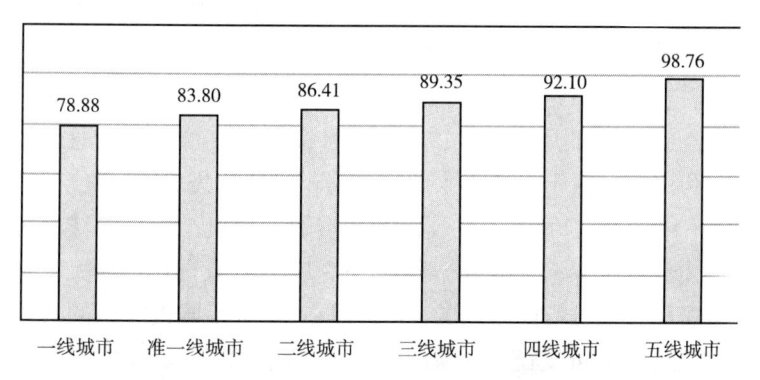

图1-16 按承载力水平分住房消费景气指数

最后，按城市群划分，图1-17中，京津冀城市群住房消费景气指数为

82.55，而其他城市为88.15。京津冀城市群明显低于其他城市，其中，很大一个原因是北京过低的住房消费景气指数（78.88）。

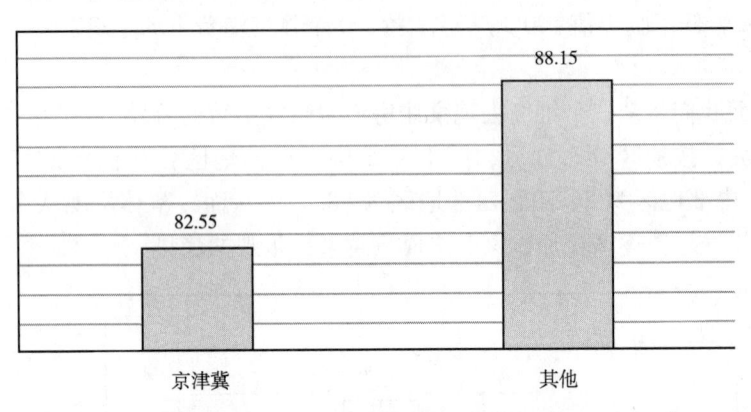

图1-17 按城市群分住房消费景气指数

四、问题和挑战

（一）住房供求结构失衡抑制了住房消费规模增长

根据近几年中国住宅商品房市场的消费规模的发展情况，我们发现了我国住宅商品房存在的一些问题。

1. 非市场调节因素只能暂时地减缓住宅商品房市场的消费需求增加，并不能从根本上解决住宅商品房供不应求的居民。根据1998~2014年全国的住房消费情况来看，政府调控政策只能在短时间内抑制需求增长，从长期来看，其抑制住房需求的效果并不理想。因而，对于我国的住房市场存在的消费需求过高问题，通过外部因素来调节需求的目标难以实现，只能通过不断完善市场机制，利用市场看不见的手来解决住房供求结构失衡的问题。

2. 住房消费占我国城市居民收入的比重越来越大，给我国城市居民的生活造成了很大经济压力。根据数据显示，在1998年我国城镇居民人均住房消费额占城镇居民人均可支配收入的9%，但在2014年城镇居民的人均住房消费额占城镇居民人均可支配收入则为29%，而且在进入2007年以后，几乎每年住房消费都占到居民收入的30%以上，在2009年住房消费几乎占到居民收入的35%，达到这几年来的最高值。可见近几年来住房消费对城市居民尤其是收入水平较低的居民的经济生活已经造成了很大的经济压力。

3. 现阶段我国住房市场上的供不应求问题依旧存在，每年的房地产企业住宅商品房竣工套数依旧低于房地产企业住宅商品房销售套数。根据国家统计局数据显示，2012年以前，我国的住宅商品房的竣工套数虽然小于住宅商品房的销售套数，但是二者之间的差距已经在不断地缩小。但是在2013年住宅商品房销售套数和竣工套数二者之间的差距又在拉大。此外，房地产企业对住房需求结构变动的反应不及时更加剧了供求失衡问题。因而，为了解决现阶段我国住房市场上存在的住房需求供不应求的局面，应鼓励房地产商增加提供普通小型住宅，并在政策上和经济上给予相应的支持，提高我国住房市场上普通住宅的供给，解决城市居民在普通住宅需求过高问题。

（二）经济基本面过度波动在推高房价的同时将抑制真实住房需求

我们利用动态随机一般均衡模型模拟了经济基本面与住房消费的关系，模拟结果显示，住房需求与经济基本面有很强的相关性，主要表现在货币量和信贷对住房需求的影响上，具体影响过程如下：中国人民银行的货币发行扩大了整个经济中的信贷资源，以住房信贷为途径，大量货币流动到住房生产和消费领域，形成房地产的投资消费热点。上述结果表明，中国人民银行的货币政策对住房市场影响非常大，货币供给量过大是导致房价高企的重要原因，住房刚性需求只是在一定程度上推高房价；而由于房价的飙升使得中国人民银行增加信贷没有进入生产领域，而是从生产领域流向了住房领域，大量投资性购房形成资金聚集，使得生产领域信贷不足，引起产出下降，甚至经济衰退，而真正的购房需求则在高房价面前被抑制或者滞后消费。由此可见，短期的住房消费增长，是以长期的经济增长乏力作为代价，虽然在一定程度上稳定房价对于我国经济稳定具有很重要的意义，但是长期来看，房价无限制的上涨必然造成经济上的长期萎靡。

（三）住房供给与需求结构的匹配性存在较大的住房特征差异

在16个城市楼盘数据中，有总套数和已售套数这两个关键指标，根据这两个指标我们能够直接计算出已售比率；而已售比率在一定程度上，可以衡量商品房供给与需求的匹配性。

我们将从4个维度来分析16个城市商品房的供给与需求匹配性。

第一，建筑面积区间维度。90平方米及以下的商品房供给与需求匹配性最好，然后依次为90~144平方米的商品房和144平方米以上的商品房。其中，比较明显的规律为：商品房面积越小，其供给与需求匹配性越好。

第二，卧室数量维度。一居室供给与需求匹配性最好，然后依次为二居室、三居室、四居室、五居室、六居室。其中，比较明显的规律为：卧室数量越少，其供给与需求匹配性越好。

第三，项目总楼层维度。总楼层为36、37、20、2、41、43、1、14的项目，其商品房供给与需求匹配性最好。总体而言，在项目总楼层维度没有太明显的规律。

第四，城市维度。济南、广安、长春、杭州、深圳的商品房供给与需求匹配性最好，尤其是济南和广安两个城市；另一方面，海口和青铜的商品房供给与需求匹配性最差。

（四）住房价格长期高位运行降低了居民住房消费能力

通过对我国286个地级以上城市2005~2012年住房支付能力的整体分析、分类分析以及对43个代表性城市2005~2014年住房支付能力的分析，我们认为住房价格长期高位运行对居民住房消费能力产生了强大冲击，具体如下：

1. 地级以上城市城镇居民的住宅价格和人均可支配收入均呈不断上涨的趋势，但房价的增长幅度要大于收入的增长幅度，使城市居民面临较大的住房支付压力。

2. 地级以上城市居民住房消费能力严格按照一线、准一线、二线、三线、四线、五线的顺利依次增强，而且不同年度之间大体的变化趋势相同。这说明一线、准一线城市住房价格长期高位运行对居民住房消费能力造成了持续冲击。

3. 对于城市级别较高的城市来说，由于其住房价格相对较高，降低了这些城市居民住房消费能力，使得该消费能力较强的城市所占比例也随之下降。另外，一、二、三线城市中呈现严重的两极分化和区域差异，东部沿海城市的住房均价远远高于内陆地区，住房消费能力也因过高的房价而偏低。

（五）居民对未来住房市场预期不太乐观，投资愿望不强烈

我们所进行的家庭住房消费调查数据显示，首次置业的家庭比例为4%，为父母或其他家人购买住房的比例为22%，而投资需求的比例仅占8%。这一方面表明我国住房的投资需求或说投机需求并未占主导地位，仅仅占家庭住房需求较小的比例，住房的投资属性并不太明显，居民购买住房主要还是为了家人居住或是改善居住条件，也即刚性需求。另一方面，表明家庭对未来房地产市场预期不太乐观，投资愿望不强烈。2014年下半年以来，我国房地产市场整体上出现较为明显的疲软态势，影响了购房者的预期，尤其是投资（投机）需求者的预期，进而导致住房投资需求的减少。城市居民对住房市场的不乐观预期将导致市场需求不足，如果长期持续下去势必会影响住房市场的平稳发展。

（六）出租型保障住房消费融资模式尚处于缺位状态

我国保障住房分为出售型保障住房和出租型保障住房，目前的保障住房消费融资模式主要针对出售型保障住房，而针对出租型保障住房的融资模式仅有廉租房货币补贴模式，该补贴模式主要是针对低收入家庭。具体来说，就是政府针对在市场上无力购买或租用住房的低收入者以发放货币或购房券的形式，帮助其在市场上购房或租房，政府不再提供廉价房源，也即我们常称的"补人头"。然而，这类消费者在各地区所占的比例相对较低，目前我国保障住房供给以公共租赁住房为主，而针对公共租赁住房的消费融资模式尚未被提出，这势必会影响中低收入家庭的住房福利水平的提升。

（七）住房价格长期高位运行所累积的市场风险对住房消费增长产生了不可忽视的负面影响

我国住房价格的高位运行已持续十余年时间，随着经济环境的变化，高房价所累积的风险已迅速上升，其对住房消费的影响也逐步凸显出来。一般来说，住房市场风险会影响购房家庭消费决策，即住房市场风险越大，购房家庭会选择观望或者停止购房。但对一些人口净流入的省份来说，房地产市场风险对购房家庭影响有限，其刚性购房需求仍是驱动家庭购房继续购买的

主要因素。首先，市场风险上升，意味着住宅价格风险加大，降低了城镇购房家庭住房支付能力，从而抑制了住房家庭购房概率。其次，市场风险上升加大了脆弱性城镇家庭信贷获取能力，住房金融机构从风险控制的角度出发，对这一类家庭"惜贷"，也压制了这一类住房家庭的购房需求。最后，与房地产业相关的产业风险水平上升，提高了购房成本，也是阻碍城镇家庭购房的一个重要因素。从由此可见，住房市场风险对城镇购房家庭存在明显的负向影响效应。

五、政策建议

（一）有关促进住房消费增长的建议

1. 为解决住房供求不均衡的矛盾问题，需要进一步采取强化市场调节机制的作用。目前，非市场调节因素只能暂时地减缓住宅商品房市场的消费需求增加，并不能从根本上解决住宅商品房供给与需求的匹配性问题，因此需要不断完善住房市场调节机制，通过住房市场来调节住房资源以使住房供给与需求趋近均衡。

2. 尚需采取综合措施平抑住房价格，以减轻购房者的支付压力。住房消费占我国城市居民收入的比重越来越大，给我国城市居民的生活造成了很大经济压力。为了解决我国城市居民住房消费比重高的问题，可以选择完善我国的金融市场为城市居民提供更加全面的投资渠道，减少投资性住房需求进而整体上降低住房市场的需求热度，将房价控制在合理的范围，为自主性住房需求提供购房空间。

3. 需要在资金、土地供应等方面鼓励企业开发普通商品住房。现阶段我国住房市场上的供不应求问题依旧存在，每年的房地产企业住宅商品房竣工套数依旧低于房地产企业住宅商品房销售套数。为了解决现阶段我国住房市场上存在的住房需求供不应求的局面，应在土地供应及融资等方面鼓励房地产企业增加普通商品住房供给，尤其是中小户型商品住房供给。

（二）采取积极措施防止经济基本面过度波动

1. 抑制房地产价格过快上涨的途径应该从控制货币供给的增长速度方面

入手。一方面，为使实体经济信贷资源不被挤压，需要开放民间资本借贷市场；另一方面，对于自住型住房需求，要从政策上给予支持和保证。

2. 应慎用货币工具，降低经济基本面波动对住房需求的影响。中国人民银行存款准备金率调整，会通过信贷渠道，对住房需求波动变化产生影响，而且该影响的持续时间较长。因此，为防止经济的大起大落，中国人民银行要适当减少这类工具的使用。同时，应开拓新的住房消费融资渠道，给购房者更多的选择，减小信贷渠道的波动传播强度，弱化经济波动的影响。

3. 可综合运用信贷政策调节住房需求。由于基准利率变动对实体经济和金融信贷都有明显的影响，尤其在金融领域对住房需求有很强的作用，可以适当使用这一工具。值得注意的是，运用综合型信贷政策，比如首付比例、贷款利率优惠等共同使用，对住房消费市场调整会起到更好的作用。而且这类调整对于影响购房者的偏好、柔性调整住房市场、减小对于低收入家庭住房购买的压力，有更加直接的意义。

(三) 防范住房消费信贷风险的政策建议

我国一些城市实施的住房限贷政策对于控制投资住房信贷规模和降低市场风险有一定效果，其弊端是市场调节机制缺位容易导致市场运行效率不足，而且其持续性也会受到影响。因此，需要适时转变住房信贷调控模式及手段。初步的设想是，在住房价格实现理性回归的前提下，调控手段应逐步转向市场调节，并且同时建立消费者信用制度体系，使消费者自担风险，从而降低住房消费信贷风险。

(四) 构建居民住房消费能力预警体系的政策建议

居民住房消费能力是保证住房市场稳定的基础，政府部门应定期发布城市居民住房消费能力指数，并以此对居民住房消费能力进行预警。编制城市居民住房消费能力指数，可对国内不同城市住房市场进行更为有效地监控，同时也能够合理地引导人们进行定居城市的选择，为企业和商家投资选址提供有力的参考。如，对于准一线和二三线城市中的一些住房消费能力较高的城市，可根据居民住房消费能力制定住房产业发展政策，促使住房供给与需求趋于均衡水平。

（五）防范市场风险，促进城镇家庭合理住房消费的政策

投资性需求过旺是我国住房市场风险产生的主要原因，因此政府可以运用税收政策、信贷政策等抑制投资性需求。在住房信贷政策方面，对于购买第三套住房的消费者采取提高贷款利率、减少抵押贷款成数等限制手段加以控制；限制投机性炒房。在税收政策方面，对短期内频繁倒买倒卖的住房投机者，提高其个人所得税和营业税的税率。同时，面对住房空置率的问题，国家可以开征房屋空置税、物业税，从而既能提高投机者的购房投机成本和持有成本，又能有效降低真正购房需求者的购房成本，稳定住房价格。

（六）要进一步强化公积金制度的保障功能，构建中低收入家庭住房消费融资新模式

1. 要强化公积金制度的保障功能。目前住房公积金制度定位为提高所有人的住房消费能力，这在房地产市场化初始阶段是可行的，但在社会经济迅速发展、城市化水平不断提高和收入差距继续扩大的现实背景下，高收入和中等偏高收入群体由于已经分享了社会经济发展成果，他们也就不应该再次获得住房公积金制度补贴。因此，现行的住房公积金制度定位有失公平性。

2. 构建中低收入家庭住房消费融资新模式。目前我国尚没有真正意义上的保障住房消费融资模式，也就是说现有的融资模式尚未把中低收入家庭作为服务对象。在这样的背景下，现有的融资模式，如公积金贷款、先存后贷模式的贷款规则必然与普通商业贷款的规则类似，即借款人需要提供必要的抵押品，在通常情况下借款人用其购买的住房作为抵押品。而那些居住在出租型保障住房的家庭属于家庭脆弱性较高的家庭，他们不仅收入水平较低，同时也缺少财富积累。因此，需要构建对中低收入家庭的住房消费融资新模式。

（七）转变住房调控政策的建议

1. 应采取差异化的住房调控政策。我国城市发展水平有较大差异，其住房市场发展及市场化程度有很大不同，而且对于不同地区的城市来说，住房市场发展水平也有很大差异。因此，对于不同类型的城市，应在中央政府统

一的大政策方针背景下,赋予地方政府对房地产市场调控的更大空间。此外,地方政府应根据具体情况对本地区住房市场进行调控,把调控的重点放到供给结构与需求结构的匹配上。

2. 探索利用房产税取代调控政策的可能性。我国房地产业相关的税种大多针对交易环节征税,而未对保有环节征税,未能增加房地产投机或投资者的成本。目前,我国房地产调控政策主要是以调控需求为主,而房地产保有税的针对对象也正是市场需求方。税收部门可根据调控需求结构的需要,制定对应的房地产保有税征收方案,使其能够发挥调控市场的作用。因此,可根据本地区住房需求发展实际,利用房产税取代调控政策是未来住房调控政策演变的一个可行选择。

第二章

住房消费规模分析及预测

1998~2014年全国住房消费规模发生巨大变化，住宅商品房销售长期保持高速增长，近几年增长速度放缓。根据住房市场细分，主要观察住宅商品房和别墅与高档公寓两种类型住房市场消费规模及价格的变化。从城市类型视角，分析2010~2015年10大城市、30大中城市住房消费规模发展规律，并分析18个代表性城市租赁住房的发展情况。最后，根据2014年房地产市场出现的新情况，对未来住房消费规模做出预测。

一、1998~2014年住房消费规模——基于全国视角分析

（一）住房消费规模及增速分析

1998年住房市场化改革后，过去被抑制的住房需求得到大幅度释放。如图2-1所示，1998~2003年全国住宅商品房销售面积的增长率一直保持在18%以上，而2004年全国住宅商品房的销售面积增长率下降到13.57%，相当于2003年住宅商品房销售面积增长率的53%。2005年，住房需求得到了进一步释放，住宅商品房销售面积于2007年回升到过去的正常水平。在2008年由于受到金融危机的影响，全国住宅商品房的销售面积显著下降，是1998年来全国住宅商品房销售面积首次出现负增长。在2009年，全国住宅商品房的销售面积出现了回升，增长率为45.39%。但是2009~2012年间，全国住宅商品房销售面积增长率均在10%以下，而这种情况在2013年出现了反弹，全国住宅商品房的销售面积增长率为17.52%。但是在2014年由于受到相关政策调整的影响，全国住宅商品房又出现了继2008年以后的第二次

负增长。

与此同时，住房市场销售额出现了较快增长，1998年全国住宅商品房的销售额为2006.87亿元，而2014年的销售额为62395.58亿元，增长幅度是1998年的31倍。1998~2005年间住宅商品房的销售数据显示，2005年以前，全国住宅商品房的销售面积和销售额增速较为平稳，1999~2004年住宅商品房销售额的增长率分别为20%、34%、25%、23%、32%、32%，而在2005年以后全国住宅商品房的销售面积和销售额则呈现不规则的快速增长，消费规模增长快速，波动幅度较大，例如，住宅商品房销售额增长率在2005年和2009年分别达到69%和81%，而在2008年和2014年则为-17%和-8%。从近几年全国的住宅商品房消费情况来看，2010年以后全国的住宅商品房的消费增长已经回归平稳，2010~2012年住宅商品房销售额的增长率分别为15%、9%、11%。虽然在2013年全国的住宅商品房市场又出现了小幅增长，但是在2014年又回归到了正常增长水平。

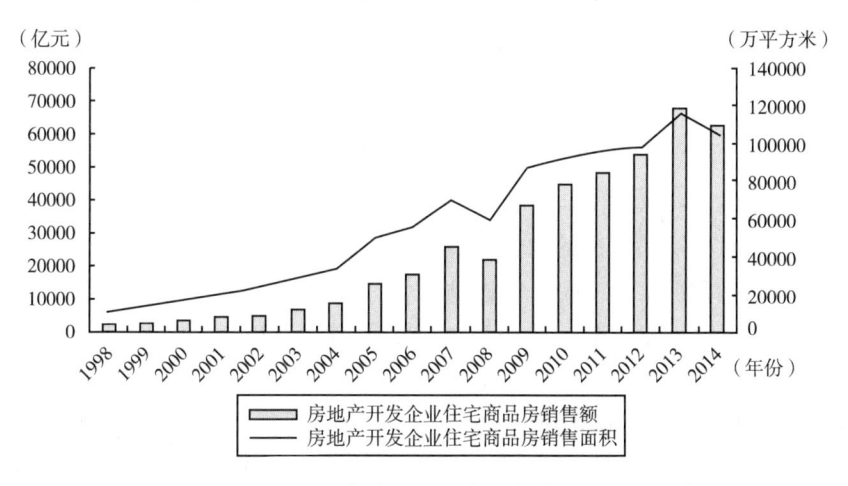

图2-1　1998~2014年全国住宅商品房销售额及销售面积

数据来源：中经网统计数据库。

1998~2014年的商品房销售额表现出与销售面积非常相似的走势。如图2-2所示，商品房销售额从1998年的2134.89亿元，增长到2014年的76292.41亿元，年均增长率为25.04%，住房消费市场规模迅速扩大。与商品房销售面积类似，从1998年到2004年，商品房销售额稳步增长，但增速比销售面积增长快。商品房销售面积从1998年的10662.22万平方米，增长到2004年的38231.64万平方米，是1998年的3.6倍，商品房销售额从1998年的2134.89亿元增长到2004年的10375.71亿元，是1998年的4.9倍，明显快于商品房销售面积的增长。这意味着,随着商品房销售规模扩大,住房价格呈上涨趋势。2008年,受国际金融危机及国内经济调整影响,商品房销售量、商品房销售额分别下降18.5%、18.6%,但住房价格并未有较大下降。之后市场回暖,在2008~2013年商品房销售面积、销售额处于历史高位,增长缓慢。2014年经济增长回调,房地产市场观望情绪增加,商品房成交量呈现下降趋势。

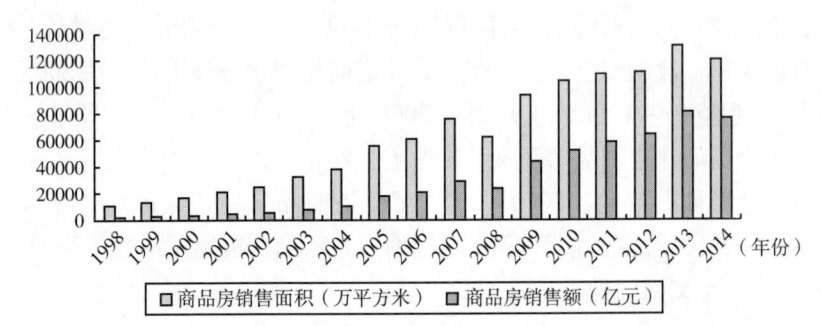

图2-2 1998~2014年全国商品房销售面积及销售额

数据来源:中经网统计数据库。

从增长速度来看,1998~2014年商品房销售额的增长速度明显高于商品房销售面积的同期增速。如图2-3所示,在1999、2006、2008、2014年,商品房销售面积及销售额的增长速度较为接近,尤其在市场运行处于低迷期的2008年和2014年,商品房销售额及销售面积均为负增长,走势相同。这说明在住房市场不景气时,住房消费呈现零增长、甚至负增长,商品房价格下降却不明显。但是,在住房市场复苏、景气时,商品房销售额的增长速度明显高于销售面积的同比增速。在2002~2006年间,商品房销售额及销售面积保持了较长期的高增长,随后在经历2008年的负增长后,2009年的商品房销售强势复苏,销售额的增长速度达到76%,销售面积的同期增长速度也达到40%。其中,住房价格持续上涨预期,是推动此次住房需求高增长的一个重要动力。

(二)不同类型住房消费规模比较分析

根据国家统计数据口径,住房类型主要有商品房、住宅商品房、别墅与高档公寓、办公楼商品房、商业营业用房、其他商品房等。为反映我国住房消费情况,这里我们主要观察住宅商品房、别墅与高档公寓两种类型的住房

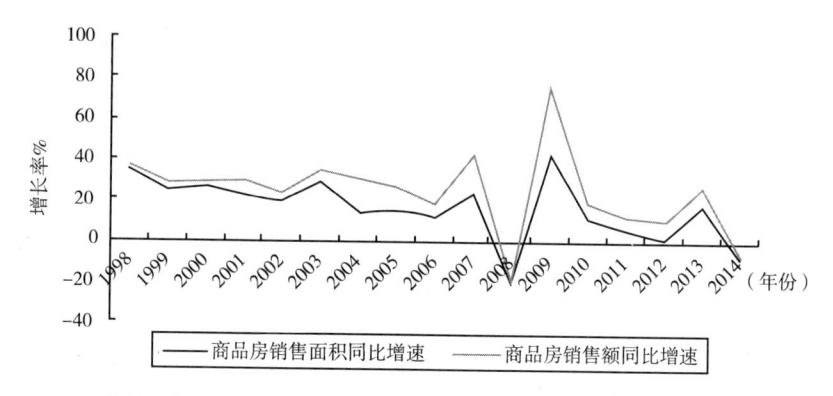

图 2-3 1998~2014 年全国商品房销售面积及销售额增长率
数据来源：中经网统计数据库。

消费市场。

在别墅与高档公寓的消费规模方面，1998~2013 年间其消费增长接近 28 倍。从别墅与高档公寓价格增速演变趋势来看，2004 年以前其增速较平缓，1999~2003 年间别墅与高档公寓的销售面积增长率分别为 26%、47%、37%、41% 和 17%。进入 2004 年以后，其销售面积的增长率达到 60%，别墅与高档公寓的消费规模进入了快速增长阶段。除 2008 年受到金融危机的影响而导致全国的别墅与高档公寓的消费水平降低外，全国的别墅与高档公寓的消费规模一直维持在很高水平。2010 年全国的别墅与高档公寓的消费规模达到最高水平，其销售额为 4613.11 亿元，之后全国的别墅与高档公寓的消费规模略有下降，但是在 2013 年又回归到了 2010 年的消费水平，其销售额为 4573.19 亿元（见图 2-4、图 2-5）。

从别墅与高档公寓销售面积增长趋势看，1998~2006 年间，其销售面积增长较快，2007 年已达到最高水平。在经历了 2008 年经济危机销售大幅下跌后，2009 年别墅与高档公寓销售迅速反弹至历史高位。2009 年之后，虽然别墅与高档公寓的销售面积不断下降，销售额也呈现下降趋势，但下降幅度小于销售面积下降幅度。从图 2-4 可知，2008 年以前别墅与高档公寓的销售面积趋势线高于代表销售额的柱状图，2010 年之后别墅与高档公寓的销售面积图形低于销售额图形，因此我们可以认为近年来别墅与高档公寓的销售价格呈现了大幅上升态势。

从别墅与高档公寓销售的增长速度看，别墅与高档公寓销售额和销售面积的增长速度走势相似。1998~2007 年间，别墅与高档公寓销售额的增长速度保持在 20% 以上，即使在 2003 年下降时亦有 16% 的增长速度，在 2005 年

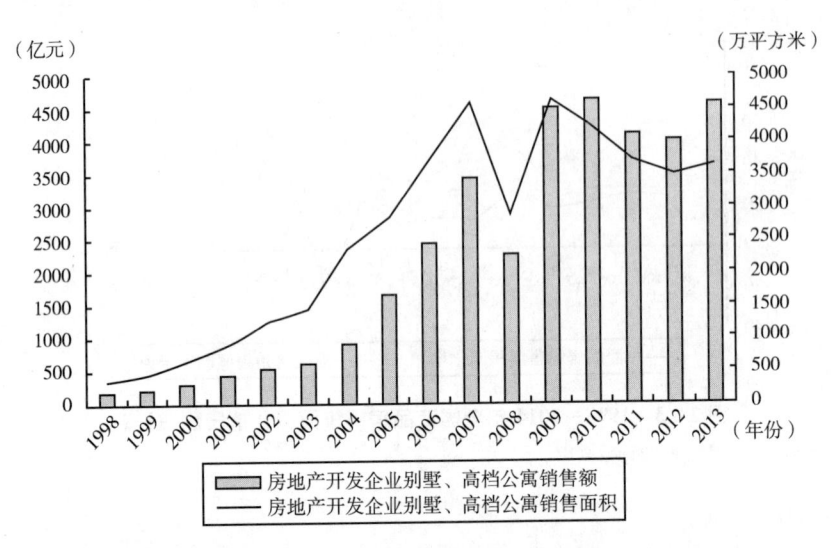

图 2-4 1998~2013 年全国别墅与高档公寓销售额及销售面积

数据来源：中经网统计数据库。

销售额增速高达 86%，但别墅与高档公寓的销售面积在 2005 年的增速却下降，仅有 21%。2005 年后，别墅与高档公寓的销售额的增速不断下降，销售面积增长速度则在 2006 年略有上升，在 2008 年跌到低谷，当年均是负增长，达到 -37%。2009 年强势反弹，销售面积增长速度上升到 60%，销售额的增长速度则翻了一倍。2010 年以后，别墅与高档公寓的销售进入负增长的状态（见图 2-5）。

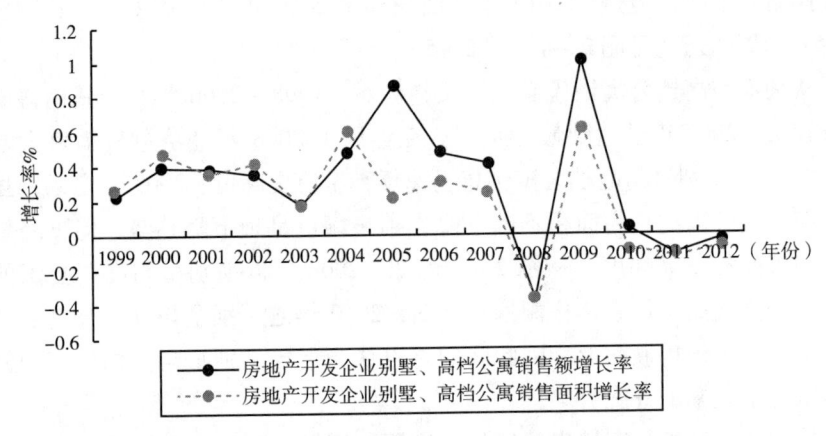

图 2-5 1998~2013 年全国别墅与高档公寓销售额及销售面积增长率

数据来源：中经网统计数据库。

从住宅商品房和别墅与高档公寓的销售价格增长率来看,别墅与高档公寓销售价格增长率的波动明显大于住宅商品房销售价格增长率的波动。如图2-6所示,1998年以来,住宅商品房平均销售价格的增长速度仅2008年为-1.9%,其他年份均为正增长,而别墅与高档公寓的平均销售价格增长率在1999、2000、2002年均为负增长。在住房市场快速成长阶段,如2004年住宅商品房销售价格增速接近20%,别墅与高档公寓销售价格增长速度则高达35%。受经济波动和消费预期等因素的影响,在2006~2010年,两种类型住房平均销售价格增速波动剧烈。2010年之后,两种类型的住房平均销售价格增长率降到10%以下,别墅与高档公寓平均销售价格增长率2011年为0.55%,几乎零增长。

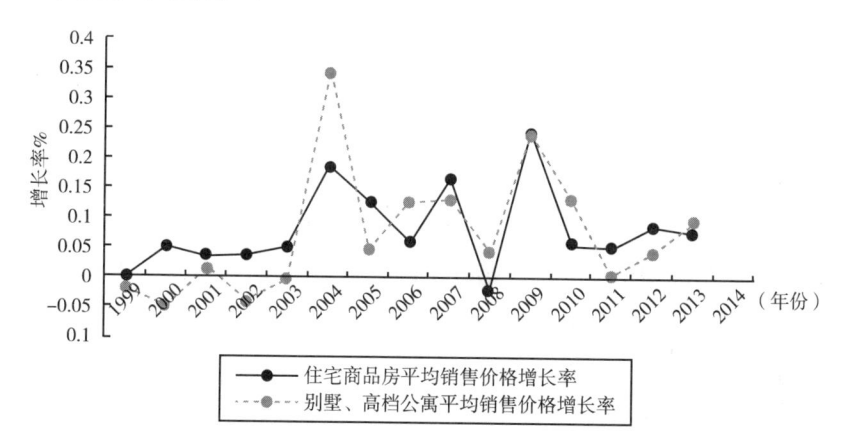

图2-6 1998~2013全国住宅商品房及别墅与高档公寓销售价格增长率
数据来源:中经网统计数据库。

在住宅商品房的竣工套数和销售套数方面,如图2-7所示,2005~2013年全国住宅商品房市场依旧是供给小于需求。在2013年全国的住宅商品房的销售套数超过当年的竣工住宅3553146套,而在2005年全国住宅商品房的销售套数仅超过当年的竣工住房552849套。此外,2008年以后,全国住宅商品房的销售套数每年都几乎超过当年竣工住房的200万套。虽然全国住宅商品房在2011以后一直保持着700万套以上水平的竣工量,但每年全国仍有大量住房需求的解决来自于预售的商品房。

在别墅与高档公寓的交易情况方面,如图2-8所示,2005~2013年全国别墅与高档公寓的销售套数明显高于竣工套数。其中,全国别墅与高档公寓的竣工套数在2005~2013年间虽有波动,但是并没有显著增长,一直保持在12~17万套之间;与之相反,2005~2007年,全国别墅与高档公寓的销

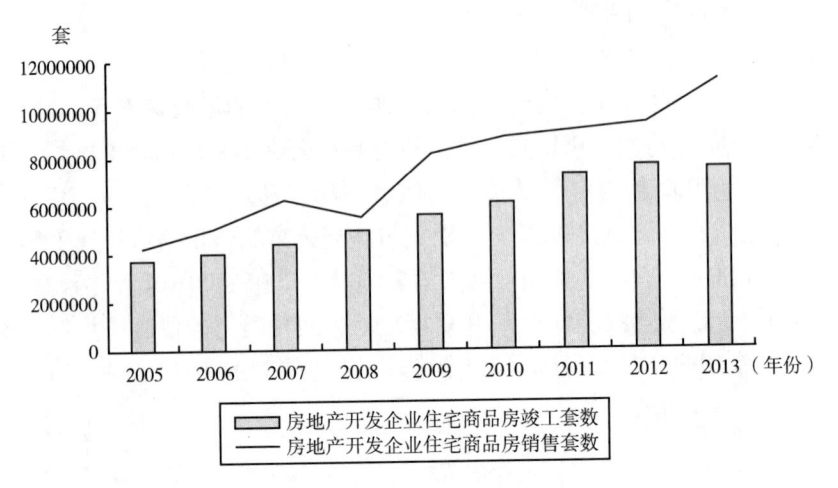

图 2-7　2005~2013 年全国住宅商品房竣工与销售套数

数据来源：中经网统计数据库。

售套数增长较快，但是在 2009 年以后其销售套数呈逐年下降，只是在 2013 年略有反弹；与 2013 年别墅与高档公寓销售套数呈上升趋势形成对比的是，该年度的竣工套数却出现了较大幅度下降。这显然是导致 2013 年别墅与高档公寓价格再次上涨的直接原因。

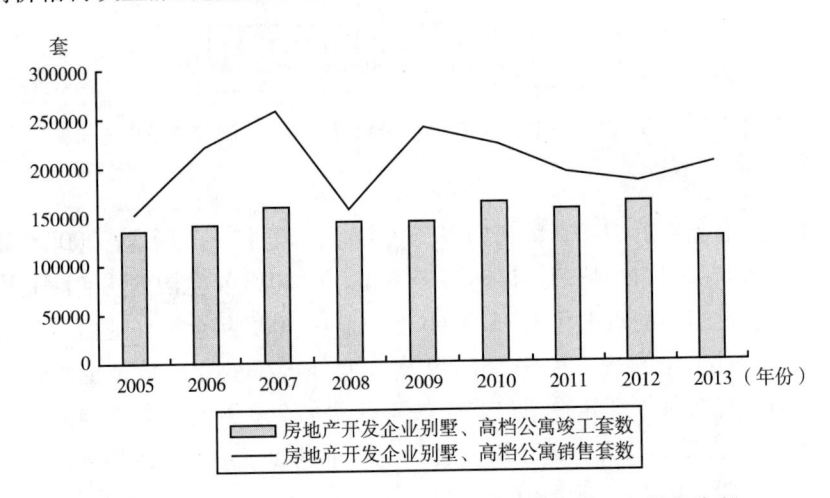

图 2-8　2005~2013 年全国别墅与高档公寓房竣工与销售套数

数据来源：中经网统计数据库。

二、2010～2015年住房消费规模——基于城市类型视角分析

（一）不同类型城市住房消费规模分析

从2010～2015年北京、上海等10大城市商品房成交面积看，一二线城市成交面积走势相似，总体上波动剧烈，呈现不规则变化[①]。如图2-9所示，受传统节日影响，各年度的前两个月的商品房成交面积较低，在10～11月份住房消费规模则迅速上升。2010年10大城市成交量非常高，一线城市商品房成交面积明显高于二线城市的成交面积。2010年房地产调控加码，实行史上最严厉的房地产限购政策，推进房产税改革，在政策时滞效应作用下，2011年一二线城市商品房成交面积明显下降。但尽管2012年房地产政策稳中趋紧，实行差别化的房地产信贷政策，商品房的成交热度不减，尤其二线城市成交量剧增，明显高于一线城市，在2013～2014年间10大城市中二线城市商品房成交面积也基本上高于一线城市。

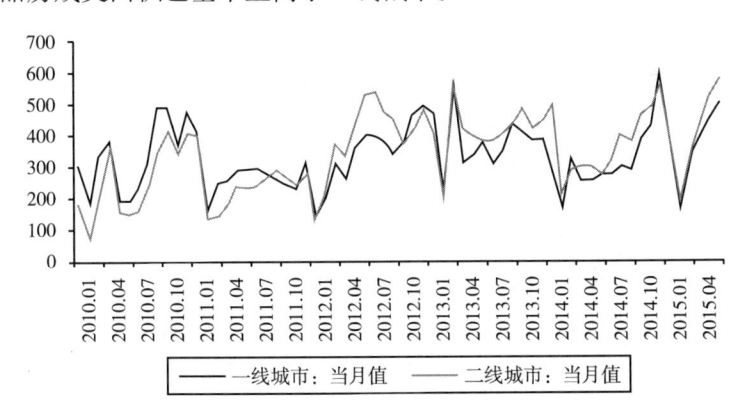

图2-9 10大城市商品房月度成交面积（万平方米）

数据来源：wind数据库。

从2010～2015年10大城市商品房存销比看，二线城市商品房存销比明

[①] 10大城市是指北京、上海、广州、深圳、天津、武汉、重庆、南京、杭州、成都。

显高于一线城市①。商品房存销比可以用成交套数、成交面积等指标计算。根据数据可得性，本章商品房存销比用库存面积和成交面积的月度比值数据来表示。存销比越小，表明商品房较为畅销；反之，商品房存在滞销倾向。如图 2-10 所示，一二线城市商品房存销比走势趋势十分相似，但又有明显区别。在 2010 年 5 月~2011 年 4 月、2012 年 5 月至 9 月时间段，一二线城市存销比几乎相等，市场繁荣、成交旺盛，存销比数据迅速下降。在其他时段，尤其是 2012 年 9 月以后二线城市存销比数据明显高于一线城市，尽管走势相近，但差距呈现扩大状态。在 2014 年市场低迷时期，一二线城市商品房存销比快速升高，二线城市数据显著大于一线城市，在住建部明确"千方百计去库存"政策的影响下，下半年商品房库存量迅速下降，2015 年初商品房存销比数据又明显上升。

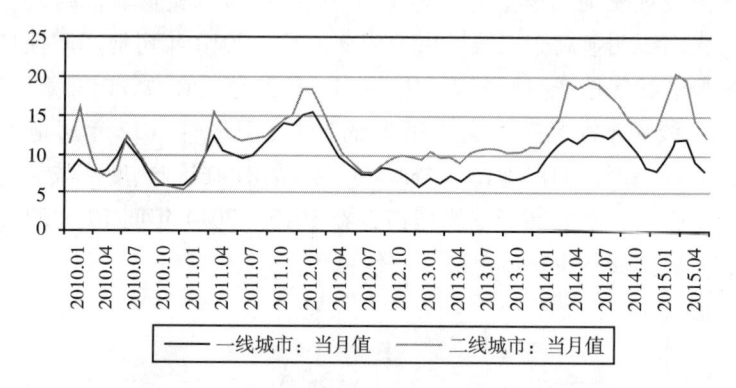

图 2-10　10 大城市商品房存销比（面积）

数据来源：wind 数据库。

从 2010~2015 年 30 大中城市商品房成交面积看，二线城市的商品房成交面积明显高于一线、三线城市的成交面积，二线城市住房消费规模明显大于一线、三线城市的住房消费规模，如图 2-11 所示。在商品房成交过热时期，二线城市住房消费规模增加迅速，与一、三线城市的住房消费规模差距迅速扩大，而一、三线城市商品房成交面积增长速度不及二线城市的增速。在房地产调控政策影响下，二线城市商品房成交面积下降速度快于一、三线城市，呈现出大起大落的态势。相对的，一、三线城市商品房成交面积非常接近，波动较小。从商品房成交面积的走势看，一、二、三线城市由于城市

---

① 存销比是指商品住宅的存量与销售面积之间的比值，它能反映商品房存量和销售量的对应关系，其中一种计算公式为：存销比（月）=商品房库存量面积/过去三个月商品房平均销售面积。

规模，城市数量的差异，一线城市的住房消费情况良好，二三线城市住房由于房价涨幅过快，有效住房需求不足等问题，商品房库存量较大，"去库存"是未来几年二三线城市，尤其三线城市面临的主要问题。

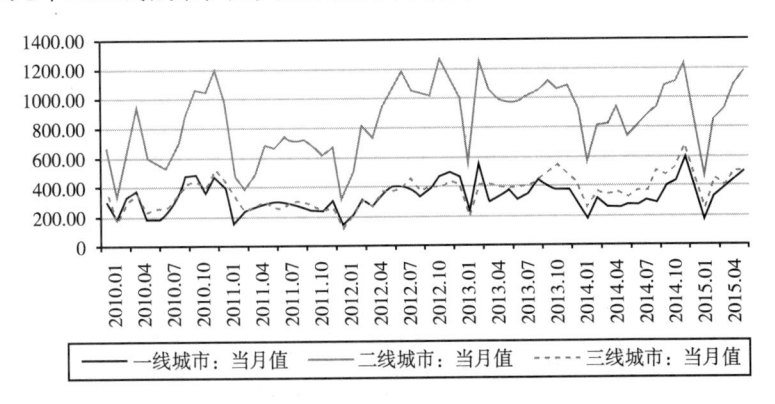

图 2-11 30 大中城市商品房成交面积（万平方米）

数据来源：wind 数据库。

注：30 个大中城市是指北京、上海、广州、深圳、天津、重庆、武汉、南京、杭州、成都、郑州、青岛、苏州、无锡、大连、沈阳、佛山、宁波、长沙、烟台、唐山、东莞、南通、济南、合肥、常州、潍坊、石家庄、徐州、淄博。

通过比较 2015 年 4 月份一二线城市截面数据可以发现，一线城市商品房总存量较高、同比增速较快，但由于需求旺盛，商品房存销比较低；二线城市内部差别很大，部分城市商品房严重过剩，部分城市商品房仍出现供不应求的情形，详见表 2-1。一线城市中，深圳比较特殊，2014 年国家将前海区设定为经济特区，并给予大量优惠政策，经济发展前景可期，同时深圳是中国大陆城市中移民人口基数最多的城市，消费需求强劲，因此住房消费规模增长迅速。相比北京和上海的平原地形，深圳的多山地形限制了可开发土地的供应，2015 年 4 月深圳新住宅供应量同比下降 11%，是一线城市中唯一一个供应量下降的城市，其商品房存销比也最低，仅为 8.2 个月。统计发现，2015 年 4 月一线城市商品住宅平均存量房 844.75 万平方米，同比增长 14%，一线城市商品住宅存销比 10.8 个月，同比增长 -5%；二线城市商品住宅平均存量房为 874.2 万平方米，同比增长 8%，二线城市商品住宅存销比 13.4 个月，同比增长 3%。但考虑一二线城市规模差别，二线城市商品住宅存量明显偏高。尤其沈阳、青岛、长沙、重庆、武汉、杭州等城市，商品住宅存量甚至远远大于京沪一线城市，尽管目前商品住宅交易活跃，存销比数据并不高，未来商品房空置隐忧仍需关注。

表 2-1　　　　　　2015 年 4 月一二线城市一手商品住宅存量

城　市		总存量（2015 年 4 月）		库存消化期	
		万平方米	同比%	存销比	同比%
一线城市	北京	1006	16	13.3	-2
	广州	992	23	11.6	13
	上海	924	26	10.1	16
	深圳	457	-11	8.2	-46
二线城市	沈阳	2792	9	27.5	-5
	青岛	1590	-1	21.3	12
	长沙	1558	29	13.5	18
	重庆	1537	16	7.5	-7
	武汉	1433	2	9.7	-15
	杭州	1151	9	13.2	-34
	无锡	848	-6	18.1	-30
	苏州	768	0	11.6	-7
	常州	716	-11	15.8	-14
	南京	676	9	8.5	4
	郑州	583	38	10.5	47
	宁波	570	0	16.2	-37
	南宁	559	-2	9.2	-19
	合肥	533	23	7.8	72
	海口	493	8	22.1	7
	济南	397	-30	5.2	-57
	大连	392	-5	10.4	10
	福州	352	34	13.3	16
	南昌	224	21	9.9	48
	厦门	312	15	16.3	43

数据来源：中国房产信息集团（CRIC），存量包括已竣工但尚未售出的单元，以及取得预售证的在建单元；存销比 = 当期存量/过去三月平均销售量。

（二）主要城市租赁住房消费规模分析

购买住房和租赁住房是满足住房消费需求的两大重要途径，租赁住房是我国住房消费的重要部分。在我国低租金的环境下，与购买房屋相比，租房能获得同样的住房服务，但可节省房租支出，相当于住房福利提高了投资收益率，也因此有"买房不如租房"的说法。但是受传统文化、消费观念等多种因素影响，我国住房市场一直以来存在轻租房而重买房的现象，即使存在住房租赁，也大多是没有能力购房者的无奈选择。随着各城市住房价格的普遍上涨和人口向城市净流入，越来越多的住房需求者因为没有能力购买房屋而不得不通过租赁住房来满足住房需求。由于大中城市教育、医疗等基础设施完善，工作机会多，大量外来人口迁移到城市地区，城市扩张过程中大量郊区人口转化为城市人口，旧城改造、城中村整治等活动增加了租赁住房需求，我国租赁住房消费规模也不断扩大。

下面利用2000、2010年全国人口普查数据分析18个城市租赁住房市场的规模变化情况。普查数据显示，2000、2010年18个主要城市的租房市场都出现不同程度的增长。越是经济发达地区，租赁住房消费规模越大，经济活力越强的城市租赁住房消费规模的增长越大。深圳市则是例外，租赁住房消费规模则较小，具体如图2-12。上海市租房市场最为发达，租赁住房消费规模最大，2000年有166747户家庭租房，2010年增长到371284户家庭选择租房消费。其次是北京市，2000年126802户家庭选择租房，2010年增长到286449户家庭租赁住房。10年间，主要城市的租赁住房消费规模增长到原来的3倍。租赁住房增长速度较快的城市有青岛、郑州、哈尔滨市，2000年租赁住房家庭分别有18531户、16418户、36517户，2010年租赁住房家庭达到90375户、79416户、146856户，增长了近5倍。增长速度较慢的城市有天津、深圳、武汉市，租赁住房消费规模增长了1倍。

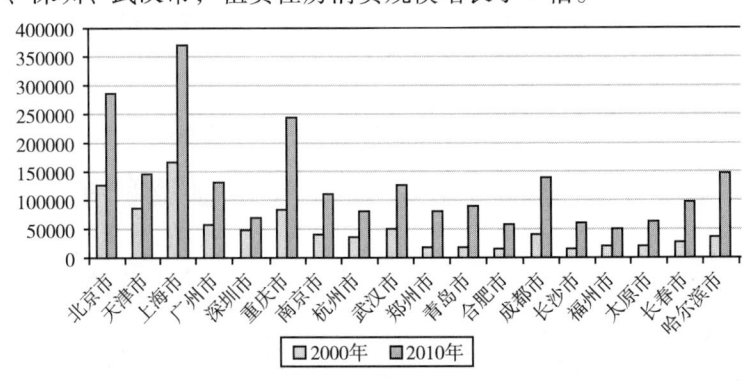

图 2-12　2000、2010 年 18 个城市家庭住房来源中租住房户数

数据来源：2000 年和 2010 年全国人口普查数据。

从主要城市家庭租赁住房的比例来看，不同城市的住房来源中租住房的比例明显上升。如图 2-13 所示，18 个主要城市中，家庭住房来源于租住房屋的比例从 2000 年的平均 19% 上升到 2010 年的平均 36%，购买住房占住房来源的比例上涨了近 1 倍。18 个城市中，有 17 个城市租赁住房比例显著上升，尤其南京、太原市最为突出，家庭住房中租住房比例由原来的 20% 飙升至接近 50%；有 8 个城市的家庭住房来源中租赁住房的比例超过 40%，北京、天津、上海、南京、武汉、太原、长春、哈尔滨市等。仅有深圳市租住房比例呈下降趋势，由原来的 49% 下降到 18%。不论是发达的一线城市，还是二三线城市租住房屋的比例显著上升，租赁住房比例最小城市深圳市，家庭住房来源中选择租住房的比例也接近 20%。根据我国居民传统的住房观念，租住房屋却是无法满足"归属感"的一种无奈的替代，在购买房屋的刚性需求无法满足的条件下，租住房成为一种解决住房问题的较好的方法。

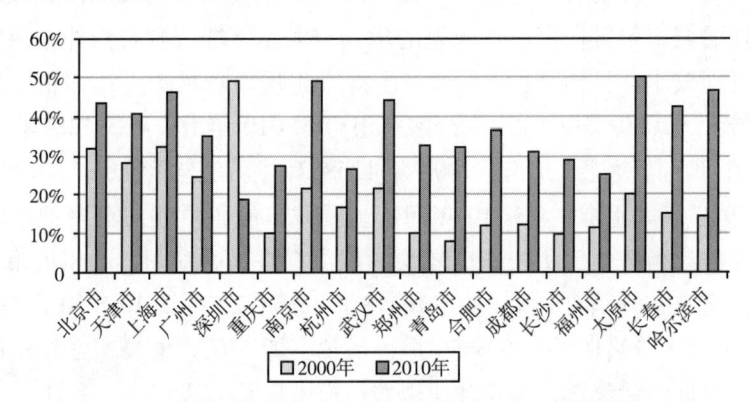

图 2-13　2000、2010 年 18 个城市家庭住房来源中租住房比例

数据来源：2000 年和 2010 年全国人口普查数据。

三、当前住房消费规模发展过程中面临的主要问题

经过十多年的快速发展，房地产市场由住房短缺渐趋饱和，住房市场增长幅度开始逐渐放缓，住房市场的主要问题已经由长期以来的总量供给不足向结构性失衡演变。

1. 非市场调节因素只能暂时地减缓住宅商品房市场的消费需求增加，并不能从根本上解决住宅商品房供求不均衡的矛盾。根据 1998~2014 年全国的

住房消费情况来看，一些政府政策对住房市场进行调节，只能缓解当时一段时间住房市场上需求的增加，但是一段时间后，被压抑的住房需求会在下一阶段一起爆发，引发住房市场上新一轮的住房需求的增长。比如，在2004年初，中央采取了"管严土地，看紧信贷"的宏观调控政策，虽然导致2004年全国住宅商品房的消费面积和消费额的增长速度下降，但是在2005年全国的住宅商品房的消费面积和消费额都有了很大程度的增长。此外，2008年全球的经济危机对我国的住房市场造成了很大的打击，当年住房市场的消费额和消费面积都下降很大，但是在2009年中国的住房市场的消费需求反弹到了正常水平，住宅商品房的消费面积和消费额相较于2008年都有了很大程度的增长。因而，对于我国的住房市场存在的消费需求过高问题，通过外部因素来调节需求，控制住房市场的手段的效果并不是很好，只能不断完善我国住房市场自身的市场机制，通过住房市场自身的调节来调控住房资源来解决现阶段供需不相符的问题。

2. 住房消费占我国城市居民收入的比重越来越大，给我国城市居民的生活造成了很大经济压力。根据数据显示，在1998年我国城镇居民人均住房消费额占城镇居民人均可支配收入的9%，但是在2014年城镇居民的人均住房消费额占城镇居民人均可支配收入为29%，而在进入2007年以后几乎每年住房消费都占到居民收入的30%以上，在2009年住房消费几乎占到居民收入的35%，达到这几年来的最高值。可见近几年来住房消费对城市居民尤其是收入水平较低的居民的经济生活已经造成了很大的经济压力。然而，住房价格快速上涨激发了消费者的购房热情，部分消费者把购房看作是一种投资手段，他们进入住房市场又进一步推高了房价，导致一些有自主需求的购房者也只能在高房价的水平下进行消费。因而，为了解决我国城市居民住房消费比重高的问题，可以选择完善我国的金融市场为城市居民提供更加全面的投资渠道，减少投资性住房需求比例进而整体上降低住房市场的需求热度，将房价控制在合理的范围，为自主性住房需求提供购房空间。

3. 现阶段我国住房市场上的供不应求问题依旧存在，每年的房地产企业住宅商品房竣工套数依旧低于房地产企业住宅商品房销售套数。根据数据显示，2012年以前，我国的住宅商品房的竣工套数虽然小于住宅商品房的销售套数，但是二者之间的差距已经在不断地缩小，尤其是全国的别墅与高档公寓商品房的销售套数和竣工套数之间的差额缩小的更加明显。但是在2013年住宅商品房销售套数和竣工套数二者之间的差距又在拉大。此外，房地产商对住房需求结构变动的反应具有明显的滞后期，又进一步加剧了住房供需矛盾。因此，为了解决现阶段我国住房市场上存在的住房需求供不应求的局面，应进一步鼓励房地产商增加普通小型住宅供给，为支付能力较低的城镇居民提供更多地住房类型选择。

4. 住房消费市场供求结构性矛盾突出，主要表现在一方面供给能力大大增加，新建住房不断增多，人均住房面积处于高位水平，同时面临着众多刚性住房需求，住房供求空间结构不匹配。目前，我国自有住房率达到90%，人均住房面积达到35平方米，住房消费规模已达到高位水平。从1998年到2014年，我国人均住房面积从18平方米增长到35平方米，增长了接近1倍，但仍存在众多刚性住房需求无法得到满足，许多城市不得不通过租赁住房来解决住房问题，说明我国住房供求矛盾、住房资源分配不公、空间结构不均衡的问题仍很突出。

四、分析总结及预测

住房市场发展的整体趋势与中国经济体制改革、住房制度改革和住房政策支持密不可分。1998年住房分配制度改革，首次提出建立和完善以经济适用房为主的多层次城镇住房供应体系，取消福利分房、实行住房货币化分配政策，居民对住房的需求得到大规模释放，我国房地产业逐渐转向市场化，走向快速发展的道路。房地产市场快速发展，大大改善了居民的住房条件，同时也成为新的经济增长点和消费热点，成为国民经济的支柱产业，拉动整个国民经济的增长。

1998年以来我国住房消费需求呈快速持续增长趋势，目前住房消费规模达到历史高位，而未来住房消费规模增长速度将不断放缓。从房地产新开工、竣工、施工面积看，2013年以后，房地产开发投资增长速度明显下降，施工面积缓步下行，新开工面积、竣工面积波动下行，尤其是房地产新开工面积在2013年底经历断崖式下降。尽管2014年有所回升，但整体下行趋势非常明显，2015年5月房地产新开工、竣工面积增长为-10%，比2014年有了更大幅度下降。这意味着除非住房市场出现重大利好因素，未来几年住房消费规模将以去库存式的缓慢增长为主。

未来几年在房地产开发增速下降情况下，新增住房供给量减少，住宅市场消费以去库存为主，不同城市、不同地区住宅价格将依供求状况而发生差别性变化，整体上住房价格全面高涨局面不再出现，住房市场继续分化，一线城市住房价格依然坚挺，二线城市住房价格波动上升，三四线城市住房价格延续下滑的状态。消费规模上，一线城市住房消费规模继续保持快速增长，二线城市住房消费规模较快增长，三四线城市住房消费规模零增长甚至负增长。

第三章

经济基本面与住房消费规模分析及预测

一、1998~2014年我国宏观经济基本面回顾

从宏观经济层面分析住房消费,一直是学术重点,同时由于房地产业对国民经济的巨大作用,中国人民银行和政府层面,对于房地产的关注,使得任何他们做出的政策调整,都会对其产生影响,两者之间的关系如何,这里我们从近十几年来宏观经济波动的过程出发,分析经济基本面对住房消费的影响,理顺两者之间的脉络,为后面的分析做出一个基本判断。

为了应对1997年亚洲金融风暴的影响,中国政府实施了积极的财政政策和稳健的货币政策。1997~2000年中国人民银行为贯彻中央扩大内需的方针,取消了对商业银行贷款限额的控制,改革存款准备金制度并两次下调法定存款准备金率,连续7次下调存贷款利率。截止到2000年,宏观经济运行开始出现重大转机,房地产行业也进入了快速扩张期。

从2003年开始,我国连续实行5年的积极财政政策和稳健货币政策,有力地保证了经济持续高速增长,通货紧缩压力有所缓解,货币供应量和信贷投放偏快的趋势开始呈现,同时投资品价格上涨也有力地推动了物价水平的回升。2004年受连续3年粮食减产和国际粮食市场价格上涨等多种因素影响,我国粮价6年来首次全面上扬,由此引发了新一轮的通货膨胀,该年中国人民银行公开宣布实行"适度从紧"的货币政策,在当年12月份召开的政治局会议上决定2005年起实行稳健的财政政策,至此,已实行了7年的积极财政政策正式淡出。

进入2007年,中国经济总体继续呈高位运行态势,通胀压力持续加大,2005年以来出现的流动性过剩问题也未能从根本上得到解决,经济增长由偏

快转为过热的风险日渐加大。为此，中国人民银行全年连续6次提高存贷款利率，连续10次提高法定准备金率，在该年年底召开的中央经济工作会议上，10年来首次明确提出了实行从紧的货币政策。

2008年中国经济接连遭遇国内外的冲击和挑战。首先是年初的雨雪冰冻灾害和"5·12"汶川大地震给经济的稳定、快速增长造成了巨大的影响；接着美国金融危机扩大化并波及至其他经济体，全球经济步入衰退之中。受国内外不利因素的影响，国内经济的增速从下半年开始呈回落态势。为了保持国民经济平稳快速发展，中国人民银行随后进行了三次降息行动，表明货币政策的重心开始由控制通胀转向防止经济下滑。

从2012年开始，我国经济逐步进入"新常态"，开始经历经济增速下降为特征新的经济发展阶段，经济结构内在调整，人口老龄化作用显现，外部需求不足等多个因素的叠加，构成了今后一个时期我国经济增速下降的主要原因。与经济减速一起出现的，是房地产市场整体出现回落，从表3-1中可以看到，2014年一季度，全国房地产开发完成投资15339亿元，增幅与上年全年相比回落3.0个百分点，商品房新开工面积2.91亿平方米，同比大幅下降25.2%，商品房销售面积20111万平方米，同比下降3.8%，商品住宅实现销售面积17825万平方米，同比下降5.7%。房地产贷款余额15.4万亿元，同比增长18.8%，增速比上年末低0.3个百分点。房地产贷款余额占各项贷款余额的20.6%，比上年末低0.4个百分点。个人住房贷款余额为9.5万亿元，同比增长20.2%，比上年末低0.8个百分点；住房开发贷款余额为2.8万亿元，同比增长19.3%，增速比上年末高3.5个百分点；地产开发贷款余额为1.1万亿元，同比增长7.6%，比上年末低2.2个百分点。2014年一季度，新增房地产贷款7971亿元，占各项贷款新增额的26.4%，比上年全年低1.7个百分点。70个大中城市中新建商品住宅价格环比上涨的城市个数有56个，比上年12月份减少9个。从环比涨幅超过0.5%的城市个数来看，3月份为6个城市，比上年12月减少28个，下降明显。

表3-1 近3年房地产开发情况

指标	2012年		2013年		2014年	
	完成	增长	完成值	增长	完成值	增长
固定资产投资	364835	20.6	436528	19.2	68322	17.6
房地产开发投资	71804	16.3	86013	19.8	15339	16.8
房地产资金开发来源	96538	12.7	122122	26.5	28731	6.6

续表

指标	2012 年 完成	2012 年 增长	2013 年 完成值	2013 年 增长	2014 年 完成值	2014 年 增长
其中：国内贷款	14778	17.6	19673	33.1	6226	20.4
其中：个人按揭贷款	10524	25.9	14033	33.3	3161	0.1
施工面积	573418	13.2	665572	16.1	547030	14.2
新开工面积	177334	-7.3	201208	13.5	29090	-25.2
竣工面积	99425	7.3	101435	2	18520	-4.9
销售面积	111304	1.8	130551	17.3	20111	-3.8
销售额	64456	10	81428	26.3	13263	-5.2

数据来源：国家信息中心中国房地产信息网：crei.cei.gov.cn。

　　房地产业作为我国经济的支柱性产业，成为宏观经济调控的重要目标，中国人民银行行长周小川在2015年年初在参加达沃斯论坛当被问及中国人民银行如何稳定房地产市场时表示，货币政策是总量政策，房地产调控属结构性政策，通常总量政策不针对结构性问题调控，但如果房地产市场出现大幅波动，中国人民银行也可以出台一些结构性措施，如调节贷款与房屋价值比率等。不久，在2月28日下午，中国人民银行官方网站发布消息：中国人民银行决定，自2015年3月1日起下调金融机构人民币贷款和存款基准利率。金融机构一年期贷款基准利率下调0.25个百分点至5.35%；一年期存款基准利率下调0.25个百分点至2.5%。此后，在2015年4月20日中国人民银行又决定，下调各类存款类金融机构人民币存款准备金率1个百分点。自4月20日起对农信社、村镇银行等农村金融机构额外降低人民币存款准备金率1个百分点，并统一下调农村合作银行存款准备金率至农信社水平；对中国农业发展银行额外降低人民币存款准备金率2个百分点。

　　回顾十几年来宏观经济政策的走向，我们发现宏观经济基本面的变化势必对住房市场特别是住房消费产生巨大影响，利率调整，准备金率的变化，信贷政策的转向以及通胀等因素都构成了对住房需求影响的重要因素，对基本面的分析有助于我们对住房市场的需求的整体把握，而住房市场的稳定也有助于我国宏观经济稳定健康发展。

二、宏观经济基本面与住房消费规模相关性分析

（一）理论分析

对于宏观经济基本面和住房消费的关系，已有研究表明，基本面中利率、通货膨胀、银行贷款、人口结构是房地产消费规模最重要的影响因素。鉴于本报告是年度报告，对于长期人口结构转变对于房地产市场需求的影响我们不做深入分析。

通常利率是和通胀联系在一起影响住房消费的，实际利率影响住房需求，在利率方面，既有成本角度的影响，又有投资角度的影响。当利率上升，对于购房者来说，贷款利率上升，购房还款压力增大，对于投资购房者来说，购买房屋以期日后升值的可能性也随之下降，总体而言，需求要看购房者中两部分人的比例大小。我国购买住房的人群中，大部分是用银行贷款进行购买，消费性购房占据较大部分，利率的变动引发住宅价格的波动和房地产需求的变化，这明显和中国人民银行货币政策的调整有关，历次的中国人民银行政策调整都引发了房地产市场需求的变动就说明了这一点。2010年开始，中国人民银行以加息为主要调整手段，仅从2010年~2011年7月期间就累计加息5次，但是这一时间内，我国房地产需求反而比较旺盛，而全球金融危机期间，中央银行为支持实体经济发展而频繁降息，全球金融危机事件结束不久，相继出现的欧债危机、美国财政悬崖等事件，使中央银行又进行了2次降息。房地产市场在中国人民银行减息操作背景下，一部分购房者重新进入房地产市场，加上改善性购房需求与刚性购房需求，使住房市场的总需求处于较高水平。房地产价格依然呈现上涨态势，但其增幅明显下降。

根据中国房地产指数系统对100个城市全样本调查数据显示：2012年6月~2014年4月百城住宅均价连续23个月环比上涨，而2014年5月首次下跌，2014年全年累计下跌2.69%。进入2015年，百城价格以平稳变化为主，一季度累计微跌0.18%，跌幅较2014年四季度收窄1.04个百分点。可以看到，虽然中国人民银行的利率调整与房地产价格变动缺少非常明显的同步变动，但利率政策调整还是对房地产需求产生了较为明显的影响。

以往对于通货膨胀和住房需求之间的关系结论不太清晰。有的研究表明，

通货膨胀与住房需求之间呈现显著正相关的关系，认为由于通货膨胀，房地产成为最佳的保值增值资产，包含房地产在内的投资组合，在风险控制下，显著地增加了投资回报，不但对于预期到的通货膨胀房地产能有良好的抵御效果，对于未预期到的通胀也是如此，所以在通胀期内，通胀越高，房地产需求越增加（冯科，2011；谭政勋、王聪，2011）。而相应的一些学者则持有相反意见，他们指出由于前一期住房所有权成本的增加和收入约束的共同作用，使得通货膨胀对于住房需求产生了不利影响（邓富民、王刚，2012；王先柱、金叶龙，2013）。通货膨胀的增加会提高还款的名义利率，在意银行按揭贷款的购房者中，这会恶化其资金状况，减小对住房的有效需求。将正负向影响结合一起，发现由于通货膨胀造成的前期还款负担加重对购房的负面影响，住宅升值获益对购房的积极作用，使得通胀情况下实际还款下降，产生购房需求。但是现实是两种情况都出现过。以美国为例，在20世纪70年代，高通胀推动了房地产繁荣，需求增加，而在新世纪初，也出现了低通胀和房地产需求旺盛共同存在的情况。比较我国通胀变动和商品房销售面积增长关系，我们发现2000~2003年通胀走势平稳，商品房销售变动也比较平稳，而从2004年以来，房屋销售面积和通胀之间出现了明显的背离，中国似乎倾向于两者间负相关的关系。

对于信贷和住房需求之间的关系，学者们的意见较为一致，即信贷和货币政策对于房地产市场推动作用明显（肖争艳、彭博，2011）。从1998年实行住房制度改革以来，住房金融在中国已趋于完善，但是中国的房地产开发和住房融资主要以银行为主，银行为其承担了几乎全部风险，为降低风险中国人民银行多次调整房贷政策，对于首付比例，贷款利率等做过多次调整，最近的一次为2015年3月30日，中国人民银行、住建部、银监会联合下发《中国人民银行住房城乡建设部中国银行业监督管理委员会关于个人住房贷款政策有关问题的通知》，规定缴存职工家庭使用住房公积金委托贷款购买首套普通自住房，最低首付款比例为20%；对拥有1套住房并已结清相应购房贷款的缴存职工家庭，为改善居住条件再次申请住房公积金委托贷款购买普通自住房，最低首付款比例为30%。对拥有1套住房且相应购房贷款未结清的居民家庭，为改善居住条件再次申请商业性个人住房贷款购买普通自住房，最低首付款比例调整为不低于40%。信贷放松、贷款易得会推动房地产需求的增加，但是一些研究也发现，房价上涨过高已经打破了经济基础和住宅价格之间原有的均衡关系，而居民可支配收入对价格变动影响很低，说明房价缺少市场真实需求，更多表现为投机性购买，而市场上投机性的购买越多那么房地产需求相对就越不稳定，基本面的变动对其影响就越明显。而无论是收入、房贷，还是利率、人口等基本因素对于房屋需求的影响，取决于购房者的风险态度，住房需求和经济基本面之间的非线性关系是由风险态度所决定的，所以购房需求是由风险的偏好所决定。房价越高，涨得越快，进入住房市场的消费者越多，市场需求就越旺盛，这是目前住房消费的一个特征。以 2015 年 1~4 月份为例，全国商品房销售面积 26385 万平方米，同比下降 4.8%，其中，住宅销售面积下降 5.0%，办公楼销售面积下降 13.6%，商业营业用房销售面积增长 5.2%。商品房销售额 17739 亿元，下降 3.1%。其中，住宅销售额下降 2.2%，办公楼销售额下降 13.3%，商业营业用房销售额增长 0.1%。

最近的研究发现，住房需求和经济基本面之间关系呈现抛物线的关系，具体表现为：当购房者为风险爱好者，随着家庭收入，房价，贷款上升，住房需求先是增加，后是减少，为倒 U 型，当购房者为风险规避较大的厌恶风险型时，随着收入，房价，贷款上升，住房需求先减少后增加，为正 U 型，利率对住房需求的影响甚至呈现更为复杂的三次曲线形状。只有当购房者为风险中性时，住房需求和经济基本面的变量才呈现线性关系，表现为住房需求和利率、收入、通胀、贷款正相关，与房价负相关[①]。这对于理解房地产需求和宏观经济基本面的关系又有了深入的认识。

（二）具体数据分析

下面将结合具体数据说明我国经济基本面和住房消费的关系[②]：

（1）住房消费，我们用人均商品房销售面积表示。而这样做的原因是：住房消费的计算中需要用到总人口数据或总户数数据；而一般情况下，总人口数据为真实总人口数，但总户数数据有时为抽查数据，为了保证数据的准确计算，我们采用总人口数据。另外，对于总人口有两种统计口径，一种是户籍人口，一种是常住人口；前者数据较全，后者虽数据较少，但更能反映

---

① 陈日清：《中国货币政策规则对房地产市场的非对称效应》，载《统计研究》2014 年第 6 期。
② 数据主要来源于中国知网数据库，万德数据库，中经网数据库，第五、六次全国人口普查数据，31 个省级行政区的统计年鉴，中国城市统计年鉴，中国房地产统计年鉴，中国人民银行官网，中国人口与就业统计年鉴，中国国土资源统计年鉴，中国统计年鉴，《新中国 60 年统计资料汇编》等。我们的截面数据覆盖到 332 个地级行政区（其中包括 291 个地级市），31 个省级行政区，以及港、澳、台；时间数据覆盖到 1932~2015 年。而大部分数据的频率为年，CPI 数据的频率为月，利率数据的频率为日。首先是一些数据的解释

一个地区的实际总人口。所以省级间的横向比较，我们采用常住人口数据计算；而城市间的横向比较，由于城市级的常住人口数据较为不完整，我们退而采用户籍人口。这意味着，我们对直辖市根据不同情况，采取有差别的处理方式。

（2）实际利率，考虑到房贷期限一般较长，我们采用5年整存整取的定期存款利率为基准，并剔除通货膨胀因素，为了更精确地计算实际利率，我们采用的计算公式为：实际利率＝[(1＋5年整存整取的定期存款利率)/(1＋CPI/100)]－1。由于名义利率为日数据，CPI为月数据，我们将采用每月中不同名义利率对应的真实天数进行加权计算，从而得到实际利率的月数据。

（3）收入，我们用城镇居民家庭可支配收入表示。由于，国民收入中很大一部分需要交税等，故使用可支配收入更能反映出居民的实际收入。

（4）通胀，我们用居民消费指数表示。

（5）房价，我们用商品房平均销售价格表示，其计算公式为：商品房平均销售价格＝商品房销售额/商品房销售面积。

1. 实际利率与住房消费的关系

作为一线城市的北京和上海市，其市场化程度较高，所以两个城市的实际利率更具有参考价值，图3－1是北京和上海市两个城市的月度实际利率变化趋势图。

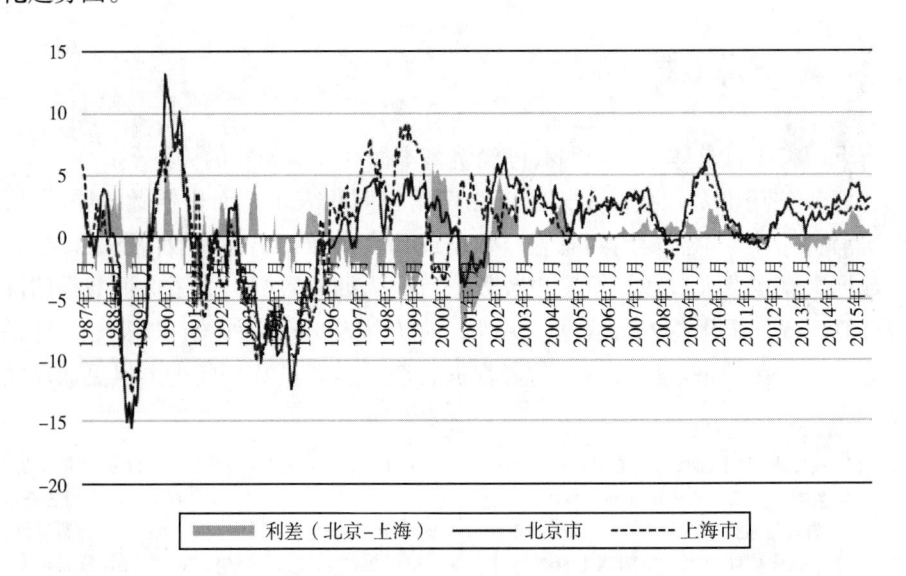

图3－1　1987年1月~2015年6月实际利率（%）

第三章　经济基本面与住房消费规模分析及预测

我们发现北京、上海的实际利率走势，除了在1996~2002年出现较长时间的背离外，其他时间基本一致，并且在80年代末期和90年代中期出现过较长时间的负利率。另外，近期北京的实际利率持续略高于上海市的实际利率（2014年2月~2015年6月），而2008年和2010年也出现了一定程度上的负利率。由于国内的名义利率是一致的，从而实际利率的差异主要是通货膨胀率引起的。同时，这说明在我国，即使是市场化程度较高的城市之间，也存在一定的实际利率套利的空间。另外，从北京和上海的利差持续时间上，我们发现利差值恢复为零，其需要的时间较长（甚至高于1年），这说明中国的市场化程度并不算太高；但是随着中国市场化程度的推进，我们发现中国的利差逐渐收窄。

表3-2为我国各省的人均商品房销售面积与利率的统计数据，我们发现2013年人均商品房销售面积与利率均值呈现正相关，其相关系数为0.39；这说明在我国利率越高，住房消费需求越高。而2013年人均商品房销售面积与利率标准差呈现负相关，其相关系数为-0.15；这说明在我国利率波动越大，住房需求越低。

表3-2　　　　2013年各省人均商品房销售面积与利率

地区	人均商品房销售面积（平方米/人）	实际利率均值（%）	实际利率标准差（%）
安徽	1.039072606	2.678365171	0.590321707
北京	0.899895971	2.25572886	1.071274728
福建	1.239056704	2.445481344	0.705650745
甘肃	0.472468999	2.053708927	0.634001498
广东	0.924126268	2.311557516	0.665767414
广西		2.542371016	0.764222061
贵州	0.848690259	2.208666406	0.339266895
海南	1.330533464	2.138581668	0.780270368
河北	0.774062714	2.356805606	0.909024419
河南	0.689576455	2.311751239	0.679736324
黑龙江	0.870921143	2.845378444	0.828564383
湖北	0.913692016	2.318326738	0.525104926
湖南	0.889666099	2.481557911	0.884487379
吉林	0.805079817	2.252876627	0.629579683

续表

地区	人均商品房销售面积（平方米/人）	实际利率均值（%）	实际利率标准差（%）
江苏	1.442762696	2.409005816	0.410228106
江西	0.700352708	2.260401506	0.559430826
辽宁	2.116697039	2.63809046	0.722632796
内蒙古		2.308199673	0.98849264
宁夏		2.066027203	0.911647076
青海	0.660447567	1.366024524	1.096088369
山东	1.061274643	2.622675059	0.468762308
山西	0.452586919	2.344983164	0.948574255
陕西	0.809165781	2.34830568	0.900427036
上海	0.986356955	2.212460663	0.276876396
四川	0.902035278	2.50907505	0.775089622
天津	1.254644378	2.242105408	1.011001817
西藏		1.486293949	0.71556872
新疆		1.697356932	1.065066203
云南	0.706119575	1.944886467	0.520458015
浙江	0.88886868	2.529086049	0.711866778
重庆	1.622087542	2.489993227	0.587875274

注：此处的人均商品房面积我们采用常住人口计算。

2. 收入与住房消费的关系

我们收集并计算了2013年201个城市的城镇居民家庭人均可支配收入、人均商品房销售面积数据（采用户籍人口计算），将其散点图呈现如下。我们从图3-2能很明显发现两者呈现一定的正相关，而通过计算我们得到其相关系数为0.53，这说明随着收入的提高，居民的住房消费越高。

根据承载力指数划分一线城市、准一线城市、二线城市、三线城市、四线城市、五线城市，我们分别计算了城镇居民家庭人均可支配收入、人均商品房销售面积的相关系数，如表3-3。其中，一线城市相关系数为1，是因为一线城市只有北京、上海两个城市，故其相关系数不是-1就是1。我们发现，在我国，承载力指数适中的城市（比如二线城市）反而相关系数较低。我们认为其原因是：有一部分户籍在二线城市的居民，常住在一线或准一线

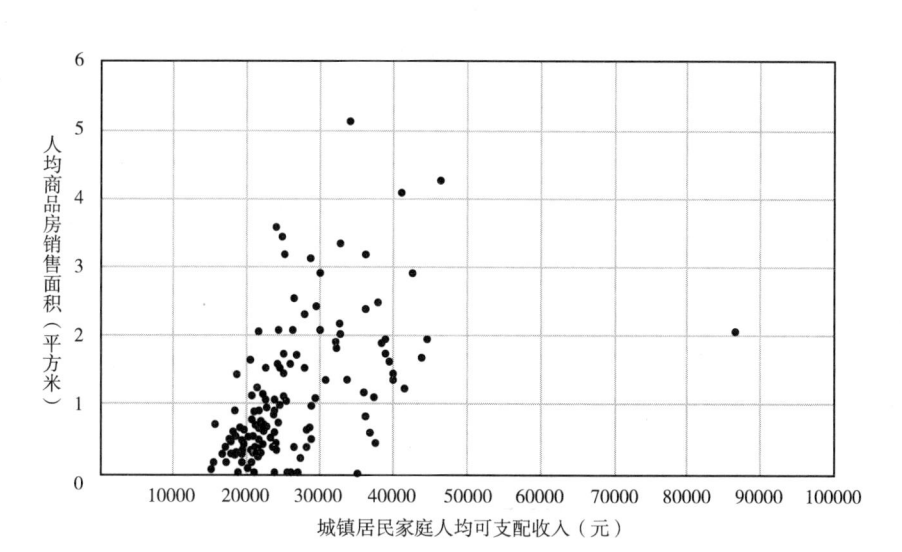

图 3-2 2013年各市收入与住房消费关系

城市，并对一线或准一线的商品房有一定的住房消费需求。

表 3-3　　　　　　　按承载力划分住房需求与居民收入的关系

承载力	一线城市	准一线城市	二线城市	三线城市	四线城市	五线城市
相关系数	1	0.75	0.24	0.51	0.46	0.63

根据地区的划分：东部地区、中部地区、西部地区、东北地区，我们分别计算了城镇居民家庭人均可支配收入、人均商品房销售面积的相关指数，在表3-4中我们发现，中部地区的居民住房需求与居民收入的关联性最强。

表 3-4　　　　　　按地区划分住房需求与居民收入的关系

地区	东部地区	中部地区	西部地区	东北地区
相关系数	0.44	0.77	0.40	0.48

根据最高行政级别的划分：直辖市、计划单列市、副省级、省会、地级市，我们分别计算了城镇居民家庭人均可支配收入、人均商品房销售面积的相关指数，如表3-5。我们发现副省级（-0.30）、计划单列市（0.06）、直辖市（0.15）城市的居民住房需求与居民收入的关联性，要大大低于省会（0.64）、地级市（0.59）城市；这说明总体而言，行政级别越高的城市反而不如行政级别低的城市的关联性。

表3-5　　　　按最高行政级别划分住房需求与居民收入的关系

最高行政级别	直辖市	计划单列市	副省级	省会	地级市
相关系数	0.15	0.06	-0.30	0.64	0.59

最后，我们还收集并计算了2013年26个省级行政区的城镇居民家庭人均可支配收入、人均商品房销售面积（采用常住人口计算）数据，见图3-3。同样，我们从图中能很明显发现两者呈现一定的正相关，而通过计算我们得到其相关系数为0.27，这说明随着收入的提高，居民的住房消费越高。另外，我们还计算了另一种统计口径的情况（采用户籍人口），得到其相关系数仍然为正（0.16），但低于采用常住人口计算的相关系数。

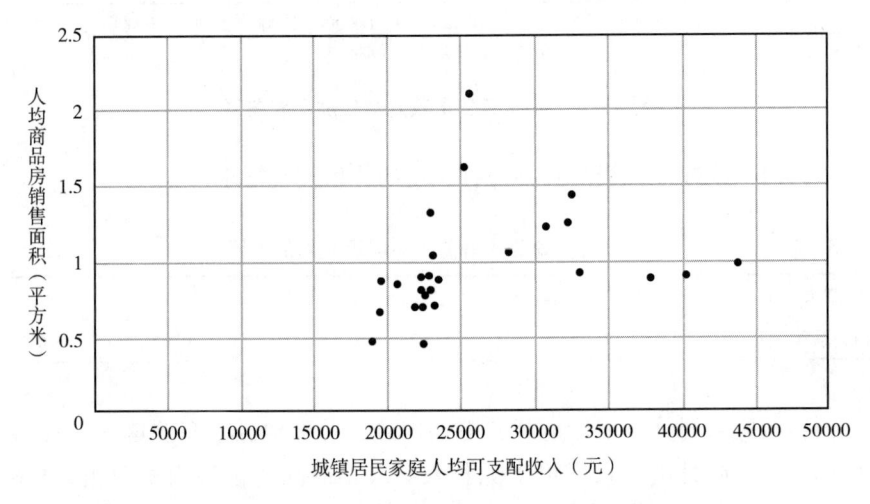

图3-3　2013年各省收入与住房消费关系

3. 通胀与住房消费的关系

在我国，通胀与实际利率呈现完全的负相关关系。由于我国的银行体系主要为总行、分行、支行体系，而市场上的主要名义利率又由各大银行决定，而一般情况下，各个分行、支行的利率与总行保持一致，总行的利率又由中国人民银行控制，这就形成了全国领域内名义利率几乎相同的结果。而(1+名义利率)=(1+实际利率)*(1+通货膨胀率)，所以通货膨胀率与实际利率完全负相关，这就说明住房消费与通胀的关系，正好与住房消费与实际利率的关系是相反的。（注：由于这节属于静态分析，所以我们不考虑动态情况，即我们这里的分析均针对截面数据）

同样，根据我国各省的人均商品房销售面积与居民消费价格指数的统计数据，我们在表3-6中发现2013年人均商品房销售面积与居民消费价格指数的均值呈现负相关，其相关系数为-0.08；这说明在我国通胀越高，住房消费需求越低。而2013年人均商品房销售面积与居民消费价格指数的标准差呈现负相关，其相关系数为-0.28；这说明在我国通胀波动越大，住房需求越低。

表3-6　　2013年各省人均商品房销售面积与居民消费价格指数

地区	人均商品房销售面积	居民消费价格指数均值	居民消费价格指数标准差
安徽	1.039072606	0.514266173	102.4083333
北京	0.899895971	0.518447566	103.2833333
福建	1.239056704	0.77322622	102.4833333
甘肃	0.472468999	0.437884031	103.1583333
广东	0.924126268	0.631676461	102.4583333
广西	0.567133661	0.867030809	102.2083333
贵州	0.848690259	0.257464325	102.5416667
海南	1.330533464	0.851558286	102.7833333
河北	0.774062714	0.690629928	102.9666667
河南	0.689576455	0.607715544	102.875
黑龙江	0.870921143	0.8742096	102.2333333
湖北	0.913692016	0.365459445	102.8083333
湖南	0.889666099	0.95294599	102.5416667
吉林	0.805079817	0.477604502	102.9083333
江苏	1.442762696	0.501739399	102.3583333
江西	0.700352708	0.544949261	102.5333333
辽宁	2.116697039	0.702107218	102.425
内蒙古	1.096127898	0.357071421	103.225
宁夏	1.602439658	0.530865503	103.4
青海	0.660447567	1.169693044	103.95
山东	1.061274643	0.448144322	102.2416667
山西	0.452586919	0.634548276	103.0583333
陕西	0.809165781	0.4981785	103.05
上海	0.986356955	0.21514618	102.3083333
四川	0.902035278	0.41120665	102.8
天津	1.254644378	0.821445511	103.075
西藏	0.081399821	0.818535277	103.55

续表

地区	人均商品房销售面积	居民消费价格指数均值	居民消费价格指数标准差
新疆	0.890783023	0.496044964	103.9333333
云南	0.706119575	0.396194014	103.1333333
浙江	0.88886868	0.647313797	102.2916667
重庆	1.622087542	0.49810246	102.6416667

4. 房价与住房消费的关系

我们收集并计算了 2013 年 193 个城市的商品房平均销售价格、人均商品房销售面积数据（采用户籍人口计算），将其散点图（图 3-4）呈现如下。我们从图中能很明显发现两者呈现一定的正相关，而通过计算我们得到其相关系数为 0.40，这说明随着房价的提高，居民的住房消费越高。这种现象在一定程度上说明住房不同于一般的商品。至少对于 2013 年我国的住房截面数据而言，我国住房的收入效应要大于其替代效应，从而表现出随着房价的增加，住房消费不降反升的现象。

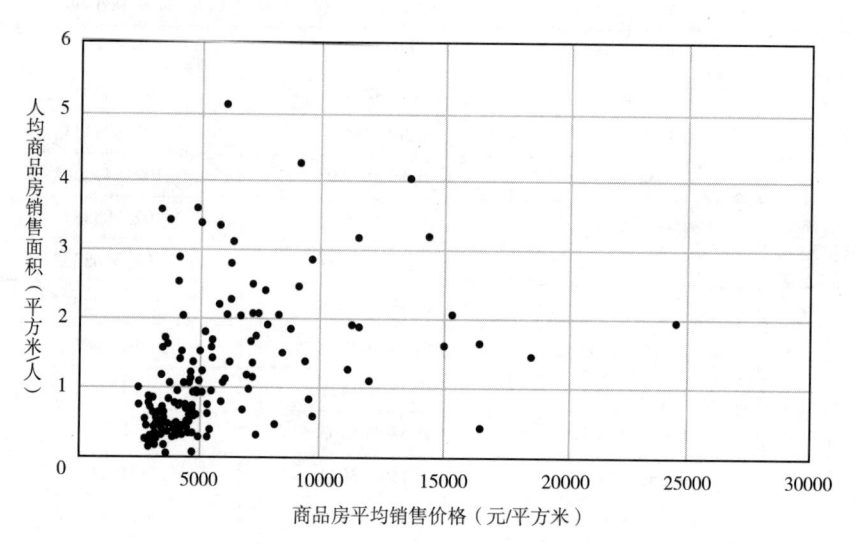

图 3-4　2013 年房价与住房消费关系

根据承载力指数的划分：一线城市、准一线城市、二线城市、三线城市、四线城市、五线城市，我们分别计算了商品房平均销售价格、人均商品房销售面积的相关系数，如表 3-7。其中，一线城市由于只有北京、上海两个城市，故相关系数为 -1。我们发现，剔除一线城市特殊情况后，我国的二线城市、三线城市、五线城市的房价与住房需求呈现微弱的负相关，而准一线城市（0.72）、四线城市（0.36）呈现较强的正相关。由此，我们认为我国整体"房价越高，需求越旺"的现象主要由准一线城市和四线城市造成。

表3-7　　　　　　　按承载力划分住房需求与房价的关系

承载力	一线城市	准一线城市	二线城市	三线城市	四线城市	五线城市
相关系数	-1	0.72	-0.01	-0.07	0.36	-0.05

根据地区的划分：东部地区、中部地区、西部地区、东北地区，我们分别计算了商品房平均销售价格、人均商品房销售面积的相关指数，如表3-8。我们发现，除东北地区（-0.11）以外，中部地区（0.72）、西部地区（0.52）、东部地区（0.30）房价与住房需求呈正相关性。

表3-8　　　　　　　按地区划分住房需求与房价的关系

地区	东部地区	中部地区	西部地区	东北地区
相关系数	0.30	0.72	0.52	-0.11

根据最高行政级别的划分：直辖市、计划单列市、副省级、省会、地级市，我们分别计算了商品房平均销售价格、人均商品房销售面积的相关指数，如表3-9。我们发现省会（-0.16）、直辖市（-0.12）、副省级（-0.06）城市的居民住房需求与房价负相关，而地级市（0.38）、计划单列市（0.14）城市则呈现正相关。

表3-9　　　　　　　按最高行政级别划分住房需求与房价的关系

最高行政级别	直辖市	计划单列市	副省级	省会	地级市
相关系数	-0.12	0.14	-0.06	-0.16	0.38

（三）经济基本面与住房消费其他方面关系

除了人均商品房销售面积以外，我们还分别计算了住房消费的其他方面指标，为了更好地解释住房消费，我们采用了住宅商品房的各项数据计算指标，旨在更全面地反映经济基本面对住房消费的影响。这些指标包括：

1. 住宅收入房价比。计算公式为：住宅收入房价比＝城镇居民家庭人均可支配收入/(住宅商品房销售额/住宅商品房销售面积)。这个指标反映了城镇居民一年可支配收入可以购买的住宅平方数。其值越高，代表住房购买压力越低。

2. 人均住宅销售面积。计算公式为：人均住宅销售面积＝住宅商品房销售面积/总人口。其值越高，代表住宅需求越高。

3. 人均住宅销售额。计算公式为：人均住宅销售额＝住宅商品房销售额/总人口。其值越高，代表住宅需求越高。

4. 人均住宅销售套数。计算公式为：人均住宅销售套数＝住宅商品房销售套数/总人口。其值越高，代表住宅需求越高。

5. 住宅面积租买比。计算公式为：住宅面积租买比＝住宅商品房出租面积/住宅商品房销售面积。这个指标反映了居民用租房替代买房的比例。其值越低，代表住房购买压力越大，从而居民转为租房。

6. 住宅期房现房比。计算公式为：住宅期房现房比＝住宅商品房期房销售套数/住宅商品房现房销售套数。这个指标反映了住宅市场的供给和需求匹配关系。其值越高，代表当期住宅需求市场大于住宅供给市场。

7. 平均每套住宅面积。计算公式为：平均每套住宅面积＝住宅商品房销售面积/住宅商品房销售套数。这个指标反映了居民对住宅大小的需求。其值越高，代表越偏好于大户型住宅。

8. 平均每套住宅价格。计算公式为：平均每套住宅价格＝住宅商品房销售额/住宅商品房销售套数。这个指标反映了整套住宅价格的高低，在一定程度上也反映了房价的高低。其值越高，代表住宅价格越高。

以下8张图（即图3-5—图3-12）分别对应着2013年上面8个指标的省级柱状图。

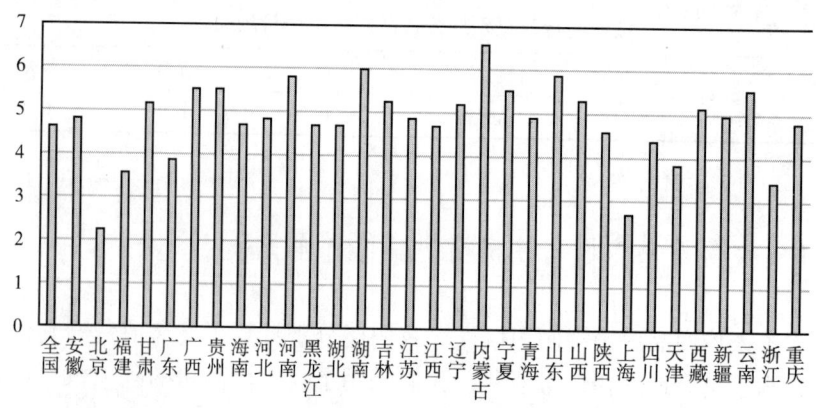

图3-5　住房收入房价比

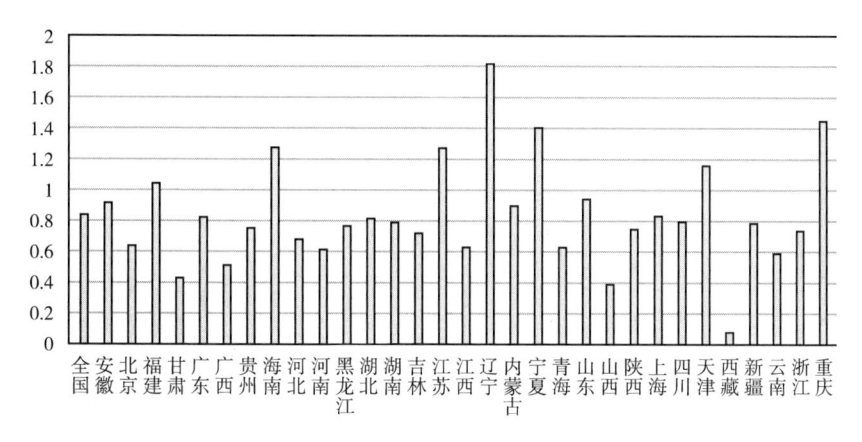

第三章 经济基本面与住房消费规模分析及预测

图3-6 人均住宅销售面积（平方米/人）

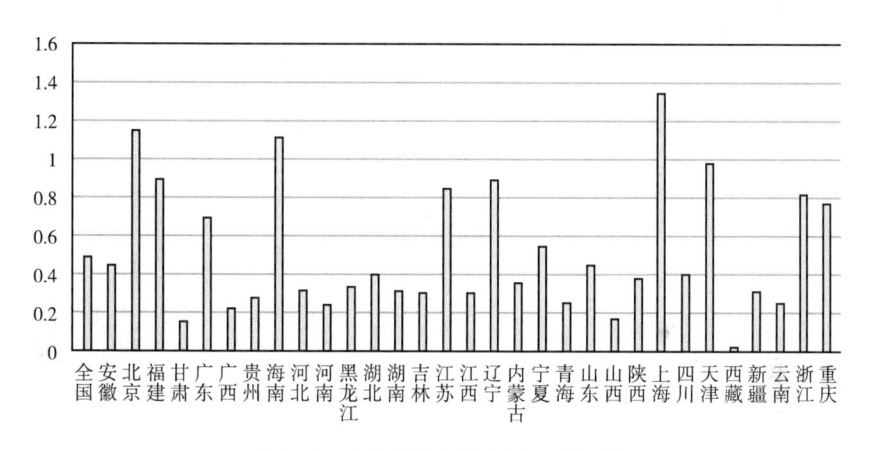

图3-7 人均住宅销售额（万元/人）

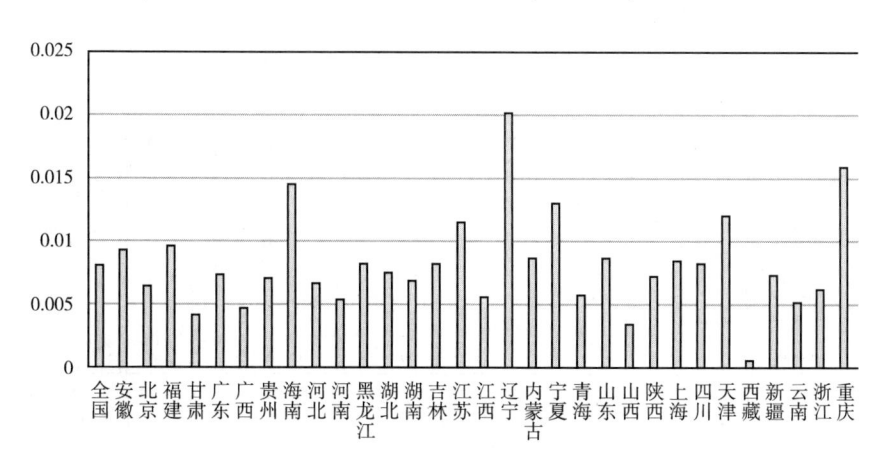

图3-8 人均住宅销售套数（套/人）

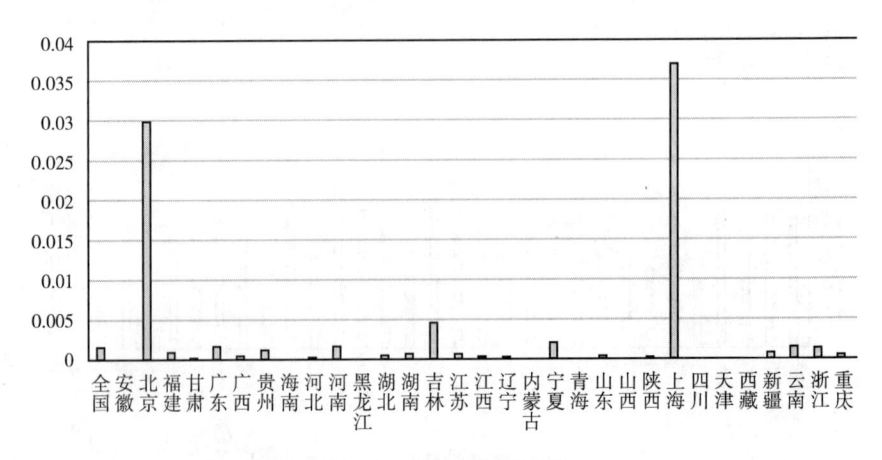

图 3-9　住宅面积租买比

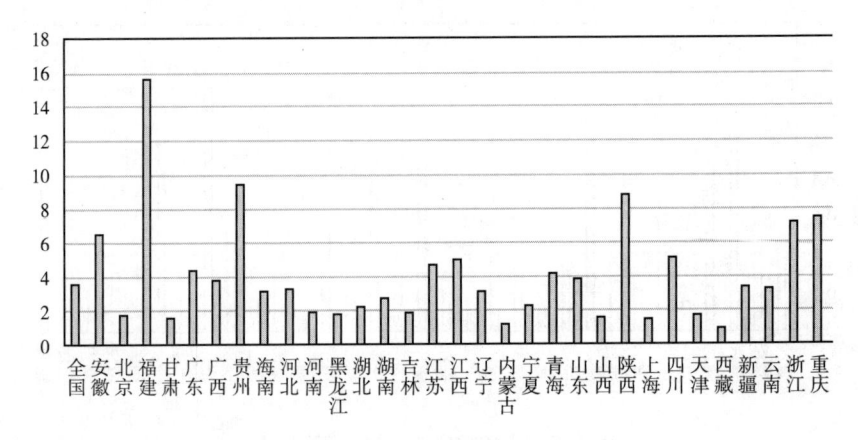

图 3-10　住宅期房现房比

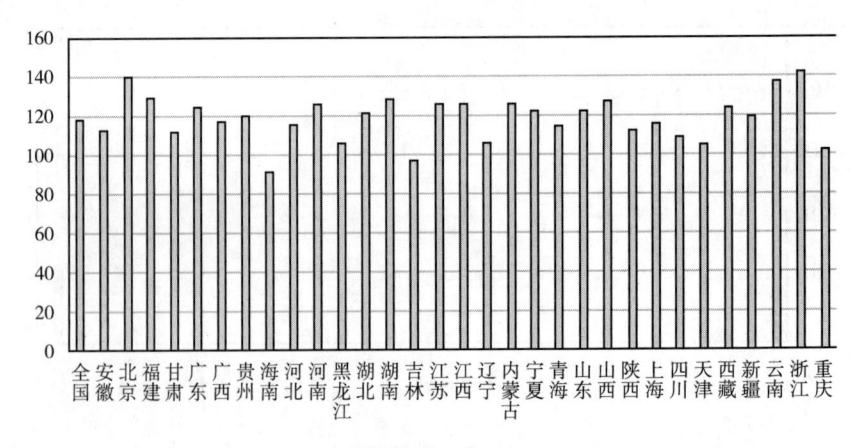

图 3-11　平均每套住宅面积（平方米/套）

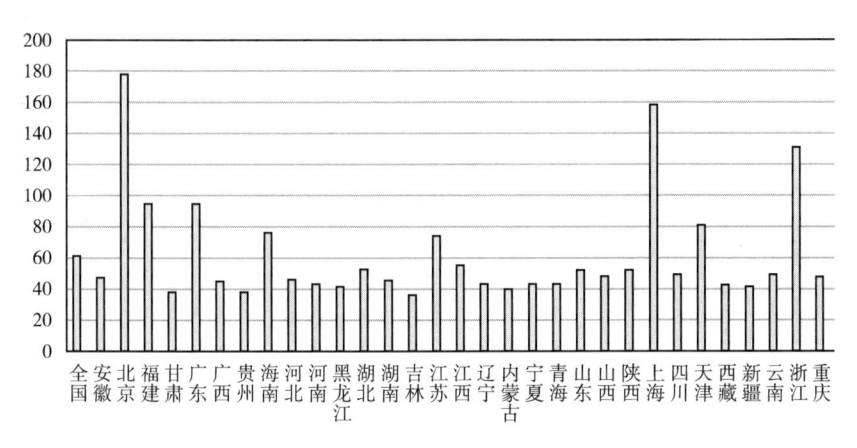

图 3-12 平均每套住宅价格（万元/套）

从上面的图 3-5 至图 3-12 中，我们发现，在住宅收入房价比方面，北京（2.26）、上海（2.71）的住宅收入房价比最低，说明北京、上海的住宅住房压力最大；辽宁（1.83）、重庆（1.47）、宁夏（1.42）的人均住宅销售面积最大，而西藏（0.07）最低；上海（1.35）、北京（1.15）、海南（1.11）的人均住宅销售额最大，这也从侧面反映了这三个地方较高的房价；辽宁、重庆、海南的人均住宅销售套数最多。在住宅租买比方面，我们发现上海（0.037）、北京（0.030）远远高于其他省份，说明这两个地区的购房压力最大；福建的住宅期房现房比最高，说明福建的当期住房市场供需结构相对脱节较大。在平均每套住宅面积方面，各省则相对比较稳定，基本没有太大差异。在平均每套住宅价格方面，北京（177.68）、上海（158.39）、浙江（131.04）的住宅价格均超过 100 万元，一定程度上反映出其较高的房价。

另外，我们还计算出以上图 3-5 至图 3-12 住宅商品房指标与通胀、利率、收入间的关系，其相关系数见表 3-10。

表 3-10   住宅商品房各项指数与 3 个经济基本面关系

	居民消费价格指数	实际利率	城镇居民家庭人均可支配收入
住宅收入房价比	-0.060172997	-0.035284897	-0.634252397
人均住宅销售面积	-0.039244387	0.370598073	0.201789291
人均住宅销售额	-0.079692175	0.23888496	0.81023417
人均住宅销售套数	-0.022523234	0.367153439	0.161555353
住宅面积租买比	-0.33310652	-0.141082561	0.707115873

续表

	居民消费价格指数	实际利率	城镇居民家庭人均可支配收入
住宅期房现房比	-0.022980934	0.221267768	0.079604658
平均每套住宅面积	-0.12892821	-0.094128656	0.35187014
平均每套住宅价格	-0.122545272	0.082033392	0.92137512

我们发现通胀对 8 个指标的影响均为负；而实际利率对住宅收入房价比、住宅面积租买比、平均每套住宅面积的影响为负，对人均住宅销售面积、人均住宅销售额、人均住宅销售套数、住宅期房现房比、平均每套住宅价格影响为正；收入对除了住宅收入房价比以外的其他住宅商品房指标的影响均为正。

三、宏观经济基本面对住房消费的动态影响分析

在我国，信贷供给、房地产价格和经济波动越来越呈现出紧密相关的态势，尤其在近几年里，三者的相关性愈加明显。2009 年，为了应对金融危机，我国金融机构开始大幅度投放货币。截止 2011 年 12 月底，M_2 余额为 85.16 万亿元，同比增长 13.6%，狭义货币 M_1 余额为 28.98 万亿元，同比增长 7.9%。货币投放量的增加显著地提高了信贷规模，仅 2010 年 1~4 月间新增贷款累计高达 12.97 万亿元，占 2009 年全年 GDP 的 1/3 以上。在货币增发和新增贷款大量增加的同时经济明显增速，2010 年前三季度国内生产总值为 320692 亿元，按可比价格计算，同比增长 9.4%，其中，一季度同比增长 9.7%，二季度增长 9.5%，三季度增长 9.1%。随着信贷供给的增长，我国 CPI 指数也进入了快车道，2010 年各季度 CPI 分别为 2.2%、3.1%、3.4% 和 4.7%。面对上涨的 CPI，中国人民银行开始收缩信贷以防止其过快上涨。金融统计数据显示，2011 年全年我国新增人民币贷款 7.47 万亿元，较 2010 年少增 3901 亿元，这是自 2009 年我国银行新增贷款创出近 10 万亿元天量信贷后，新增信贷连续第二年出现下降。信贷量的下降不仅使得 GDP 和 CPI 增速回落，资产价格也开始降温。从国内 70 个大中城市房地产价格月涨幅走势可以看到，房地产价格在货币和信贷增发的 2009 年开始迅速上涨，而到了 2010 年中期，随着新增信贷速度的下降，房地产价格增速明显下降。

房地产行业最大的特点在于，房地产可以对经济的供给面和需求面同

时产生影响，而且银行的流动性以及相关联的房地产信贷政策对经济基本面还可能产生多重影响，由此使得政府在关注经济基本面时，对于房地产对整个经济的波动影响，以及由房地产带来的违约风险，不得不关注，在其货币政策变化上，尤其是信贷、利率、货币增发上，对房地产的影响作为其政策制定的考虑因素。房地产和经济基本面之间的动态联系是这一章的主要内容。

我们构建了一个以房地产为重要资产，以银行作为媒介的一个经济模型，在模型中，我们着力描绘房地产和银行的联系：房地产既是投入要素，也是抵押产品。作为投入要素，房地产是生产者的投入品，作为厂房、店铺、写字楼等，是必不可少的；同时居民也消费房地产产品，居住条件是普通劳动者的一个考虑要求。同时，作为借贷的抵押，房地产是很好的抵押品，可以作为抵押品进行贷款。这样，我们就建立了一个以房地产和银行借贷为中心的模型，这个模型较好地体现了我国房地产市场的特征，以下我们将对这个模型的一些结果进行分析。

我们假设了几种经济基本面的变化：对房地产偏好的增加（用来检验房地产刚性需求对经济的影响）、利率的变化（用来检验中国人民银行在经济过热时增加利率对经济降温时的影响）、通胀变化（用来检验当出现通胀时，中国人民银行是否对经济有相应的措施）、存款准备金率变化（用来检验中国人民银行是否对宽松货币有政策性的支持），通过对上述假设进行检验，以期对我国宏观经济中房地产与货币政策之间的关联做一理论性分析。为了分析方便，我们对模型中的符号所做的说明详见表3–11。

表3–11　　　　　　　　模拟分析变量解释

符号	定义	经济含义
Rhat	名义存款利率	看作银行的名义存款利率
rrhat	实际利率	看作去掉通货膨胀后的利率
mhat	货币供给量	中国人民银行的货币供给
RLhat	银行的贷款利率	商业银行给企业的贷款利率
pihat	通胀率	
qhat	房地产价格	
Qhat	物质资本价格	企业购买资本的价格
nhat	企业净资本存量	企业可以向银行的抵押资本量
Yhat	产出	可以看作GDP

续表

符号	定义	经济含义
bhat	企业借款	
b1hat	耐心型家户存款	经济中收入相对较高的家庭存款
b2hat	无耐心型家户借款	经济中收入相对较低的家庭贷款
Ihat	投资	资本投资
Khat	资本存量	
hhat	企业家的房屋持有	企业可以抵押的房屋量
h2hat	耐心型家户房屋持有	
chat	企业家消费	资本所有者的消费支出
c1hat	耐心型家户消费	高收入阶层的消费支出
c2hat	无耐心型家户消费	低收入阶层的消费支出

（一）利率变化

如图 3-13 所示，当中国人民银行提高利率 5 个周期后，利率作用基本消失。中国人民银行虽然增发了货币以保证利率的稳定，但是经济中还是出现了一定程度的紧缩。利率的上涨打压了房地产价格，房地产价格（qhat）下降了超过 1%，但是其持续的时间都不长，大约都是在 5~6 个周期就已经结束了。在利率的上涨、资产价格的下跌以及通缩等多重作用下，投资（Ihat）和产出（Yhat）下降接近 3%，利率和房地产价格波动大约为 5 个周期，而产出、投资等实际经济变量持续了大约 10~15 个周期，说明货币市场的变动要快于实体经济的变动。受房地产价格下跌影响，与房地产相关的贷款大幅度下降，这使得借贷型家户和企业减少了对房地产的购买，借贷型家户受冲击影响的时间要长于企业，而且由于利率冲击带来的经济下滑使得整个经济中各个经济主体的消费下降，其中普通家户下降的幅度和时间又明显长于企业家，说明利率冲击对低收入者的影响更大也更持久。总而言之，利率冲击使得无论是实体经济还是金融信贷都受到明显的影响，而且对金融领域的影响要明显长于实体经济，对家户的影响时间要明显长于企业。

图 3-13 利率冲击模拟

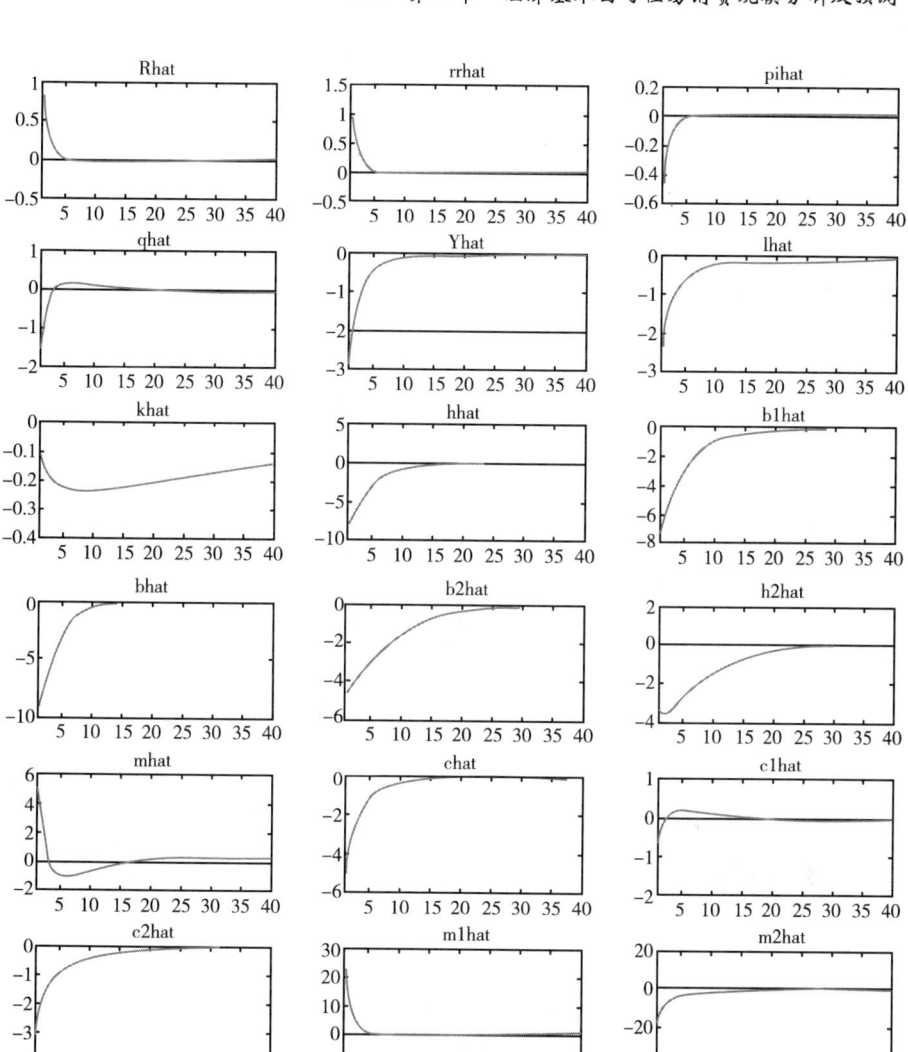

（二）通胀冲击

如图 3-14 所示，如果经济中出现了通胀，在通胀发生后 5 个周期，通胀（pihat）被经济所吸收，通胀率上升本身就说明货币流向了消费品领域，这使得资产领域的货币量下降，房地产资产价格出现下降，房地产市场的交易量也出现了长时间的萎缩。名义利率（Rhat）和实际利率（rrhat）产生了一个10个周期的上涨，伴随着实际利率恢复到稳态值，房地产价格恢复到新的均衡水平。由此可见，虽然我国利率市场化进程还有待提高，但是利率对资产价格的调节作用还是比较明显的。经济中的货币量投放量明显增大，经济中货币量（mhat）在前7~8个周期中大幅度增加，增加的货币转变为推动通胀的主要动力，投资和产出下降，而且两者下降持续的时间长达15~20个周期，明显要长于通胀冲击持续的时间，说明通胀冲击对实体经济的影响时间更长，冲击还使得存款、贷款数量都大幅度下降，企业的贷款数量下降最大，接近10%，这说明通胀冲击使家户增加了货币的持有，减少其存款和贷款的数量，通胀冲击下房地产价格下降，企业和借贷型家户的房屋消费和贷款量都下降，而且企业的房地产存量和贷款量下降幅度要大于借贷型家户。从上面可以看到，在通胀冲击下，企业的反应要比普通家户强烈，虽然通胀冲击很快就结束了，但是对于实体和金融经济的打击则持续很长时期，整个经济在通胀冲击下出现了长时间的生产和投资萎缩、金融借贷大量下滑、消费持续低迷的过程，可以说通胀冲击危害大而且时间长。

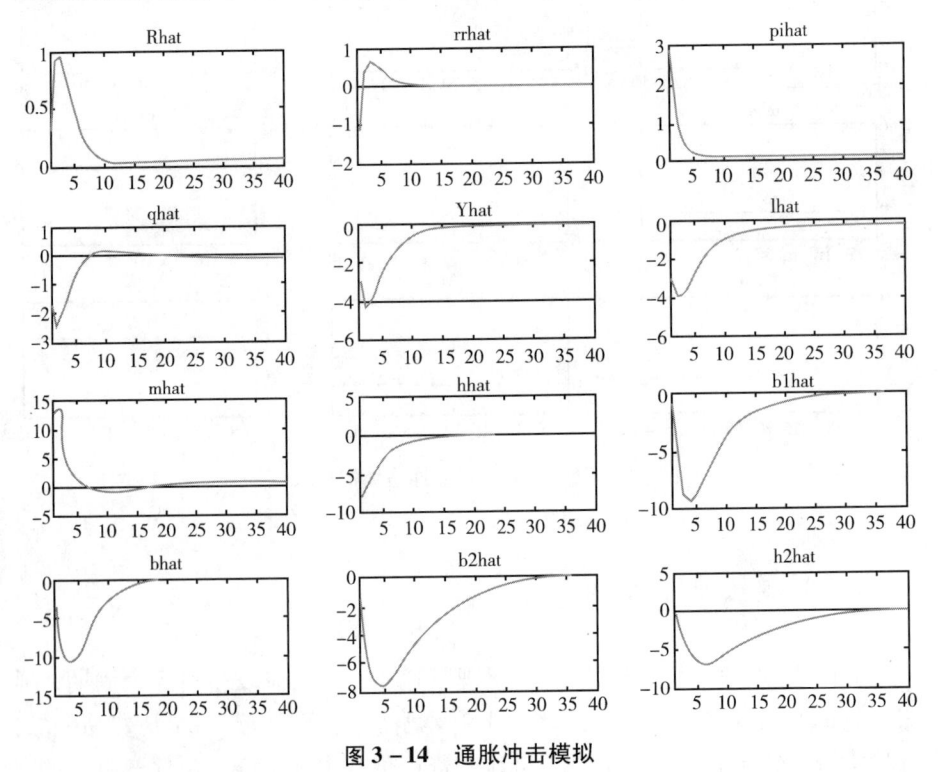

图3-14 通胀冲击模拟

（三）存款准备金率冲击

我们发现准备金率的冲击对经济变量产生的波动要远远长于前面几种冲击。如图 3-15 所示，当中国人民银行的准备金率发生正向冲击后，名义存款利率（Rhat）和实际存款利率（rrhat）短期内上升，随着冲击的消失迅速下降，并且在一个相当长的时期内保持下降。而银行的贷款利率（RLhat）缓慢上升而且持久地保持为正值，最高上升幅度 1%，可见提高准备金率的冲击使得银行的贷款利率上升了。企业的房地产投入（hhat）和信贷量（bhat）增加的同时，借贷型家户的房地产消费（h2hat）和信贷量（b2hat）都下降了，说明经济中的资金从普通家户流向了企业生产。现实中我们也发现了中国人民银行的几次提高准备金率使得以商铺为代表的房地产投资增加，而企业的贷款（bhat）一直增加，最高达到了增加 5% 的幅度。可见，从紧的货币政策使得经济中普通家户大量持有货币，减少储蓄，而企业则通过增加贷款来满足自身的资金需要，货币从普通家户流向了企业，或者说从生活领域流向了生产领域，受此影响，产出增加。从上面的分析可以看出，当中国人民银行对准备金率进行调整时，整个经济波动的时间变得更长了，尤其是与利率相关的各个经济变量，例如，存贷款利率、存贷款量，以房屋抵押为媒介的信贷量和房地产投入量，不但变动幅度较大，而且明显时间更长。而一些实体经济变量，如投资、产出、资本存量，变动幅度则没有那么大，受冲击影响的时间也要比前面所说的变量要短。王云清和朱启贵（2013）也发现货币政策是我国房价变动的主要来源，房地产产量波动的 65% 可以从货币冲击中得到解释。我们的模型也印证了这一点。

（四）偏好冲击

如图 3-16 所示，当经济中家户对于房地产产生偏好冲击时，房地产价格（qhat）上涨了大约 0.4% 左右，但这一过程却长达近 25 个周期。房地产价格的上涨带动了投资和产出的增加，但我们发现投资（Ihat）和产出（Yhat）上涨的时间只持续了大约 5 个周期左右，远短于房价上涨的时间。房价上涨也带动了以房地产为媒介的金融借贷增加，尤其是借贷型家户的个人住房贷款的增加，从而使得普通家户可以满足其购房需要。但借贷型家户个人住房贷款（b2hat）变动持续时间要短于房价波动持续时间 5 个周期，而且

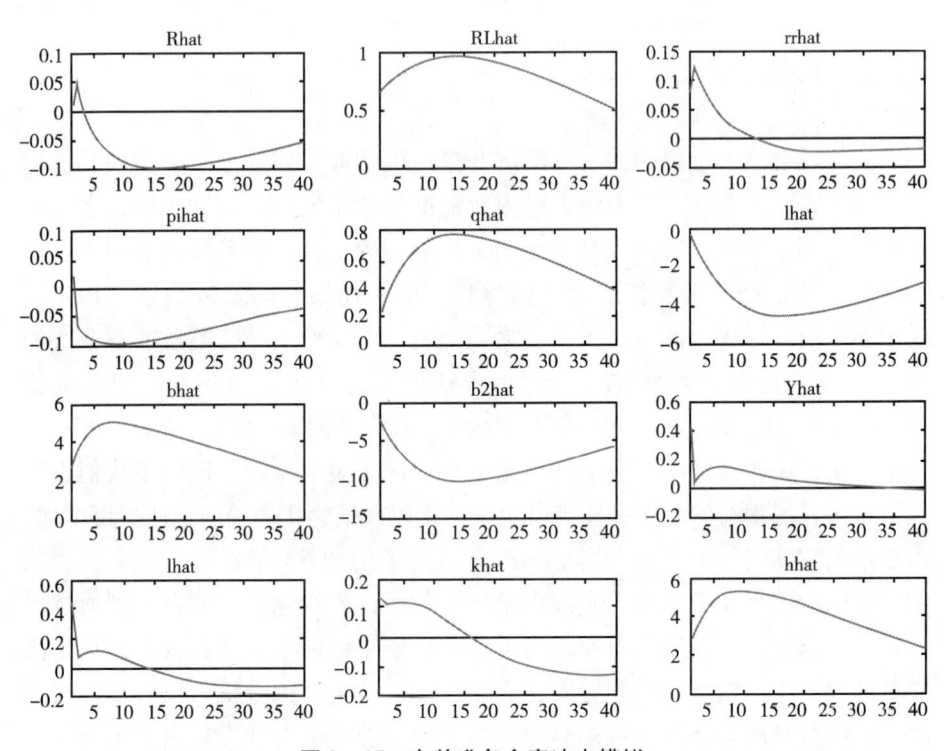

图 3-15 存款准备金率冲击模拟

个人贷款对于房价有一定的预测作用，作为储蓄型家户存款量（b1hat）从第 2~3 期开始大幅增长，一直持续到 30 多期。这一现象也出现在企业家的贷款（bhat）中。同时我们发现经济中的货币供给（mhat）在前 15 个周期中出现增速，而这一时期内借贷型家户的借贷量（b2hat）大量增加，这说明新增的信贷资金流向了借贷型家户，在满足其购房需要的同时推高了房价，而企业则面临着借贷不足的局面。从以上事实中看出，偏好冲击吸引信贷资金大量进入房地产领域，一方面推高房价，使得房价在长期内上涨；另一方面却使得生产领域信贷不足，上涨的房价只是短期内提高了投资和产出，并没有引起长期的增长。张清勇和郑环环（2012）用 1985~2009 年中国各个省市数据，发现经济引领房地产投资单项因果关系稳定，而反之并不成立，所谓的房地产引领经济增长说不成立。骆永民和伍文中（2012）等指出，超过一定限度的房价上涨会给宏观经济带来严重负面影响，我们的模型也印证了这一结论。

我们又做了几个因素的分解，希望找到基本面中哪些因素是重要的影响。从表 3-12 中我们可以发现，各个金融信贷领域经济变量的方差分解中，

图 3-16 偏好冲击模拟

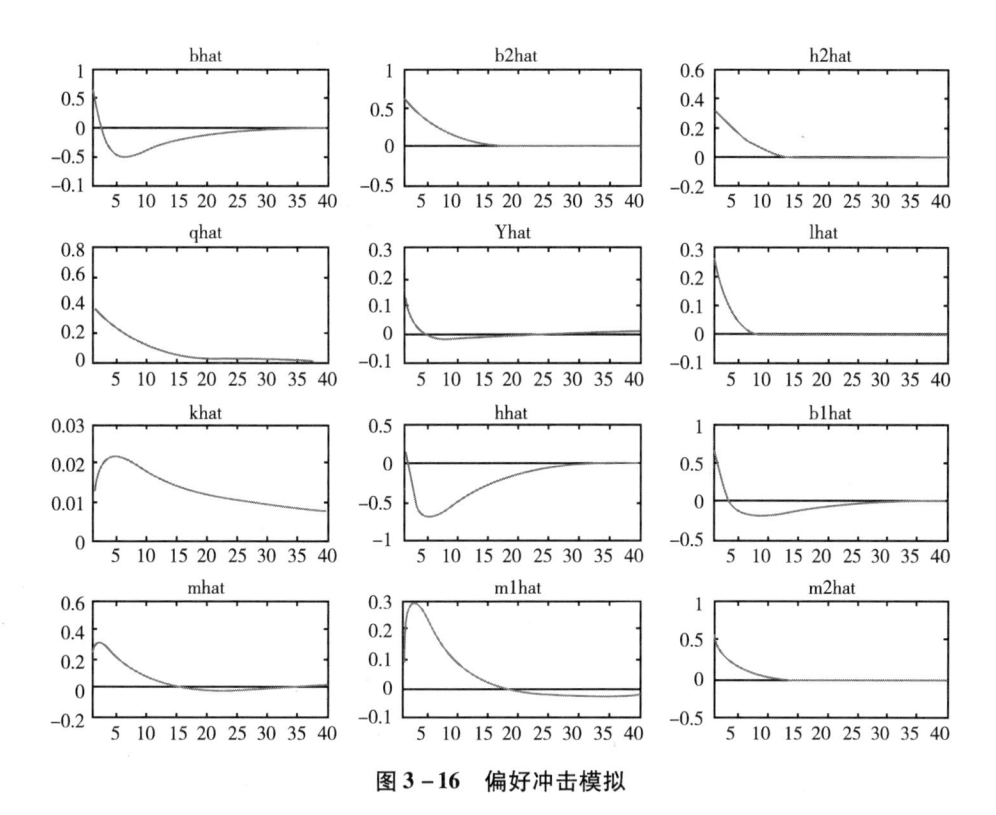

对于大多数变量而言，存款准备金率冲击因素（$\hat{e}_e$）所解释的比例最大，尤其以房地产价格（qhat）和房地产信贷（bhat）两个变量最为明显，几乎占了方差解释因素的 80%～90%，而利率因素（$\hat{e}_R$）所占的比例很小。可见，在我国，影响信贷和房地产价格的根本因素是货币总量，因为准备金率冲击代表货币量的增减，这构成了我国信贷及房地产价格波动的最重要原因，而方差分解说明利率在经济中的调节远不如准备金率冲击作用大，我国还没有形成真正的利率市场，经济中通过利率因素对整个经济进行调节则显得效用不大。所以可以看到，每次当出现经济过热或过冷时，中国人民银行往往对存款准备金率来进行调节，这样中国人民银行就通过对货币总量的控制来对经济进行调整。这与戴金平和陈汉鹏（2013）的研究结论相一致。他们指出，中国人民银行通过窗口指导商业银行，从而对货币信贷形成控制，能够引导实体经济，平滑经济波动，而非市场化的调节手段，会加剧金融市场扭曲，引发更大的经济波动。另外，对于房地产价格（qhat），偏好冲击（$\hat{e}_j$）解释了不到1%的波动，这说明模型没有支持那种认为由于房屋需求刚性而导致的房地产价格高涨的观点，真正影响房价的因素是货币因素。由于货币

因素解释了房价近80%的原因,可以说房地产价格高涨是源于货币量增发过多,大量货币涌入到房地产市场所造成的。对于产出、投资和资本存量的实体经济来说,通胀和利率冲击则共同解释了其波动,说明发展实体经济,要从控制通胀、稳定利率入手。这也与陈晓光和张瑜麟对中国经济周期的研究结论基本一致,他们指出:信贷约束是解释中国经济波动特征的一个重要传导机制。

表 3-12　　　　　　　　　方差分解

	$\hat{e}_j$	$\hat{e}_u$	$\hat{e}_A$	$\hat{e}_R$	$\hat{e}_g$	$\hat{e}_e$
$\hat{R}$	0.06	32.03	8.46	32.18	0.03	27.23
$\hat{r}$	0.06	37.65	4.67	45.99	0.00	11.63
$\hat{\pi}$	0.04	72.38	7.35	4.46	0.04	15.73
$\hat{q}$	0.78	5.74	6.60	5.60	0.02	81.26
$\hat{b}$	0.12	1.74	0.17	4.75	0.00	93.21
$\hat{b}_2$	0.15	6.41	0.64	10.04	0.00	82.75
$\hat{Y}$	0.32	36.96	1.22	58.34	0.03	3.14
$\hat{h}$	0.18	2.59	0.28	3.87	0.00	93.07
$\hat{h}_2$	0.10	5.63	0.85	9.28	0.00	84.13

四、政策建议及预测

房地产需求和宏观经济基本面有很强的相关性,主要表现在货币量和信贷对房地产需求的影响上,我们模拟经济中贷款购房者、中国人民银行、房地产投资企业、商业银行等几个重要主体的经济行为,通过动态随机一般均衡模型,再现了经济中的信贷传导机制:中国人民银行的货币发行扩大了整个经济中的信贷资源,以房地产信贷为途径,大量货币流动到房地产生产和消费领域,形成房地产的投资消费热点。我们认为,引起房价过高的不是房地产刚性需求单一因素影响,中国人民银行的货币政策对房地产市场影响非常大,货币量过多的发行才是房价高企的根本原因,房地产刚性需求只是在一定程度上推高房价;而由于房价的飙升使得中国人民银行增加的信贷没有进入生产领域,而是从生产领域流向了房地产领域。大量投资性购房形成资金聚集,使得生产领域信贷不足,引起产出下降,经济衰退,而真正的购房需求则在高房价面前被抑制或者滞后消费。一时的住房消费增长，是以长期的经济增长乏力作为代价，虽然在一定程度上稳定房价对于我国经济稳定具有很重要的意义，但是长期来看，房价无限制的上涨必然造成经济上的长期萎靡。

针对以上分析，我们给出如下政策建议：

1. 抑制房地产价格过快上涨的途径应该从控制货币供给的增长速度方面入手，但要区别对待，加强资本市场化率是本质要求，引导资金合理有效配置。一方面要使实体经济信贷资源不被挤压，需要开放民间资本借贷市场；另一方面，对于消费性住房需求，要从政策上给予支持和保证。

2. 目前房地产市场的回落，印证了货币供给在房地产波动中的重要角色。为防止经济大幅波动，要重视通货膨胀冲击对房地产的影响，中国人民银行要慎用存款准备金率这样的货币政策工具，这类工具冲击大、影响广。中国人民银行存款准备金率调整，会通过信贷渠道，对房地产需求波动变化产生影响，这个时间要比其他经济波动冲击对经济影响时间要长，波动也更持久，所以，防止经济的大起大落，中国人民银行要适当减少这类工具的使用。同时，正如前面所说的，开拓新的住房消费融资渠道，给购房者更多的选择，减小信贷渠道的波动传播强度，弱化经济波动。

3. 由于基准利率变动对实体经济和金融信贷都有明显的影响，尤其在金融领域对房地产需求有很强的作用，可以适当使用这一工具，而且信贷政策的使用，比如，首付比例、贷款利率优惠等共同使用，对住房消费市场调整会起到更好的作用。而且这类调整对于影响购房者的偏好、柔性调整房地产市场、减小对于低收入家庭住房购买的压力，有更加直接的意义。

基于上面的分析，我们认为，由于我国经济下行压力的加大，中国人民银行会坚持较为宽松的货币政策。在短期内，房地产价格调整会以稳定为基调，但是一些三线城市会有一定的回落，甚至出现较大的下跌，这会影响到地方政府的税收，进而可能倒逼地方政府展开新的融资平台建设。但如果政策调整得当，也会促使地方政府从对房地产的依赖中走出来，用更多的税源去替代房地产在政府收入中的份额。与三线城市不同的是，一二线城市的房地产投资和消费还比较稳定，由于持续的人口进入和较快的发展，房屋消费和投资会在高位上稳定发展，而随着我国经济的逐步转型，房地产市场上大量的经济资源会转移到新的市场，房地产住房消费和投资在整个经济中会相对平稳地发展。

第四章

住房消费信贷发展及风险分析

随着我国住房市场发展，城镇居民个人住房贷款整体上不断上升，贷款总额逐年增加，2014年首次突破10万亿元。在个人住房贷款发展过程中，其发放机构也呈现多元化趋势。其中，上市银行发放的个人住房贷款占绝大部分，股份制商业银行和城市商业银行发放的个人住房贷款额也逐年上升，农村商业银行的发放额则不太稳定。金融机构在扩大个人住房消费贷款规模的同时，个人住房贷款违约风险也越来越多地引起人们的关注。本章将基于全国层面及金融机构两个层面，分析个人住房消费贷款发展现状，并利用金融机构数据对个人住房贷款违约率所代表的信贷风险水平给出评价。

一、住房消费信贷发展及信贷风险分析

（一）住房消费信贷规模

1. 个人住房贷款累计发放情况

2008~2014年个人住房贷款累计发放余额如图4-1所示。从该图可以看出，2008年开始，我国商业银行发放个人住房贷款逐年上升。其中，2008年个人住房贷款发放额为29986.18亿元，到2011年累计额198771.18亿元，截至2014年12月末，商业银行累计发放了459915.92亿元个人住房贷款。

2. 个人住房贷款年度发放情况

（1）全国个人住房贷款发放情况。2008~2014年个人住房贷款发放金额如图4-2所示，2010年个人住房贷款发放金额首次超过50000亿元，2014年商业银行共发放个人住房贷款则达到100396.95亿元。

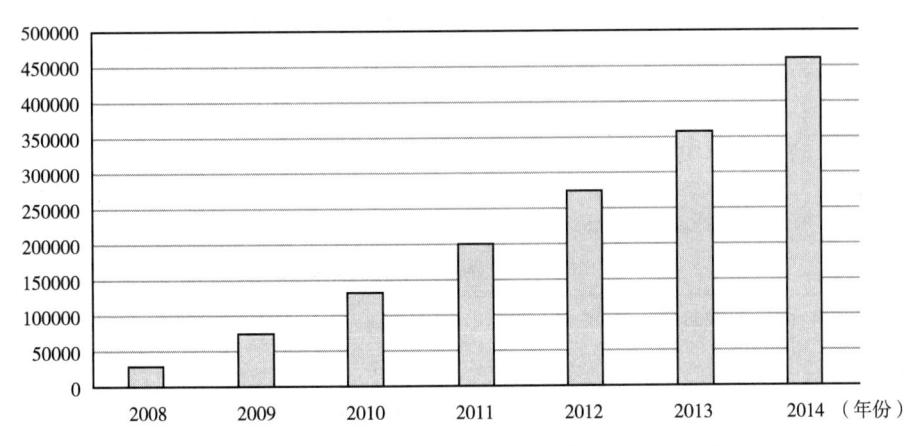

图 4-1 2008~2014 年个人住房贷款累计发放余额

数据来源：wind 资讯。

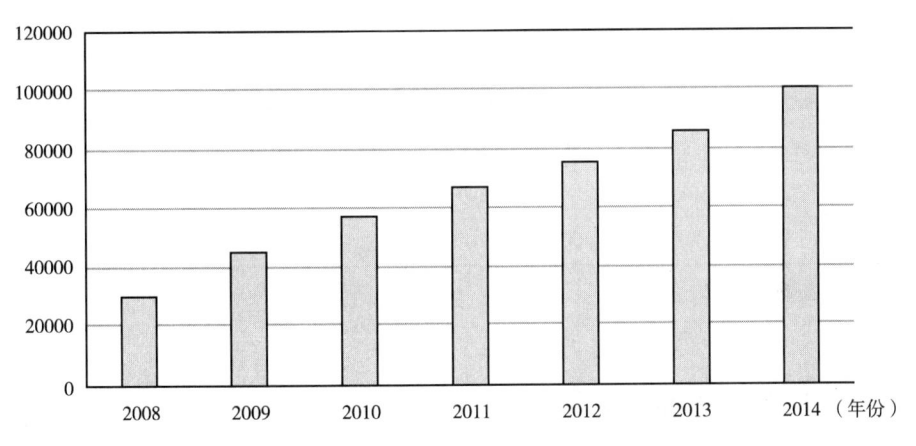

图 4-2 2008~2014 年个人住房贷款发放金额

数据来源：wind 资讯。

(2) 主要商业银行发放情况分析。2008~2014 年主要商业银行贷款情况如表 4-1 所示。从该表可以看出，2014 年，交通银行、上海浦东发展银行、兴业银行、中国工商银行、中国光大银行、中国建设银行、中国民生银行、中国农业银行、中国银行、中信银行 10 家股份制商业银行共发放贷款金额 94066.86 亿元，占全国的 93.69%。其中，中国建设银行发放金额 22730.93 亿元、中国工商银行 20703.66 亿元、中国农业银行 15507.02 亿元和中国银行 16942.75 亿元。与 2013 年 10 家银行个人住房贷款发放金额 77498.85 亿元相比，增加了 21.38%，净增加额为 16586.01 亿元。

上述数据也显示，2014年，上述10家商业银行发放的个人住房贷款都有增长。其中，交通银行、中国工商银行、中国建设银行和中国农业银行个人住房贷款增速较快，均超过15%。2014年，10家银行中，发放个人住房贷款最少的是中国民生银行，为696.06亿元；与2013年发放620.96相比，略有提高。

表4-1　　　　　　　2008~2014年主要商业银行贷款情况　　　　　　单位：亿元

银行名称	2008年	2009年	2010年	2011年	2012年	2013年	2014年
交通银行	1519.89	2249.75	2974.95	3501.01	3992.28	5036.98	5794.02
上海浦东发展银行	949.09	1389.80	1912.91	2256.90	2581.85	1865.75	2100.11
兴业银行	1121.58	1490.91	1782.67	1749.80	1729.43	1850.61	1987.69
中国工商银行	5973.74	8742.44	11030.51	11894.38	13408.91	17205.35	20703.66
中国光大银行	905.34	940.46	1182.80	1302.15	1545.50	1769.79	1991.67
中国建设银行	6031.47	8525.31	11054.31	13174.44	15439.66	18962.03	22730.93
中国民生银行	874.01	996.19	97494	833.37	715.18	620.96	696.06
中国农业银行	3195.05	4979.50	7245.94	8915.02	10510.35	12920.38	15507.02
中国银行	5149.73	9079.12	10890.06	12133.22	13483.59	15063.31	16942.75
中信银行	672.40	1141.56	1601.49	1788.88	1946.14	2203.69	2321.17

数据来源：wind资讯。

（二）个人住房贷款增长率

1. 个人住房贷款余额增长情况

（1）全国个人住房贷款增长情况。如图4-3所示，2008~2012年全国个人住房贷款额分别为29986.18亿元、45048.08亿元、57621.34亿元、66115.58亿元和74439.85亿元。2013年，发放的个人住房贷款额突破80000亿元，增加到86307.95亿元，比2008年的发放额高出56321.76亿元。截至2014年年末，个人住房贷款额度再次突破100000亿元，为100396.95亿元，相比2013年，增加16.33个百分点，增加额为14089.998亿元，比2008年的发放额高出70410.77亿元。

从总体上看，2009年以来，我国个人住房贷款持续增加，增长幅度最大的是2009年，比2008年增加了50.23%，2010~2014年间其增长则较为稳

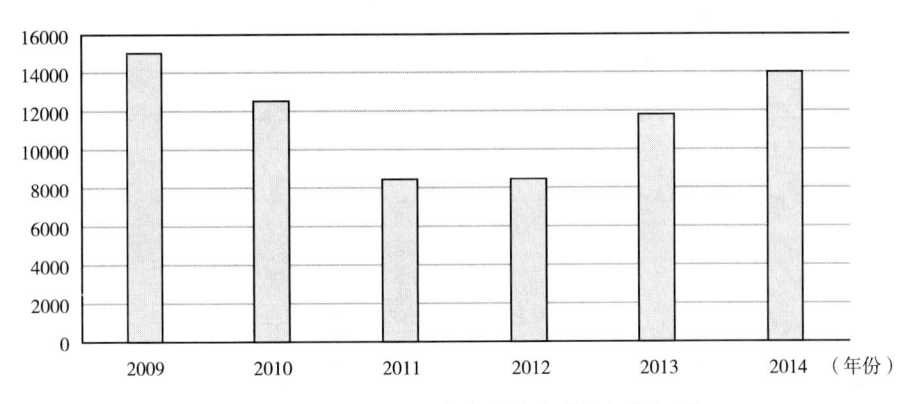

图 4-3　2009~2014 年个人住房贷款年增加额

数据来源：wind 资讯。

定，增长率为 15% 左右，具体如图 4-4 所示。考虑到我国的现有人口、居民收入、城市化水平和未来几十年的城市化趋势，以及我国土地等要素价格、居民住房的需求和供给等因素，预计未来一段时间内，在没有巨大外部冲击时，我国居民住宅有效需求将不会大幅变化，个人住房贷款规模也将不会大幅度震荡。

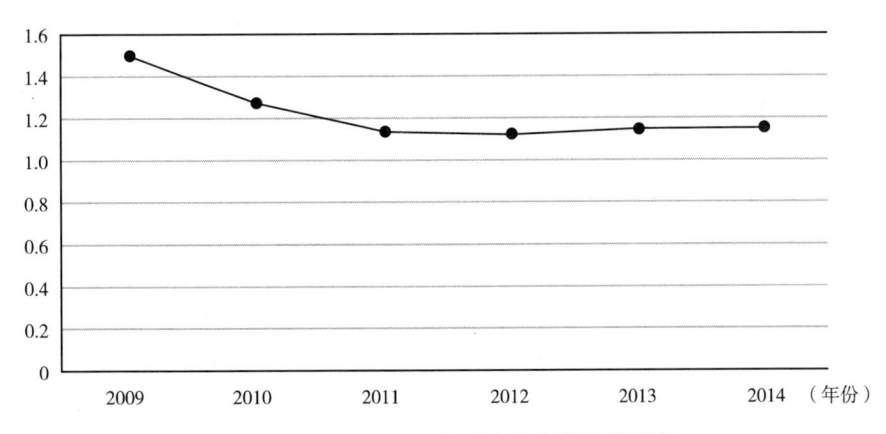

图 4-4　2009~2014 年个人住房贷款增长率

数据来源：wind 资讯。

（2）各类商业银行个人住房贷款增长情况。如图 4-5、图 4-6 所示，2014 年，上市银行共计发放个人住房贷款 97339 亿，占银行金融机构住房贷款额的 96.95%，比上一年提高 0.29 个百分点；渤海银行、广发银行、恒丰农行和浙商银行等股份制银行发放额为 1057.047 亿，占比为 1.05%，比上一年降低 0.12 个百分点；到 2014 年末，城市商业银行和农村商业银行共发放个人住房贷款 1957.02977 亿和 44.4253 亿,分别占个人住房贷款发放总额的 1.95% 和 0.04%。

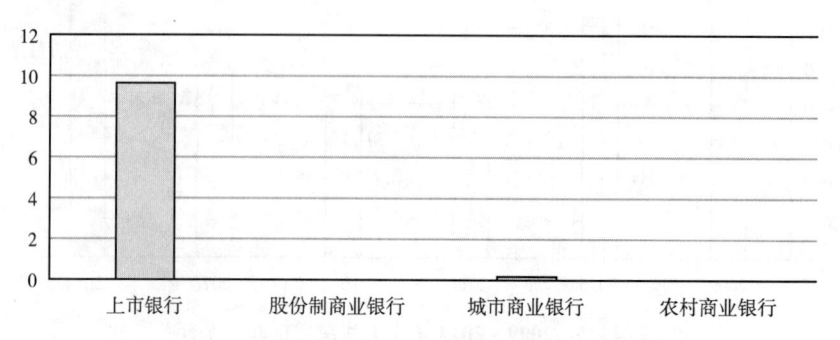

图 4-5 2014 年各类商业银行发放个人住房贷款情况

数据来源:wind 资讯。

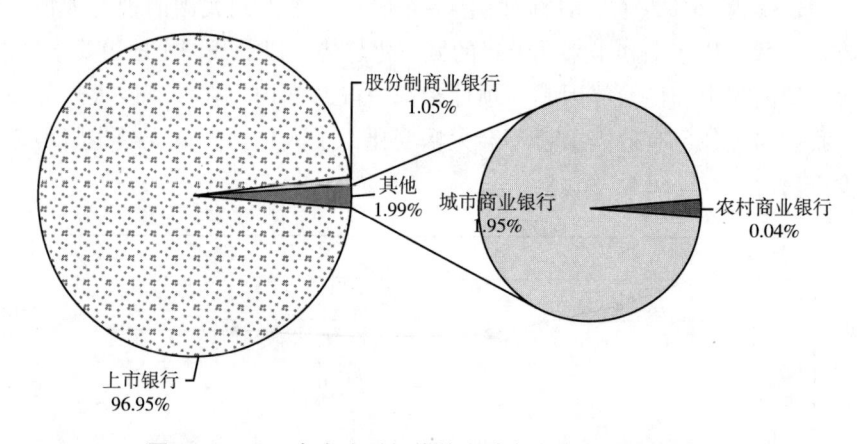

图 4-6 2014 年各金融机构的发放个人住房贷款的比例

数据来源:wind 资讯。

特征一:上市银行个人住房贷款发放量逐年上升,2008～2014 年发放额分别为 28891.66 亿元、43533.94 亿元、55591.88 亿元、63859.98 亿元、72047.66 亿元、83430.33 亿元、97339.45 亿元,稳定增长。如图 4-7 所示。

特征二:城市商业银行发放个人住房贷款整体呈稳定上升态势,居民利用城市商业银行贷款购房逐年增加,2008～2014 年,城市商业银行年度发放的贷款额分别为 670.0273 亿元、911.59 亿元、1270.53 亿元、13821.03 亿元、1500.05 亿元、1829.04 亿元和 1957.03 亿元。如图 4-8 所示,2009 年和 2010 年增速较快,同比上年,分别增加了 36.05 个百分点和 39.37 个百分点,其他年份较为平稳。

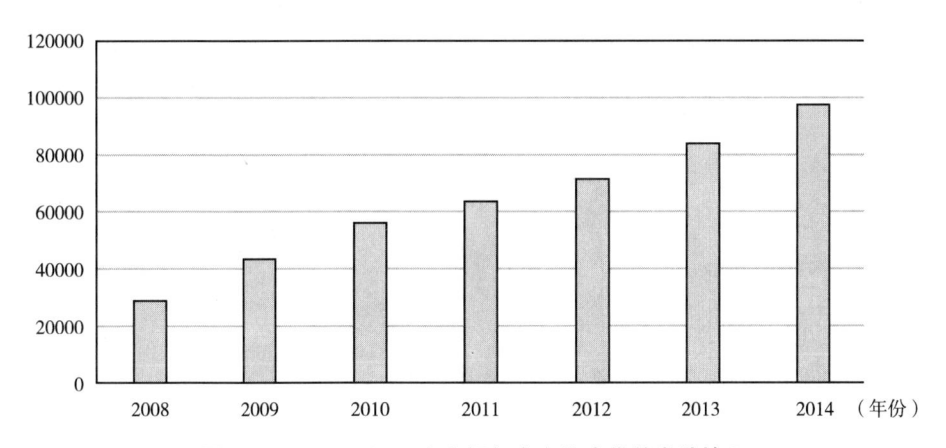

第四章 住房消费信贷发展及风险分析

图4-7 2008~2014 上市银行个人住房贷款发放情况

数据来源：wind 资讯。

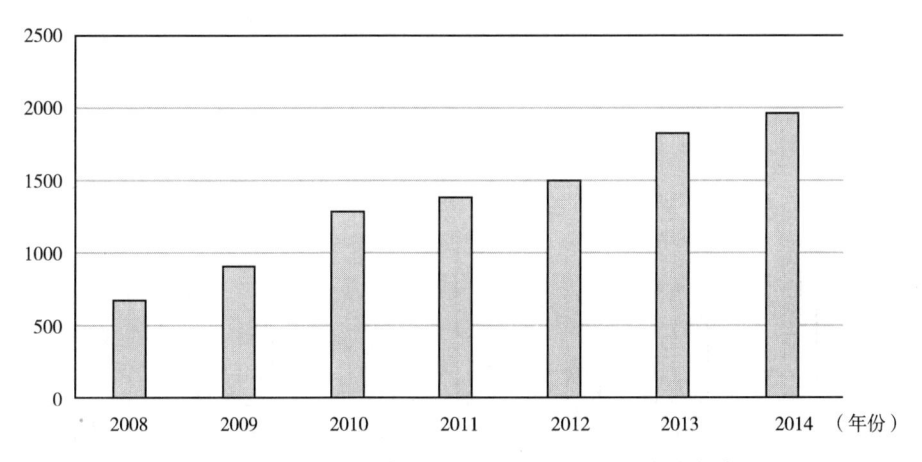

图4-8 2008~2014 年城市商业银行个人住房贷款发放额

数据来源：wind 资讯。

特征三：股份制商业银行发放的个人住房贷款呈逐年上升态势，2008~2014年年度发放个人住房贷款额为337.60亿元、537.91亿元、719.86亿元、827.17亿元、847.71亿元、1009.95亿元和1057.05亿元。分析可知，2008年以来，股份制商业银行个人住房贷款发放额逐年上升，2013年、2014年发放金额均超过1000亿元，具体如图4-9所示。

特征四：农村商业银行发放的个人住房贷款余额总体呈先下降、再逐渐稳定态势。如图4-10所示，2008~2010年分别为86.90亿元、64.64亿元、39.08亿元，呈持续下降趋势；2011~2014年分别为47.39亿元、44.43亿

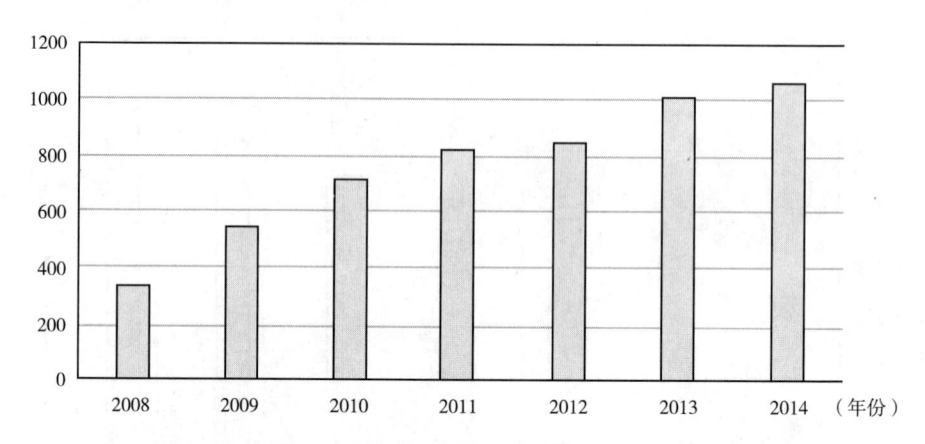

图 4-9　2008~2014 年股份制商业银行个人住房贷款发放额

数据来源：wind 资讯。

元、38.64 亿元和 44.43 亿元，发放额度较为稳定，波动不大。

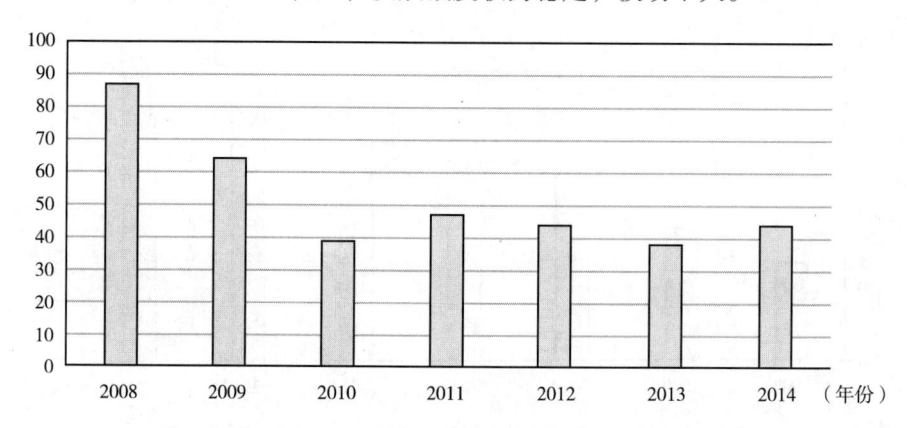

图 4-10　2008~2014 年农村商业银行个人住房贷款发放额

数据来源：wind 资讯。

2. 个人住房贷款占比情况分析

（1）全国个人住房贷款占比分析。如图 4-11 所示，2008 年以来，个人住房贷款在各项贷款中的比重总体呈平稳上升态势。2008 年、2009 年和 2010 年持续提升，分别为 11.35%、13.13% 和 14.33%；2011 年为 14.46%，2012 年为 14.39%，比较稳定；2013 年增长到 14.88%，截至 2014 年末，个人住房贷款余额占各项贷款余额的 15.62%，比 2013 年同期提高 0.8 个百分点。

个人住房贷款余额占国内生产总值（GDP）的比重，一般被认为是衡量个人住房贷款市场发展程度及其对居民生活影响程度的指标。2014年末，个人住房贷款余额占GDP的15.77%，分别比2008年末9.47%的占比和2013年末14.68%的占比提高6.3和1.1个百分点。与欧美发达经济体接近50%相比，我国的个人住房贷款占GDP的比重仍然较低，我国的个人住房贷款市场仍有较大发展空间。

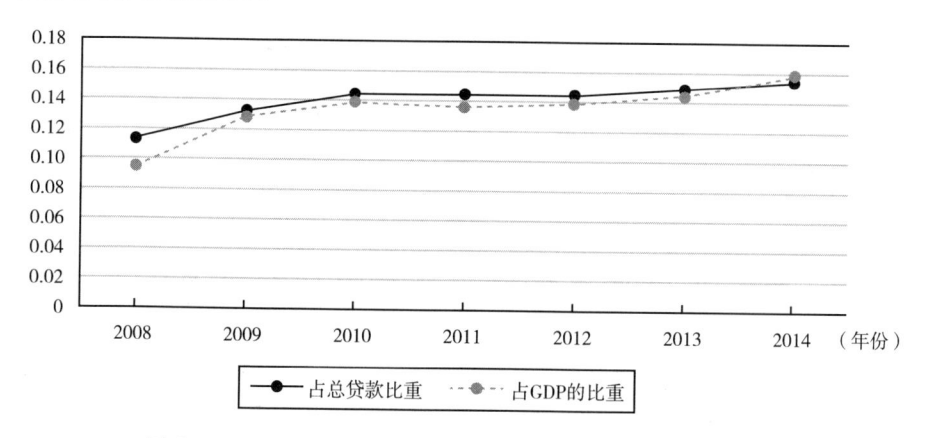

图4-11　2008~2014年个人住房贷款占总贷款、GDP的比重

数据来源：wind资讯。

（2）各类商业银行个人住房贷款占比分析。2014年末主要商业银行贷款情况如表4-2所示。该表数据显示，2014年末，个人住房贷款仍然是各银行总贷款的重要组成部分，且与上年同期相比，个人住房贷款占总贷款比重均有所提升，但不同银行发展差异较大，大型银行个人住房贷款占总贷款的比重较高且提升较快，中型银行个人住房贷款占比相对平稳。如，建设银行和中国银行个人住房贷款占其总贷款的比重较高，分别为24%和20%；工商银行和建设银行的个人住房贷款占其总贷款的比重变化上升较快，均为4个百分点，而招商银行、浦发银行、中信银行和兴业银行与上年同期相比略有提升。

表4-2　2014年末主要商业银行贷款情况

	个人住房贷款	总贷款	个人住房贷款占比	占比变化（与上年同期相比）
工商银行	20703.66	110263.31	0.19	+0.04
农业银行	15507.02	80980.67	0.19	+0.03
中国银行	16942.75	84832.75	0.20	+0.02
建设银行	22730.93	94745.23	0.24	+0.04

续表

	个人住房贷款	总贷款	个人住房贷款占比	占比变化（与上年同期相比）
招商银行	3291.78	25139.19	0.13	+0.01
交通银行	5794.02	34317.35	0.17	+0.03
浦发银行	2100.11	20283.80	0.10	+0.01
中信银行	2321.17	21879.08	0.11	+0.01
兴业银行	1987.69	15931.48	0.12	+0.01
光大银行	1991.67	12994.55	0.15	+0.02

数据来源：wind 资讯。

二、住房消费信贷风险类型及成因分析

（一）住房消费信贷风险类型

住房消费贷款是由房地产开发商、借款人、提供信贷的银行等金融机构共同参与的商品房买卖的一项融资活动。房地产开发商，推出期房的销售模式以便尽快回笼资金，处于放贷资金循环的中心环节；购房者购买住房，作为最终的支付者，交付一定比例的首付，并以所购住房作为抵押向银行贷款，定期向银行还本付息；而提供信贷的银行成了整个风险的承受者。根据住房消费信贷风险的来源，可分为开发商引发的风险、借款人引发的风险、银行内部操作风险和其他风险等。

1. 借款人引发的风险

借款人引发的风险是指借款购房的消费者不按照合同的约定而引起银行遭受损失的风险，包括借款人提前归还全部贷款和止付本息两种情况。提前归还全部贷款是指借款人在合同到期前提前偿还了贷款，虽没有造成银行信贷资金的损失，但提前偿付影响了银行的利息收益，如果提前偿付的比例偏大，还会影响到银行的资金使用计划，增加资金管理成本，最终影响到银行的利息收入。止付本息是指借款人单方面违约终止支付每月应该偿还的本息，放弃归还银行的按揭贷款。由于按揭贷款是由借款人以所购房产作抵押，但当借款人违约终止偿还贷款时，其抵押物价值存在低于合同价值风险，而银行在处置商品房时需要支付一定的处置成本，因此止付本息对银行的盈利、经营都有很大的影响，进而引发住房信贷风险。

2. 开发商引发的风险

开发商引发的风险是指开发商由于各种原因导致正在开发的楼盘不能按计划竣工或不能竣工引发的风险。开发商经营状况受到政府政策、区域市场、人口等因素的影响很大。当政府调控政策限制房地产企业时，房地产业的发展增速放缓，容易导致房地产企业违约；房地产业受政策影响严重，销售回款也极易受到市场环境的影响，导致资金链断裂，进而使房地产开发企业采取违约行为。一旦出现房地产开发企业违约，银行抵押物的价值大幅缩水，造成银行的资不抵债，进而影响购房者的还款行为，最终引发住房信贷风险。

3. 银行内部操作引发的风险

随着住房价格持续上涨，住房信贷被看做银行的优质资产，各家银行争抢个人住房信贷业务。为增加竞争力，银行会提高办理业务的速度，简化贷款手续，缩短审批时间，这样虽然提高了办理效率，改进了服务，但银行内部操作能力跟不上，有时会忽略或放松审查，从而引发由内部操作导致的风险。

4. 其他风险

除了以上几类风险，还有其他风险，如抵押物引发的风险、借款契约引发的风险等。当经济环境和经济政策发生变化时，以往签订的合同就会出现漏洞导致贷款风险。此外，另一个风险来自于对抵押品价值的评估不准确，如房产权评估时弄虚作假、评估价值超过实际价值，银行在实现抵押权时就不能实现全部的债权，且银行处置抵押物时，存在难以处置的风险。

（二）住房消费信贷风险成因分析

引起住房信贷风险的原因有很多，外部经济环境变化、商业银行内部管理的纰漏、开发商和购房者无力还贷等都影响到银行的个人住房信贷业务，从土地购买到按揭还款，任何环节出现问题，都会引起消费信贷风险，进而导致银行损失。

1. 宏观经济运行影响住房消费信贷风险

住房消费信贷是住房资产作为抵押物，在贷款银行、开发商及购房者之间进行的融资行为，作为抵押物的住房的市场价值对于开发商和购房者能否在规定期限内还本付息具有十分重要的影响。宏观经济处于中高速增长时，房地产业也会同步走向繁荣。此时，经济会伴随着轻微的通货膨胀，作为抵押物的商品房的价值也会随之上涨，开发商和购房者都不会面临较大的还款压力，住房消费信贷风险较低；反之，当经济下行时，房地产市场会受其影响而低迷，作为抵押物的商品房的价值会降低，开发商和购房者会面临还贷风险，在房地产市场急速下跌时，住房价值骤降，许多房产拥有者资不抵债，银行此时会面临较大的住房消费信贷风险。如，2008年美国的"房利美"和"房地美"均由于面临巨大的住房消费信贷风险而倒闭。因此，宏观经济运行会通过影响作为抵押物的商品房的价值，进而改变开发商和购房者的资产状况，进而影响贷款银行面临的个人消费信贷风险。

2. 商业银行内部经营影响住房消费信贷风险

（1）银行发放贷款的结构不合理。个人住房贷款风险低、收益高，一直被视为银行的优质资产，成了各银行市场争夺的焦点，各贷款银行将很大部分资金用于发放住房贷款。投资过于集中往往会增加风险，房地产市场一旦下行，大部分开发商或购房者无力偿还贷款，将会带来较大的风险，房贷银行会因此而遭受巨大损失。大部分的居民存款是短期的，个人住房贷款在银行的贷款中占有很大的比例，且该类贷款期限往往在5~30年，属于长期贷款，住房贷款的增加加剧了银行资产负债期限结构的不合理，短存长贷的现象突出，银行资产的稳定性降低。从图4-12我们看出，2005~2014年间，我国商业银行贷款中个人住房贷款占比翻一番，由2005年的8.14%增加到2014年的16.4%。因此，银行对住房贷款发放较多、房贷结构不合理，会引发住房消费信贷风险。

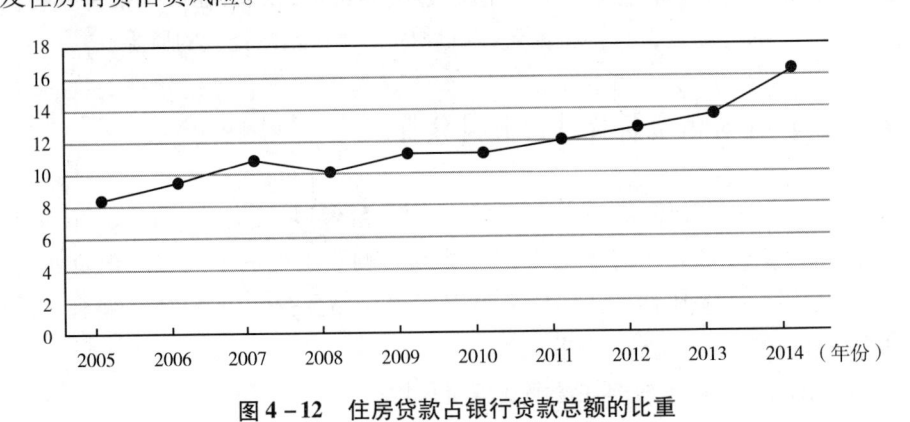

图4-12 住房贷款占银行贷款总额的比重

数据来源：wind资讯。

（2）银行内部相关制度的不完善。银行为了抢占市场，发放贷款的审核可能存在纰漏。贷前审查是银行办理住房信贷的第一个步骤和最为重要的一个环节，贷前审查包括对楼盘和借款人条件的审查，贷前审查关系到整笔贷款风险的大小。在房地产开发贷款方面,在贷前审查时,银行首先要对开发商的实力、开发经验、银行流水等进行严格审查,判断开发项目是否能够按期交房,避免开发商违约。其次,银行还要对开发商的楼盘销售进行审查,对楼盘质量、市场需求度进行调查,避免假按揭情况的出现。在个人住房消费贷款方面,贷前对借款人的审查包括对借款人的工作单位、收入、婚姻、家庭等审查,确保其收入和贷款金额匹配。银行工作人员为提高效率,忽略或放松对上述问题的审查,引发贷前审查的操作风险。贷后管理上,由于按揭客户多,分散广泛,且贷款本身时间长、金额相对较小的特点,容易忽略对个人的贷后检查,也是导致住房信贷风险的一个重要原因。

3. 开发商和购房者的支付能力影响住房消费信贷风险

(1) 部分开发商在期房销售和银行贷款不能弥补资金缺口时,会进行"假按揭"操作,以虚拟购房者的身份骗取更低成本的银行贷款。"假按揭"不能反映住房市场真实需求,存在很多不确定的因素,当房地产经营出现问题、资金周转不顺时,会放大银行放贷资金的风险,甚至无法回收,形成问题资产。

(2) 开发商和购房者的支付能力。当开发商面临巨大经济变故或是政府紧缩的调控政策,如限购、限贷或资金链断裂等情况下,开发商新建的楼盘卖不出去,或是在建的楼房无法竣工等现象,他们会面临较大的还款压力,一旦无力支付银行贷款,将会出现巨大的贷款风险、造成银行损失。同理,当经济环境变化,或者是借款人的工作变故、其他刚需支出增加或其他突发事件等发生时,购房者收入降低、偿还能力下降,此时容易产生较大的住房消费信贷风险。

三、住房消费信贷风险预警分析

我们选取"个人住房贷款不良贷款率"和"房地产业不良贷款率"两个住房信贷风险评价指标,反映住房信贷风险状况。个人住房贷款不良贷款率是指个人按揭贷款中的次级、可疑和损失款项,衡量的是银行个人住房贷款的质量。房地产业不良贷款率是房地产开发公司银行贷款到期不能如约归还的比例,也包括次级、可疑和损失的贷款。

个人住房贷款不良贷款率在各个银行之间有很大的差异,银行的风险偏好各异,具体如表4-3所示。当银行的经营计划、业务种类、发展策略不同时,该指数浮动较大。总体而言,我国个人住房贷款违约率较低。这主要得益于我国银行业在个人住房贷款申请的严把控、高门槛和中国人的传统住房文化。此外,自住型住房消费属于刚性需求,经济风险造成贷款人潜在违约出现时,出于对拥有住房的认同,贷款人也不会终止还款。因此,该类型的住房消费贷款通常被认为是银行的优质资产,其不良贷款率通常处于较低水平。

表4-3　　2005~2014年主要商业银行个人住房贷款不良贷款率　　单位:%

个人住房贷款不良贷款率	农业银行	建设银行	中信银行	光大银行	招商银行
2014年	0.32	0.21	—		0.26
2013年	0.29	0.17	0.24		0.34
2012年	0.36	0.18	0.26	0.53	0.22
2011年	0.46	0.2	1.08	0.59	0.12
2010年	0.65	0.27	1.71	0.51	0.14
2009年	1.08	0.42	2.41		
2008年	1.65	0.82	1.53		
2007年	—	0.8	—		
2006年		1.37			
2005年	—	1.32	—		

数据来源:wind资讯。

银行体系中,房地产业风险较大,房地产业不良贷款率出现更大的数值和波动,具体如表4-4所示。从已有数据可以看出,房地产业不良贷款率在不同银行之间存在较大差距,如光大银行的年度数据平均是农业银行的3~4倍,但在各银行报表上该指数呈逐年下降趋势。较高的违约率也是由我国房地产业的特殊情况决定的。我国资本市场不成熟,开发商难以通过证券市场等其他渠道筹集资金,银行成为单一的融资渠道。开发商的大部分资金来源于银行贷款和购房者的定金、预付款,自有资金很少,开发商高风险转移到银行,这使得商业银行承担的房地产风险很高。而近些年来,我国银行业竞争加剧,特别是中小银行为增大业务量,占有市场份额,铤而走险,向风险较高的房地产企业批准贷款申请,造成这些银行更高的房地产业不良贷款率。

表 4-4　　2005~2014年主要商业银行房地产业不良贷款率　　单位：%

房地产业不良贷款率	农业银行	工商银行	建设银行	中信银行
2014年	0.96	0.84	1.1	—
2013年	0.66	0.87	0.76	0.24
2012年	1.03	0.88	0.98	0.26
2011年	1.24	0.93	1.88	1.08
2010年	1.77	1.05	1.64	1.71
2009年	3.47	1.5	2.6	2.41
2008年	6.06	2.21	4.67	1.53
2007年	—	2.82	4.84	—
2006年	—	—	6.06	—
2005年	—	—	6.87	—

数据来源：wind资讯。

四、住房消费信贷风险防范政策建议

本章通过测度住房消费信贷风险水平发现，目前我国个人住房贷款不良贷款率较低，说明住房消费信贷风险较低。由于房地产开发不良贷款率较高，使得住房信贷风险主要集中在房地产开发领域。下面结果是前面的分析，对防范住房消费信贷风险给出若干政策建议。

（一）转变房地产市场信贷调控手段

房地产信贷宏观调控政策旨在控制信贷总量的同时降低市场风险，如抑制短期投机，抑制炒房和房地产泡沫持续膨胀等，我国政府时常采用行政手段来调控经济，如"限购令"对住房市场具有正面影响，但存在政府过度干预市场的问题。显然，仅依靠行政性调控来承载房地产市场的种种问题并不是长久之计，所以调控的同时要逐渐实现政策的转变，将行政手段和我国货币、财政政策配合使用。从长期的角度来讲，应该在房价实现理性回归的前提之下，逐渐采取市场调节的方式，并且同时配合房地产行业融资渠道的拓展，疏通资本市场以及加快资产证券化进程，这样才能使房地产开发商逐步摆脱过度依赖银行体系这一现状，降低住房消费信贷的风险。

（二）推进信用体系建设

我国现行的信用体系建设经过数年的发展已经初具规模，个人信用档案中包括了个人信息，贷款申请信息、信用卡信息、住房公积金信息、为他人的贷款担保等内容。但这些内容既不详尽，也不够透明，信用体系的建设还有很多工作要做。

完善信用体系的建设，一方面要提高其覆盖率；另一方面实现信息的可得及公开性。同时，对于征信制度配套相应的法律法规建设。在法律法规和信用体系建设的同时，银行方面也亟待建立完备科学的信用评估体系，并且各个银行要保证信息的共享与透明，提高信用调查的效率和准确率。此外，对于房地产信贷中的个人按揭贷款和开发商贷款分别设定相应的统一信用评估标准，提高可参考度；针对消费者完善个人住房贷款信用体系，针对开发商贷款完善企业征信体系，做到细化管理和控制。

（三）完善银行房地产信贷内部控制

银行房地产信贷风险的防范不应该依赖外部监管机制，更应该依靠自身的制度建设以及内部控制。首先，风险的调查和审查环节要相互独立，客户经理直接调查客户的信用状况和贷款资质，与客户接触，审查人员不接触客户，只对客户经理提交上来的调查报告进行书面审查，从而提高信贷审查程序的公平与公正。其次，过去由单个人员办理的贷前调查、贷时抵押和贷款的发放这三个流程，应该转变为多个独立人员各自经办不同的环节，从而做到人员间的牵制性，降低道德风险发生的概率，减少人员违规操作及提高信贷质量。再次，施行合理的追责制度和实时监控制度，在贷款发放以后，定期关注房贷申请人的经济和信用状况，并且提交每期书面报告，当违约出现时，调查原因，如果是相关人员操作问题或者道德风险原因要采取严查和追责制度。

此外，由于居民收入存在较大差距，使得不同的收入阶层有不同的住房消费偏好，其住房信贷需求也不尽相同。因此，商业银行应以广大的中等收入阶层及对住房有较强烈需求的青年群体为主要潜在客户，根据不同的收入群体的偏好特征设计不同的贷款政策，采取多层次、多元化的住房信贷产品。例如，针对有实力的中产收入家庭，提前还清住房信贷的情况，采取一定优惠激励；而对较低收入的青年购房者，银行可采取适当地降低首付款比例，根据其终身收入现金流的情况，制定相适应的还贷方案，使其在解决住房问题的同时也降低了银行住房消费信贷风险。

（四）稳定贷款者持久收入，提高理财能力

购房者是住房信贷的主体之一，由于个人住房信贷的期限一般较长，只有保证在贷款期限内购房者均能按期还本付息，才能降低住房消费信贷风险，所以购房者稳定的持久收入是降低住房消费信贷风险的有效途径之一。购房者由于工作的稳定性、身体原因或其他突发事件，导致其收入流中断或是收入减少而无法按期偿还房贷，导致住房信贷风险、从而引起银行损失。贷款购房者应当在整个贷款期间，维持稳定的收入流、提高风险防范意识，保障住房贷款能在规定期限能正常还本付息。

其次，贷款购房者应提高财富管理能力，合理分配收入，并根据自己的持久预期收入状况选择适合自己的贷款方案，而不应当盲目、不理性的贷款，从而减轻还贷的压力，避免引起过大的风险。

本章附录

本章附表 4－1　2013 年各省份、直辖市、自治区个人住房支出占可支配收入情况

地区	可支配收入	居住支出	占比
北京	40321.00	2126.00	0.05
天津	32293.57	2088.60	0.06
河北	22580.35	1526.30	0.07
山西	22455.63	1612.40	0.07
内蒙古	25496.67	1951.10	0.08
辽宁	25578.17	1936.10	0.08
吉林	22274.60	1932.20	0.09
黑龙江	19596.96	1543.30	0.08
上海	43851.36	2847.90	0.06
江苏	32537.53	1564.30	0.05
浙江	37850.84	2004.70	0.05
安徽	23114.22	1663.50	0.07
福建	30816.37	2013.50	0.07
江西	21872.68	1414.90	0.06
山东	28264.10	1780.10	0.06
河南	22398.03	1315.30	0.06
湖北	22906.42	1456.30	0.06
湖南	23413.99	1529.50	0.07
广东	33090.05	2339.10	0.07
广西	23305.38	1662.50	0.07
海南	22928.90	1578.60	0.07
重庆	25216.13	1376.10	0.05
四川	22367.63	1321.50	0.06
贵州	20667.07	1496.50	0.07
云南	23235.53	1384.90	0.06
西藏	20023.35	964.00	0.05

续表

地区	可支配收入	居住支出	占比
陕西	22858.37	1465.80	0.06
甘肃	18964.78	1596.00	0.08
青海	19498.54	1684.80	0.09
宁夏	21833.33	1498.00	0.07
新疆	19873.77	1275.40	0.06

本章附表4-2　　个人住房贷款额与个人贷款总额

	个人住房贷款额	贷款总额	占比
北京银行	959.58	6752.88	0.14
重庆农村商业银行	458.58	2421.98	0.19
华夏银行	1089.53	9399.89	0.12
交通银行	5794.02	34317.35	0.17
南京银行	194.93	1746.85	0.11
宁波银行	15.91	2100.62	0.01
上海浦东发展银行	2100.11	20283.80	0.10
平安银行	553.65	10247.34	0.05
兴业银行	1987.69	15931.48	0.12
招商银行	3291.78	25139.19	0.13
中国工商银行	20703.66	110263.31	0.19
中国光大银行	1991.67	12994.55	0.15
中国建设银行	22730.93	94745.23	0.24
中国民生银行	696.06	18126.66	0.04
中国农业银行	15507.02	80980.67	0.19
中国银行	16942.75	84832.75	0.20
中信银行	2321.17	28495.74	0.08

第五章

住房消费结构分析及预测
——基于供给视角

本章与下两章将对我国的住房消费结构做深入研究。其中,第五章主要从供给方面研究我国的住房消费结构,具体为房地产商或二手房业主已销售的住宅的内部结构;第六章主要从需求方面研究我国的住房消费结构,具体为家庭户所拥有的住宅的内部结构;而第七章主要研究住房的特征需求,具体为不同城市的住宅的外部特征,比如,住宅所处城市的交通、教育、医疗、生态等方面。

总而言之,本报告中的住房消费结构主要为住房建筑面积、住房房间数、住房厅室厨卫阳情况、住房设施情况、建筑层数、住房承重类型、住房建成年代等。由于住房消费结构的统计数据非常稀少,所以我们除了利用公开的数据,还利用了我们研究团队的内部数据(包括城市楼盘数据,南开大学中国城市家庭住房消费调查数据)。

一、按建筑面积分住宅价格指数

根据国家统计局数据,2015年6月,全国70个大中城市新建商品住宅价格,90平方米及以下当月同比下降5.30%,环比上升0.20%;90~144平方米当月同比下降5.60%,环比上升0.20%;144平方米以上当月同比下降6.40%,环比上升0.10%。另外,全国70个大中城市二手住宅价格,90平方米及以下当月同比下降4.00%,环比上升0.40%;90~144平方米当月同比下降4.10%,环比上升0.30%;144平方米以上当月同比下降4.90%,环比上升0.30%。表5-1列出了2015年6月商品住宅价格变化情况。(见表5-1)

表 5-1　　　　　　　2015 年 6 月商品住宅房价格变化情况

新建商品住宅（%）		二手住宅（%）	
90 平方米及以下：当月同比	-5.3	90 平方米及以下：当月同比	-4
90 平方米及以下：环比	0.2	90 平方米及以下：环比	0.4
90~144 平方米：当月同比	-5.6	90~144 平方米：当月同比	-4.1
90~144 平方米：环比	0.2	90~144 平方米：环比	0.3
>144 平方米：当月同比	-6.4	>144 平方米：当月同比	-4.9
>144 平方米：环比	0.1	>144 平方米：环比	0.3

从表 5-1，我们发现 2015 年 6 月，无论是新建商品住宅，还是二手住宅，同比均出现下降，而环比则为上升。从住宅建筑面积角度看，面积越小的住宅当月同比跌幅越低，而环比增幅越高，这说明房价的回暖主要由小面积住宅带动。

从时间维度来看，2014 年 7 月~2015 年 6 月，这 12 个月期间，70 个大中城市住宅价格同比指数出现 U 型结构（以 2013 年 7 月~2014 年 6 月为基数 100）。见图 5-1，我们将住宅按新旧程度、建筑面积两个维度分成了 2×3=6 类。我们发现：这 12 个月期间，二手住宅相对新建商品住宅价格更加稳定，其波动幅度相对较小；2014 年 7 月，这 6 类住宅价格同比指数均高于 100，但是随后几个月则出现下滑趋势，直到 2015 年 5、6 月才出现一定的反弹；另外，这 12 个月期间，住宅建筑面积偏小的住宅其价格指数越高，即 90 平方米及以下好于 90~144 平方米，好于 144 平方米以上。

我们还分别绘制了 2015 年 6 月，全国 70 个大中城市 90 平方米及以下新建商品住宅的价格指数热点图、90~144 平方米新建商品住宅的价格指数热点图、144 平方米以上新建商品住宅的价格指数热点图、90 平方米及以下二手住宅的价格指数热点图、90~144 平方米二手住宅的价格指数热点图、144 平方米以上二手住宅的价格指数热点图。其中，2010 年为基数 100（注：6 张热点地图不再呈现在本书中。）

从 6 张价格指数的热点图中，我们发现，住宅价格指数并没有呈现太强的地域性；而相反，无论是按东部、中部、西部、东北城市划分，还是按沿海、非沿海城市划分，或是按归属省份划分，都表现出一定的地域"随机性"。

另一方面，我们还从图中发现，不同城市的二手住宅在不同建筑面积

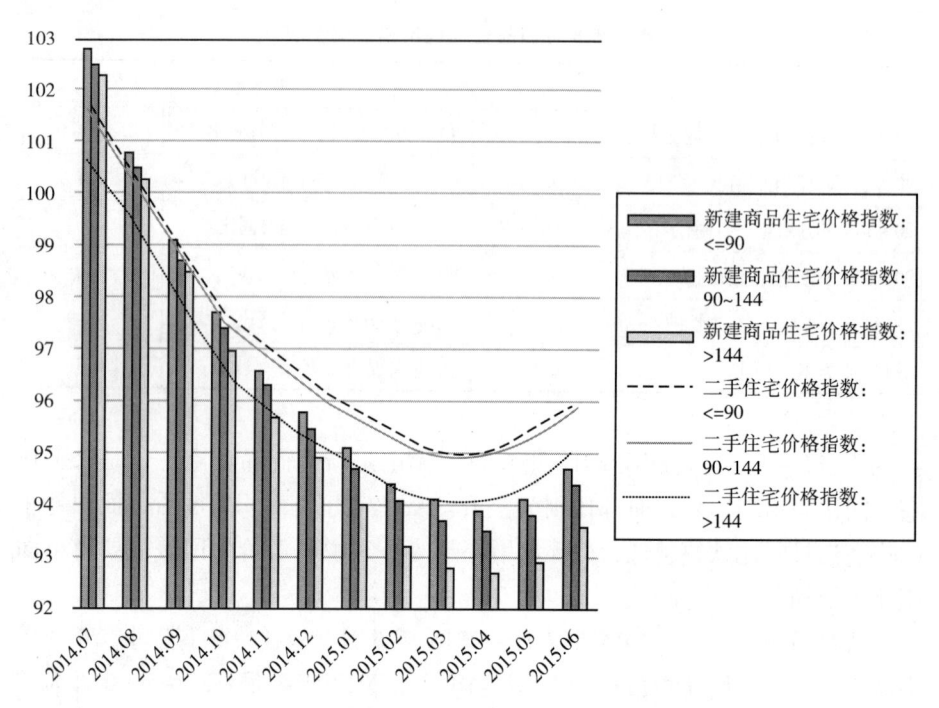

图 5-1　2014 年 7 月~2015 年 6 月住宅价格同比指数

划分下，相对新建住宅，则比较稳定。其中，北京、上海、广州、深圳、厦门、郑州的新建商品住宅增值幅度较大，（90 平方米及以下、90~144 平方米、144 平方米以上）相比 2010 年增幅均在 17% 以上；而温州、杭州、宁波的新建商品住宅贬值幅度相对较大，价格均低于 2010 年价格。北京、上海、广州、深圳、贵阳的二手住宅增值幅度较大，（90 平方米及以下、90~144 平方米、144 平方米以上）相比 2010 年增幅均在 12% 以上；而温州、海口、牡丹江、宁波、三亚的二手住宅贬值幅度相对较大，价格均低于 2010 年价格。

另外，建筑面积较小的住宅，无论是在新建商品住宅方面，还是二手住宅方面，均表现出较大的增长幅度，具体为 90 平方米及以下增速高于 90~144 平方米，而 90~144 平方米增速高于 144 平方米以上。当然，表 5-2、表 5-3 分别列出了更为详细的新建商品住宅价格指数、二手住宅价格指数，我们发现，增长速度第一的城市为深圳，并且与第二名的增长速度相差巨大；贬值速度第一的城市为温州，并且与第二的贬值速度相差也巨大。

表5-2　2015年6月新建商品住宅价格指数概况（2010年为基数100）

90平方米及以下			90～144平方米			144平方米以上		
名次	城市	价格指数	名次	城市	价格指数	名次	城市	价格指数
1	深圳市	149.30	1	深圳市	144.30	1	深圳市	144.10
2	厦门市	133.60	2	广州市	129.40	2	北京市	133.60
3	上海市	130.50	3	厦门市	129.30	3	上海市	122.80
4	广州市	126.30	4	北京市	126.00	4	厦门市	122.70
5	郑州市	123.60	5	上海市	125.60	5	广州市	122.40
6	北京市	121.00	6	郑州市	120.20	6	郑州市	117.60
7	乌鲁木齐市	117.80	7	乌鲁木齐市	119.80	7	石家庄市	115.10
8	石家庄市	117.40	8	石家庄市	117.20	8	南京市	114.40
9	洛阳市	116.80	9	西宁市	115.60	9	西宁市	111.70
10	长沙市	116.40	10	岳阳市	115.50	10	乌鲁木齐市	110.90
61	泸州市	102.40	61	韶关市	101.30	61	三亚市	97.40
62	青岛市	102.10	62	金华市	101.10	62	韶关市	96.60
63	南充市	101.70	63	泉州市	100.70	63	宁波市	95.80
64	大理市	101.30	64	三亚市	98.60	64	泉州市	95.70
65	唐山市	100.80	65	蚌埠市	98.10	65	金华市	94.80
66	泉州市	100.60	65	海口市	98.10	66	唐山市	94.50
67	海口市	100.10	67	唐山市	97.80	66	青岛市	94.50
68	宁波市	93.90	68	宁波市	94.40	68	海口市	94.10
69	杭州市	93.00	69	杭州市	92.20	69	杭州市	93.40
70	温州市	78.60	70	温州市	78.70	70	温州市	74.90

表5-3　2015年6月二手住宅价格指数概况（2010年为基数100）

90平方米及以下			90～144平方米			144平方米以上		
名次	城市	价格指数	名次	城市	价格指数	名次	城市	价格指数
1	深圳市	149.80	1	深圳市	146.50	1	深圳市	128.00
2	北京市	127.90	2	北京市	125.40	2	北京市	122.80

续表

90平方米及以下			90~144平方米			144平方米以上		
名次	城市	价格指数	名次	城市	价格指数	名次	城市	价格指数
3	广州市	126.30	3	广州市	121.80	3	广州市	117.10
4	上海市	122.90	4	上海市	119.20	4	贵阳市	115.70
5	贵阳市	117.00	5	贵阳市	113.90	5	上海市	112.50
6	郑州市	115.10	6	厦门市	112.30	6	郑州市	109.00
7	乌鲁木齐市	114.60	7	郑州市	112.00	7	太原市	108.90
8	常德市	114.30	7	岳阳市	112.00	8	岳阳市	108.80
9	太原市	113.50	9	乌鲁木齐市	111.90	9	南京市	108.50
9	厦门市	113.50	10	常德市	111.80	10	襄阳市	107.70
61	赣州市	94.80	61	徐州市	94.50	61	烟台市	92.40
62	安庆市	94.70	62	锦州市	93.40	62	石家庄市	92.10
62	三亚市	94.70	63	杭州市	93.30	63	三亚市	91.00
64	金华市	94.20	64	三亚市	93.10	64	包头市	90.40
65	泉州市	92.90	65	秦皇岛市	93.00	65	宁波市	89.10
66	锦州市	90.60	66	金华市	92.70	66	牡丹江市	86.20
67	宁波市	90.40	67	宁波市	90.50	67	海口市	85.50
68	牡丹江市	87.90	68	牡丹江市	89.70	68	金华市	85.40
69	海口市	87.10	69	海口市	88.70	69	杭州市	82.10
70	温州市	78.10	70	温州市	74.90	70	温州市	71.20

接下来，我们将按照一线、二线、三线、四线、五线城市来分析住宅价格指数。其中，我们把准一线城市（重庆、广州、深圳、天津）也算在了一线城市中（北京、上海）。根据N线城市分类，70个大中城市共分为了一线、二线、三线、四线这四类城市。其中，70个大中城市正好没有五线城市，并且70个大中城市中的大理不属于地级市，所以没有算在任何N线城市分类中。

根据城市类型、住宅新旧类型、住宅建筑面积3个维度划分，我们得到了 $4 \times 2 \times 3 = 24$ 个类型的住宅，按时间顺序计算了2011年1月至2015年6

月的住宅价格环比景气指数。其中，住宅价格环比景气指数的计算公式为：景气指数=（住宅价格环比增加的城市数量-住宅价格环比降低的城市数量）/城市总数。景气指数大于0，代表看涨；小于0，代表看跌。图5-2为2011年1月至2015年6月的住宅价格环比景气指数mini柱状图，黑色代表看涨，

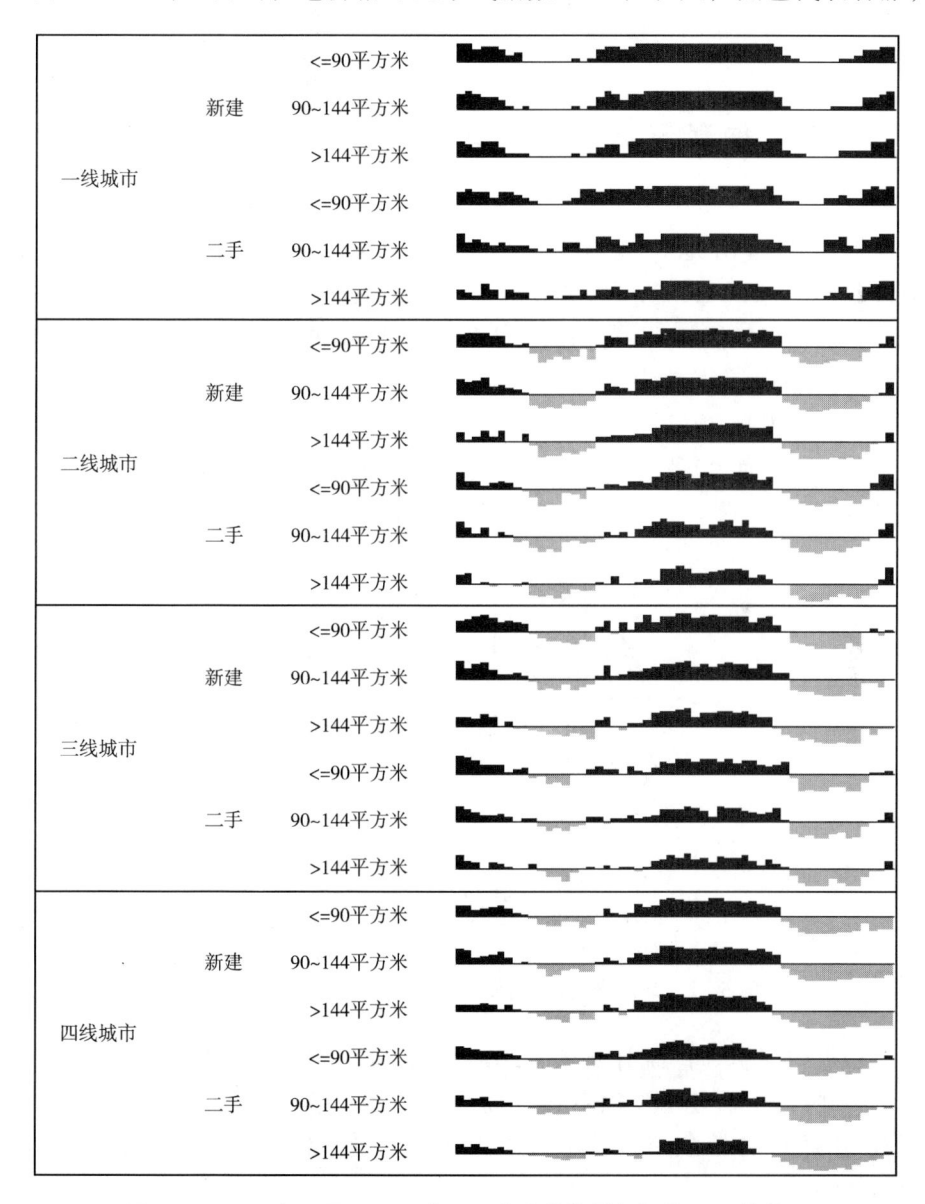

图5-2 2011年1月至2015年6月住宅价格景气指数mini柱状图

灰色代表看跌。从图中，我们发现：一线城市表现出持续的看涨趋势，而二线、三线、四线城市表现出涨、跌、涨、跌、部分涨的波动趋势；第二次看跌的持续时间比第一次看跌的持续时间更长；一二线城市的住宅带动着三四线城市的住宅价格波动；二手住宅带动新建商业住宅价格波动；建筑面积较小的住宅带动建筑面积较大的住宅价格波动。

二、按建筑面积分住宅商品房销售额及套数

根据中国房地产统计年鉴，2013年全国住宅商品房销售额为676949367万元。其中，90平方米及以下住宅商品房销售额为189666548万元，90~144平方米住宅商品房销售额为344289735万元，144平方米以上住宅商品房销售额为142993084万元。三种类型住宅商品房占比见图5-3，我们发现2013年，住宅商品房销售额中，90~144平方米的住宅大约占了一半；而90平方米及以下占比要高于144平方米及以上，两者比例大约为4:3。

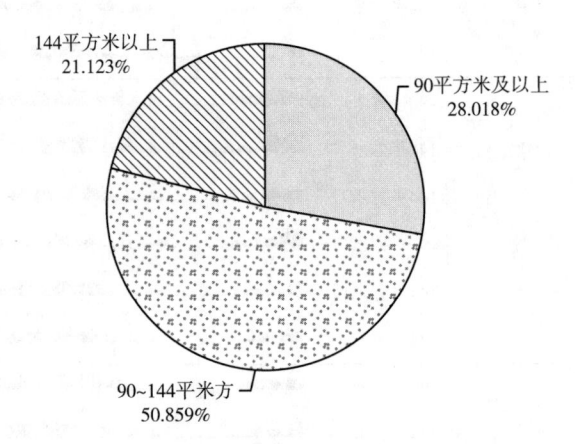

图5-3 2013年按建筑面积分住宅商品房销售额（万元）

根据中国房地产统计年鉴，2013年全国住宅商品房共销售11046279套，其中，90平方米及以下住宅商品房销售4447861套，90~144平方米住宅商品房销售5708598套，144平方米及以上住宅商品房销售889820套。

以下我们将按90平方米及以下、90~144平方米、144平方米及以上三种类型，更为详细地分析2011~2013年住宅商品房消费套数总体及波动

情况。

首先，我们绘制了各省在2011～2013年，90平方米及以下的住宅商品房销售套数图（见图5-4）。在图5-4中，每个省的柱状图顶端均带折线，折线的3个连接点分别表示2011、2012、2013年的数据点。我们发现：辽宁、四川、广东、黑龙江、山东、重庆省（市）2011、2012、2013年的90平方米及以下住宅销售套数相对较多，而西藏、青海、宁夏省（区）则较少。另外，从时间趋势来看，安徽、广东、贵州、江苏、浙江省的住宅销售套数增长相对比较平稳，而海南、河北、湖北、内蒙古、山东、天津、西藏省（区）的住宅销售套数则出现了较为明显的先减后增的趋势。

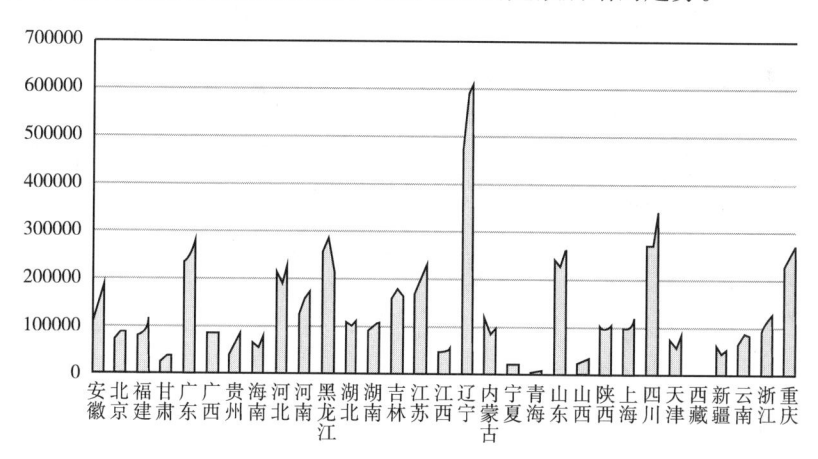

图 5-4　2011～2013 年各省 90 平方米及以下住房消费套数顶端折线柱状图

然后，我们绘制了各省在2011～2013年，90～144平方米的住宅商品房销售套数图（见图5-5）。我们发现：江苏、山东、安徽、广东、河南、四川省2011、2012、2013年的90～144平方米住宅销售套数相对较多，而西藏则较少。另外，从时间趋势来看，福建、甘肃、广东、贵州、海南、黑龙江、湖南、江苏、宁夏、上海、云南、浙江省（区）的住宅销售套数增长相对比较平稳，而广西、河北、河南、江西、辽宁、内蒙古、青海、山东、陕西、四川、新疆、重庆省（区）的住宅销售套数则出现了较为明显的先减后增的趋势。

最后，我们绘制了各省在2011～2013年，144平方米以上的住宅商品房销售套数图（见图5-6）。我们发现：广东、河南、湖南、江苏、山东省2011、2012、2013年的144平方米以上住宅销售套数相对较多，而西藏、青海则较少。另外，从时间趋势来看，住宅销售套数增长相对比较平稳的省级

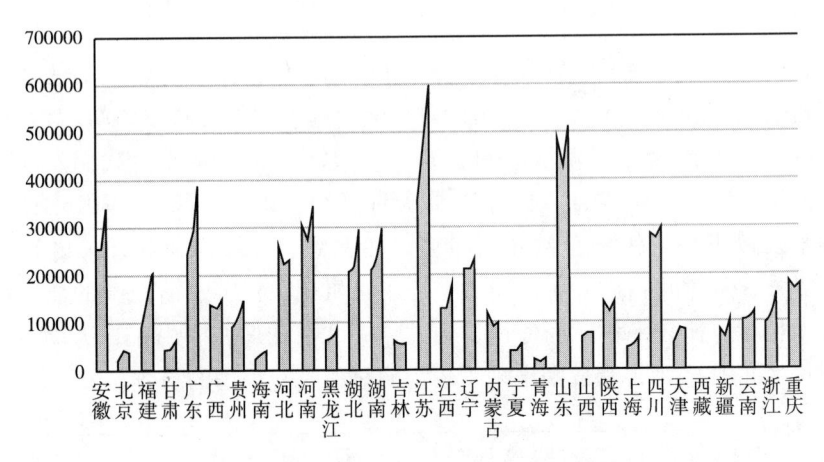

图 5-5　2011~2013 年各省 90~144 平方米住房消费套数顶端折线柱状图

行政区几乎没有，而广东、河南、湖北、江苏、山东省的住宅销售套数则出现了较为明显的先减后增的趋势。

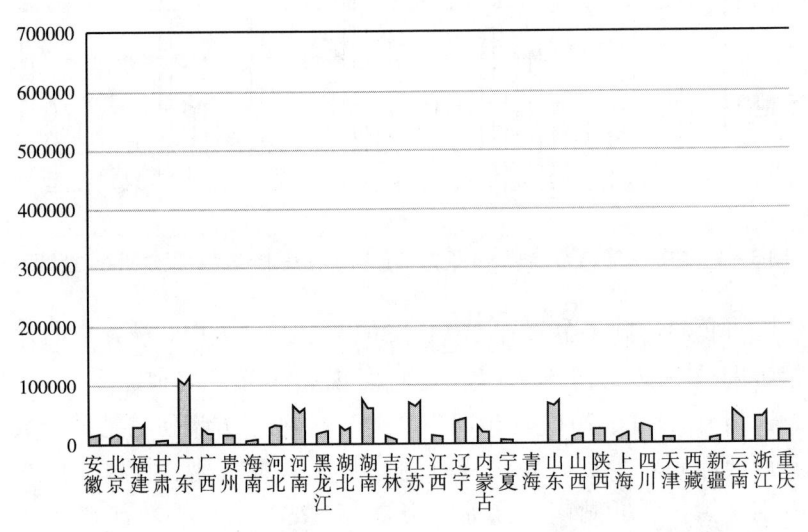

图 5-6　2011~2013 年各省 144 平方米以上住房消费套数顶端折线柱状图

通过对图 5-4、图 5-5、图 5-6 的整体比较，我们发现：2011~2013年，我国住宅销售套数主要以 90~144 平方米为主，其次是 90 平方米及以下，而 144 平方米及以上则少很多；2012 年为全国的关键年，有些省则出现销售套数下滑的现象；2013 年为全国的增长年，大部分省出现了销售套数跳跃式增长。另外，值得一提的是，2011~2013 年，北京却出现了全国销售套数的反向波动趋势，具体表现为先增后减的趋势，我们的解释是：北京 2012 年提前表现出（全国 2013 年）跳跃增长，从而 2013 年便成为了北京的调整年。

三、基于 16 个城市楼盘数据的住房消费结构分析

我们从各个城市的房管局网站采集了城市楼盘数据，目前数据涵盖池州、大同、广安、广州、贵阳、海口、杭州、呼和浩特、济南、兰州、南昌、青铜峡、庆阳、深圳、太原、长春 16 个城市。按照 "城市区位编码—预售许可证号" 作为唯一识别码，最原始数据有 19248 个唯一识别码。数据中的预售许可证时间主要为近几年发放，通过：（1）剔除一些采集错误，比如机器汇总与原数据汇总不一致等，（2）筛选 2014 年预售许可证号。我们最终得到 11950 个唯一识别码。

（一）按建筑面积分

我们整理了这 16 个城市 2014 年（以预售许可证号时间为准）的住房销售套数，为了提高精度，我们删除了建筑面积的区间数据（比如，<90，121~130 这类数据），以及忽略住房建筑面积大于 1000 平方米的住房（因为很可能为错误值），进而我们获得了 5592 个唯一识别码。下面我们将按照总套数、已售套数、未售套数绘制 3 个住房建筑面积频数图，见图 5-7、图 5-8、图 5-9。

图 5-7 显示，开发商偏好供给 88~89 平方米的商品房；图 5-8 显示，消费者偏好选择 88~89 平方米的商品房；图 5-9 显示，开发商未售最多为 89~90 平方米的商品房。同时，我们还从图 5-7、图 5-8、图 5-9 中发现另外一个规律，建筑面积略微大于 90 平方米的商品房套数出现了急剧下滑，然后随着建筑面积的增加出现一个甚至多个峰值，随后呈现波动型衰减。

另外，若按建筑面积区间分，90 平方米及以下、90~144 平方米和 144 平方米以上这三个区间的商品房，其总套数分别占比 41.49%、46.07%、12.44%，已售套数分别占比 44.28%、44.56%、11.16%，从而可以得到已售比率分别为 48.35%、43.81%、40.63%。（见表 5-4）

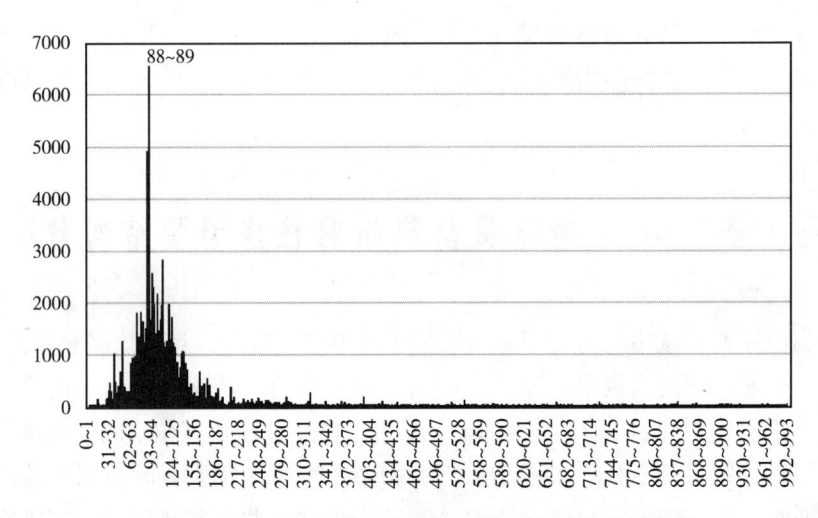

图 5-7 2014 年 16 个城市商品房按建筑面积分总套数

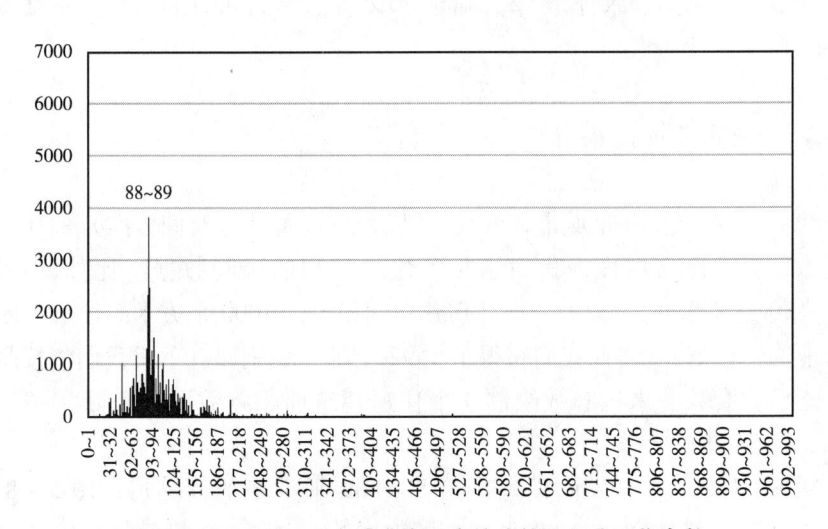

图 5-8 2014 年 16 个城市商品房按建筑面积分已售套数

从表 5-4 中，我们发现：开发商供给最多的是 90~144 平方米的商品房，但开发商最容易销售的是 90 平方米及以下的住房。

接下来，我们绘制了池州、大同、广州、贵阳、海口、杭州、呼和浩特、济南、兰州、南昌、青铜峡、庆阳、深圳、太原这 14 个城市，按建筑面积分类已售套数频率 mini 柱状图，从图 5-10 中，我们发现：广州、杭州、南昌、深圳的住房建筑面积更具有多样性。

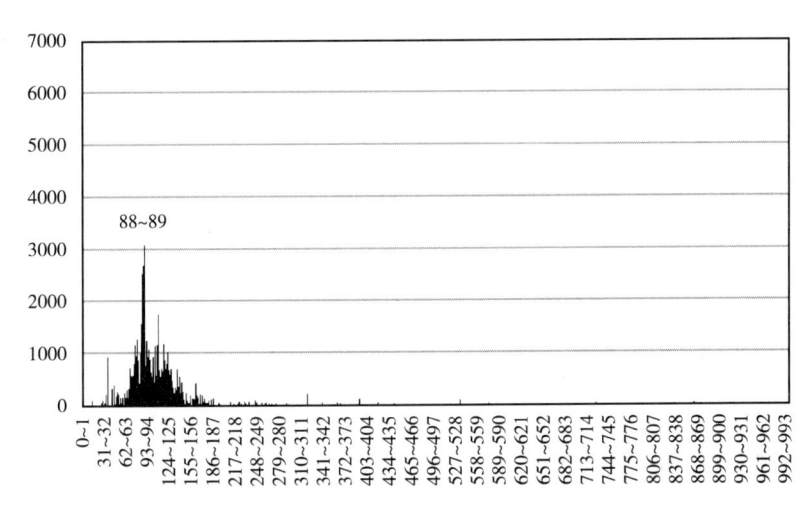

第五章 住房消费结构分析及预测——基于供给视角

图 5 – 9 2014 年 16 个城市商品房按建筑面积分未售套数

表 5 – 4   2014 年 16 个城市商品房按建筑面积区间分销售情况

	总套数比重（%）	已售套数比重（%）	已售比率（%）
90 平方米及以下	41.49	44.28	48.35
90～144 平方米	46.07	44.56	43.81
144 平方米以上	12.44	11.16	40.63

（二）按卧室数量分

这部分我们研究住房中的卧室数量，在删除了极端值及无效数据后，我们得到 3527 个有效唯一识别码。表 5 – 5 列出了住房中不同卧室数量的销售情况，从表 5 – 5 中，我们发现：一居室最容易销售，60.52% 的已售比率；而随着卧室数量的增加，住房变得越不容易销售。另一方面，三居室（23976 套）、二居室（15386 套）、四居室（4936 套）销售量最大，均高于一居室（2543 套）。

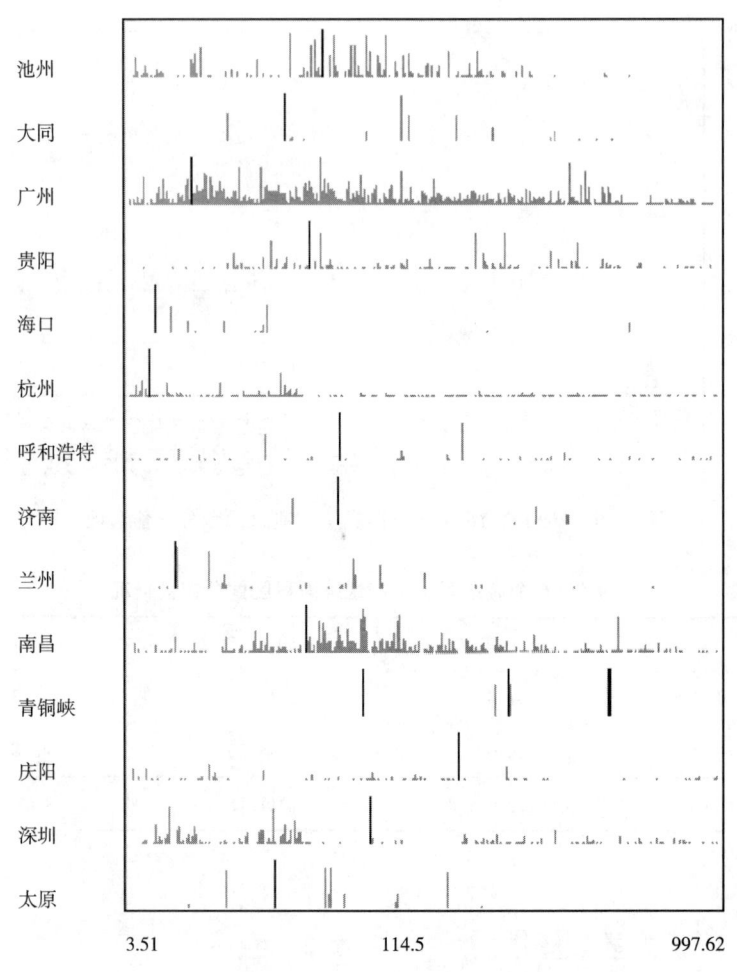

图 5-10　各城市按建筑面积分类已售套数频率 mini 柱状图

注：横坐标刻度非连续

表 5-5　　　　2014 年 16 个城市商品房按卧室房间数分销售套数

卧室数量	总套数（套）	已售比率（%）	未售比率（%）
1	4202	60.52	39.48
2	32802	46.91	53.09
3	52177	45.95	54.05
4	9965	44.11	55.89
5	1725	36.41	63.59
6	566	20.67	79.33

续表

卧室数量	总套数（套）	已售比率（%）	未售比率（%）
7	36	0.00	100.00
8	24	0.00	100.00
10	2	0.00	100.00

接下来，我们绘制了池州、广州、贵阳、海口、南昌、青铜峡、深圳这8个城市，按住房卧室数量分类已售套数频率 mini 柱状图，从图 5-11 中，我们发现：池州、广州、贵阳、兰州、南昌、青铜峡市的三居室销售数量最多，而海口和深圳市的二居室销售数量最多。

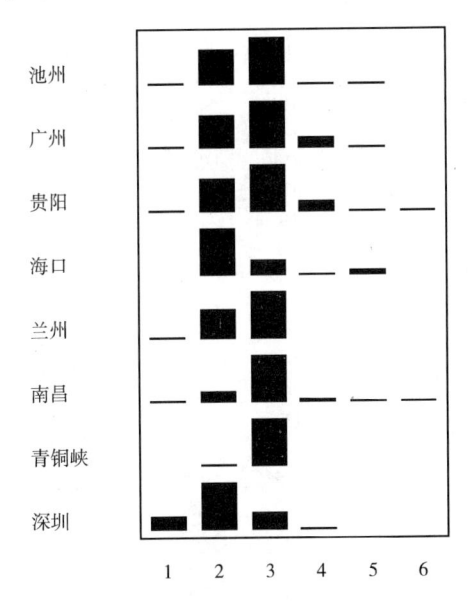

图 5-11　各城市按卧室数量分类已售套数频率 mini 柱状图

（三）按项目总楼层分

这部分我们研究住房所属项目的总楼层情况，删除了极端值及无效数据后，我们得到 5238 个有效唯一识别码。图 5-12 为不同项目总楼层的销售情况，我们发现，总楼层为 36、37、20、2、41、43、1、14 的项目，其商品房最容易销售，已售比率均在 70% 以上。另一方面，总楼层为 18、6、33、17、32、34、31、26、28、2、11 的项目，其商品房房销售量最大，已售量均高于2500套。

总项目楼层	总套数（套）	已售比率（%）	未售比率（%）
1	783	70.37	29.63
2	3914	72.64	27.36
3	4465	43.74	56.26
4	2706	36.92	63.08
5	3042	43.43	56.57
6	12954	57.06	42.94
7	2617	37.60	62.40
8	3134	44.07	55.93
9	1308	48.47	51.53
10	2121	52.19	47.81
11	6024	42.02	57.54
12	2196	58.70	41.30
13	2144	60.59	39.41
14	3204	70.16	29.84
15	2614	60.71	39.29
16	3567	44.24	55.76
17	8749	64.08	35.92
18	22714	60.37	39.63
19	4310	37.52	62.48
20	1746	73.65	26.35
21	951	51.31	48.69
22	1678	41.48	58.52
23	5217	34.96	65.04
24	2357	37.38	62.62
25	3558	21.05	78.95
26	6281	56.93	43.07
27	4132	21.32	78.68
28	4845	59.55	40.45
29	4755	49.80	50.20
30	4240	51.58	48.42
31	6185	59.84	40.16
32	14463	37.92	62.08
33	16145	43.35	56.65
34	5614	69.36	30.64
35	1241	66.88	33.12
36	144	89.58	10.42
37	916	74.34	25.66
38	1022	21.14	78.86
39	668	52.84	47.16
41	679	71.72	28.28
42	105	0.00	100.00
43	676	71.45	28.55
44	147	0.00	100.00
45	218	8.26	91.74

图5-12　2014年16个城市商品房按项目总楼层分销售套数

下面，我们绘制了池州、贵阳、海口、呼和浩特、兰州、南昌、青铜峡、深圳、长春这9个城市，按项目总楼层分类已售套数频率mini柱状图，从图5-13中，我们发现：池州、青铜峡已售住房，其项目主要为低层建筑；深圳已售住房，其项目主要为高层建筑；海口已售住房，其项目主要为中层建筑；贵阳、南昌已售住房，其项目主要为低层建筑和高层建筑。

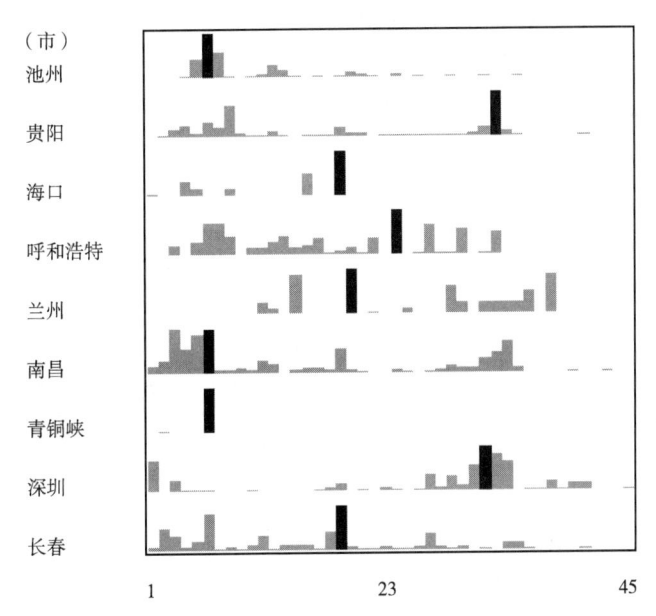

图5-13 各城市按项目总楼层分类已售套数频率mini柱状图

（四）供给与需求匹配性

在16个城市楼盘数据中，有总套数和已售套数这两个关键指标，根据这两个指标我们能够直接计算出已售比率；而已售比率在一定程度上，可以衡量商品房供给与需求的匹配性。

我们将从4个维度来分析16个城市商品房的供给与需求匹配性。

第一，建筑面积区间维度。从表5-4中，我们发现：90平方米及以下的商品房供给与需求匹配性最好，然后依次为90~144平方米的商品房和144平方米以上的商品房。其中，比较明显的规律为：商品房面积越小，其供给与需求匹配性越好。

第二，卧室数量维度。从表5-5中，我们发现：一居室供给与需求匹配性最好，然后依次为二居室、三居室、四居室、五居室、六居室。其中，比较明显的规律为：卧室数量越少，其供给与需求匹配性越好。

第三，项目总楼层维度。从图5-12中，我们发现：总楼层为36、37、20、2、41、43、1、14的项目，其商品房供给与需求匹配性最好。总体而言，在项目总楼层维度没有太明显的规律。

第四，城市维度。表5-6列出了16个城市的商品房供给与需求匹配情况。从表5-6中，我们发现：济南、广安、长春、杭州、深圳市的商品房供给与需求匹配性最好，尤其是济南和广安两个城市；另一方面，海口和青铜峡的商品房供给与需求匹配性最差。总而言之，在城市维度没有太明显规律。由于每一个城市几乎都是独一无二的，故我们认为城市维度的供给与需求匹配性，主要由居民的住房特征需求决定，而这方面解释请参考第七章内容。

表5-6　　　　　　　　2014年16个城市商品房销售情况

地区	总套数（套）	已售套数（套）	已售比率（％）
池州	8046	3906	48.55
大同	4416	1273	28.83
广安	1702	1681	98.77
广州	54709	29300	53.56
贵阳	22442	9867	43.97
海口	1545	73	4.72
杭州	18277	10982	60.09
呼和浩特	14982	6349	42.38
济南	2635	2635	100.00
兰州	4667	1669	35.76
南昌	41501	15593	37.57
青铜峡	407	16	3.93
庆阳	4782	1198	25.05
深圳	14362	8289	57.71
太原	8364	3935	47.05
长春	189304	115480	61.00
总计	392141	212246	54.12

四、总结及预测

（一）总结

就目前来看，在我国的住房消费结构中，90 平方米及以下的住房，其价格在最近 5 年最为坚挺，同时，其供给与需求匹配性也最好；而 90～144 平方米的住房，不仅是开发商供给数量最多的住房，也是开发商销售数量最多的住房。

全国 70 个大中城市中，2015 年 6 月，无论是新建商品住宅，还是二手住宅，其 90 平方米及以下、90～144 平方米、144 平方米以上的住房价格均为同比下降、环比上升。从时间维度来看，2014 年 7 月～2015 年 6 月这 12 个月期间，无论是新建商品住宅，还是二手住宅，其 90 平方米及以下、90～144 平方米、144 平方米以上的住房价格均呈现 U 型趋势；同时，我们发现建筑面积越小的住房，其价格越稳定，二手住宅又比新建商品住宅的价格稳定。而 2010 年 12 月～2015 年 6 月的 55 个月期间，无论是新建商品住宅，还是二手住宅，深圳均领涨 90 平方米及以下、90～144 平方米、144 平方米以上的住房，温州均领跌 90 平方米及以下、90～144 平方米、144 平方米以上的住房。

全国住宅商品房中，2013 年 90～144 平方米的住宅占总销售额一半以上。2011～2013 年，90～144 平方米的住宅销售套数最多，其次是 90 平方米及以下；而 2012 年为全国的关键年，甚至有些省的住宅销售套数出现下滑；2013 年为全国的增长年，大部分省的住宅销售套数出现跳跃式增长。

2014 年全国 16 个城市中，若按建筑面积分，开发商销售最多的为 88～89 平方米的商品房，而建筑面积略微大于 90 平方米的商品房，其已售套数较 88～90 平方米的商品房出现急剧下滑。若按建筑面积区间分，90～144 平方米的商品房，在总套数和已售套数上的占比最高（46.07%、44.56%），而 90 平方米以下的商品房，其供给与需求匹配性最好（48.35%）。若按卧室数量分，从供给与需求匹配性来看，则一居室匹配性最高，已售比率为 60.52%；而随着卧室数量的增加，已售比率则呈现逐渐下滑趋势；但从销售套数来看，三居室、二居室、四居室销售量最大，均高于一居室。若按项目总楼层分，从供给与需求匹配性来看，总楼层为 36、37、20、2、41、43、

1、14 的项目，其住房供给与需求匹配性最好，已售比率均高于 70%；但从销售套数来看，总楼层为 18、6、33、17、32、34、31、26、28、2、11 的项目，其住房销售量最大，已售量均高于 2500 套。

（二）预测

我们将从以下两个方面给出我们的预测：

（1）住房建筑面积方面。在短期，房地产商更愿意提供小户型住房，这是因为目前国内经济处于调整时期，国家也对房地产商开发小户型住房给予一定税费优惠，而小户型住房则属于低收入者的刚性需求，从而短期内住房市场以小户型为主；在长期，随着居民生活水平的提高，以及建筑水平的提高，房地产商将会提供更多中户型、甚至是大户型住房，因为这部分住房属于居民改善型住房。但是，未来也有很多不确定因素，如果全国居民收入的基尼系数进一步扩大，将会扭曲住房的需求类型，大部分住房将由消费型需求转为投资型需求，甚至是投机性需求。这是因为，低收入者购买住房主要用于消费，而高收入者购买住房主要用于投资或投机，并且多数为中户型、大户型住房；从而导致低收入者的消费型需求被压制，高收入者的投资或投机型需求膨胀，造成小户型住房占比越来越低，中户型、大户型住房占比越来越高的趋势。

（2）项目总楼层方面。在未来，房地产商将会提供更多的高层住宅。原因有以下三点：第一，城市可利用土地资源日渐匮乏；第二，居民的住房需求不断膨胀；第三，高层建筑技术的不断提高。

第六章

住房消费结构分析及预测
——基于需求视角

这一章将承接上一章，继续研究我国住房消费结构，在本章，我们着重从住房的需求方研究住房消费结构，同上一章一样，这里的住房消费结构主要为住房建筑面积、住房间数、住房厅室厨卫阳情况、住房设施情况、建筑层数、住房承重类型、住房建成年代等。与上一章不同的是，本章的分析切入点是需求方，所以本章节谈到的住房消费数据相对比较全面，基本上覆盖了住房消费结构的各项指标。当然，为了报告的新颖性，我们除了利用公开数据，还利用了南开大学中国城市家庭住房消费调查数据。

一、全国人口普查数据分析

(一) 家庭户住房概况

2010年全国总户数为417722698，其中家庭户为401934196个，集体户为15788502个。图6-1为2010年全国家庭户户规模构成，我们发现，三人户比重最大（26.87%），其次是二人户（24.37%）、四人户（17.57%）。这说明我国家庭户户规模相对较小，并在一定程度上反映出我国计划生育的影响。

图6-2为2010年全国家庭户类型构成，其中，一代户137363112户，二代户192237846户，三代户69562135户，四代户2768189户，五代户2914户。我们发现，二代户比重最大（47.83%），其次是一代户（34.18%）、三代户（17.31%）。这说明我国家庭户主要以二代户和一代户为主。

表6-1，列出了2000、2010年全国家庭户住房基本情况。我们发现，2010年我国家庭户户数、家庭户人数较2000年分别上升了18.05%、

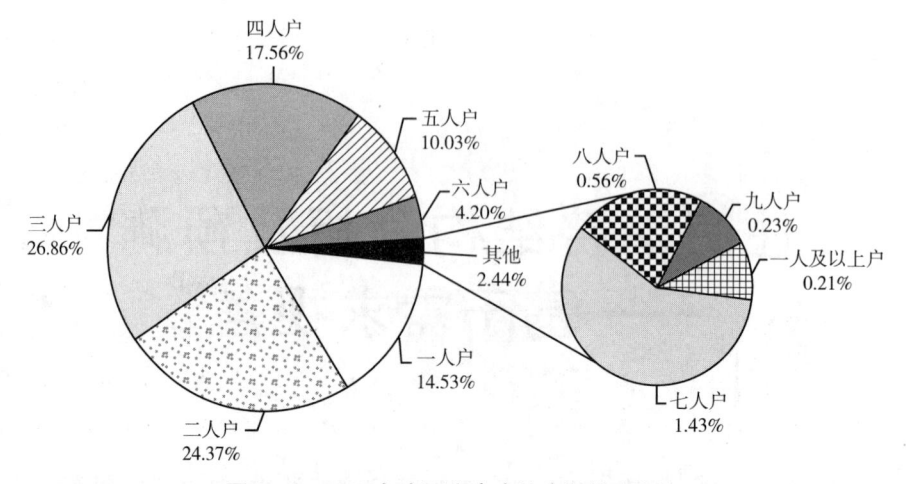

图 6-1 2010 年全国家庭户按户规模分占比

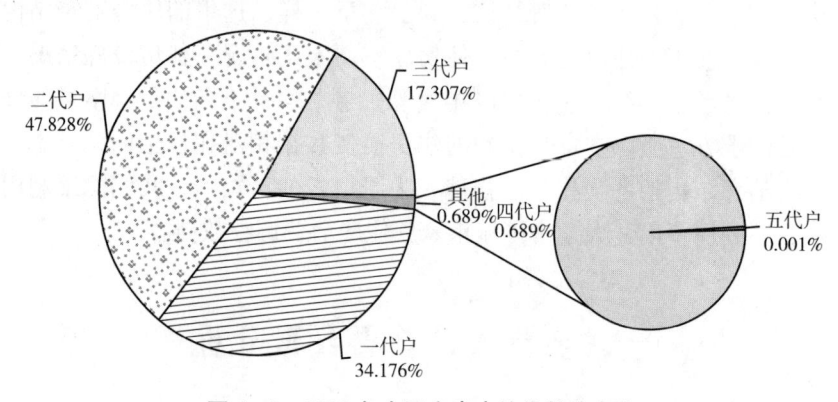

图 6-2 2010 年全国家庭户按代数分占比

5.24%，家庭户户数上升幅度大于家庭户人数上升幅度，这意味着我国平均每家庭户人数（即家庭户户规模）呈下降趋势。而 2010 年我国平均每户住房间数 3.12 间/户，较 2000 年增加 14.71%；2010 年我国人均住房建筑面积 31.06 平方米/人，较 2000 年增加 36.14%；2010 年我国人均住房间数 1.01 间/人，较 2000 年增加 28.50%。

表 6-1 全国家庭户住房基本情况

	家庭户户数（户）	家庭户人数（人）	平均每户住房间数（间/户）	人均住房建筑面积（平方米/人）	人均住房间数（间/人）
2000 年	340491197	1178271219	2.72	22.77	0.79
2010 年	401934196	1239981250	3.12	31.06	1.01

而表6-2，列出了2010各省家庭户住房基本情况。我们发现，2010年，山东（30105454）、广东（28630609）、河南（25928729）的总户数最多，这是因为山东、广东、河南为全国人口大省；2010年，河南（4.17）、甘肃（3.95）、西藏（3.86）的平均每户住房间数最多，而黑龙江（1.98）、上海（2.04）、内蒙古（2.07）则最少；2010年，浙江（40.13）、江苏（38.68）、重庆（36.99）的人均住房建筑面积最大，而青海（21.33）、黑龙江（22.24）、吉林（22.74）则最少。

表6-2 2010年各省家庭户住房基本情况

地区	家庭户户数（户）	家庭户人数（人）	平均每户住房间数（间/户）	较2000年增加（%）	人均住房建筑面积（平方米/人）	较2000年增加（%）
全国	401934196	1239981250	3.12	14.71	31.06	36.41
北京	6680552	16389723	2.33	-15.27	29.28	39.23
天津	3661992	10262186	2.24	0.45	26.07	36.56
河北	20395116	68538709	3.57	8.51	30.24	35.67
山西	10330207	33484131	2.98	-8.59	25.33	31.38
内蒙古	8205498	23071690	2.07	8.95	23.52	43.59
辽宁	14994046	41755874	2.27	9.13	25.89	31.62
吉林	8998492	26457769	2.16	6.40	22.74	27.18
黑龙江	13000088	36884039	1.98	7.61	22.24	26.87
上海	8253257	20593430	2.04	-2.86	27.25	13.54
江苏	24381782	71685839	3.02	21.29	38.68	32.60
浙江	18854021	49425543	2.8	-1.06	40.13	14.53
安徽	18861956	56493891	3.18	25.69	32.76	60.20
福建	11206317	33397663	3.37	9.42	36.95	47.98
江西	11542527	42181417	3.75	31.12	33.1	45.11
山东	30105454	89855501	3.76	5.62	32.11	45.29
河南	25928729	90028072	4.17	53.87	32.52	48.63
湖北	16695121	52745625	3.28	23.77	36.96	43.65

续表

地区	家庭户户数（户）	家庭户人数（人）	平均每户住房间数（间/户）	较2000年增加（%）	人均住房建筑面积（平方米/人）	较2000年增加（%）
湖南	18625710	61911446	3.63	26.48	34.69	28.82
广东	28630609	88979305	2.77	4.53	26.23	28.83
广西	13151404	43970320	3.5	29.15	30.33	50.30
海南	2331149	8060519	2.36	13.46	22.86	44.14
重庆	10000965	26994017	2.96	19.35	36.99	38.70
四川	25794161	76207174	3.25	21.27	35.12	24.32
贵州	10558461	33571308	2.93	32.58	27.7	54.66
云南	12339961	43626674	3	23.97	27.21	31.58
西藏	670838	2837769	3.86	37.37	28.64	111.21
陕西	10718563	34462115	3.15	4.30	30.2	44.15
甘肃	6900369	24052594	3.95	1.54	23.4	46.16
青海	1529039	5284525	3.04	0.33	21.33	21.82
宁夏	1882205	5970133	2.75	-0.72	24.5	40.56
新疆	6705607	20802249	2.77	16.88	24.39	35.05

从表6-2，我们还发现，2010年，除北京、山西、上海、浙江、宁夏省（市）外，全国其他省级行政区的平均每户住房间数较2000年均有所增加；2010年，全国所有省级行政区人均住房面积较2000年也有所增加。

另外，我们还绘制了2010年各市平均每户住房间数地图、2010年各市人均住房建筑面积地图。我们发现，平均每户住房间数大体呈现从东向西，带状增、减、增、减、增趋势；而人均建筑面积呈现从长江中下游向北、南、西递减，以及从青海向周边递增两种局部趋势。

图6-3对比了2010、2000年全国各省人均居住房间。我们发现，2010年所有省级行政区的人均居住房间较2000年都有所增加；其中，17个省级行政区人均居住房间数小于1，14个省级行政区大于1。

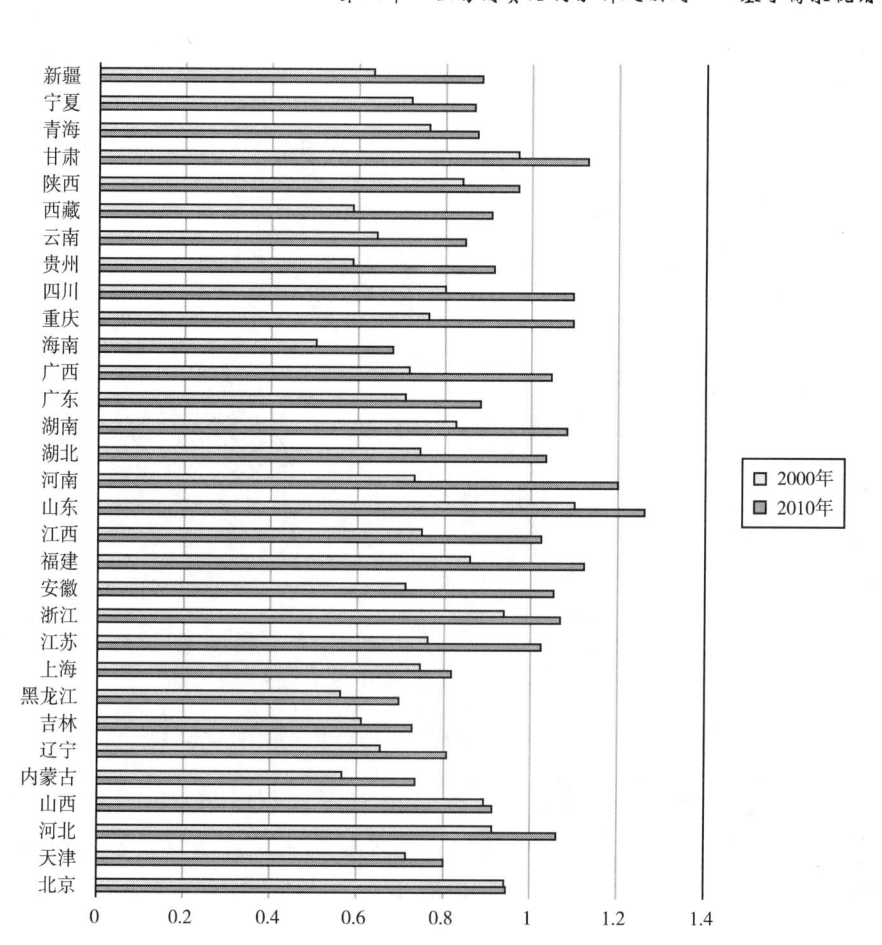

图6-3 2000、2010年各省人均住房间数对比

(二) 家庭户人均住房建筑面积情况

2010年，在全国家庭户中，人均住房建筑面积8平方米及以下的家庭户为24207004户，人均住房建筑面积9～12平方米的家庭户为22602888，人均住房建筑面积13～16平方米的家庭户为34775854户，人均住房建筑面积17～19平方米的家庭户为22036492户，人均住房建筑面积20～29平方米的家庭户为95695274户，人均住房建筑面积30～39平方米的家庭户为69943421户，人均住房建筑面积40～49平方米的家庭户为45840513户，人均住房建筑面积50～59平方米的家庭户为24422151户，人均住房建筑面积60～69平方米的家庭户为21390668户，人均住房建筑面积70平方米以上的

家庭户为 41019931 户。图 6-4 呈现了 2010 年全国家庭户人均住房建筑面积占比情况，我们发现，全国人均住房建筑面积占比最高的为 20~29 平方米（23.81%），其次为 30~39 平方米（17.40%）、40~49 平方米（11.41%）、70 平方米及以上（10.21%）。

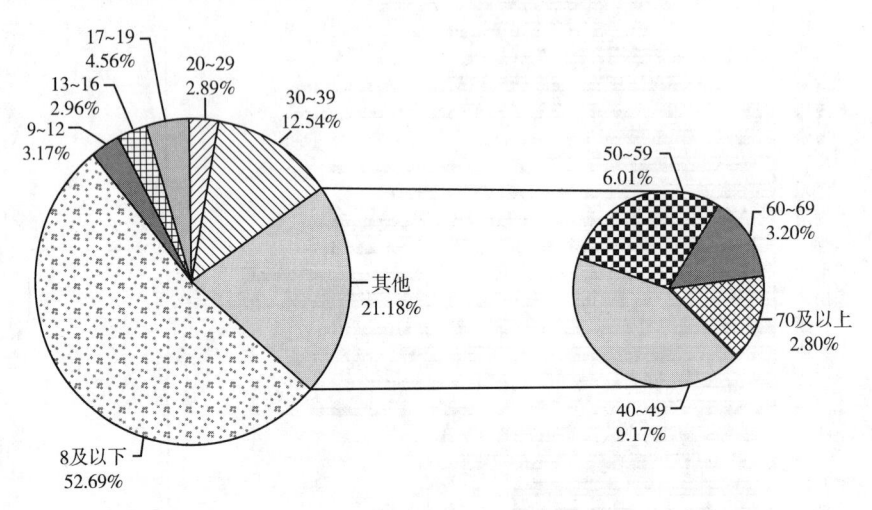

图 6-4 2010 年全国家庭户按人均住房建筑面积分占比

图 6-5 为 2010 年各省家庭户人均住房建筑面积情况。我们发现，全国各个省份，除了浙江以外，人均住房建筑面积 20~29 平方米的家庭户最多；而浙江，则以人均住房建筑建筑面积 70 平方米及以上的家庭户最多。

（三）家庭户住房房间数情况

2010 年，在全国家庭户中，拥有一间房的家庭户为 63578437 户，拥有二间房的家庭户为 110490530 户，拥有三间房的家庭户为 105346652 户，拥有四间房的家庭户为 55744433 户，拥有五间房的家庭户为 25655970 户，拥有六间房的家庭户为 19656017 户，拥有七间房的家庭户为 5734353 户，拥有八间房的家庭户为 7309348 户，拥有九间房的家庭户为 2448215 户，拥有十间及以上房的家庭户为 5970241 户。图 6-6 为 2010 年我国按住房间数分的家庭户占比情况。我们发现，二间房占比最大（27.49%），其次是三间房（26.21%）、一间房（15.82%）、四间房（13.87%），这说明我国超过一半的家庭户住房水平，停留在二间房和三间房上。

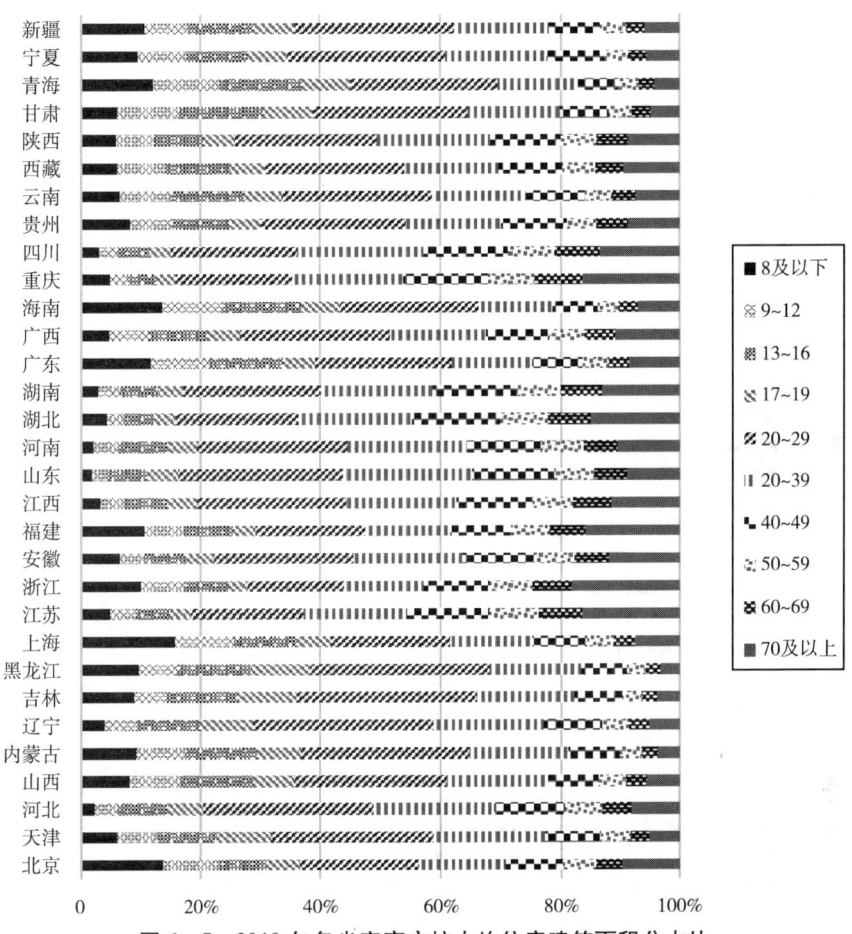

图 6-5 2010年各省家庭户按人均住房建筑面积分占比

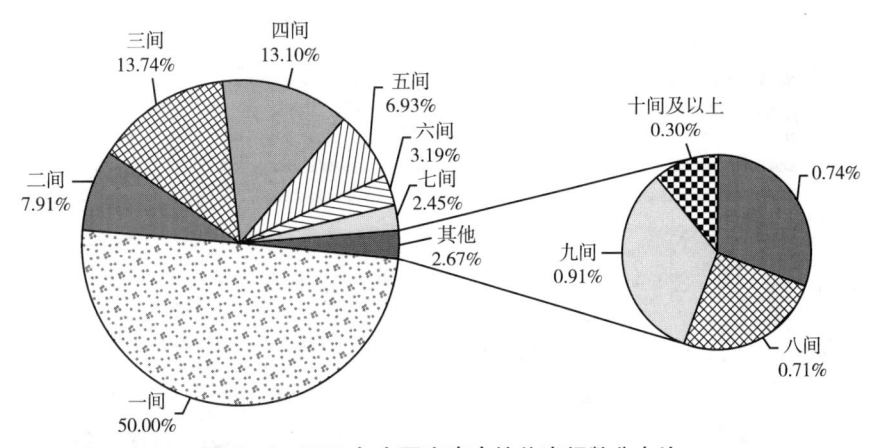

图 6-6 2010年全国家庭户按住房间数分占比

中国住房消费发展报告（1998－2015）

图 6－7 为 2010 年各省家庭户住房房间数占比情况。我们发现，上海、浙江、福建、广东、海南的家庭户，拥有一间房最多；北京、天津、河北省区、山西、内蒙古、辽宁、吉林、黑龙江、西藏、甘肃、青海、宁夏、新疆省区的家庭户，拥有二间房最多；江苏、安徽、江西、山东、河南、湖北、湖南、广西、重庆、四川、贵州、云南、陕西省的家庭户，拥有三间房最多。

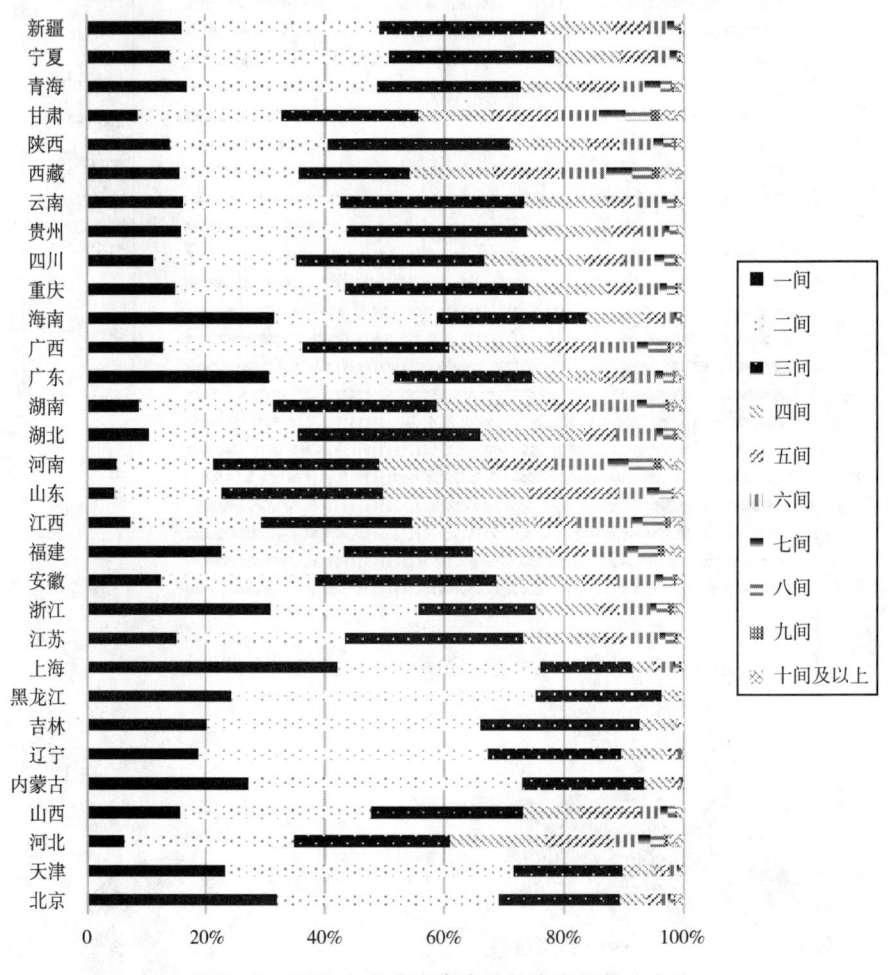

图 6－7　2010 年各省家庭户按住房房间数分占比

同时，我们还发现一些规律：一间房家庭户占比最高的省份，均为沿海省份；所有华北地区和东北地区，拥有二间房的家庭户最多；所有华中地区，拥有三间房的家庭户最多；西南地区，除西藏以外，拥有三间房的家庭户最多；西北地区，除陕西以外，拥有二间房的家庭户最多。

另外，若将家庭户按两个维度划分。第一个维度划分为家庭户类别：(1) 一代户；(2) 二代户；(3) 三代户；(4) 四代户；(5) 五代及以上户。第二个维度划分为家庭户住房间数：(1) 一间；(2) 两间；(3) 三间；(4) 四间；(5) 五间及以上。因此，家庭户被划分为了 5×5＝25 个类别。

全国家庭户最多的类别为二代户—二间，此类别共有 56543340 户。如果剔除五代及以上户这种合并类统计的影响，北京、上海、浙江、福建、广东、海南省（市），其家庭户最多的类别为一代户——一间；天津、河北、山西、内蒙古、辽宁、吉林、黑龙江、甘肃、青海、宁夏、新疆省（区），其家庭户最多的类别为二代户—二间；江苏、安徽、江西、山东、河南、湖北、湖南、广西、重庆、四川、贵州、云南、西藏、陕西省（区），其家庭户最多的类别为二代户—三间。图 6-8 为 2010 年各省按家庭户类别和住房间数分的家庭户占比情况。（由于四代户、五代户及以上所占比例很小，故其在图 6-8 的条形图中的大小用肉眼几乎观察不到）

（四）按住房设施分类

根据第六次全国人口普查的 10% 抽样数据，2010 年，全国住房内有管道自来水的家庭户占比为 64.58%，有厨房的家庭户占比为 84.66%，有厕所的家庭户占比为 72.47%，有洗澡设施的家庭户占比为 54.39%。10 年内，管道自来水、厨房、厕所、洗澡设施的覆盖率分别上升了 18.87、0.19、0.5、28.41 个百分点；其中，洗澡设施改善幅度最大，管道自来水次之，而厨房和厕所几乎无改善。这说明随着生活水平的提高，全国居民对洗澡设施和管道自来水的需求更大，而厨房和厕所为生活必需品，所以需求不会出现太大的改变。表 6-3 为 2010、2000 年全国各省家庭户住房内管道自来水、厨房、厕所以及洗澡设备覆盖率。

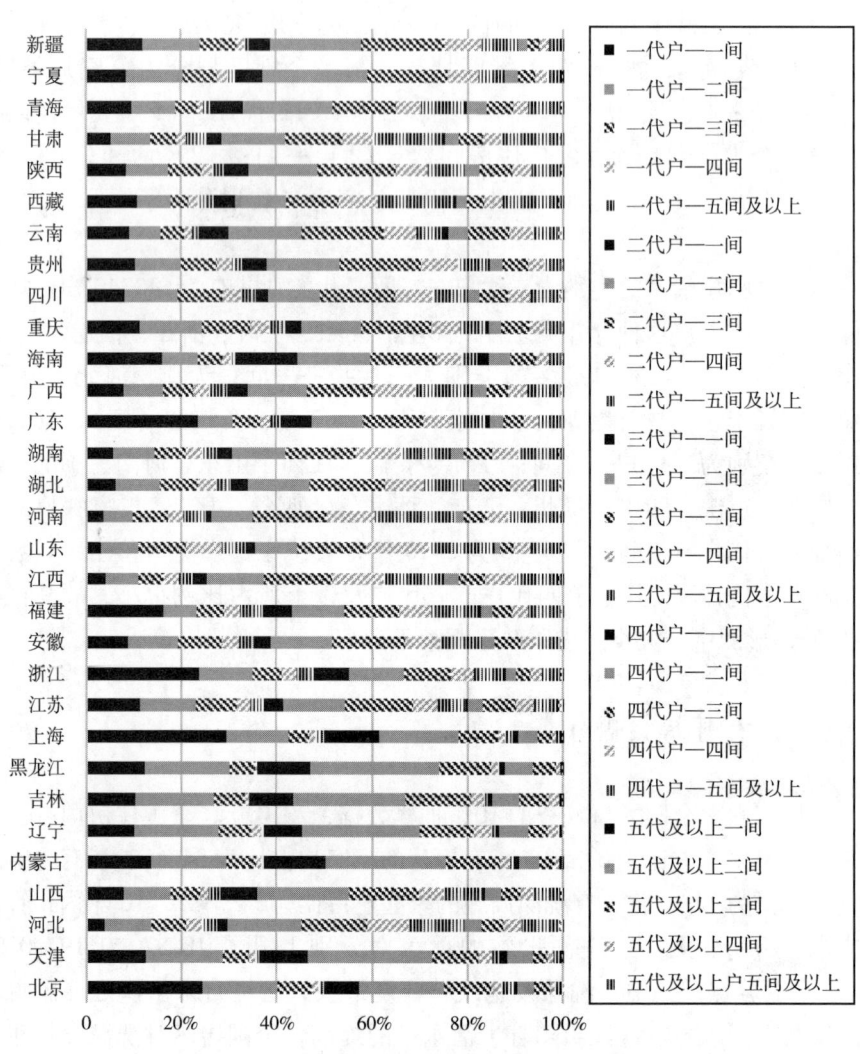

图6-8　2010年各省家庭户按代数和住房间数分占比

注：条形图自左向右分别为一代户、二代户、三代户、四代户、五代及以上户。

表6-3　　　　　　2010、2000年全国各省住房设施调查数据

	2010年				2000年			
	管道自来水覆盖率（％）	厨房覆盖率（％）	厕所覆盖率（％）	洗澡设施覆盖率（％）	管道自来水覆盖率（％）	厨房覆盖率（％）	厕所覆盖率（％）	洗澡设施覆盖率（％）
总计	64.58	84.66	72.47	54.39	45.71	84.47	71.97	25.98
北京	87.81	83.74	79.98	75.41	97.71	82.57	72.67	58.61

续表

	2010年				2000年			
	管道自来水覆盖率（%）	厨房覆盖率（%）	厕所覆盖率（%）	洗澡设施覆盖率（%）	管道自来水覆盖率（%）	厨房覆盖率（%）	厕所覆盖率（%）	洗澡设施覆盖率（%）
天津	90.88	89.32	76.29	78.54	90.58	85.12	65.63	45.40
河北	71.11	85.65	71.07	50.64	71.66	90.43	87.05	20.97
山西	66.11	73.42	70.84	28.11	65.85	71.08	85.22	9.04
内蒙古	63.28	80.20	44.80	23.87	42.64	76.42	52.91	8.85
辽宁	72.73	98.73	85.71	40.82	58.07	97.88	94.41	17.25
吉林	62.17	96.80	62.76	25.51	49.74	95.81	76.22	11.49
黑龙江	72.43	98.29	66.68	22.96	57.80	97.75	77.69	11.37
上海	92.59	84.96	82.55	72.82	99.11	87.41	77.97	63.81
江苏	88.15	90.75	79.71	79.39	65.06	88.78	71.95	39.14
浙江	91.92	86.48	81.33	67.83	68.82	90.37	65.17	40.66
安徽	45.02	83.25	64.00	52.08	21.49	86.86	70.81	17.12
福建	80.11	90.00	82.11	80.47	48.20	84.58	43.79	41.67
江西	47.97	81.33	59.71	55.87	24.99	77.53	48.95	21.51
山东	72.41	88.08	80.54	60.70	30.47	83.40	90.27	17.57
河南	40.26	78.32	64.34	38.27	31.11	86.86	82.91	11.12
湖北	61.24	86.73	69.59	59.92	40.97	84.45	65.32	26.84
湖南	45.93	77.89	68.37	60.82	27.86	77.94	71.05	35.57
广东	80.72	89.83	87.29	86.35	63.68	85.53	60.71	68.38
广西	49.75	74.84	59.84	58.18	34.32	75.69	45.53	41.98
海南	59.30	73.22	57.26	56.60	47.80	73.08	32.83	33.20
重庆	58.79	90.75	81.11	57.67	32.91	84.01	45.72	20.38
四川	44.01	91.76	86.91	59.27	28.00	91.43	87.40	26.22
贵州	46.45	58.19	44.61	22.57	26.03	70.22	77.91	8.64
云南	55.22	68.45	44.23	35.15	54.83	70.53	42.06	13.75
西藏	37.89	56.63	49.02	8.62	17.75	34.86	33.27	2.06
陕西	57.34	81.51	82.62	36.10	29.34	74.16	75.85	11.32

续表

	2010 年				2000 年			
	管道自来水覆盖率(%)	厨房覆盖率(%)	厕所覆盖率(%)	洗澡设施覆盖率(%)	管道自来水覆盖率(%)	厨房覆盖率(%)	厕所覆盖率(%)	洗澡设施覆盖率(%)
甘肃	56.31	84.59	64.28	21.81	32.78	89.06	73.01	8.65
青海	54.08	72.42	64.11	22.85	42.36	81.09	71.00	6.86
宁夏	63.28	87.48	68.12	48.88	43.69	90.52	84.59	20.58
新疆	80.81	72.59	64.47	43.53	58.15	66.76	63.23	17.64

从省级层面分析（表6-3），我们发现，2010年，上海（92.59%）、浙江（91.92%）、天津（90.88%）的家庭户住房内管道自来水覆盖率最高，而西藏（37.89%）、河南（40.26%）、四川（44.01%）则最低，全国极差为54.70%。另外，吉林（62.17%）作为中位数，略小于全国均值（64.58%）。

2010年，辽宁（98.73%）、黑龙江（98.29%）、吉林（96.80%）的家庭户住房内厨房覆盖率最高，而西藏（56.63%）、贵州（58.19）、云南（68.45%）则最低，全国极差为42.10%。另外，甘肃（56.31%）作为中位数，远小于全国均值（84.66%）。我们发现，东北地区的厨房覆盖率明显高于西南地区，这也许是因为东北地区相比西南地区的做饭偏好不同。

2010年，广东（87.29%）、四川（86.91%）、辽宁（85.71%）的家庭户住房内厕所覆盖率最高，而云南（44.23%）、贵州（44.61%）、内蒙古（44.80%）则最低，全国极差为43.06%。另外，湖南（68.37%）作为中位数，小于全国均值（72.47%）。

2010年，广东（86.35%）、福建（80.47%）、江苏（79.39%）的家庭户住房内洗澡设施覆盖率最高，而西藏（8.62%）、甘肃（21.82%）、贵州（22.57%）最低，全国极差为77.73%。另外，安徽（45.02%）作为中位数，远小于全国均值（54.39%）。我们发现，洗澡设施覆盖率沿海省份平均要比内陆省份高，南方省份平均要比北方省份高，经济发达省份平均要比经济欠发达省份高。

综合以上数据，2010年，管道自来水、厨房、厕所、洗澡设施覆盖率的极差均值比分别为54.70/64.58、42.10/84.66、43.06/72.47、77.73/54.39，这说明洗澡设施覆盖率在各省间最不平等，管道自来水次之，而厕所和厨房相对较为平等。

最后，我们借鉴"波特计分"的规则，给出了全国各省的住房设施完善指数。我们的计分规则为：按照管道自来水、厨房、厕所、洗澡设施四个维度的覆盖率排序给分，分值等于每个维度的排序名次，最后加总四个维度的分值得到总分，总分越低表示住房设施越完善。图6-9为2010年全国各省住房设施覆盖率滑珠图，而表6-4为2010年全国各省住房设施完善指数。

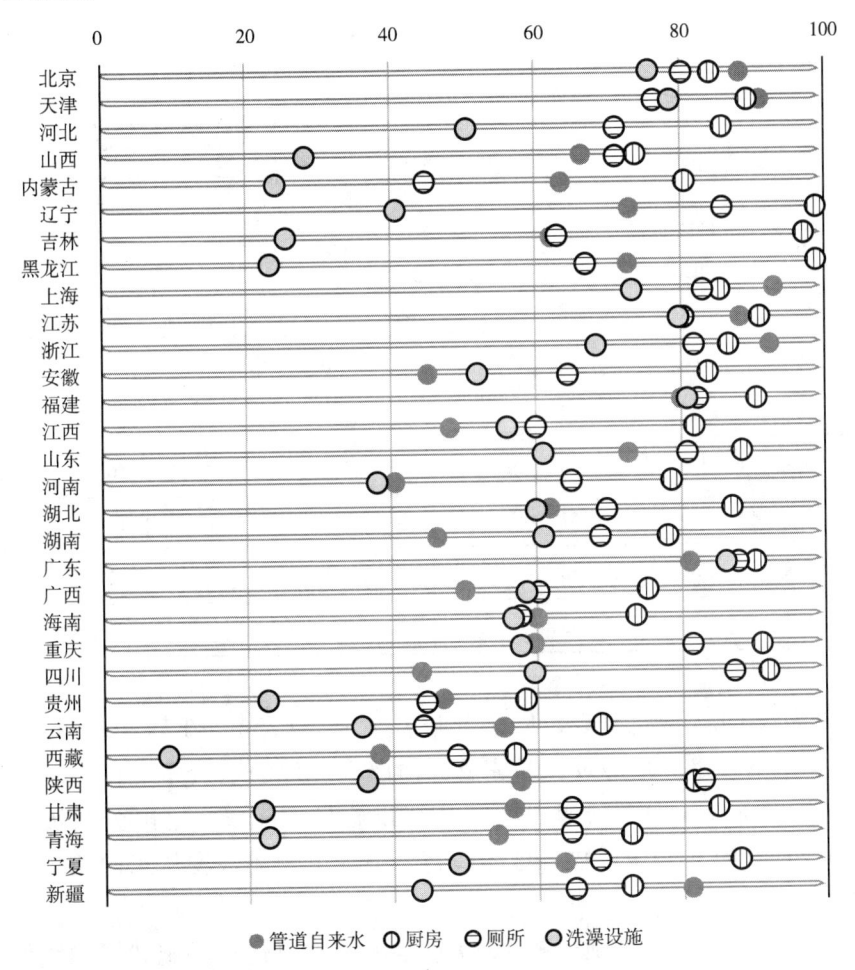

图6-9 2010年各省住房设施覆盖率滑珠图（%）

从图6-9，我们发现，北京、天津、上海、江苏、福建、广东4个省市维度的覆盖率均很高，而西藏自治区4个维度的覆盖率则很低。

表 6-4　　　　　　　　2010 年全国各省住房设施完善指数

城市	住房设施完善指数	城市	住房设施完善指数
广东	17	吉林	68
江苏	23	新疆	71
福建	23	湖南	74
上海	27	山西	76
天津	28	安徽	85
浙江	29	广西	85
辽宁	33	海南	85
北京	37	江西	86
山东	39	甘肃	88
重庆	45	内蒙古	90
四川	46	河南	93
湖北	54	青海	101
河北	56	云南	105
黑龙江	57	贵州	115
宁夏	60	西藏	121
陕西	65		

从表 6-4，我们发现，广东（17）、福建（23）、江苏（24）、上海（27）、天津（28）住房设施最完善，而西藏（121）、贵州（115）、云南（105）、青海（101）、河南（93）住房设施最不完善，全国分数极值为 104，陕西（65）为中位数。总体而言，中国市场完善度从东向西成条状分布。

下面我们将更详细地分析 2010 年全国家庭户住房设施状况。我们发现，家庭户住房内厨房为本户独立使用的占比为 82.03%，远远高于本户与其他户合用的比例；家庭户以燃气作为主要炊事燃料的占比为 42.82%，而以稻草作为主要炊事燃料的占比为 32.87%；家庭户住房内洗澡设施为家庭自装热水器的占比为 42.42%，而统一供热水的占比则很低

（1.58%）；家庭户住房内拥有独立厕所的占比为 66.12%，而合用厕所占比为 6.35%。（见表 6-5）

表 6-5　　　　2010 年全国家庭户住房设施状况　　　　单位：%

住房内有无厨房	本户独立使用	82.03
	本户与其他户合用	2.63
	无	15.34
主要炊事燃料	燃气	42.82
	电	9.17
	煤炭	13.91
	柴草	32.87
	其他	1.25
住房内有无管道自来水	有	64.58
	无	35.42
住房内有无洗澡设施	统一供热水	1.58
	家庭自装热水器	42.42
	其他	10.40
	无	45.61
住房内有无厕所	独立使用抽水式	35.41
	合用抽水式	1.88
	独立使用其他样式	30.71
	合用其他样式	4.47
	无	27.53

同样，图 6-10 为 2010 年各省家庭户住房设施详细状况。我们发现，东北地区（辽宁 97.53%、黑龙江 97.01%、吉林 95.88%）家庭户住房的厨房主要为本户独立使用厨房；上海（93.18%）、北京（85.83%）、天津（83.71%）、浙江（82.66%）家庭户住房的燃气覆盖率最高；上海（92.59%）、浙江（91.92%）、天津（90.88%）、江

苏（88.15%）、北京（87.80%）家庭户住房的管道自来水覆盖率最高，并基本与普查数据保持一致；江苏（69.34%）、天津（69.15%）、上海（68.91%）、广东（68.60%）、北京（66.83%）家庭户住房的家庭自装热水器覆盖率最高；上海（72.48%）、浙江（66.56%）、北京（65.94%）、天津（61.86%）、福建（59.50%）家庭户住房的厕所主要为独立使用抽水式厕所。

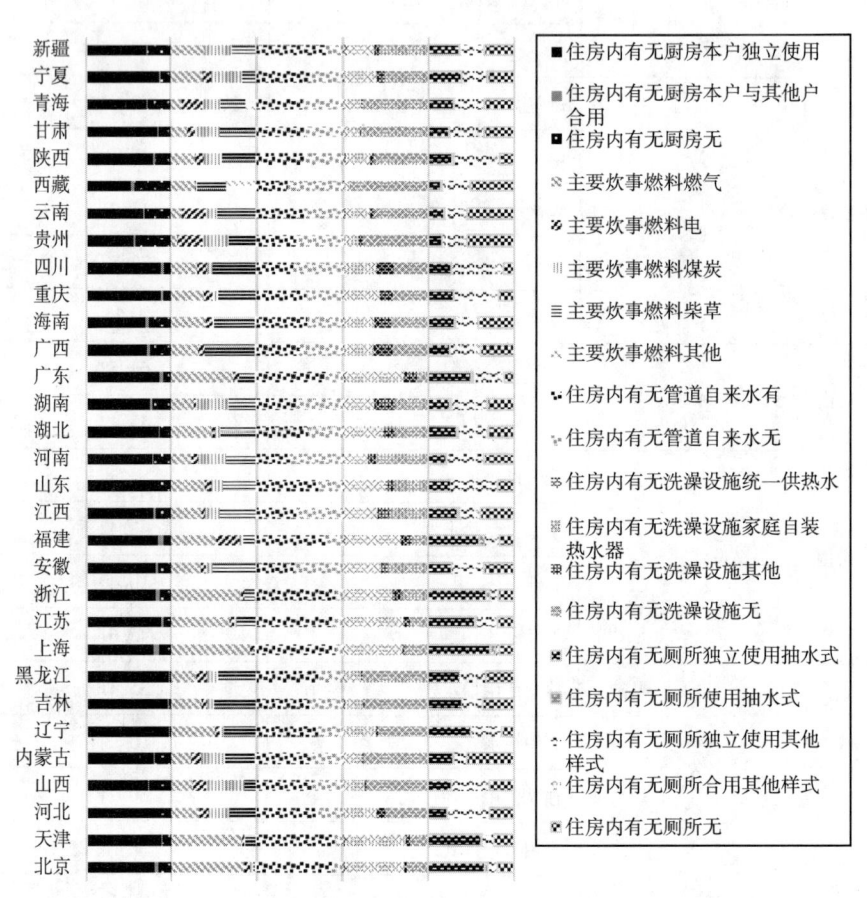

图6-10 2010年各省家庭户按住房设施分占比

注：单个数据条长度为400%

（五）按住房用途、建筑层数、承重类型分类

在住房用途方面，根据第六次全国人口普查的10%抽样数据，97.87%

的家庭户的住房为生活用房，2.00%的家庭户的住房为兼作生产经营用房，其余0.14%的家庭户并没有住房（见图6-11）。

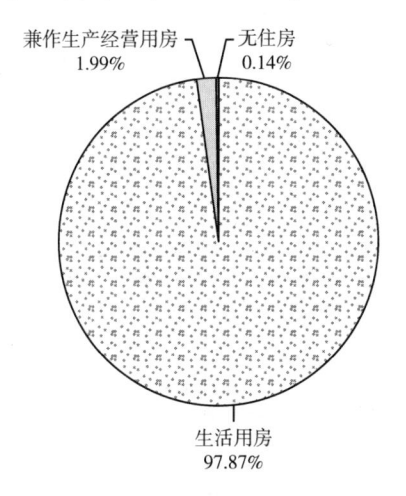

图6-11　2010年全国家庭户按住房用途分占比

而图6-12为2010年各省家庭户的住房用途情况。我们发现，全国各省家庭户的生活用房占比均超过了93%，而青海和西藏则有较大比例的家庭户没有住房。

在住房楼层方面，根据第六次全国人口普查的10%抽样数据，近一半的家庭户的住房为平房（47.28%），25.40%的家庭户的住房为2~3层楼房，18.36%的家庭户的住房为4~6层楼房，而其余8.97%的家庭户的住房为7层及以上楼房（见图6-13）。

而图6-14为2010年各省家庭户的住房建筑层数情况。我们发现，10层以上楼房占比最大的为北京、上海、重庆、天津市；而平房占比最小的为上海、浙江、福建省市。

在住房承重类型方面，根据第六次全国人口普查的10%抽样数据，40.34%的家庭户的住房为混合结构，30.07%的家庭户的住房为砖木结构，22.78%的家庭户的住房为钢及钢筋混凝土结构（见图6-15）。

而图6-16为2010年各省家庭户的住房承重类型情况。我们发现，钢及钢筋混凝土结构的占比最高的省份为福建（39.12%）、江西（38.85%）、海南（38.81%）、上海（38.65%）、广东（38.45%）、北京（35.96%）。

图 6–12 2010 年各省家庭户按住房用途分占比

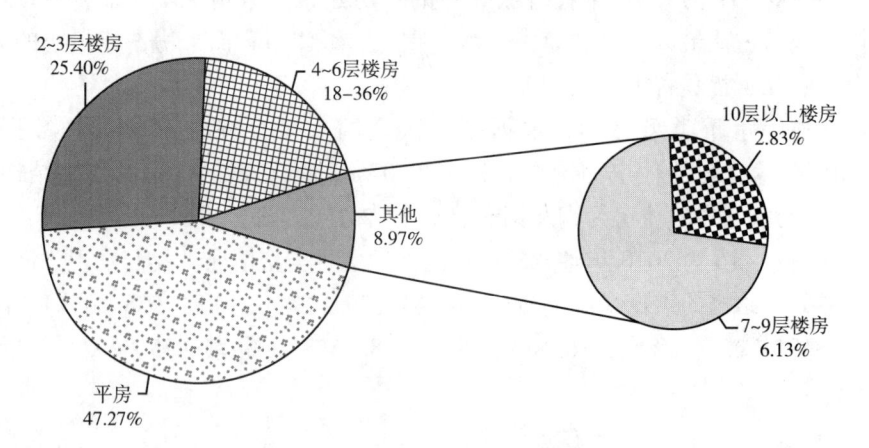

图 6–13 2010 年全国家庭户按住房建筑层数分占比

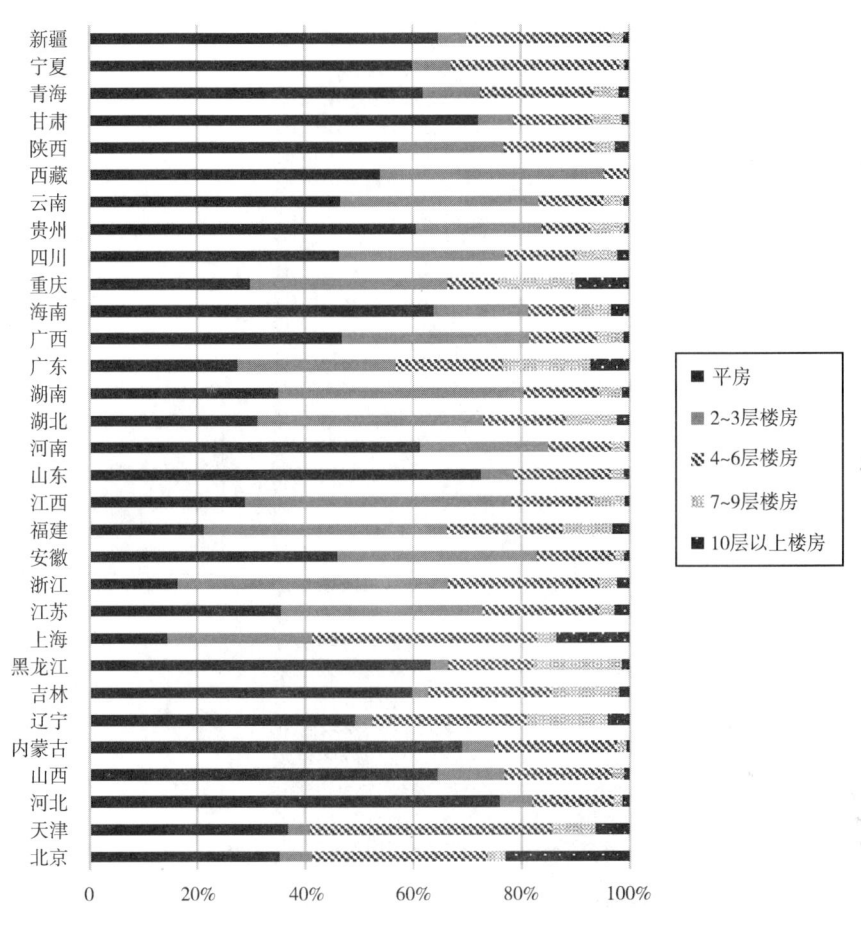

第六章 住房消费结构分析及预测——基于需求视角

图6-14 2010年各省家庭户按住房建筑层数分占比

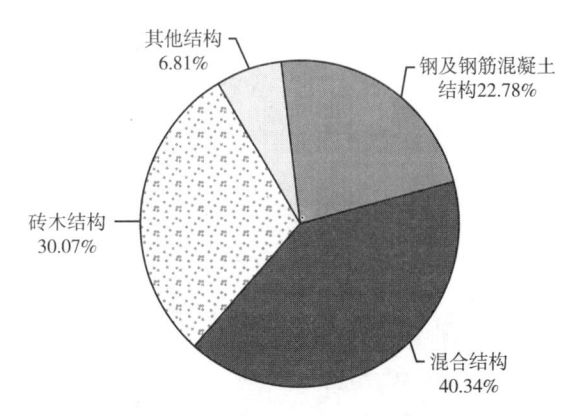

图6-15 2010年全国家庭户按住房承重类型分占比

141

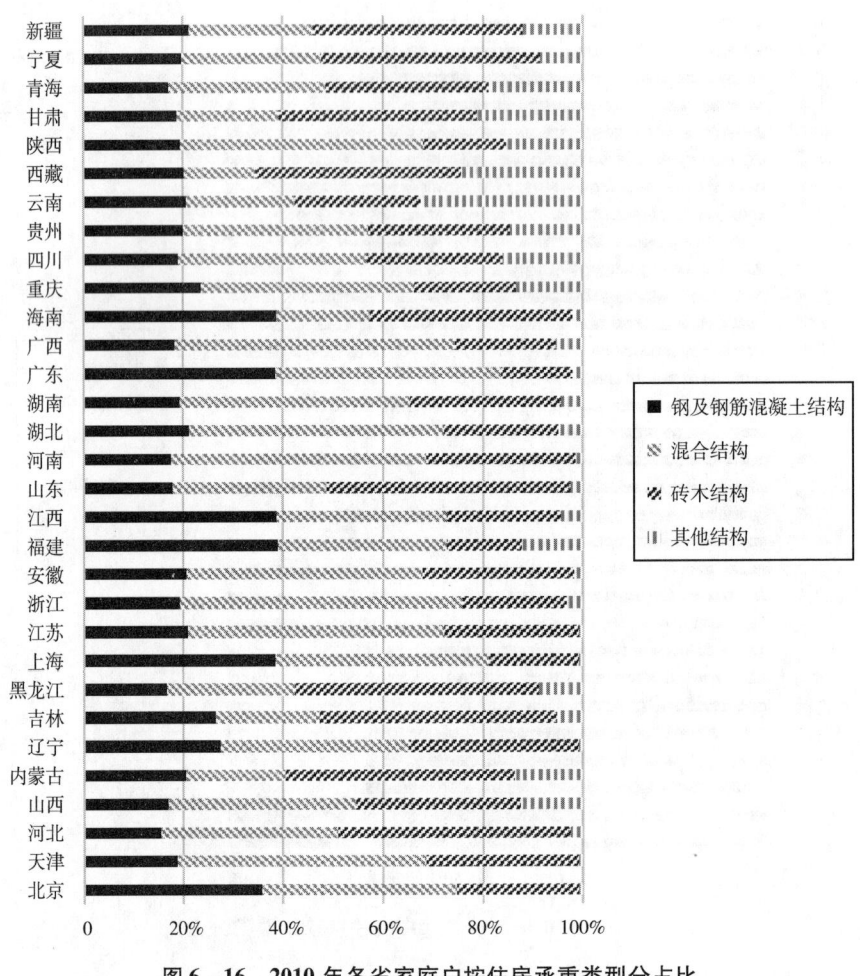

图 6-16　2010 年各省家庭户按住房承重类型分占比

（六）按住房建成年代分类

根据第六次全国人口普查的 10% 抽样数据，以 1949 年为基准，2010 年全国家庭户户数、全国家庭户住房间数、全国家庭户住房建筑面积，均随着住房建成时间的增加而增加（见图 6-17）。另外，家庭户在 1949 年以前建成的住房，在全国家庭户户数、全国家庭户住房间数、全国家庭户住房建筑面积三方面均比 1949~1959 年建成的多。

图 6-18、图 6-19、图 6-20 分别为 2010 年全国各省家庭户按住房

第六章 住房消费结构分析及预测——基于需求视角

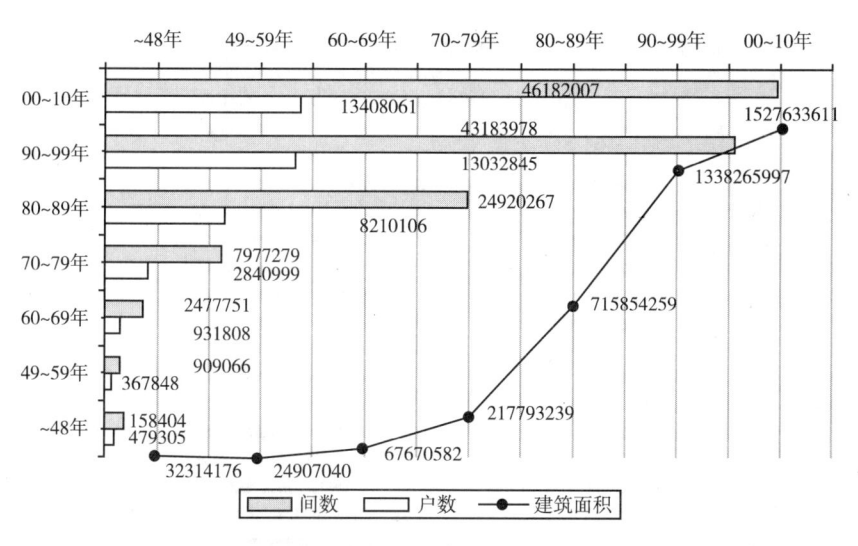

图 6-17 2010 年全国家庭户住房建成年份情况

建成年代分家庭户户数、间数、建筑面积占比情况。我们发现，在家庭户户数、家庭户住房间数和家庭户住房建成面积三个方面，各省家庭户的住房建成年份比例基本稳定。其中，拉萨（79.64%）、新疆（52.80%）、青海（49.84%）、宁夏（48.49%）2000年以后建成的住房，在家庭户户数方面的占比最高；拉萨（83.04%）、新疆（54.81%）、青海（50.94%）、宁夏（48.59%）2000年以后建成的住房，在家庭户住房间数方面的占比最高；拉萨（81.93%）、青海（54.56%）、新疆（54.45%）、宁夏（52.53%）2000年以后建成的住房，在家庭户住房建成方面的占比最高。而上海（4.21%）、浙江（3.23%）、福建（2.86%）、山西（2.69%）、重庆（2.33%）1949年以前建成的住房，在家庭户户数方面的占比最高；上海（2.72%）、浙江（2.21%）、山西（2.15%）、福建（2.07%）、重庆（1.91%）1949年以前建成的住房，在家庭户住房间数方面的占比最高；重庆（1.96%）、浙江（1.95%）、山西（1.78%）、上海（1.76%）、贵州（1.72%）1949年以前建成的住房，在家庭户住房建筑面积方面的占比最高。

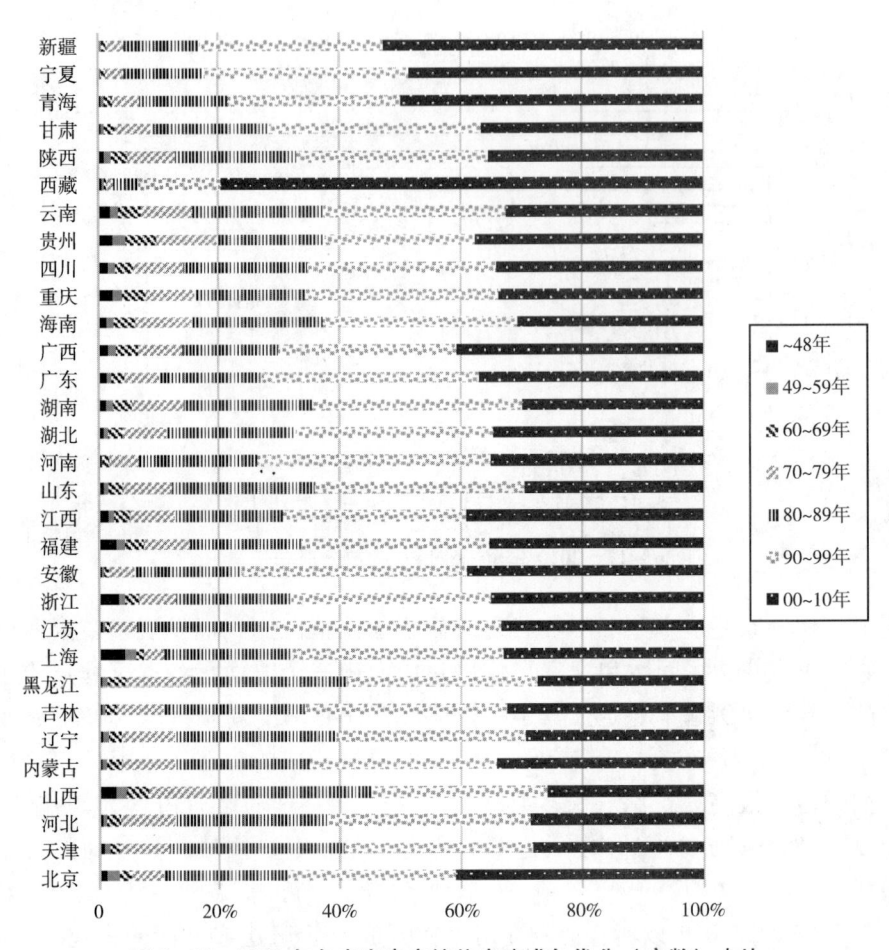

图 6-18 2010 年各省家庭户按住房建成年代分（户数）占比

第六章 住房消费结构分析及预测——基于需求视角

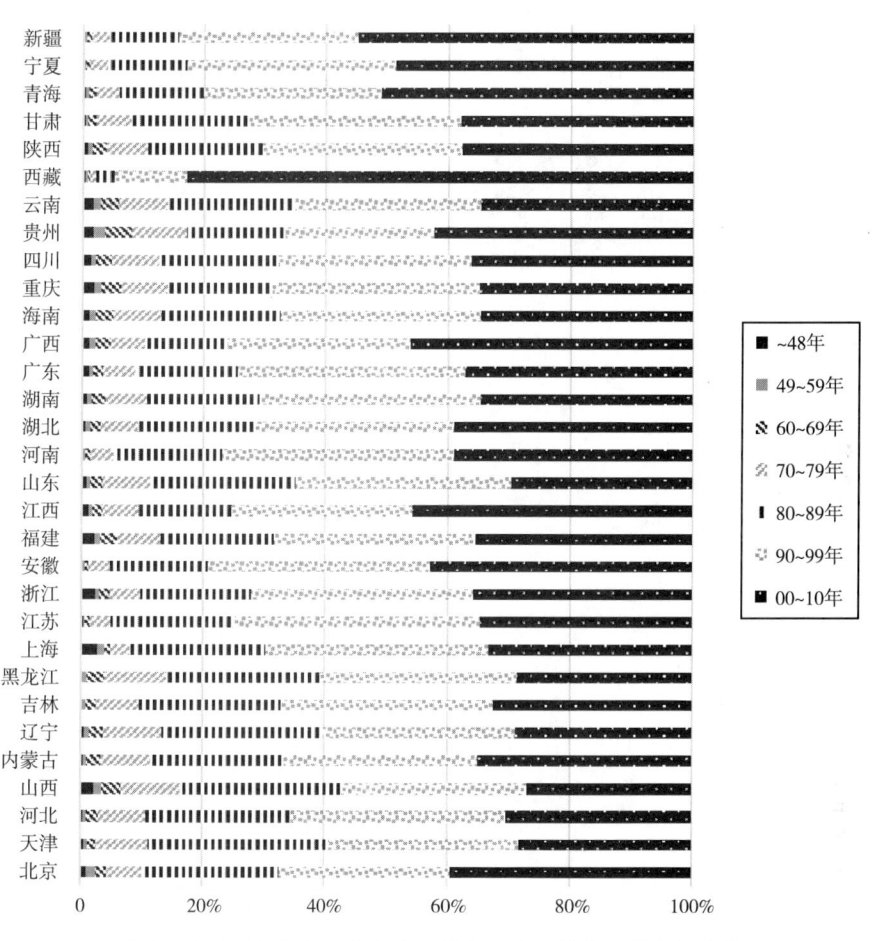

图 6-19 2010年各省家庭户按住房建成年代分（间数）占比

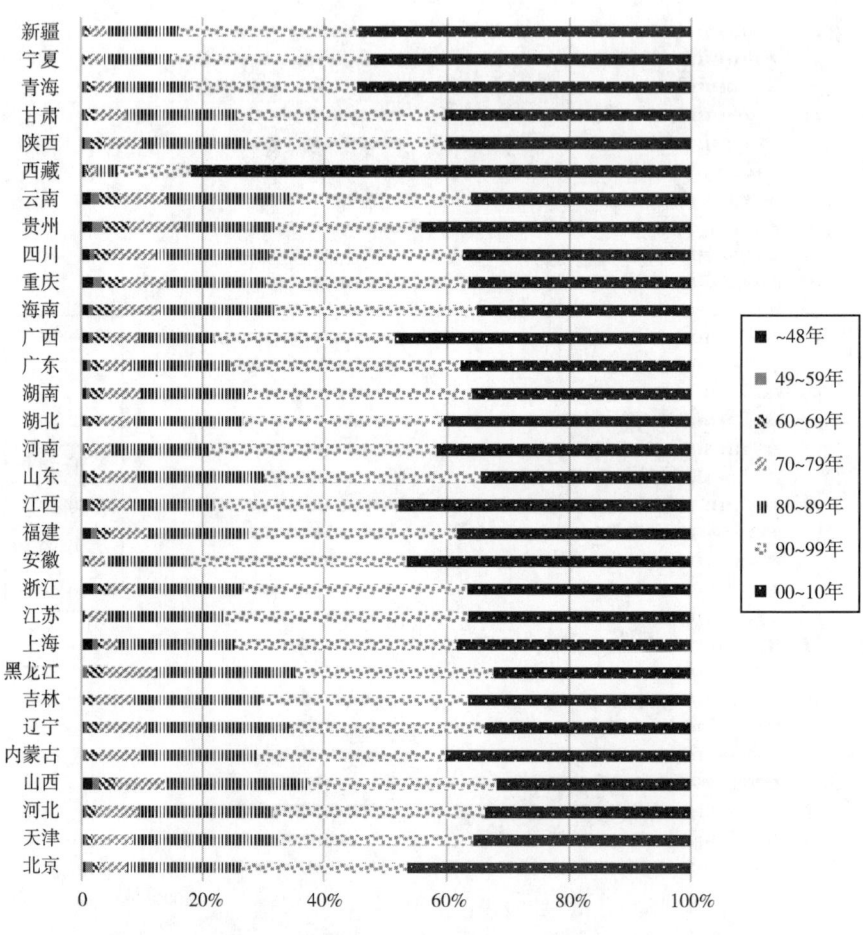

图 6-20 2010年各省家庭户按住房建成年代分（建筑面积）占比

（七）按户主类型分类

1. 按户主受教育程度分家庭户住房情况

根据第六次人口普查数据，若按户主的受教育程度分家庭户，分为：

(1) 未上过学；

(2) 小学；

(3) 初中；

(4) 高中；

(5) 大学专科；

(6) 大学本科；

(7) 研究生。

2010 年，在全国按户主受教育程度分家庭户住房中，初中教育户主的家庭户最多，为 169098800 户；而小学教育户主的家庭户户规模最大，为 3.29 人/户，其次是初中教育（3.28 人/户）。图 6-21 为 2010 年全国按户主受教育程度分，其家庭户户数和家庭户户规模情况。我们发现，在按教育程度升序排列的线性序下，户数和户规模均呈现先增后减的单峰特征。这说明，在我国，受教育程度越高的户主（大于小学），其户规模越小。

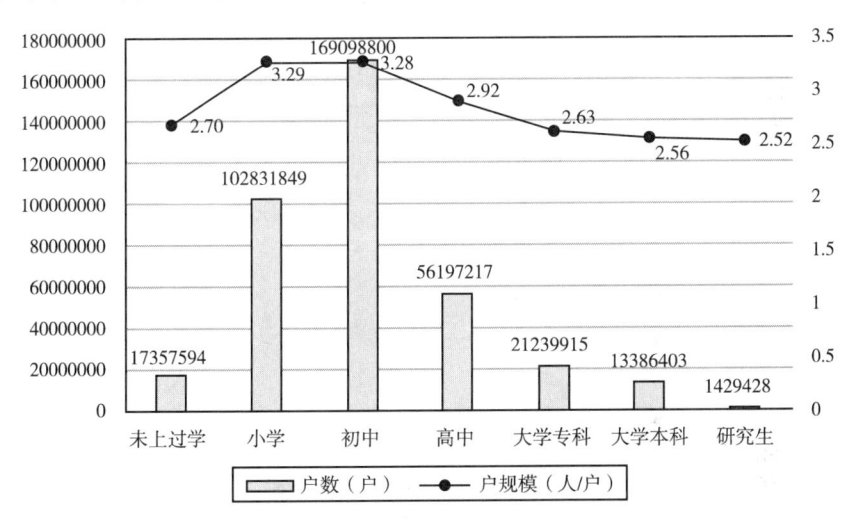

图 6-21 2010 年全国按户主受教育程度分家庭户住房状况（一）

图 6-22 为 2010 年全国按户主受教育程度分，其家庭户人均住房建筑面积、家庭户平均每户住房间数、家庭户人均住房间数情况。我们发现，在按教育程度升序排列的线性序下，人均住房建筑面积呈现先减后增的单峰特征，平均每户住房间数呈现先增后减的单峰特征，人均住房间数呈现先减后增的单峰特征。具体而言，2010 年，在全国按户主受教育程度分家庭户住房中，初中教育户主的家庭户人均住房建筑面积最低（29.5 平方米/人），而研究生教育户主的家庭户则最高（39.49 平方米/人）；小学教育户主的家庭户平均每户住房间数最高（3.3 间/户），而研究生教育户主的家庭户则最低（2.52 间/户）；高中教育户主的家庭户人均住房间数最低（0.97 间/人），而未上过小学的户主的家庭户则最高（1.08 间/人）。

图 6-23 为 2010 年全国按户主受教育程度、人均住房建筑面积分家庭户户数情况。我们发现，未上过学、小学、初中、高中、大学专科的户主，其

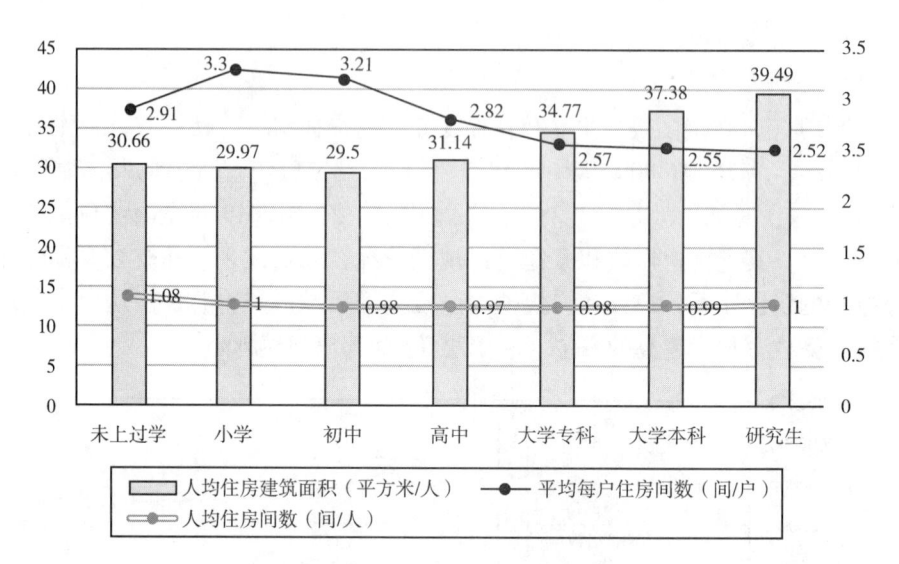

图 6-22 2010年全国按户主受教育程度分家庭户住房状况（二）

家庭户以人均住房建筑面积以 20~29 平方米/人最多；大学本科的户主，其家庭户以人均住房建筑面积以 30~39 平方米/人最多；研究生的户主，其家庭户以人均住房建筑面积以 60 平方米及以上/人最多。这说明，学历越高的户主，其家庭户人均住房建筑面积的众数越高。

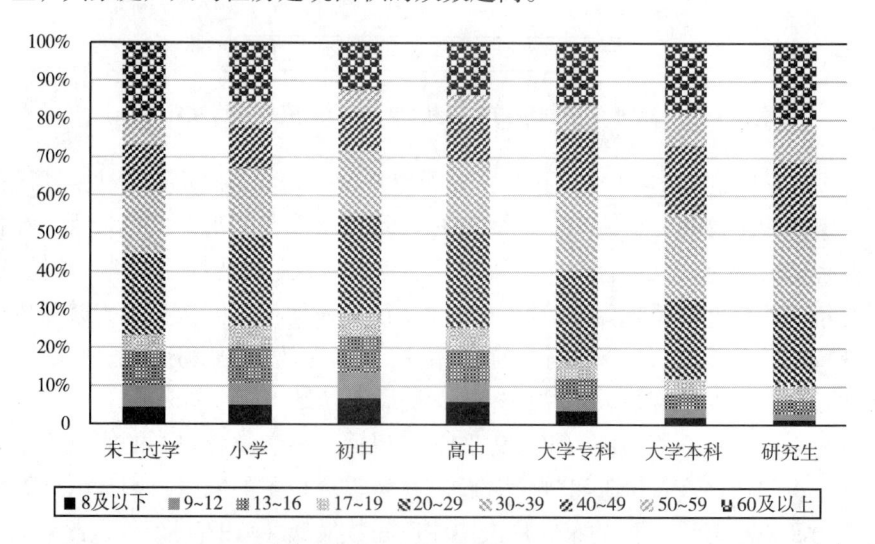

图 6-23 2010年全国不同受教育程度的家庭户户主按人均住房建筑面积分占比

2. 按户主职业分家庭户住房情况

根据第六次全国人口普查的10%抽样数据，详见表6-6。若按户主的职业分家庭户，分为：

(1) 国家机关、党群组织、企业、事业单位负责人；
(2) 专业技术人员；
(3) 办事人员和有关人员；
(4) 商业、服务业人员；
(5) 农、林、牧、渔、水利业生产人员；
(6) 生产、运输设备操作人员及有关人员；
(7) 不便分类的其他从业人员。

表6-6　　　　　　按户主职业分家庭户住房情况

职业大类	家庭户占比（%）	户规模（人/户）	平均每户住房间数（间/户）	人均住房建筑面积（平方米/人）	人均住房间数（间/人）
国家机关、党群组织、企业、事业单位负责人	2.68	3.02	3.10	38.73	1.02
专业技术人员	6.85	2.73	2.75	35.26	1.01
办事人员和有关人员	5.25	2.81	2.73	34.92	0.97
商业、服务业人员	14.72	2.89	2.73	31.22	0.95
农、林、牧、渔、水利业生产人员	47.08	3.56	3.80	30.85	1.07
生产、运输设备操作人员及有关人员	23.32	3.09	2.92	30.24	0.94
不便分类的其他从业人员	0.10	3.08	2.96	30.66	0.96

根据表6-6，2010年户主为农、林、牧、渔、水利业生产人员的家庭户占比最大（47.08%）；生产、运输设备操作人员及有关人员（23.32%）。2010年户主为农、林、牧、渔、水利业生产人员的家庭户，其户规模最大（3.56户/人）；而户主为专业技术人员的家庭户户规模最小（2.73户/人）。2010年户主为农、林、牧、渔、水利业生产人员的家庭户，其平均每户住房间数最多（3.80间/户）；国家机关、党群组织、企业、事业单位负责人（3.10户/人）。2010年户主为国家机关、党群组织、

企业、事业单位负责人的家庭户，其人均住房建筑面积最大（38.73平方米/人）；而生产、运输设备操作人员及有关人员最低（30.24平方米/人）。2010年户主为农、林、牧、渔、水利业生产人员的家庭户，其人均住房间数最多（1.07间/人）；而生产、运输设备操作人员及有关人员最低（0.94间/人）。

　　根据第六次全国人口普查的10%抽样数据，全国有0.13%的家庭户没有住房，而图6-24为2010年全国按户主职业、人均住房建筑面积分家庭户情况。其中，2010年户主为国家机关、党群组织、企业、事业单位负责人的家庭户，其人均住房建筑面积在70平方米以上/人的占比最高（8.94%），其无住房的占比也最低（0.13%）；这说明户主为国家机关、党群组织、企业、事业单位负责人的家庭户，其住房条件相对其他职业更好。

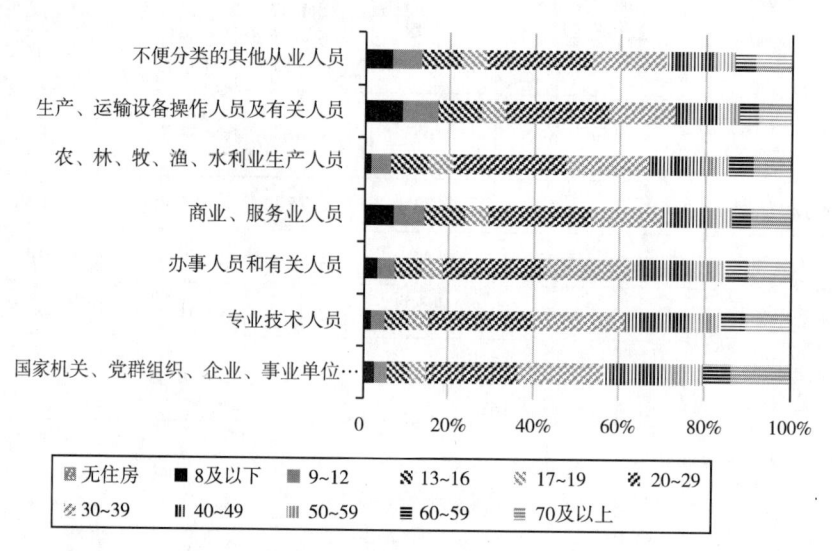

图6-24　2010年全国各种职业的家庭户户主按人均住房建筑面积分占比

二、中国城市家庭住房消费调查数据分析

　　截至2015年8月18日，南开大学的中国城市家庭住房消费调查数据覆盖率了26个城市，具体城市为安顺、包头、北京、大同、阜阳、贵阳、哈尔滨、海口、衡阳、呼和浩特、济南、兰州、洛阳、吕梁、秦皇岛、庆

阳、太原、天津、天水、乌鲁木齐、湘潭、忻州、宿州、徐州、郑州、遵义市。

而根据调查对象的不同，数据又分为家庭成员数据和家庭户数据，本节我们主要用到家庭户数据中关于住房结构的调查数据。截至 2015 年 8 月 18 日，家庭户成员（毛）数据为 3858 个，家庭户（毛）数据为 1519 个。考虑到数据中出现的极端值、错误值，调查纸质数据录入错误，调查电子数据录入错误，以及调查员可能存在的人为失职等因素，我们将（毛）数据进行后期处理，根据数据不同的维度，剩余有效数据则不同，所以每个维度下的有效数据一般要少于（毛）数据。

另外，有一点需要特别强调，南开大学住房消费调查数据主要为存量数据，与上一章的楼盘数据完全不同，后者主要为增量数据，从而两种数据在同种指标下的统计值存在巨大差异是可以预见的。

（一）按住房建筑面积分

在分析住房建筑面积前，我们针对数据的有效性进行了一些测试，发现住房建筑面积的调查数据有一定的归并效应，具体表现为：建筑面积数据为 100 的整数倍的频数明显偏高；同样，建筑面积数据为 10 的整数倍的频数也明显偏高。从而我们放弃了无极统计方法，采用区间为 10 的整数倍的区间统计方法，这种统计方法的好处是剔除了 10 的整数倍的影响，但缺点是不能很好剔除 100 的整数倍的影响。另外，有一点需要说明，我们的区间采用左开右闭的形式。

图 6-25、图 6-26 是 2015 年 26 个城市的住房建筑面积统计频数图。其中，图 6-25 是住房的完整频数图，图 6-26 是面积在 300 平方米以下的住房的频数图，而图 6-26 能够更加清晰地反映出 26 个城市的住房消费基本情况。从图 6-26 中，我们能够发现很明显的归并效应，具体表现为区间 90~100、190~200、290~300 包含了 100、200、300，而这 3 个区间的频数统计明显高于其相邻的区间。在剔除 90~100、190~200、290~300 这 3 个区间后，我们发现 80~90 平方米建筑面积的住房最多；另外，在 0~90 这个大区间里，若不考虑 10~20 区间，那么住房建筑面积是整体递增的趋势；当然，我们认为大部分平房（比如，四合院）其建筑面积在 10~20 平方米区间，从而造成了 10~20 平方米建筑面积的住房其频数反常。

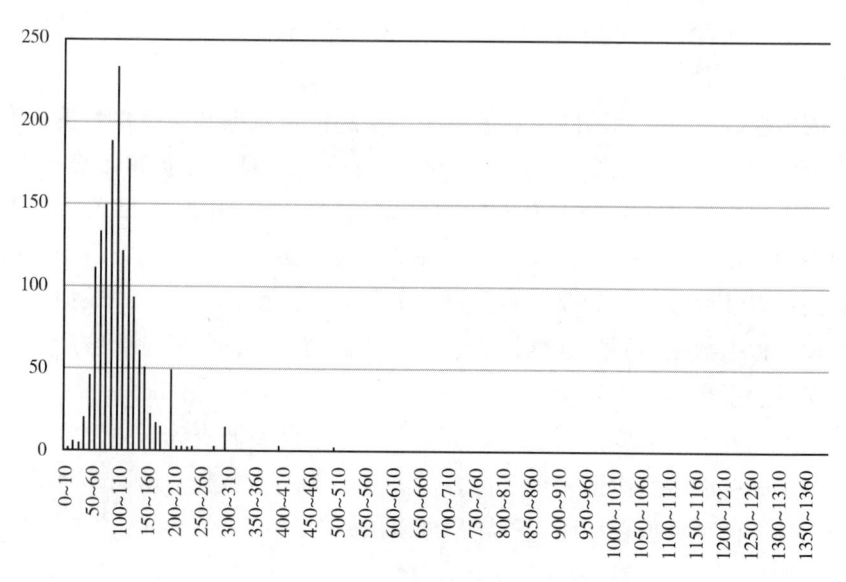

图 6-25　2015 年 26 个城市住房建筑面积统计频数图

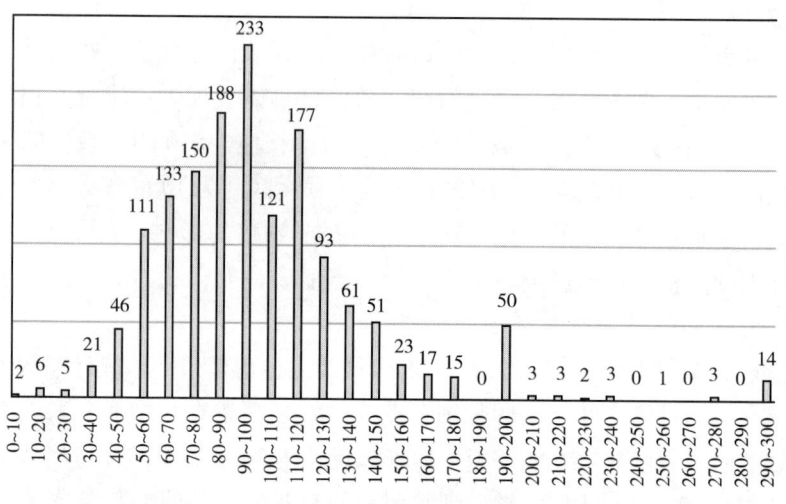

图 6-26　2015 年 26 个城市住房建筑面积统计频数图（300 平方米及以下）

（二）按房屋结构分

在南开大学住房消费调查数据中，我们将每套住房的房屋结构进一步细分为卧室数量、厅数量、卫生间数量 3 类，2015 年 26 个城市的房屋结构情况如图 6-27、图 6-28 所示。

在图 6-27 中，我们发现，在 2015 年 26 个城市中，从卧室数量维度，家庭户更倾向于二居室；从厅数量维度，家庭户更倾向于一个厅的住房；从卫生间数量维度，家庭户更倾向于一个卫生间的住房。

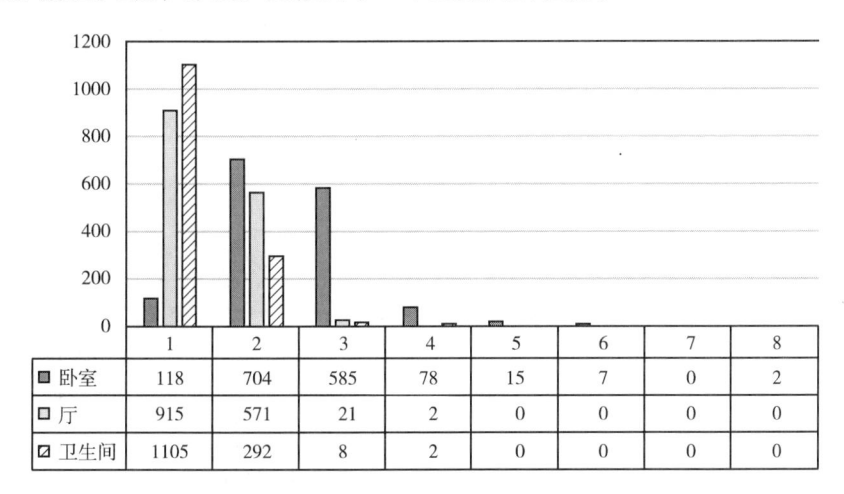

	1	2	3	4	5	6	7	8
卧室	118	704	585	78	15	7	0	2
厅	915	571	21	2	0	0	0	0
卫生间	1105	292	8	2	0	0	0	0

图 6-27　2015 年 26 个城市房屋结构情况（一）

在图 6-28 中，我们发现，在 2015 年 26 个城市中，家庭户最偏好 2 室 1 厅 1 卫的住房，其主要原因是我国的家庭户主要以 3 人户（26.87）和二代户（47.83）为主；然后是 3 室 1 厅 1 卫、3 室 2 厅 1 卫、3 室 2 厅 2 卫、2 室 2 厅 1 卫、1 室 1 厅。

（三）按住房项目总楼层分

图 6-29 为 2015 年 26 个城市的住房项目总楼层统计情况，我们发现，住房项目总楼层为 6 层的最多；总楼层为 1~6 层的住房项目明显高于 7~20 的住房项目，而总楼层为 7~20 层的住房项目又明显高于 21 层及以上的住房项目。这说明我国住房消费的存量市场中，主要以 1~6 层的底层建筑为主，而高层建筑则相对较少。

（四）按住房设施分类

南开大学住房消费调查数据中的住房设施，主要包括独立卫生间和浴室、

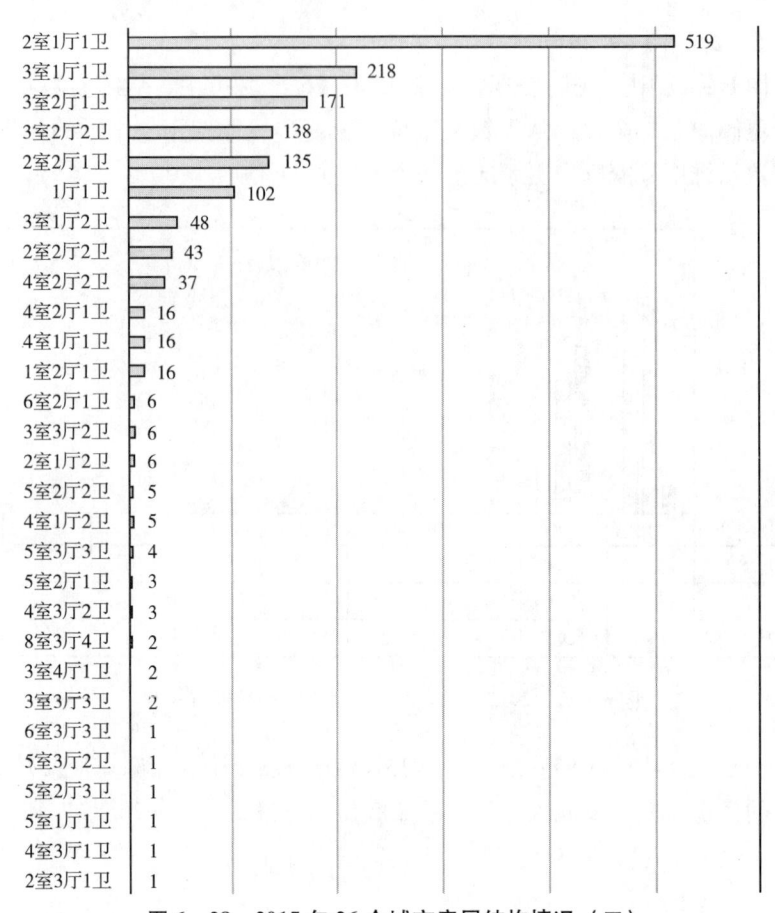

房屋结构	数量
2室1厅1卫	519
3室1厅1卫	218
3室2厅1卫	171
3室2厅2卫	138
2室2厅1卫	135
1厅1卫	102
3室1厅2卫	48
2室2厅2卫	43
4室2厅2卫	37
4室2厅1卫	16
4室1厅1卫	16
1室2厅1卫	16
6室2厅1卫	6
3室3厅2卫	6
2室1厅2卫	6
5室2厅2卫	5
4室1厅2卫	5
5室3厅3卫	4
5室2厅1卫	3
4室3厅2卫	3
8室3厅4卫	2
3室4厅1卫	2
3室3厅3卫	2
6室3厅3卫	1
5室3厅2卫	1
5室2厅3卫	1
5室1厅1卫	1
4室3厅1卫	1
2室3厅1卫	1

图6-28　2015年26个城市房屋结构情况（二）

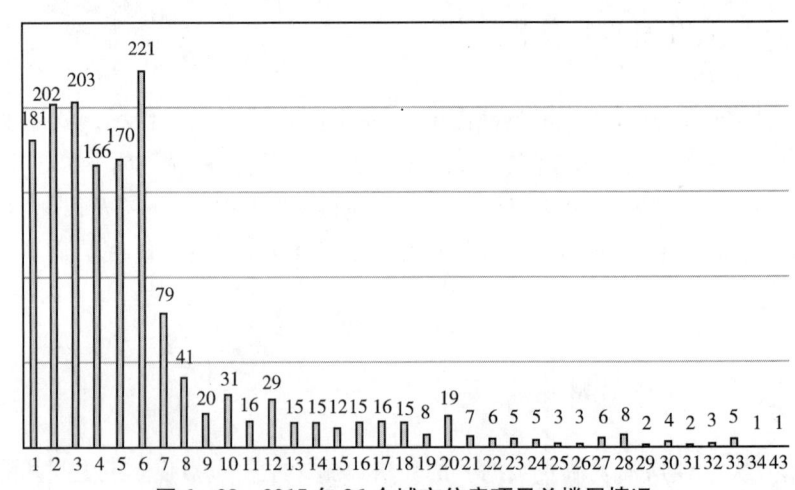

楼层	数量
1	181
2	202
3	203
4	166
5	170
6	221
7	79
8	41
9	20
10	31
11	16
12	29
13	15
14	15
15	12
16	15
17	8
18	15
19	8
20	19
21	7
22	6
23	5
24	5
25	3
26	3
27	6
28	8
29	2
30	4
31	2
32	3
33	5
34	1
43	1

图6-29　2015年26个城市住房项目总楼层情况

供暖系统、独立厨房这三个维度。图6-30为2015年26个城市的住房设施覆盖情况。我们发现，图6-30的滑珠图中，供暖系统的覆盖率相对于其他两个维度普遍偏低；具体而言，贵阳、海口、阜阳供暖系统覆盖率最低，均低于20%。独立厨房的覆盖率，则相对于其他两个维度偏高，除宿州（88.57%）、遵义（94.12%）外，剩余其他城市的覆盖率均不低于95%。而独立卫生间和浴室的覆盖率，则整体略低于独立厨房的覆盖率，除宿州（88.57%）、遵义（89.47）外，剩余其他城市的覆盖率均不低于90%。

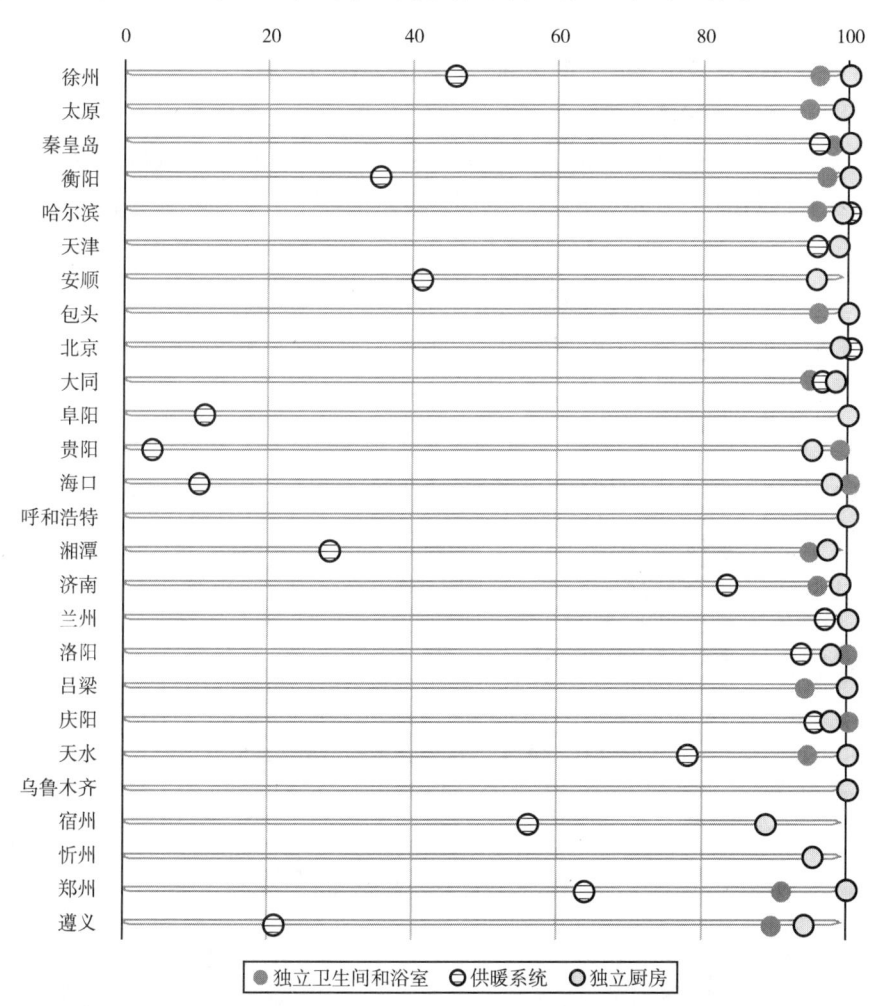

图6-30 2015年26个城市的住房设施覆盖情况（城市级）

（五）按房龄分类

在分析房龄前，我们针对数据的有效性进行了一些测试，发现房龄的调查数据有一定的归并效应，具体表现为：房龄数据为 10 的整数倍的频数明显偏高；同样，房龄数据为 5 的整数倍的频数也明显偏高。从而我们放弃了无极统计方法，采用区间为 5 的整数倍的区间统计方法，这种统计方法的好处是剔除了 5 的整数倍的影响，但缺点是不能很好剔除 10 的整数倍的影响。另外，有一点需要说明，我们的区间采用左开右闭的形式。

图 6-31 为 2015 年 26 个城市住房房龄情况。我们发现，房龄为 5~10 年（412 套）、0~5 年（404 套）、10~15（240 套）、15~20（220 套）的住房最多，而房龄大于 50 年的住房则非常少（3 套）。

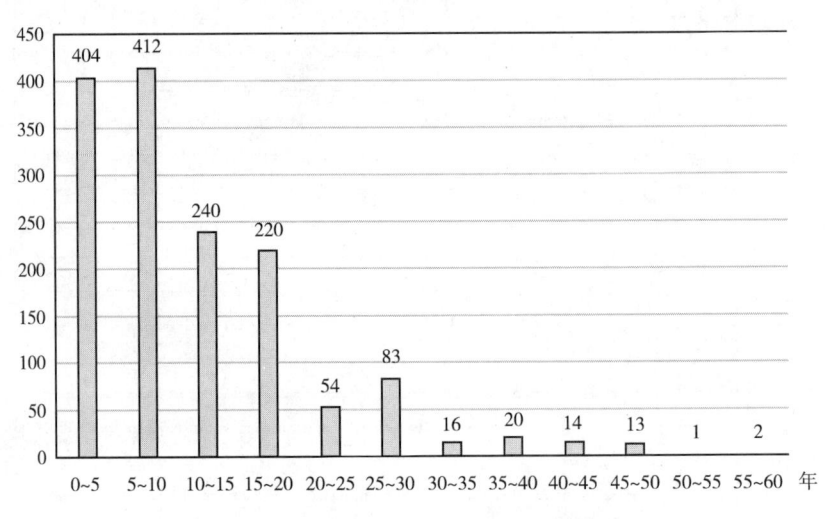

图 6-31 2015 年 26 个城市住房房龄情况

三、总结及预测

（一）总结

目前，我国家庭户的住房消费得到很大改善，其人均家住面积和人均房间数均有所增加，而住房设施也有所完善。住房消费的改善主要原因为：第一，家庭户生活水平以及收入的提高；第二，建筑技术的提高；第三，住房市场化程度的提高。具体而言，我国家庭户住房消费结构主要呈现以下特点：

在全国家庭户住房中，若按人均住房建筑面积分，2010年，20～29平方米的比重最大，占比为23.81%；若按住房房间数分，二间房的占比最大，占比为27.49%；若按代数—间数分，二代户—二间的占比最大，占比为14.07%。在住房设施方面，管道自来水覆盖率为64.58%，较2000年上升18.87个百分点；厨房覆盖率为84.66%，较2000年上升0.19个百分点；厕所覆盖率为72.47%，较2000年上升0.5个百分点；洗澡设施覆盖率为54.39%，较2000年上升28.41个百分点。在住房用途方面，97.87%的家庭户的住房为生活用房，2.00%的家庭户的住房为兼作生产经营用房，其余0.14%的家庭户并没有住房。在住房楼层方面，47.28%的家庭户的住房为平房，25.40%的家庭户的住房为2～3层楼房，18.36%的家庭户的住房为4～6层楼房，而其余8.97%的家庭户的住房为7层及以上楼房。在住房承重类型方面，40.34%的家庭户的住房为混合结构，30.07%的家庭户的住房为砖木结构，22.78%的家庭户的住房为钢及钢筋混凝土结构。在住房建成年代方面（1949年为基准，每10年一个区间），2010年全国家庭户户数、全国家庭户住房间数、全国家庭户住房建筑面积，均随着住房建成时间的增加而增加。

若按户主教育水平分，2010年，初中教育户主的家庭户人均住房建筑面积最低，而研究生教育户主的家庭户则最高。小学教育户主的家庭户平均每户住房间数最高，而研究生教育户主的家庭户则最低。高中教育户主的家庭户人均住房间数最低，而未上过小学的户主的家庭户则最高。

若按户主职业分，2010年，户主为农、林、牧、渔、水利业生产人员的家庭户，其平均每户住房间数最多。户主为国家机关、党群组织、企业、事业单位负责人的家庭户，其人均住房建筑面积最大；而生产、运输设备操作人员及有关人员则最低。户主为农、林、牧、渔、水利业生产人员的家庭户，其人均住房间数最多；而生产、运输设备操作人员及有关人员则最低。

若按户主职业、人均住房建筑面积分，2010年，户主为国家机关、党群组织、企业、事业单位负责人的家庭户住房条件相对其他职业更好，不仅其人均住房建筑面积在70平方米以上的占比最高，而且其无住房的占比也最低。

（二）预测

我们将从以下三个方面给出我们的预测：

(1) 平均每户住房间数方面。在未来，家庭户的住房间数将会有增加的趋势，原因有下面三点：第一，随着全面二孩政策的放开，家庭户将会增加对住房间数的需求。第二，随着收入的提高，居民将会有更强的支付能力来购买房间数较多的住房。第三，随着医疗水平的提高，居民的平均寿命也相对提高，其家庭户的平均代数将会相应增加，这也将增加对住房间数的需求。

(2) 人均住房建筑面积方面。虽然我国的人口将会继续增加，同时可用于房地产开发的土地也日益紧张，但我们仍乐观地认为，未来我国的人均住房建筑面积将会进一步增加，其主要原因为：第一，高层建筑的技术将会更加成熟；第二，我国目前农村人口较多，农村房屋大部分为一层或两层的宅基地，国家对农村的城镇化有政策倾斜，城镇化过程中，将会以低层和高层的楼房替代一层或两层的宅基地。

(3) 住房设施完善方面。在未来，家庭户的住房设施将日渐完善。这主要是因为，目前我国处于经济调整时期，更多地侧重于改善民生，而自来水、暖气、互联网宽带、电网等硬件设施的升级换代，都是国家目前的工作重点。

第七章

住房特征需求

这一章我们将研究住房的特征需求，也将解开为什么同样的住房在不同的城市，却表现出巨大的价格差。前面两章我们已经研究了住房的内在结构，而本章将研究住房的外部特征结构。为了更好地理解本章，我们有必要在本章的开始，先详细介绍住房特征需求理论。

一、住房特征需求理论

居民在选择住房时，往往要充分考虑住房的外部环境。而外部环境既有外生的，也有内生的。本章的外部环境侧重于内生方面，它是由政府公共投资所产生的外部环境组成。所以我们可以通过分析政府公共投资的行为来研究住房的特征需求。我们的逻辑是，为了迎合居民住房的特征需求，政府提供公共物品来改变住房的外部环境。

不同的居民对公共物品有不同的偏好，而居民对公共物品的偏好最直接反映在住房上。例如，偏好交通便利的居民，会将住房选在地铁沿线或城市主干道附近等位置；而最厌恶环境污染的居民，则更偏好于周边绿化较好的住房。

另一方面，由于公共物品具有很强的外部性，而政府作为公共物品的提供者，公益性地将公共物品给予居民使用，从而居民根据各自偏好需求选择不同的住房位置。在居民刚刚购买住房时，购买住房的成交价格是包含了公共物品对住房的前期外部溢价。然而，随着时间的流逝，公共物品的提供是近似连续的；而居民住房却不是经常性更换的，呈现离散式变化。这意味着居民购买住房并开始居住后，一直免费享受着公共物品的后期外部溢价。而居民免费享受公共物品后期外部溢价的程度，将反映在住房的当前市场价格与原先购买价格之差上。

就目前来看,普通商品的价格几乎不会过度偏离其成本,一般定价为成本加成形式。但住房不同于普通商品,它几乎承担了公共物品的所有溢价。这意味着,如果剔除了住房价格中公共物品的外部溢价部分,住房的剩余价格也会具有普通商品的一般性质。至于住房为什么承担了几乎所有的公共物品溢价,其原因主要是住房为不动产,而大部分的公共物品也具有难以移动的性质,比如,公园、地铁、医院、学校等。而流动性较强的资产由于广泛的流动性,可以迅速出清市场,而住房几乎都带有一定的垄断性,垄断了周边的公共物品。在本章,我们将重点报告中国住房价格中的外部溢价部分,因为公共投资的构成不同,所以也反映出了住房的特征需求。

二、住房特征需求现状(市级)

根据中国城市统计年鉴290个城市的数据,我们将分别以不同维度去描述中国住房消费的特征需求。

(一)公共财政支出

2013年,中国的地方公共财政支出为9.45万亿元。其中,教育支出为1.69万亿元,占公共财政支出的17.97%。所以就全国而言,教育是居民不可忽视的住房特征需求之一。表7-1列出了教育支出最高的20个城市。其中,重庆、北京、上海、天津4个直辖市分别为第1、2、3、4名,前3名均超过了500亿元;另外,值得一提的是:新设的三沙、西部的铜仁以及西部的资阳分别为第5,6,7名,甚至超过了深圳(第8名,287.73亿元)和广州(第9名,253.95亿元)。

表7-1   2013年教育支出top20城市   单位:万元

排名	城市	教育支出	排名	城市	教育支出
1	重庆市	7968896	5	三沙市	4372783
2	北京市	6811775	6	铜仁市	3700930
3	上海市	6795414	7	资阳市	3454157
4	天津市	4613571	8	深圳市	2877280

续表

排名	城市	教育支出	排名	城市	教育支出
9	广州市	2539473	15	郑州市	1330655
10	苏州市	1960726	16	南通市	1323743
11	青岛市	1723376	17	潍坊市	1320019
12	杭州市	1624445	18	沈阳市	1316194
13	宁波市	1484777	19	南京市	1258890
14	武汉市	1373138	20	大连市	1222048

2013年，中国城市维护建设资金支出为0.96万亿元。表7-2列出了城市维护建设资金支出费用最多的20个城市。其中，北京（810.69亿元）、拉萨（774.78亿元）分别为第1,2名，大幅度领先第3名重庆（408.46亿元），而太原、西安则分别为第4、5名。

表7-2　　　2013年中国城市维护建设资金支出top20城市　　　单位：万元

名次	城市	城市维护建设资金支出	名次	城市	城市维护建设资金支出
1	北京市	8106944	11	武汉市	2135100
2	拉萨市	7747766	12	南通市	2060418
3	重庆市	4084579	13	沈阳市	1797090
4	太原市	3572736	14	上海市	1697598
5	西安市	3386824	15	杭州市	1555479
6	广州市	3046379	16	柳州市	1534548
7	昆明市	2778380	17	天津市	1476679
8	南京市	2586514	18	济南市	1452884
9	苏州市	2354820	19	成都市	1318283
10	南宁市	2306812	20	厦门市	1303328

（二）邮政、电信、宽带方面住房特征需求

2013年末，中国共有45475所邮政局。表7-3列出了邮政局数量最多的20个城市。其中，重庆为第1名，是唯一一个邮政局所数超过1000的城市；而北京、天津、深圳、东莞则为第2、3、4、5名。我们发现：前20名中，东部地区城市并没有我们预期的那么多，只有6个。

表7-3　　　　　　　　2013年末邮政局所数top20城市　　　　　　　　单位：所

名次	城市	邮政局所数	名次	城市	邮政局所数
1	重庆市	1684	11	资阳市	354
2	北京市	918	12	哈尔滨市	352
3	天津市	850	13	赣州市	345
4	深圳市	797	14	南通市	314
5	东莞市	611	15	昆明市	301
6	上海市	544	16	巴中市	300
7	南充市	531	17	遵义市	294
8	成都市	460	18	赤峰市	289
9	达州市	426	19	宁波市	280
10	绵阳市	419	20	西安市	279

2013年末，中国拥有2.52亿户固定电话用户，12.74亿户移动电话用户，2.11亿户互联网宽带用户。表7-4分别列出了固定电话、移动电话、互联网宽带用户最多的20个城市。随着固定电话逐步被移动电话取代，我们仅比较移动电话和互联网宽带的数据。移动电话方面，北京，上海，广州，深圳为第1，2，3，4名。互联网宽带方面，广州、北京、上海市为第1，2，3名，值得注意的是：潍坊以506万户占据了第4名。

表7-4　　　　　　　2013年末电话及互联网用户数top20城市　　　　　　　单位：户

名次	城市	固定电话	城市	移动电话	城市	互联网宽带
1	上海市	869.24	北京市	3373.8	广州市	766
2	北京市	867.6	上海市	3200.65	北京市	535
3	重庆市	580.33	广州市	3176.12	上海市	511
4	广州市	551.73	深圳市	2553	潍坊市	506
5	深圳市	490	重庆市	2380.78	重庆市	505
6	成都市	411.95	成都市	2274.84	深圳市	433
7	苏州市	357.92	西安市	2160.67	武汉市	369
8	天津市	352.8	东莞市	1850.39	杭州市	339
9	杭州市	334.87	武汉市	1662	苏州市	273
10	东莞市	314.48	杭州市	1546.83	西安市	267
11	南京市	305.66	苏州市	1474.47	成都市	257

续表

名次	城市	固定电话	城市	移动电话	城市	互联网宽带
12	西安市	304.51	佛山市	1339.3	宁波市	250
13	宁波市	298	天津市	1323.15	肇庆市	245
14	佛山市	296.02	青岛市	1262.19	毕节市	240
15	武汉市	294	郑州市	1249.1	温州市	237
16	沈阳市	268.72	济南市	1243.57	佛山市	233
17	哈尔滨市	258.43	宁波市	1228	青岛市	228
18	大连市	252.85	温州市	1185.1	东莞市	216
19	南通市	248.98	哈尔滨市	1124.35	南京市	215
20	郑州市	242.8	泉州市	1115.1	泉州市	208

(三) 教育方面住房特征需求

2013年，中国拥有2456所普通高等学校，9951所中等职业教育学校，61100所普通中学，198387所小学。表7-5分别列出了中国各类学校中数量最多的20个城市。我们发现：发达地区拥有更多的普通高等学校，而欠发达地区拥有更多的小学。从该表我们能够看出，国家在普通高等学校的投入中，更多地倾向于发达的东部地区；在小学的投入中，更多地倾向于欠发达的中西部地区。这也很好地反映了中国住房消费特征偏好的大体布局，发达地区相比欠发达地区更加偏好于高等教育，而欠发达地区则偏好于初等教育。

表7-5　　　　　2013年中国各类学校数量top20城市　　　　　单位：所

名次	城市	普通高等学校	城市	中等职业教育学校	城市	普通中学	城市	小学
1	北京市	89	重庆市	221	重庆市	1200	重庆市	4728
2	武汉市	80	西安市	207	上海市	762	周口市	3826
3	广州市	80	石家庄市	173	北京市	638	南阳市	3474
4	济南市	69	武汉市	144	周口市	608	毕节市	2424
5	上海市	68	郑州市	134	天津市	518	商丘市	2412
6	重庆市	63	北京市	119	南充市	509	保定市	2179
7	西安市	63	沈阳市	114	成都市	498	赣州市	2140
8	郑州市	56	长春市	104	南阳市	498	阜阳市	2111

续表

名次	城市	普通高等学校	城市	中等职业教育学校	城市	普通中学	城市	小学
9	天津市	55	哈尔滨市	100	广州市	494	信阳市	1983
10	成都市	53	济南市	95	毕节市	492	上饶市	1969
11	南京市	53	天津市	93	哈尔滨市	485	邯郸市	1966
12	哈尔滨市	50	上海市	90	温州市	469	驻马店市	1946
13	合肥市	50	太原市	90	阜阳市	461	昭通市	1885
14	长沙市	50	南阳市	89	邵阳市	460	茂名市	1751
15	石家庄市	49	洛阳市	89	遵义市	459	晚南市	1729
16	沈阳市	46	昆明市	89	上饶市	458	洛阳市	1722
17	太原市	44	青岛市	87	赣州市	452	曲靖市	1702
18	南昌市	43	成都市	86	洛阳市	451	衡阳市	1664
19	昆明市	41	广州市	85	商丘市	446	达州市	1647
20	杭州市	38	合肥市	84	石家庄市	421	遵义市	1633

2013年，中国拥有148.37万普通高等学校教师，70.75万中等职业教育学校教师，485.33万普通中学教师，499.51万小学教师。我们发现：普通高等学校的教师人数是中等职业教育学校的2倍以上，说明住房特征需求更偏好于普通高等学校教育。我们还发现，普通中学的教师人数和小学教师人数几乎持平，这说明中国居民的住房特征需求更偏好于普通中学。原因是小学的6年制是义务教育，中学的6年制中只有前3年的初中教育属于义务教育，而考虑到初中升高中的升学率一定不是100%，这意味着，如果中学和小学的住房特征需求是无差异的，则中学教师需求数要大大低于小学教师的需求数。而实际上中学教师需求却和小学教师需求几乎持平，所以，中国居民的住房特征需求更偏好于普通中学。当然这也和声势浩大的高考现象相吻合。表7-6分别列出了2013年各类学校人数最多的20个城市。

表7-6　　　　2013年中国各类学校教师数量top20城市　　　　单位：人

名次	城市	普通高等学校	城市	中等职业教育学校	城市	普通中学	城市	小学
1	北京市	66026	重庆市	19640	重庆市	113880	重庆市	115204
2	武汉市	55746	郑州市	14469	北京市	58963	周口市	50991
3	广州市	55416	西安市	11620	上海市	52649	南阳市	49835
4	郑州市	55040	石家庄市	10208	成都市	46295	上海市	49772

续表

名次	城市	普通高等学校	城市	中等职业教育学校	城市	普通中学	城市	小学
5	南京市	52531	北京市	9212	天津市	41556	商丘市	49073
6	成都市	48374	成都市	9072	临沂市	40825	北京市	48726
7	西安市	46436	武汉市	8490	广州市	40791	临沂市	45387
8	上海市	40297	天津市	8285	潍坊市	40608	广州市	45075
9	重庆市	37130	青岛市	8207	哈尔滨市	38912	菏泽市	44573
10	哈尔滨市	31831	上海市	8141	南阳市	38589	邯郸市	42656
11	长沙市	31683	广州市	7768	周口市	38392	保定市	42387
12	济南市	31143	烟台市	7732	保定市	36484	赣州市	41848
13	天津市	30900	沈阳市	7209	茂名市	35587	石家庄市	41568
14	南昌市	30457	保定市	6652	南充市	35408	信阳市	41221
15	杭州市	27544	济南市	6339	石家庄市	35296	毕节市	40833
16	沈阳市	26161	昆明市	5959	信阳市	34699	驻马店市	40094
17	长春市	25323	无锡市	5956	商丘市	34629	成都市	39450
18	昆明市	25183	苏州市	5891	徐州市	34591	天津市	38275
19	合肥市	23630	南京市	5878	湛江市	33684	潍坊市	37162
20	太原市	22895	杭州市	5869	邯郸市	33338	徐州市	36511

（四）医疗方面住房特征需求

2013年，中国拥有548.05万张医院床位，268.47万个医生。表7-7分别列出了中国医院床位数和医生人数最多的20个城市。医院床位数方面，重庆、北京、上海、成都分别为第1、2、3、4名，床位数均超过10万张。医生人数方面，第1名北京为8.58万人，大幅度超过第2名重庆（5.52万人），而上海、成都、广州则分别为第3、4、5名。

表7-7　　2013年中国医院床位数和医生人数top20城市

名次	城市	医院床位数（张）	城市	医生人数（人）
1	重庆市	136700	北京市	85819
2	北京市	115278	重庆市	55221
3	上海市	113066	上海市	46250

续表

名次	城市	医院床位数（张）	城市	医生人数（人）
4	成都市	100970	成都市	45861
5	广州市	66721	广州市	39694
6	郑州市	63944	天津市	32059
7	哈尔滨市	60077	潍坊市	30227
8	武汉市	58410	杭州市	29686
9	沈阳市	53515	黄冈市	28066
10	天津市	53062	武汉市	27767
11	长沙市	52507	石家庄市	27059
12	苏州市	49341	济宁市	26509
13	石家庄市	47819	深圳市	25358
14	杭州市	47350	常德市	24500
15	潍坊市	46628	苏州市	24296
16	西安市	44190	青岛市	24113
17	昆明市	43443	西安市	23885
18	长春市	43261	沈阳市	23392
19	济宁市	41485	长沙市	22936
20	济南市	41287	济南市	22752

（五）交通方面住房特征需求

2013年末，中国实有城市道路面积51.23亿平方米，实有公共汽车41.47万辆。表7-8分别列出了中国城市道路面积和公共汽车数量最高的20个城市。城市道路面积方面，拉萨（1.33亿平方米）、南京、重庆、天津、深圳分别为第1、2、3、4、5名，而上海（0.99亿万平方米）、北京（0.96亿平方米）则分别为第8、9名。公共汽车车辆数方面，深圳（3.06万辆）、北京（2.36万辆）以绝对数量分列第1、2名，而上海、广州、重庆则分别为第3、4、5名。

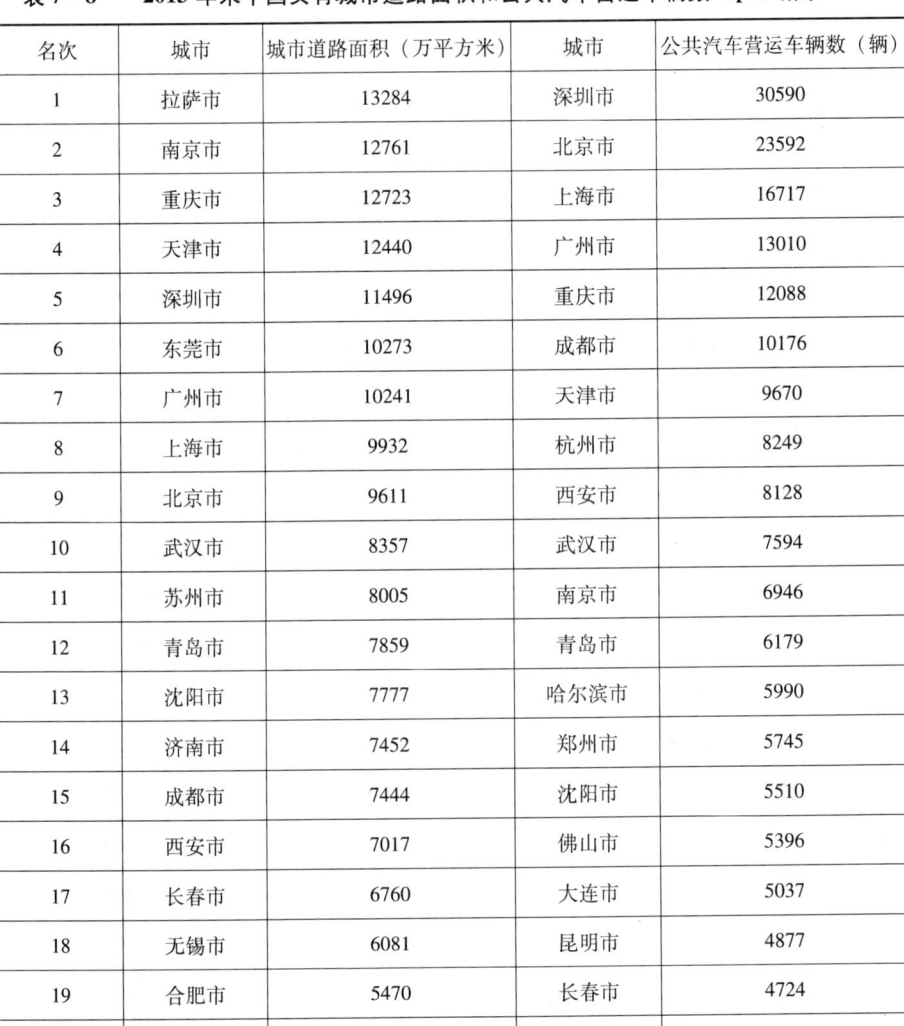

表7-8　2013年末中国实有城市道路面积和公共汽车营运车辆数top20城市

名次	城市	城市道路面积（万平方米）	城市	公共汽车营运车辆数（辆）
1	拉萨市	13284	深圳市	30590
2	南京市	12761	北京市	23592
3	重庆市	12723	上海市	16717
4	天津市	12440	广州市	13010
5	深圳市	11496	重庆市	12088
6	东莞市	10273	成都市	10176
7	广州市	10241	天津市	9670
8	上海市	9932	杭州市	8249
9	北京市	9611	西安市	8128
10	武汉市	8357	武汉市	7594
11	苏州市	8005	南京市	6946
12	青岛市	7859	青岛市	6179
13	沈阳市	7777	哈尔滨市	5990
14	济南市	7452	郑州市	5745
15	成都市	7444	沈阳市	5510
16	西安市	7017	佛山市	5396
17	长春市	6760	大连市	5037
18	无锡市	6081	昆明市	4877
19	合肥市	5470	长春市	4724
20	杭州市	5426	济南市	4652

（六）生态环境方面住房特征需求

2013年，中国公园绿地总面积44.93万公顷，城市建成区绿化覆盖面积151.03万公顷。表7-9分别列出了公园绿地面积和城市建成区绿化覆盖面积最高的20个城市。公园绿地方面，广州、重庆、北京、深圳、上海市分别为第1、2、3、4、5名。建成区绿化覆盖面积方面，前5名还是这5

个城市，北京、重庆、广州、深圳、上海分别为第1、2、3、4、5名。从住房特征需求观点看，北京、上海、广州、深圳是中国经济最发达的4个城市，这意味着，随着生活水平的提高，居民对生态环境的住房特征偏好越来越强。

表7-9　　　　　　　　　2013年中国绿化面积top20城市　　　　　　　　单位：公顷

排名	城市	公园绿地面积	城市	建成区绿化覆盖面积
1	广州市	21165	北京市	66750
2	重庆市	20436	重庆市	46452
3	北京市	20413	广州市	41983
4	深圳市	17750	深圳市	39267
5	上海市	17142	上海市	38312
6	东莞市	10075	南京市	31824
7	南京市	8725	天津市	26101
8	天津市	7279	成都市	21246
9	沈阳市	7112	青岛市	20992
10	武汉市	6622	武汉市	20758
11	成都市	6310	沈阳市	19210
12	杭州市	5820	杭州市	18606
13	长春市	5018	苏州市	18549
14	青岛市	4649	西安市	17893
15	西安市	4380	合肥市	17807
16	苏州市	4341	大连市	17698
17	哈尔滨市	4333	昆明市	15600
18	合肥市	4262	乌鲁木齐市	14837
19	郑州市	3895	济南市	14494
20	石家庄市	3783	哈尔滨市	14099

三、住房特征需求偏好结构

为了更好地反映出中国各个城市的住房特征需求。我们设计了一种指数，这个指数旨在发现不同城市对于不同方面的公共物品的住房特征需求总强度。详细指数设计请参考附录5。

图7-1是我们的指数设计结构框架，总体而言，我们的指数为2×2维度的。其中，总量指数（注意：我们这里的总量数据主要是全市数据，若没有全市数据则以市辖区数据替代）和人均指数（注意：我们这里的人均是按照全市人均计算，而非市辖区人均）的划分主要考虑到公共投资的准公共物品性质；标准指数和排序指数为去量纲的两种技术处理。我们将设计的综合指数命名为住房特征需求指数，或简称结构指数。

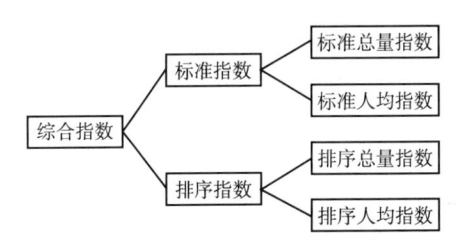

图7-1 指数设计结构框架

为了计算综合指数我们有必要对标准指数和排序指数再次标准化处理，即，综合指数 = 0.5×（城市标准指数 - 最小化指数）/（最大标准化指数 - 最小标准化指数）+ 0.5×（1 - 城市排序指数）

（一）住房特征需求下的综合指数

根据《中国城市统计年鉴2014》的数据，我们分别计算了290个城市的综合指数，并绘制了住房特征需求综合指数热点图，城市的综合指数值越高，其对应地区的颜色越深，而纯白色填充的地图代表无数据记录。我们发现：直辖市和省会城市，其综合指数相对较高；而从全国总体来看，综合指数值的高低值分布，则相对较为平均。（注：该热点地图不再呈现在本书中，感兴趣的读者可以联系本书作者索要）

在最终计算得到的综合指数中，前10名依次为深圳、北京、三沙、广州、东莞、上海、重庆、天津、西安、武汉。而我们计算所采用的准公共物品分别为：城市维护建设资金支出、邮政局数、固定电话户数、移动电话户数、互联网宽带户数、高等学校数、中等职业教育学校数、普通中学数、小学数、高等学校数教师、中等职业教育学校教师数、普通中学教师数、小学教师数、医院床位数、医生数、排水管道长、公园绿地面积、城市建成区绿化覆盖面积，年末实有城市道路面积、年末实有公共汽车数。值得一提的是，深圳的综合指数值高于北京、广州、上海三个城市。这意味着，深圳住房的准公共物品的外部溢价更大些。这也为2015年深圳房价的迅速增长提供了一些解释。而三沙的综合指数值也较高，主要得惠于政府的政策支持。

（二）住房特征需求偏好结构

通过计算，可以得到290个城市的住房特征结构需求的标准指数和排序指数。为了更显性地比较住房特征结构需求城市间的差异，下面我们将列出前50名城市以及倒数50名城市的住房特性需求偏好的结构图（见图7-2、图7-3、图7-4、图7-5）。

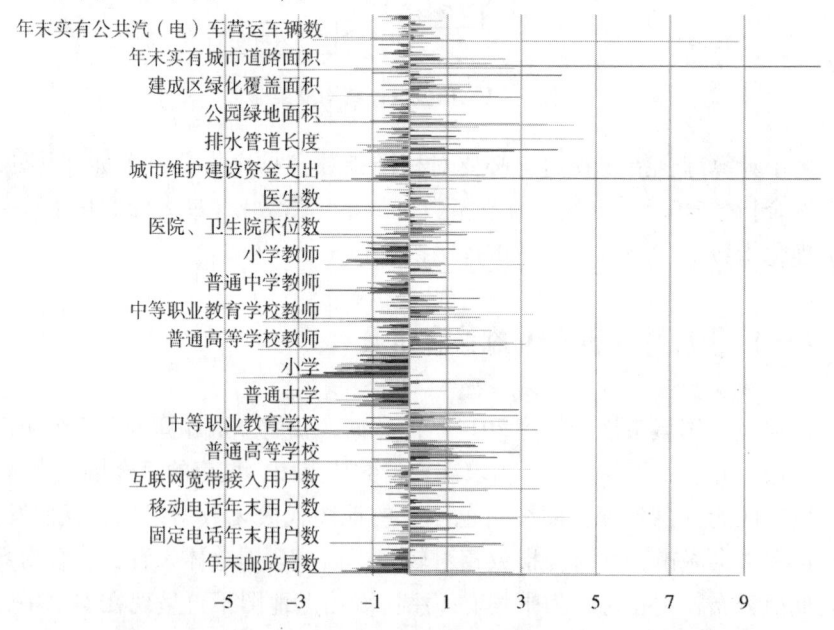

图7-2 前50名城市住房特性需求偏好的结构图（标准指数）

第七章 住房特征需求

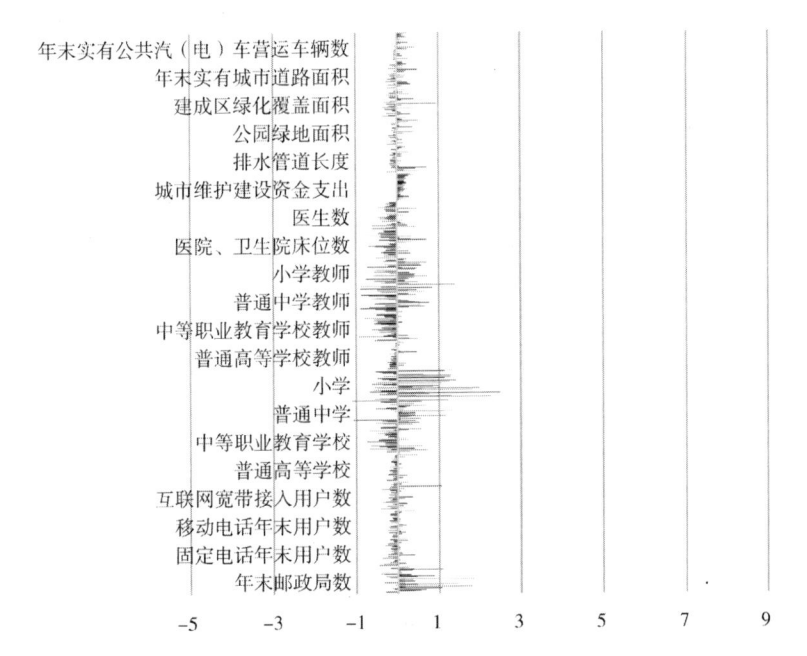

图7-3 倒数50名城市住房特性需求偏好的结构图（标准指数）

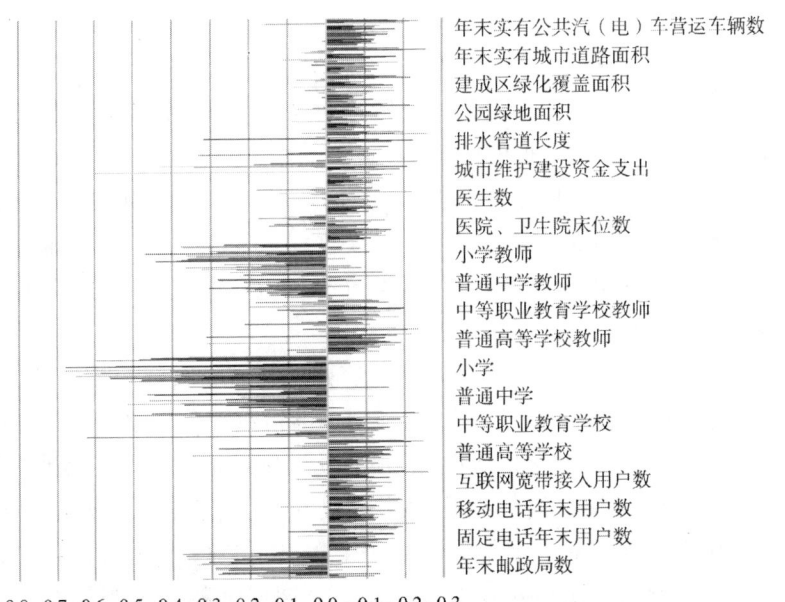

图7-4 前50名城市住房特性需求偏好的结构图（排序指数）

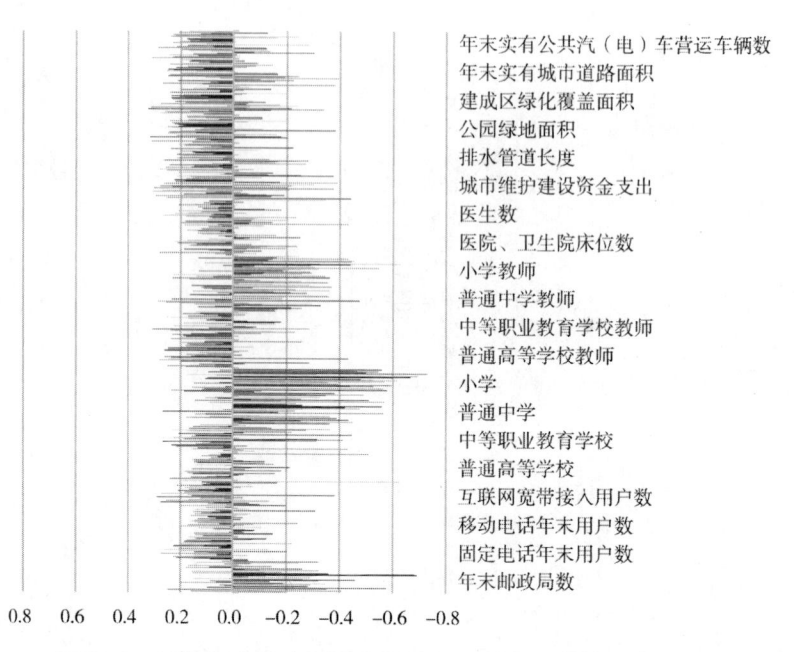

图7-5 倒数50名城市住房特性需求偏好的结构图（排序指数）

其中，图7-2、图7-3是标准指数下住房需求结构图，而图7-4、图7-5是排序指数下的住房需求结构图。我们发现：相对而言，标准指数在挖掘住房特征结构需求方面，不如序数指数明显。不过，标准指数具有基数性质，能够更多保留原始数据的信息。

因此，我们重点分析序数指数图，我们发现：排名前50的城市更加结构偏好于交通、生态环境、医疗卫生、高级教育、电信，并且结构偏好相对平均；而排名倒数50的城市更加结构偏好于低等教育和邮政，尤其是对小学的结构偏好尤为突出。

接下来，我们将分析北京、上海、广州、深圳、天津、重庆市的情况。为了更充分利用原始数据信息，我们利用标准指数来分析这4个城市的住房特征结构需求。图7-6为北京和上海的住房特征结构需求图（标准指数）。

对于北京市来说，我们发现北京居民对公共汽（电）车相对较为偏好，而对城市道路相对不太偏好，在一定程度上造成了北京相对较为拥堵的交通环境。北京居民还对建成区绿化、公园绿地相对较为偏好，这从侧面反映出北京政府近几年在改善北京市环境方面的不断努力是符合北京市居民的住房特征需求的。北京市居民对城市维护建设也相对较为偏好，主要是北京市的外来及本地人口众多，从而其基础设施折损速度较快，故对

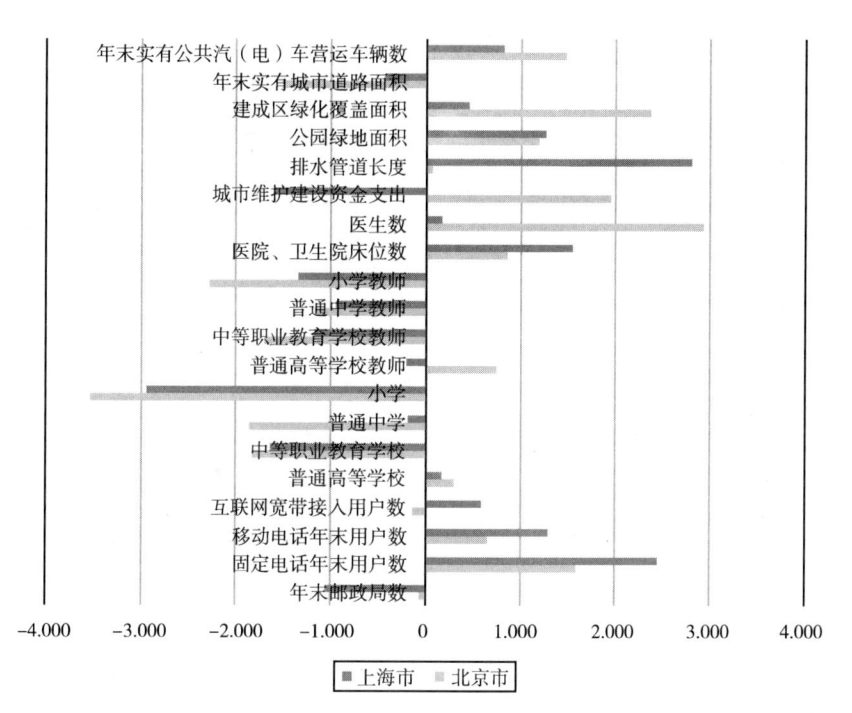

图7-6　北京、上海市住房特征结构需求（标准指数）

其维护建设支出较大。北京市对医疗方面的投入也较为多，尤其是医生数，这也从侧面解释了多数外地人短期进京看病的现象。另外，我们发现北京市居民对教育的住房特征结构需求并不是太强烈，除了高等教育以外，其他教育均表现为结构不偏好。另外，北京市居民对电话的结构偏好明显较强，但对宽带却结构不偏好，也许是由于北京市的宽带资费较高而速度较慢，所以居民才表现出结构上不偏好，而这或许也是工信部要求提网速、降资费的其中一个原因。

对于上海市来说，我们发现上海市也对公共汽（电）车相对较为偏好，而对城市道路相对不太偏好，在一定程度上造成了上海市相对较为拥堵的交通环境。上海市居民也对建成区绿化、公园绿地相对较为偏好，但不如北京市强烈，这说明上海市的非人工环境相对要优于北京市。上海市居民对城市维护建设为结构不偏好，与北京市截然相反。而上海市对医疗方面的投入也较多，但是与北京市不同的是，上海市的公共投资更侧重于医院，而北京市更侧重于医生。另外，我们还发现上海市居民对教育的住房特征结构需求也并不是太强烈，除了高等学校以外，其他教育均表现为结构不偏好。这一点与北京市也不相同，北京市对高等学校的教师是结构偏好的，并且其强度是大于高等学校的。通过对上海市和北京市的医疗及教育对比,我们发现一个很鲜明的特点,上海市注重"硬件"(医院、高等学校),而北京市注重"软件"(医生、高等学校教师)。此外,上海市居民对电话的结构偏好明显较强,对宽带为结构偏好,对邮政局结构不偏好。从这里我们发现,上海市的宽带要优于北京市,或许是上海市的宽带相对实惠。

图7-7为广州、深圳市的住房特征需求结构图(标准指数)。我们发现:深圳市的住房特征结构需求波动范围更大。在交通方面,深圳市居民更加结构偏好于广州市,尤其是公共汽(电)车的数量远远高于广州市。在高等教育方面,深圳市居民的住房特征结构需求不如广州市,主要是深圳市还没有985和211类大学。另外,在邮政方面,深圳为结构偏好,而广州市为结构不偏好。

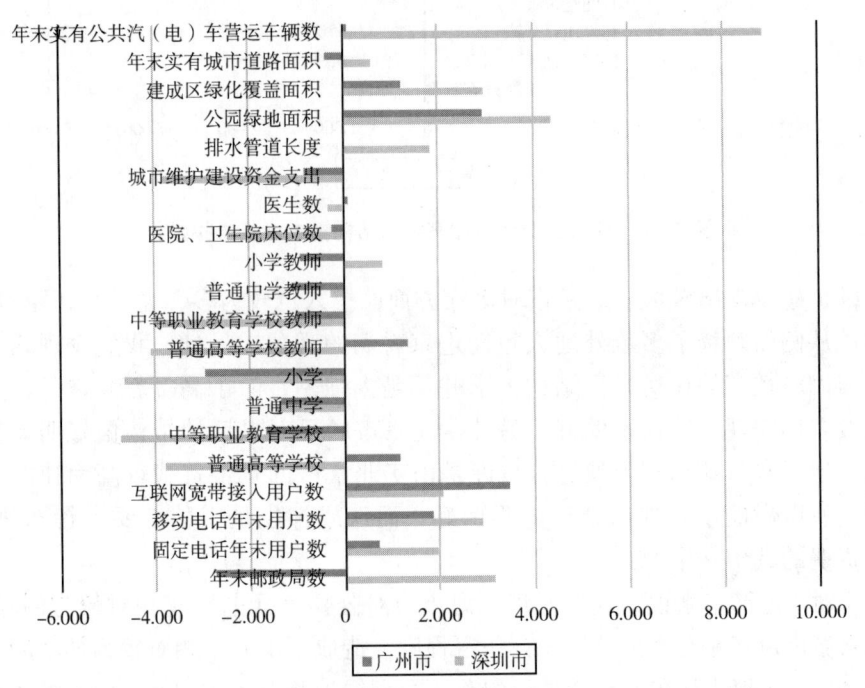

图7-7 广州、深圳市住房特征结构需求(标准指数)

图7-8为天津、重庆的住房特征结构需求图(标准指数)。我们发现,天津对排水管道、邮政、城市道路、高等学校有较强的结构偏好,而重庆对邮政、中低等教育有较强的结构偏好。另外,天津、重庆市在宽带、电话方面,相比北京、上海、广州、深圳市,有较强的结构不偏好。值得一提的是,天津市的排水管道较长,是与天津市濒临渤海有关。而重庆市较多的是邮政、

主要是其位于西部并且面积较大；较多的非高等教育，主要与其经济相对较为落后有关，从而对非高等教育的结构偏好更强。

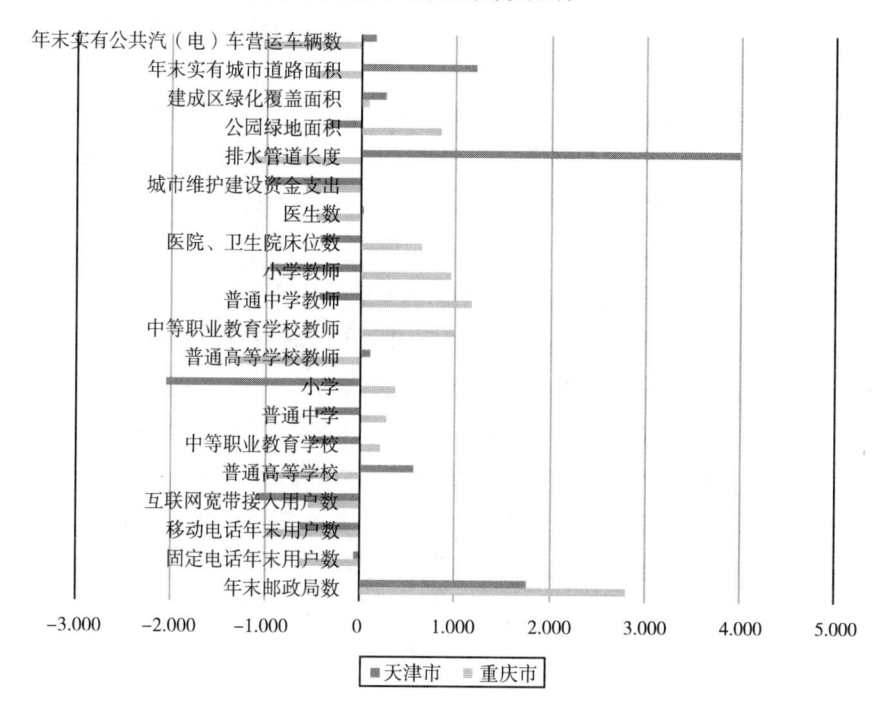

图 7-8 天津、重庆市住房特征结构需求（标准指数）

四、总结及预测

（一）总结

目前，中国的住房特征需求比较合理。其中，人口越多的城市，其居民对不同的住房特征需求对象往往也越多，其主要原因是住房特征需求对象的准公共性，即住房特征需求对象具有一定的"区域私有性"。而公共财政支出越多的城市，其住房特征需求对象的投入也往往越多，其主要逻辑是相当一部分住房特征需求对象的投入由政府财政支持，故相应的公共财政支出也会较多。

另一方面，中国的住房特征需求偏好结构也呈现多样性，住房特征需求综合指数值较高的几个城市，其偏好结构也存在不同，比如，前面分析的深圳（0.817）、北京（0.786）、广州（0.746）、上海（0.667）、重庆（0.670）、天津（0.632）。就 2013 年数据来看，重庆、北京、上海、广州、深圳市这 5 个城市，对不同的住房特征，均有较高的需求。而以下为具体的住房特征需求情况。

2013 年，中国共有 45475 所邮政局，12.74 亿户移动电话用户，2.11 亿户互联网宽带用户。其中，重庆、北京、天津、深圳、东莞市的邮政局数量最多，北京、上海、广州、深圳市的移动电话用户最多，广州、北京、上海、潍坊市的互联网宽带用户最多。

2013 年，中国实有城市道路面积 51.23 亿平方米，实有公共汽车 41.47 万辆。其中，拉萨、南京、重庆、天津、深圳市的城市道路面积最大，深圳、北京、上海、广州、重庆市的实有公共汽车数量最多。

2013 年，中国拥有 2456 所普通高等学校，9951 所中等职业教育学校，61100 所普通中学，198387 所小学。在普通高等学校的投入中，国家更多地倾向于发达的东部地区；在小学的投入中，更多地倾向于欠发达的中西部地区。2013 年，中国拥有 148.37 万普通高等学校教师，70.75 万中等职业教育学校教师，485.33 万普通中学教师，499.51 万小学教师。其中，普通高等学校的教师人数是中等职业教育学校的 2 倍以上，而普通中学的教师人数和小学教师人数几乎持平。

2013 年，中国拥有 548.05 万张医院床位，268.47 万个医生。其中，重庆、北京、上海、成都市的医院床位最多，北京、重庆、上海、成都、广州市的医生最多。

2013 年末，中国实有城市道路面积 51.23 亿平方米，实有公共汽车 41.47 万辆。其中，拉萨、南京、重庆、天津、深圳市的使用城市道路面积最大，深圳、北京、上海、广州、重庆市的实用公共汽车最多。

2013 年，中国公园绿地总面积 44.93 万公顷，城市建成区绿化覆盖面积 151.03 万公顷。其中，广州、重庆、北京、深圳、上海市的公园绿地总面积最大，北京、重庆、广州、深圳、上海市的城市建成区绿化覆盖面积最大。总体而言，随着生活水平的提高，居民对生态环境的住房特征偏好越来越强。

（二）预测

住房特征需求的发展是与社会的发展阶段息息相关的，随着生活水平的提高，居民将会对生态环境更加偏好，这一点与马斯洛人类需求五层次理论如出一辙。这意味着，在未来，我国居民的住房特征需求将会更侧重与生态环境等高层次需求。

另一方面，随着科技的进步，一些落后技术的需求将会被替代，甚至被淘汰。比如，移动电话对固定电话的替代，地铁对公交的部分替代，电子邮件对邮局邮件业务的替代等。这意味着，在未来，我国居民的住房特征需求更侧重于高科技，居民选择住房时，考虑地铁将会多于公交，考虑互联网宽带将会多于传统的邮局、电信等。

第八章

住房消费能力分析
——基于宏观视角

自从1998年取消福利分房以来,市场需求得到释放,房价也因此大幅上涨。虽然城镇居民收入水平也在逐年提高,但收入增长的速度严重滞后于房价上涨的速度,使得城镇居民的住房支付能力发生了较大变化。为能全面了解不同类型城镇家庭住房消费能力水平,本章将在引入住房消费能力测度方法的基础上,利用城市级数据对城镇家庭住房消费能力现状、面临的问题及政策选择进行分析。

一、住房消费能力测度方法

房价收入比是考察城镇居民购房能力的重要指标,它是反映居民家庭住房消费能力的重要指标,其比值越高,表明住房消费能力越低;反之,表明住房消费能力越强。国外计算房价收入比所选取的房价都是中位数价格或平均数价格,家庭收入也采用中位数收入或平均收入,但国内一般用平均数,房价收入比的国际公认标准在6~8。结合国内外对房价收入比界定的实际,本节将给出住房消费能力测度方法,并利用居民住房支付能力评价住房消费变化。

(一) 房价收入比

房价收入比(PIR,Housing Price to Income Ratio)是被国际上和国内学者最常使用的住房支付能力衡量指标,反映的是一套住房的中位市场价格和中位收入家庭年收入的比值。联合国人居中心给出的计算公式如下:

$$PIR = \frac{MEDPRICE}{MEDINCOME} \tag{8-1}$$

其中：PIR 表示房价收入比；$MEDPRICE$ 代表一个国家或地区某一时段内住房市场中房屋套均价格的中位数；$MEDINCOME$ 代表一个国家或地区某一时段内居民家庭收入的中位数。

由于我国在进行住宅价格统计时缺少套均价格的统计数据，收入指标通常也不是以家庭为单位进行统计，中位数统计指标更是缺乏。因此，国内在计算房价收入比时都用均值来替代中位数，并选择单位面积住宅平均销售价格（AP）和单套住宅面积（M）的乘积替代住宅的套均价格中位数（$MEDPRICE$），用城镇居民年人均可支配收入（I）和户均人口数（N）指标的乘积替换分母中的中位数家庭收入（$MEDINCOME$），公式如下：

$$PIR = \frac{MEDPRICE}{MEDINCOME} = \frac{AP \times M}{I \times N} \tag{8-2}$$

对单套住宅面积（M）和户均人口数（N）的处理上，本章将单套住宅面积（M）设置为 90 平方米，户均人数设置为 3 人。主要基于以下考虑：一是我国相关统计年鉴中缺少各个地级市完整的城镇居民人均住房使用面积或人均建筑面积的数据，所以不能将二者合并成一个指标处理；二是使用统一标准可以便于不同城市和不同年份之间的比较；三是这一设定比较符合社会现实，我国 2010 年城市人均住房面积约为 30 平方米，户均人口约为 3 人，同时人均 30 平方米是党的十八大首次提出的全面建成小康社会十个指标之一。

住宅平均销售价格（AP）和城镇居民年人均可支配收入（I）的数据主要来源于 2006~2013 年的《中国区域经济统计年鉴》，以及相应省市对应年份的地方统计年鉴。其中（I）取自城镇居民人均可支配收入，（AP）通过历年住宅商品房销售额和住宅商品房销售面积相除得来。

本章中房价收入比可以直观地解释为一个三口之家，在没有按揭贷款的情况下买房需要花费的年数。利用房价收入比衡量住房支付能力时，其值越大，代表城镇居民的住房支付能力越小。对于房价收入比的合理范围，由于房价、收入的不同设定，因而并不存在统一的合理范围的界定。根据国际流行做法，我们对住房月供支出占家庭收入的合理比值设定为 25%、30%、极限值不超过 50%（经历着严重的住房负担）三个层次。银监会在 2004 年发布的《商业银行房地产贷款风险管理指引》明确规定，借款人每月交的供房款，不能超过其月收入的 50%。2009 年，中国人民银行再次重申我国住房贷款借款人的每月还款额不得超过月收入的50%。因此，按照住房贷款月供支出占家庭收入的合理比值为25%、30%、极限值不超过50%，可以推算出相应的房价收入比。

我们按贷款最长期限30年、首付比例30%，2005～2012年的贷款利率分别按上一年度中国人民银行最后一次公布的五年期以上贷款基准利率，得出以下公式：

$$PMT = 70\% \times AP \times M \times R/12 \times \frac{(1+R/12)^{12\times30}}{(1+R/12)^{12\times30}-1} \quad (8-3)$$

$$\frac{12PMT}{I\times N} = 12\left[70\% \times AP \times M \times \frac{\frac{R}{12}\times\left(1+\frac{R}{12}\right)^{12\times30}}{\left(1+\frac{R}{12}\right)^{12\times30}-1}\right]/IN \leq 25\%(or30\%or50\%) \quad (8-4)$$

其中，PMT 表示等额本息付款方式下的住房按揭每月还款额，又称月供支出，R 表示贷款年利率，$AP\times M$ 和 IN 与前表示一致，分别代表套均房价总额和平均家庭年收入。因此，由公式（3）和（4）可以推导出：

$$PIR = \frac{AP\times M}{I\times N} \leq \frac{25\%(or30\%or50\%)\times\left[\left(1+\frac{R}{12}\right)^{12\times30}-1\right]}{70\%\times R\times\left(1+\frac{R}{12}\right)^{12\times30}} \quad (8-5)$$

根据2005～2014年即期年利率水平，合理的房价收入比应该在4.95～6.5，极限房价收入比小于11。计算结果见表8-1，在既期年利率确定情况下，无论是首付比例25%还是30%，房价收入比都在合理范围之内。从首付比例来看，细微的首付比例变化对提升居民支付能力有限；从不同利率来看，根据测算结果，利率对居民支付能力影响较为明显。此外，住房支付能力合理范围的确定，房价收入比在不同年度之间的变动趋势是当局制定房地产政策、保障政策的重要参考。

表8-1　　　　　　　不同首付比例下房价收入比变化情况

首付比例 年（利率）	25% 房价收入比	30% 房价收入比	50% 房价收入比
2005（5.31%）	5.35	6.42	10.71
2006（5.51%）	5.24	6.28	10.47

续表

首付比例 年（利率）	25% 房价收入比	30% 房价收入比	50% 房价收入比
2007（6.12%）	4.90	5.88	9.80
2008（7.83%）	4.12	4.95	8.24
2009（5.94%）	5.00	6.00	9.99
2010（5.94%）	5.00	6.00	9.99
2011（6.40%）	4.76	5.71	9.52
2012（7.05%）	4.45	5.34	8.90
2013（6.55%）	4.68	5.62	9.37
2014（6.55%）	4.68	5.62	9.37

（二）住房支付能力指数

住房支付能力指数（HAI，Housing Affordability Index）是衡量住房消费能力的另一个重要指标，该指数由美国不动产协会（NAR，The National Association of Realtors）开发，用于衡量一个有代表性的中位数收入家庭能否符合申请有代表性的中位数价格住房的按揭贷款条件。其计算公式如下：

$$HAI = \frac{MEDINCOME}{QINCOME} = \mu \times \frac{MEDINCOME}{PMT \times 12} \qquad (8-6)$$

$$PMT = MEDPRICE \times (1-\alpha) \times r \times \frac{(1+r)^{12n}}{(1+r)^{12n}-1} \qquad (8-7)$$

$$f(r) = r \times \frac{(1+r)^{12n}}{(1+r)^{12n}-1} \qquad (8-8)$$

这里的 $MEDINCOME$、$MEDPRICE$ 和 PMT 与前面定义相同，分别代表家庭年收入的中位数、单套住宅均价的中位数及等额本息还款方式下的月供支出，$QINCOME$ 代表获得按揭贷款申请的资格年收入要求，μ 代表获住房按揭申请资格时要求的月供支出占家庭月收入的比重上限，α 表示按揭贷款首付比例，r 表示住房按揭贷款月利率，$f(r)$ 定义为按揭贷款的利率系数，n 则表示贷款期限。值得说明的是 NAR 规定 μ 为 0.25，即要求一个家庭在申请住房按揭贷款时，月供支出占家庭月收入的比例不得超过 25%，或者说家庭月收入中至少需达到月供支出的 4 倍，才会被认为具备住房支付能力。

  由于缺少中位数的统计数据，国内使用住房支付能力指数衡量城镇居民住房支付能力时，常常用房价和收入的均值替换公式中的中位数房价和人均收入，具体处理同上文中一致。另外，对于月利率 r，基本处理是用年利率 R 除以 12 获得。经过转化处理的公式如下：

$$PMT = MEDPRICE \times (1-\alpha) \times R/12 \times \frac{(1+R/12)^{12n}}{(1+R/12)^{12n}-1} \quad (8-9)$$

$$HAI = \frac{MEDINCOME}{QINCOME} = \frac{I \times N}{PMT \times 4 \times 12}$$

$$= \frac{I \times N}{AP \times M \times (1-\alpha) \times R/12 \times \frac{(1+R/12)^{12n}}{(1+R/12)^{12n}-1} \times 4 \times 12} \quad (8-10)$$

  利用上面的计算公式，可直接用国内相应的统计数据对住房可支付指数进行计算。为使直观，我们将 $f(R)$ 单独定义为利率系数，同时将房价收入比和住房支付能力指数的关系式表示如下：

$$f(R) = \frac{12}{R} \times \frac{\left(1+\frac{R}{12}\right)^{12n}-1}{\left(1+\frac{R}{12}\right)^{12n}} \quad (8-11)$$

$$HAI = \frac{1}{PIR} \times \frac{1}{(1-\alpha) \times 4 \times 12} \times f(R) \quad (8-12)$$

  从公式（8-11）可以看出，住房支付能力指数相当于在房价收入比倒数的基础上乘以一个和利率有关的系数。这表明在给定首付比例 α，贷款期限 n 和月供收入比例上限 μ 时，住房支付能力指数除了受房价和收入的影响之外，还受利率因素的影响。张清勇（2012）对两个指标的关系进行研究的结果表明，二者在反映住房支付能力的变化趋势时，有时会因利率急剧波动出现差异，此时，房价收入比更能客观地反映房地产市场的真实状况。因此，在数据可得时，建议同时计算这两个指标，以更完整地了解住房市场的运行状态和居民的住房消费能力水平。

  HAI 的最终测度公式（8-10）基本包含了本章不同公式中出现的所有变

量。其中房价收入比公式（8-2）中出现的指标的设定和数据来源同前文所述，公式（8-10）中出现的其他变量的设定同公式（8-3）和（8-4）的前提设定：首付比例 α 设置为 30%，贷款年限 n 设定为 30 年，年利率 R 采用上一年度中国人民银行公布的 5 年期以上贷款基准利率。

住房可支付指数的大小与住房支付能力正相关，等于 1 时说明一个平均收入家庭刚好可以支付市场上一套平均价格的住宅。其值大于 1 时，说明支付能力较强，而值越大说明支付能力越强；反之，值小于 1 时，说明支付能力较弱，值越小表明支付能力越弱。

根据测算结果，我们将住房支付能力划分为 5 级：$HAI<0.70$，支付能力很弱；$0.70 \leq HAI<0.90$，支付能力较弱；$0.90 \leq HAI<1.10$，支付能力一般；$1.10 \leq HAI<1.30$，支付能力较强；$HAI \geq 1.30$，支付能力很强。

二、286 个地级以上城市城镇居民住房消费能力发展与评价

居民住房消费支出水平的高低不仅与整个社会的住房消费结构的合理与否相关，还关系到城镇居民住房消费能力的变化。住房支出所占比重过高反映了住房消费超出了居民的支付能力，住房消费成为居民消费的负担，导致居民家庭的住房消费需求难以满足，不利于社会经济的发展；比重过低则反映了居民的住房消费能力没有完全释放，限制了居民居住福利水平的提高，制约房地产业的发展。

（一）宏观经济背景分析

从表 8-2 可知，我国城镇居民居住消费支出比呈小幅下降趋势，居住支出比维持在 10% 左右的水平，且此水平比较低，与城镇居民整个家庭的消费水平、消费结构不相吻合。以恩格尔系数与住房支出的国际标准作为参照，我国居住支出占人均消费比例与国际标准 20% 还有一定程度的差距。未来，随着城镇化的推进和居民收入、消费水平的提高，居民改善居住条件，追求舒适生活，其用于住房的消费比重必将上升。

表8-2　　城镇居民居住消费占比及住房消费占比变动情况

年份	人均消费性支出（元）	居住消费占比（%）	居住消费占比（元）	住房消费支出（元）	住房占比（%）	恩格尔系数（城镇）
1998	4331.61	408.39	9.43	172.96	42.35	44.70
1999	4615.91	453.99	9.84	195.90	43.15	42.10
2000	4998.00	500.49	10.014	201.59	40.28	39.40
2001	5309.01	547.96	10.324	216.98	39.60	38.20
2002	6029.88	624.36	10.354	242.64	38.86	37.70
2003	6510.94	699.39	10.744	256.45	36.67	37.10
2004	7182.10	733.53	10.214	247.89	33.79	37.70
2005	7942.88	808.66	10.184	249.25	30.82	36.70
2006	8696.55	904.19	10.40	285.07	31.53	35.80
2007	9997.47	982.28	9.83	302.19	30.76	36.30
2008	11242.85	1145.41	10.19	345.06	30.13	37.90
2009	12264.55	1228.91	10.02	396.95	32.30	36.50
2010	13471.45	1332.14	9.89	421.19	31.62	35.70
2011	15160.89	1405.01	9.27	451.25	32.12	36.30
2012	16674.32	1484.26	8.90	463.64	31.24	36.23

数据来源：根据 wind 数据库数据计算得到。

从宏观经济背景来看，我国正经历城镇化快速发展阶段，随着城镇化建设推进，城镇居民居住消费支出势必上升。从恩格尔系数变化趋势看，我国家庭正经历从温饱家庭向小康家庭过渡，城镇家庭对住房要求也相应提高，住房消费需求也会相应有所放大。但是当前城乡收入差距、行业间收入差距以及职业间收入差距明显，从而导致城乡居民家庭住房支付能力"剪刀差"的存在，直接削弱了进入城市的农村居民家庭的住房消费能力。

（二）286个地级以上城市城镇居民住房支付能力发展分析

本章利用286个地级市历年的住宅价格（指单位面积住宅商品房平均销

售价格,以下简称均价 P,单位:元/平方米)、年人均可支配收入(以下简称收入 I,单位:元)数据分别计算了房价收入比(PIR)、住房支付能力指数(HAI),具体如表 8-3 所示。

表 8-3　　　　2005~2012 年 286 个地级以上城市均价、收入、
PIR、HAI、MIR 的平均值

变量	2005 年	2006 年	2007 年	2008 年	2009 年	2010 年	2011 年	2012 年
均价	1689	1935	2353	2597	3029	3623	4127	4353
收入	9566	10723	12506	14097	15515	17283	19751	22388
PIR	5.12	5.21	5.39	5.31	5.62	6.00	6.04	5.65
HAI	1.14	1.09	1.00	0.85	0.98	0.92	0.86	0.85

数据来源:根据《中国区域经济统计年鉴》(2006-2013 年)数据计算得到。

利用上面的数据,可分别从房价收入比的取值和变化趋势来分析地级以上城市城镇居民住房支付能力的平均水平。如图 8-1 所示,房价收入比的平均水平取值在 5.12~6.04,属于合理区间,表明就全国地级市平均水平而言,我国城镇居民的住房支付能力保持在人们的可承受范围内。也就是说,在不考虑按揭贷款的情况下,三口之家支付一套 90 平方米的住宅,平均需要 5~6 年的时间。

从房价收入比平均水平的变化趋势看,在 2007~2008 年和 2011~2012 年间,房价收入比的平均值有所下降,其余年份都呈现出上升的趋势,即地级以上城市城镇居民的住房支付能力平均水平在 2008 年和 2012 年相对上一年度均有所上升,其余年度的住房支付能力相对上一年度则呈现上升趋势。

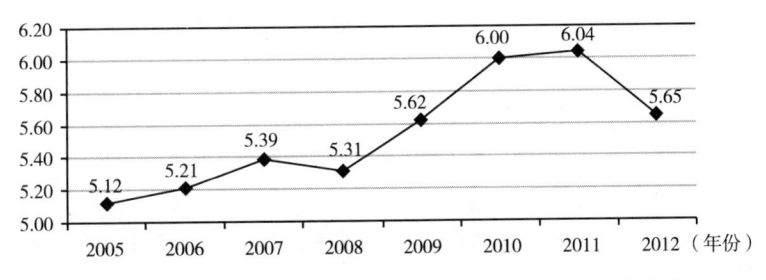

图 8-1　2005~2012 年 286 个地级以上城市 PIR 变化趋势

下面分别从住房支付能力指数的取值和变化趋势来分析地级以上城市城

镇居民住房支付能力的平均水平。如图 8-2 所示，住房支付能力指数的平均水平取值在 0.85~1.14 这一区间，从整体上来说，在按揭买房的情况下，地级以上城市 2005~2012 年住房支付能力较弱或一般，其中表现较弱的为 2008、2011 和 2012 年。

从住房支付能力指数平均水平的变化趋势来看，住房支付能力指数的平均水平从 2005 年的 1.14 开始逐年下降至 2008 年的 0.85，2009 年又上升到 0.98，2010 年之后又开始回落。数据的大小变化表明，在城镇居民按揭贷款买房的情况下，居民的住房支付能力的平均水平经历了先降后升，然后再降的过程。

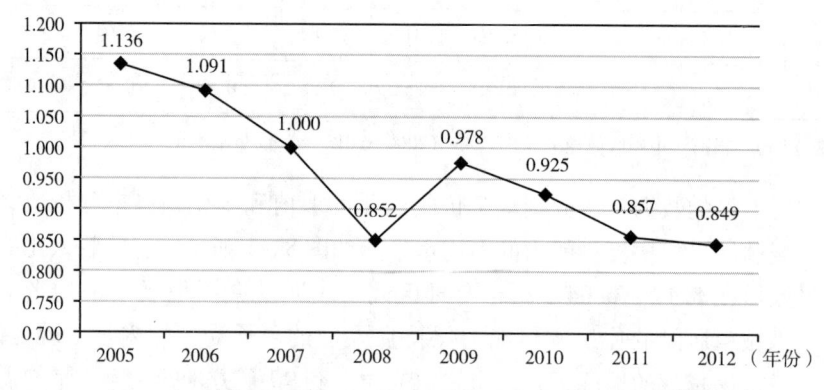

图 8-2　2005~2012 年 286 个地级以上城市 HAI 变化趋势

从房价收入比和住房支付能力指数平均水平变化趋势的差异看，二者的差异主要体现在 2008、2009、2012 年，这 3 年中两个指标的均值相对上一年度出现了相反的变化。其主要原因是 HAI 考虑了利率因素，在 PIR 的基础上乘了一个利率系数。如，2007~2008 年利率由 6.12% 上涨为 7.83%，到 2009 年下降到 5.94%，2012 年利率从上一年的 6.4% 上涨为 7.05%，利率同比增减分别为 27.94%、-24.14%、10.06%。2008 年 5 年期以上的住房贷款利率大幅上涨，导致在房价收入比倒数的基本上乘以一个较小的利率系数之后，住房支付能力指数不升反降；2009 年利率的大幅下降，居民住房支付能力指数有了较大幅度上升；2012 年的利率相对于 2011 年有小幅上升，使得居民住房支付能力指数有所降低。在上述期间，房价收入比的变化则恰好相反。由此可见，利率的变化会导致房价收入比和住房支付能力指数所反映的住房消费能力出现差异。

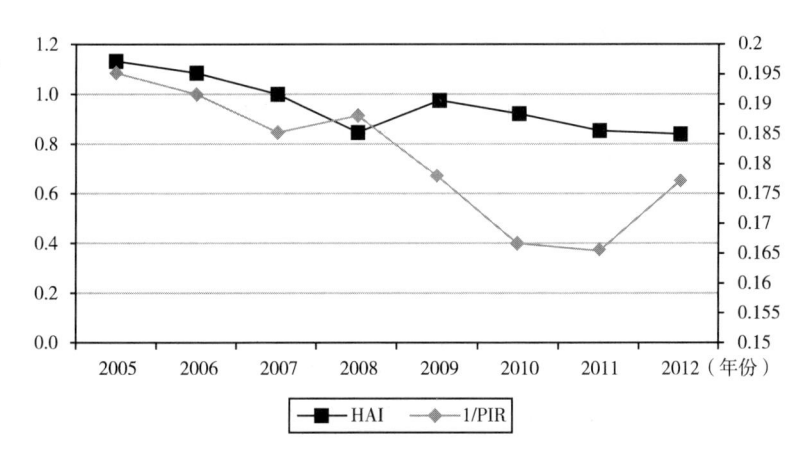

图 8-3　1/PIR 和 HAI 平均水平的趋势对比图

（三）不同类别城市城镇居民住房支付能力的比较分析

考虑到我国地级市数量众多，城市之间无论从行政级别、辖区面积、人口规模、经济实力还是区域影响力等多方面都存在很大的差异，住宅价格和城镇居民的人均可支配收入水平的分布也呈现出很大区别，不同类型城市之间的城镇居民住房支付能力也会有不同的特征表现。因此，在前面分析讨论的基础上，接下来我们就不同类型城市的城镇居民住房支付能力进行更深入地研究，以期对我国城镇居民住房支付能力有更全面的了解。

1. 不同级别城市房价收入比的比较分析

2005~2012 年不同类别城市房价收入比均值的分布情况如表 8-4 所示。从该表可以看出，2005~2012 年，各线城市之间的历年房价收入比差异明显，分别位于不同的取值区间。一线城市房价收入比的平均水平区间位于 10.37~15.45；准一线城市的平均水平区间为 8.52~11.88；二线城市的平均水平区间为 7.13~8.31；三线城市的平均水平在 5.88~7.66 范围内；四线城市基本保持在 4.78~5.63 的范围内；五线城市的平均水平在 4.46~5.27 之间。根据前面讨论的 4.95~6.5 作为房价收入比衡量的标准，说明四五线城市的住房支付能力为合理或良好，三线城市的住房支付能力为合理或较差，而一线、准一线、二线城市的住房支付能力较差。其中，一线城市特别是在 2006 年以后，房价收入比一直高于 11，当地城镇居民住房支付能力极差，而准一线城市在 2010 及 2011 年的房价收入比也高于 11，说明在这两年准一线城市城镇居民住房支付能力减弱。

表8-4　2005~2012年不同类别城市房价收入比均值的分布情况表

城市级别	2005年	2006年	2007年	2008年	2009年	2010年	2011年	2012年
一线城市	10.37	10.64	12.44	11.57	13.81	15.45	12.57	11.91
准一线城市	8.52	9.55	10.58	10.10	10.61	11.88	11.43	10.00
二线城市	7.18	7.13	7.49	7.14	7.66	8.31	7.93	7.28
三线城市	5.88	6.23	6.64	6.61	7.11	7.52	7.66	6.96
四线城市	4.78	4.86	4.97	4.97	5.23	5.59	5.63	5.30
五线城市	4.46	4.52	4.83	4.40	4.61	4.90	5.27	4.95

图8-4给出了2005~2012年房价收入比均值的走势。该图显示，一线城市的取值区间远远高于二线城市，在2005~2012年的各年中，准一线城市的平均水平约比二线城市高3个单位，一线城市更是远远高出其他城市，完全偏离人们住房可支付能力的正常水平。六个级别城市平均每年这样的排序以及取值，基本反映了不同级别城市之间的城镇居民住房支付能力的现实情况和差异。

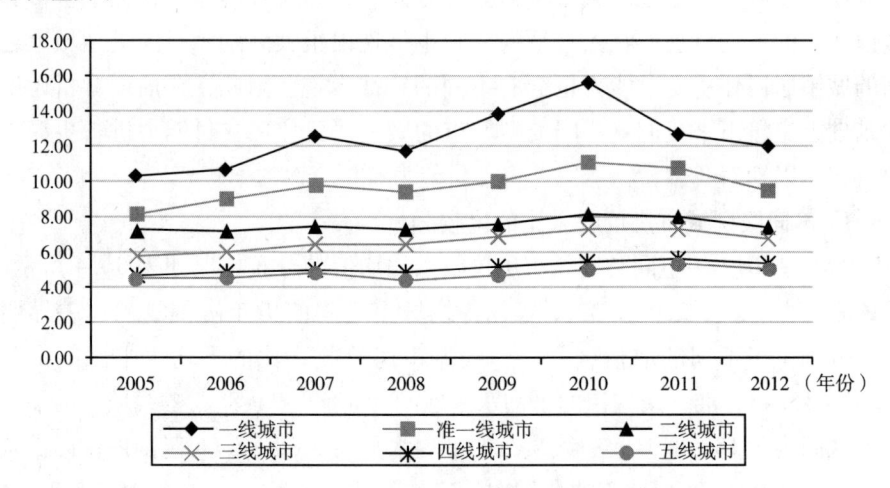

图8-4　2005~2012年不同类别城市房价收入比均值的分布情况

2. 不同级别城市住房支付能力指数不同年度间的纵向比较

2005~2012年住房支付能力指数均值的走势如图8-5所示。从图8-5可以看出，在同一年度截面上，不同级别的城市之间住房可支付能力指数的均值大小完全按级别顺序排列，从最大到最小，依次按五线、四线、三线、二线、准一线、一线的顺序。也就是说，从传统一线城市到五线城市，不同级别城市城镇居民的住房支付能力依次递增。城市越发达，商业氛围越浓重，所在的级别越高，居民的购房难度越大，支付能力越弱。具体来看，2005~2012年间，一线、准一线和二线城市的HAI值都在0.7以下，支付能力很弱；二线城市的HAI值均在0.7之上，其中2005和2006年HAI的值大于0.9，说明这两年住房能力一般，其余年份支付能力较弱；三线城市仅在2005年HAI值高于0.9，支付能力一般，在2006~2009年HAI值介于0.7与0.9之间，支付能力较弱，在2010~2012年HAI值低于0.7，支付能力很差；四、五线城市的HAI值多数年份在0.9与1.1之间，支付能力一般，其中四线城市在2005年的HAI值，五线城市在2005和2006年的HAI值高于1.1但小于1.3，支付能力较强，而四线城市在2010~2012年支付能力较弱。

此外，同级别的城市在不同年份间的表现相同，2005~2010年间的变化趋势都基本相同，从2005年到2008年，住房支付能力指数的均值一直在不断减小，2009年金融危机后，出现短暂上升，而后2010年又开始下降。这段时期内，住房支付能力指数经历了逐年下降、之后回升再下降的过程。2011年和2012年这两年中，不同级别的城市之间的表现不同。其中，准一线、二线、三线城市的变化趋势一致，均表现为先下降，再上升；四线城市这两年则呈现下降态势；一线城市则与其他五线城市相反，出现持续小幅回升的现象。

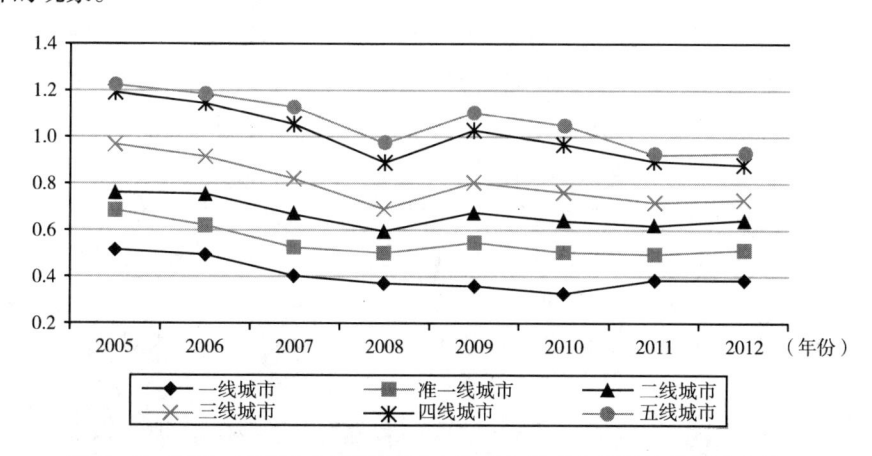

图8-5 2005~2012年不同类别城市住房支付能力指数均值的分布情况

三、代表性大中城市居民住房消费能力分析

（一）我国城市居民整体住房支付能力发展分析

首先利用43个代表性城市历年的住宅价格（指单位面积住宅商品房平均销售价格，以下简称均价P，单位：元/平方米）、年人均可支配收入（以下简称收入I，单位：元）数据计算房价收入比（PIR）、住房支付能力指数（HAI），具体如表8-5所示。

表8-5　　2012~2014年43个代表性城市均价、收入、PIR、HAI、MIR的平均值

变量	2005年	2006年	2007年	2008年	2009年	2010年	2011年	2012年	2013年	2014年
均价	3160	3703	4580	4967	5909	7289	7678	7902	8506	8747
收入	12521	14044	16317	18256	19967	22254	25380	28578	31460	33496
PIR	7.57	7.91	8.42	8.16	8.87	9.82	9.07	8.29	8.11	7.83
HAI	0.70	0.66	0.58	0.50	0.56	0.50	0.52	0.53	0.57	0.59

数据来源：根据wind数据库数据计算得到。

图8-6给出了2005~2014年43个代表性城市PIR变化趋势。该图显示，2005~2014年间房价收入比的平均值在7.5~9.83之间，在国际警戒区间之上，但与极端临界值尚有一定距离；在不考虑按揭贷款的情况下，三口之家支付一套90平米的住宅，平均需要7~10年。这表明虽然代表性城市城镇居民的住房支付能力处于较低水平，但仍处于可接受的区间。

从房价收入比平均水平的变化趋势来看，房价收入比的平均水平在2007~2008年和2010~2014年两个阶段有所下滑，其余年份呈现出上升的趋势，即这些城市城镇居民的住房支付能力平均水平在2008年与2011~2014年5年内相对上一年度有所提升，其余年度的住房支付能力相对上一年度呈现下降状态。

下面分别从住房支付能力指数的取值和变化趋势来分析地级以上城市城镇居民住房支付能力的平均水平。2005-2014年我国43个代表性城市城镇居民住房支付能力指数平均值的走势如图8-7所示。从住房支付能力指数范围来看，住房支付能力指数的平均水平取值在0.51~0.71这一区间，也就意

第八章 住房消费能力分析——基于宏观视角

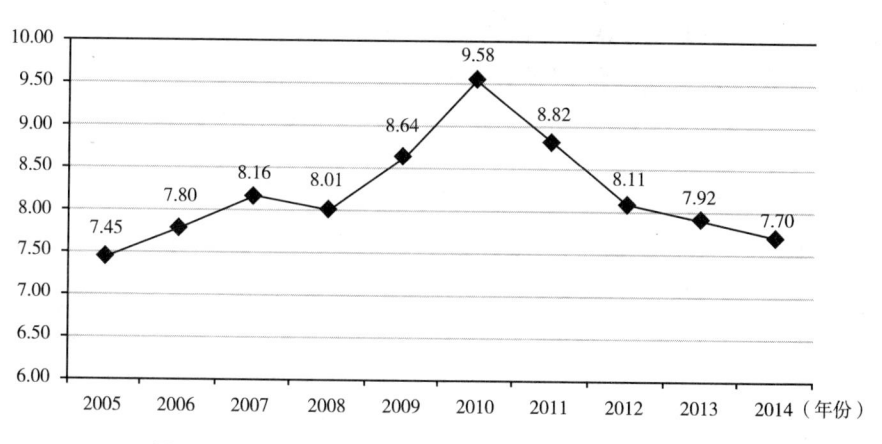

图 8-6 2005~2014 年 43 个代表性城市 PIR 变化趋势

味着从整体上来看，在按揭买房的情况下，这些城市 2005~2014 年住房支付能力比较弱。从住房支付能力指数平均水平的变化趋势来看，住房支付能力指数的平均水平从 2005 年的 0.71 开始逐年下降至 2008 年的 0.51，2009 年又上升到 0.56，2010 年回落至 0.51，之后四年连续上升。这表明，在城镇居民按揭贷款买房的情况下，居民的住房支付能力的平均水平经历了先降后升，然后再降再升的过程。

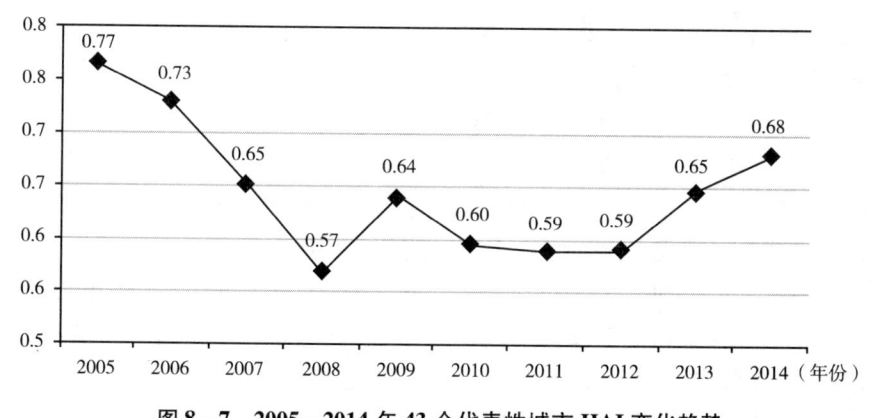

图 8-7 2005~2014 年 43 个代表性城市 HAI 变化趋势

在房价收入比和住房支付能力指数平均水平变化趋势的差异方面，二者的差异主要体现在 2008 年、2009 年这两个指标的均值相对上一年度出现了相反的变化方向。主要原因在于 HAI 考虑了利率因素，在 PIR 的基础上乘以利率系数，利率的变化会导致其产生不一样的变化规律。如，2007~2008 年利率由 6.12% 上升为 7.83%，到 2009 年下降到 5.94%，利率同比上升幅度分别为27.94%和-24.14%。在利率由上升转为下降的过程中,居民住房支付能力指数出现了先下降后上升的趋势。

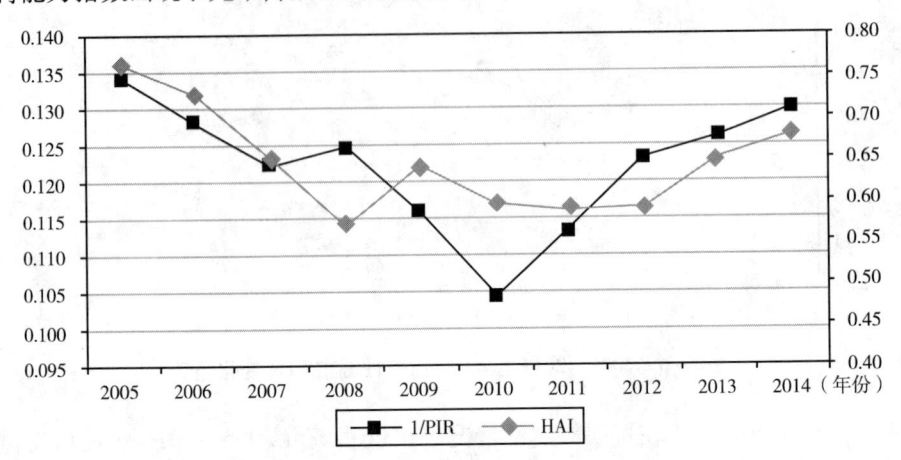

图8-8 1/PIR和HAI平均水平的趋势对比

(二) 不同类别城市城镇居民住房能力的比较分析

下面我们将从城市的类型分析各线城市城镇居民住房支付能力水平,然后对不同级别城市住房消费能力的两个衡量指标进行比较,并以此为基础对我国城镇居民住房支付能力做出具体的解读和分析。

1. 不同级别城市房价收入比的比较分析

2005-2014年不同类别城市房价收入比均值的分布情况如表8-6所示。从该表数据可知二、三、四线城市的平均房价收入比差距也是比较大的。其中,一线城市房价收入比的平均水平区间位于10.37至15.44之间,准一线城市的平均水平区间为8.51~11.87之间,二线城市的平均水平在7.56至8.58之间,三线城市的平均水平在6.96至9.94范围内,四线城市的平均水平在6.52至9.77之间。

表8-6 不同类别城市2005~2014年房价收入比均值的分布情况

城市级别 年份	一线城市	准一线城市	二线城市	三线城市	四线城市
2005年	10.37	8.51	7.56	6.96	6.52
2006年	10.63	9.54	7.48	7.56	7.29
2007年	12.44	10.57	7.71	8.34	7.34

续表

城市级别 年份	一线城市	准一线城市	二线城市	三线城市	四线城市
2008 年	11.57	10.09	7.35	8.27	7.71
2009 年	13.81	10.61	7.86	9.39	8.22
2010 年	15.44	11.87	8.58	9.94	9.77
2011 年	12.56	11.42	8.13	9.94	8.05
2012 年	11.9	10	7.47	9.03	7.47
2013 年	12.13	10.58	7.1	8.58	7.48
2014 年	11.43	10.64	6.59	8.32	7.87

为对不同级别城市不同年度间的房价收入进行纵向比较，我们给出了 2005~2014 年不同类别城市房价收入比均值的分布曲线图，具体如图 8-9 所示。从该图可以看出，4 个级别城市的年度总体走势基本一致。也就是说，不考虑住房按揭贷款时，由房价收入比所表示的各线城市城镇居民的住房支付能力变化经历了先由弱变强，再减弱再增强的过程。这种类似的趋势表明，不同级别城市的住宅商品房市场都受到相似的影响，2008 年主要是由于金融危机，房地产市场受到冲击；2010 年、2011 年各线城市房价收入比出现不同幅度的提升主要是由于住房调控政策有效发挥了作用。

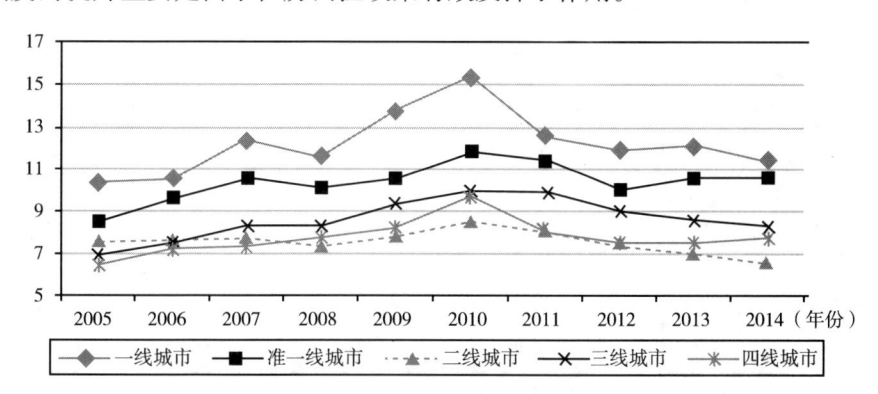

图 8-9 2005~2014 年不同类别城市房价收入比均值的分布情况

2. 住房支付能力指数分析

43 个代表性城市分五线在 2005~2014 年住房支付能力指数均值的分布情况如表 8-7 所示。从该表可知，在相同年度截面上，不同级别的城市之间住房可支付能力指数的均值大小未完全按级别顺序排列，一线城市、准一线城市与其他各线城市的差别较大,住房可支付能力严格递增,而二、三、四线城市之间的差别不大且并没有明显顺序(再次强调这是因为这 43 个代表性城市中的三四线城市多是东部城市或者省会城市,属于所有三四线城市中较发达的一部分)。

具体来说,在这 10 年中,一线、准一线、二线城市的 HAI 值几乎都在 0.7 以下,支付能力很弱;三四线城市的 HAI 值除了 2005 年和 2006 年外也均在 0.7 之下,支付能力同样很弱。所在 2005~2010 年间各城市的变化趋势基本相同,但也有一些细微的差别。2005~2008 年,住房支付能力指数的均值一直在不断减小,2009 年出现上升现象,而后 2010 年又开始下降。这段时期内,住房支付能力指数所表示的城镇居民在住房支付能力经历了逐年下降、之后回升再下降的过程。2011~2014 年间,不同级别的城市之间的表现稍有不同。其中,二、三线城市的变化相同,均表现为小幅上扬,其他各线城市则基本稳定。

表 8-7 我国不同类别城市 2005~2012 年住房支付能力指数均值的分布情况

城市级别	北上广深	准一线城市	二线城市	三线城市	四线城市
2005 年	0.52	0.63	0.71	0.77	0.82
2006 年	0.49	0.55	0.7	0.69	0.72
2007 年	0.39	0.46	0.64	0.59	0.67
2008 年	0.36	0.41	0.56	0.5	0.53
2009 年	0.36	0.47	0.64	0.53	0.61
2010 年	0.32	0.42	0.58	0.5	0.51
2011 年	0.38	0.42	0.58	0.48	0.59
2012 年	0.37	0.44	0.6	0.49	0.6
2013 年	0.39	0.44	0.66	0.55	0.63
2014 年	0.41	0.44	0.71	0.56	0.59

数据来源:根据 wind 数据库数据计算得到。

四、结论与政策建议

通过对 2005~2012 年我国 286 个地级以上城市住房支付能力的整体分析

及对2005~2014年43个代表性城市住房支付能力的分析,得到如下主要结论:

第一,从整体上来看,2005~2014年我国地级以上城市城镇居民的住宅价格和人均可支配收入均呈不断上涨的趋势,但房价的增长幅度要大于收入的增长幅度。

第二,从全国范围内来看,各年度城镇居民的整体住房支付能力尚处于可接受水平,进一步降低利率有助于提升城镇居民住房支付能力。

第三,从整体来说,六种类型城市的住房支付能力严格按照一线、准一线、二线、三线、四线、五线的顺利依次增强,而且不同年度间的变化趋势基本相同。

第四,从2011年的分类截面数据分析来看,按照不同级别,城市级别越高,整体住房市场发育越完全,住宅均价和人均收入越高,住房支付能力也随之降低,住房支付能力较好的城市比例也随之下降。另外,一、二、三线城市中呈现严重的两极分化和区域差异,东部沿海城市的住房均价远远高于内陆地区,住房支付能力也因过高的房价而偏低。

由于住房支付能力过低容易导致居民生活水准降低,家庭教育支出减少,劳动者职业技能培训不足,居民迁出,城市竞争力减弱等等不利影响。因此,政府应该重视城镇居民的住房支付能力问题,采取不同的政策措施,稳定住房市场的住房价格,千方百计提高城镇居民收入,增强其住房支付能力,同时还有利于不同城市引进企业,挽留人才,实现更高的城镇化目标。根据前面所述,本章给出以下几点政策建议:

第一,统计部门可以借鉴国内外的经验,建立反映住房支付能力的权威指标,并定期进行公布。定期公布居民住房支付能力状况是一种与国际接轨的做法,能够对国内不同城市的房地产市场进行更为有效地监控,同时也能够合理地引导人们进行定居城市的选择,为企业和商家投资选址提供有力的参考。

第二,对一线城市,应该在适当增加住房供给的前提下,注意加大住房结构调整的政策力度,加强保障型住房的建设,满足这些城市内中低收入阶层的住房需求;并通过对非首套住房征收房产保有税,抑制部分投资投机需求。

第三,对于准一线和二三线城市中的一些住房支付能力较高的城市,应注意警惕开发商的投资动向,加强住房市场的宏观调控,避免投资投机需求的大量产生,加重住房支付问题。

第四，三、四、五线城市中部分城市发展较为落后，城镇居民住房支付能力较高，当地政府可以适当出台相应政策，吸引开发商进行投资开发，完善相关基础配套设施的建设工作，促进当地城镇化的进程。

第九章

住房消费能力分析
——基于微观视角

住房消费能力是指家庭满足其住房需要而具备的支出能力。与上一章不同，本章将从微观视角讨论家庭在满足其住房消费时所拥有的住房消费能力。我们将利用南开大学 2015 年中国城市家庭住房调查数据及楼盘数据，从微观视角对我国 26 个城市居民家庭住房消费能力的现状进行分析，并对未来发展趋势给出预测[①]。

一、住房消费能力的计算方法

由于住房是异质化商品，我们无法通过比较住房面积、房屋折旧程度、配套设施、住房成本中的单一方面来评判家庭住房状况。这里的成本包括了住房的购买成本、抵押贷款成本、维修成本或租住成本等。为了更为直观地反映不同收入阶层的住房消费能力，我们使用住房调查问卷微观数据中的"房价市值"和"家庭收入"变量来衡量家庭住房支付能力水平，以此分析居民住房价格与家庭收入的关系，探讨不同住房消费能力家庭之间的选择差异。现有住房市值与家庭年收入的关系散点图如图 9-1 所示。从散点图我们可以看出，家庭收入水平和住房市场价值之间存在一定的关系，下面我们将通过运用地区平均房价和家庭收入总额等变量计算城市家庭的房价收入比，将其作为衡量不同家庭住房消费能力水平的一个重要方法。

---

① 数据来源于南开大学房地产与城市发展研究团队组织开展的"2015 年中国城市家庭住房消费调查"，本章简称南开大学中国城市家庭住房消费调查（2015）。

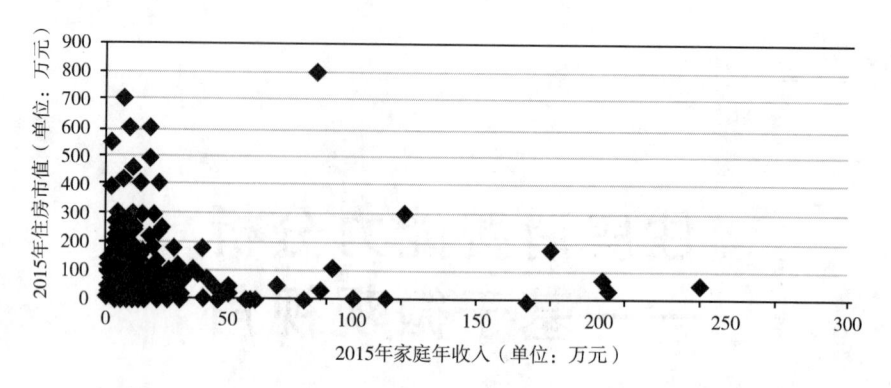

图 9-1　2015 年被调查家庭现住房市值与家庭年收入的散点图

关于住房消费能力的定义，不少国内外的学者根据自身研究的需要，从不同角度对其进行概括。兰德和布雷（Landt & Bray，1997）提出，应根据不同的家庭人口规模制定不同的住房标准，并分别衡量其住房支付能力。波克（Burke，2004）则指出，家庭收入在满足住房支出的同时，还需要能够支付其他基本生活必需品的消费需求，否则该家庭不具备对该住房的支付能力。斯通（Stone，2006）则认为，住房消费能力是基于某种标准对住房成本和家庭收入之间合理关系的揭示，而衡量标准用来界定住房支出能否被家庭所承受。张清勇（2007）认为，当居民家庭的住房和其他消费不能达到社会的最低可接受水平，或者说一个家庭维持在与社会救济金领取者同等的生活水准后，难以支付社会可接受水平的住房时，该家庭存在住房消费能力问题。

对于住房消费能力的计算方法有许多种，沙尔曼（Thalmann，2003）详细总结了几种较为常用的计算住房消费能力的方法：

一种是剩余收益法，将家庭收入视为两部分，一部分用以支付有关住房的开支；另一部分用以支付除住房外的其他所有开支，包括食物、衣服、教育、医疗开支等，这部分包含了维持家庭基本生活需要的非住房开支。在对家庭收入进行区分后，如果在家庭收入中扣除维持家庭基本需要的非住房开支后的余额不小于基本住房开支，则认为家庭具有较强的住房消费能力。假设家庭收入为 I，则用于支付住房的开支为 H，用于支付非住房的开支为 F，其中为维持家庭基本需要的非住房开支以 F^* 来表示，社会认可的家庭基本住房开支为 H^*，则家庭具有住房消费能力的前提条件是 $H^* \leqslant H = I - F^*$。

一种是房价收入比法或标准租金收入比法，也是最常用的方法，以住房开支占家庭收入的比重来衡量家庭住房消费能力。以 h^* 来表示基本住房开支占家庭收入的比重，则家庭有住房支付能力的前提条件可写成 $Ih^* = H^* \leq H$。对于拥有自有住房的家庭，我们可以设定 h^* 为家庭基本自有住房的开支，包括按年或月平均的房款、保险、维护费等多项开支的总和与家庭收入之比；而对于租房家庭，h^* 通常指房租与家庭收入的比例。这种定义方法清晰且计算简便，已经成为衡量住房支付能力的标准量化工具。

经过比较，并结合我们城市居民住房调查获得的微观数据，我们认为选用房价收入比能够更好地反映城市家庭的住房消费能力。由于我国在进行住宅价格统计时缺少套均价格的统计数据，收入指标通常也不是以家庭为单位进行统计，中位数统计指标更是缺乏。因此，国内在计算房价收入比时都用均值来替代中位数，并选择单位面积住宅平均销售价格（AP）和单套住宅面积（M）的乘积替代住宅的套均价格中位数（MEDPRICE），用城镇居民年人均可支配收入（I）和户均人口数（N）指标的乘积替换分母中的中位数家庭收入（MEDINCOME），具体转换公式如下：

$$PIR = \frac{Medprice}{Medincome} = \frac{AP \times M}{I \times N} \quad (9-1)$$

基于微观住房调查数据，单个居民家庭的人口数量主要是 3 人，户主及配偶工作，住房面积规模不等，大多数为 60~120 平方米，因此对单套住宅面积（M）和户均人口数（N）的处理，我们将单套住宅面积（M）设置为 90 平方米，户均人数设置为 2 人。

在单位面积住宅平均销售价格（AP）和城镇居民年人均可支配收入（I）的数据处理方面，本章的数据主要取自南开大学住房调查数据，以及相应省市对应年份的地方统计年鉴。其中 I 取自 2014 年城镇居民户主的年收入，AP 为 2014 年家庭所在城市的住宅商品房的销售均价。

在本章节的设定下，房价收入比的数值可以直观地解释为一个三口之家，在不进行按揭贷款的情况下买房，需要花费的年数。通过统计住房调查问卷所获得的微观样本数据，我们获得了我国目前 26 个城市近年来的房价收入比情况，如表 9-1、表 9-2 所示。表 9-1 是由家庭样本数据统计出的 26 个城市 2010~2014 年房价收入比均值表，以样本中城市家庭收入的均值计算得到。表 9-2 是家庭样本数据统计出的 26 个城市 2010~2014 年房价收入比中位数表，是样本中城市家庭收入的中位数计算得到。

表9-1　　　　　住房调查主要城市近年来房价收入比均值

城市名称	2010PIR	2011PIR	2012PIR	2013PIR	2014PIR
遵义市	11.15705	10.10532	9.355775	7.987039	6.951036
郑州市	11.50077	11.32507	12.63648	14.64624	13.71036
徐州市	10.22903	10.7906	10.73537	12.29088	12.95846
宿州市	8.897282	10.84812	9.789918	14.70327	14.70292
忻州市	12.36825	13.35664	17.86018	20.97038	12.88269
湘潭市	17.30979	19.19073	16.57199	19.43104	20.21516
乌鲁木齐市	10.13593	11.68861	12.14578	12.53612	11.50399
天水市	12.11781	35.049	13.00917	12.74016	11.52035
天津市	18.6769	20.78498	31.85694	17.85375	17.36739
太原市	19.33342	16.75476	14.54512	15.03291	14.0713
庆阳市	26.16344	29.79374	31.22063	29.00365	28.33386
秦皇岛市	19.11123	19.84842	18.01935	19.39139	19.07948
吕梁市	10.68358	10.25034	8.669959	15.39321	9.642719
洛阳市	7.027768	7.020893	6.489036	7.042083	6.525134
兰州市	24.56589	14.67069	16.87726	15.55857	14.90718
济南市	18.94884	18.70988	15.79693	15.12103	14.11235
呼和浩特市	14.08786	14.94216	10.52958	9.606536	10.99032
衡阳市	5.699194	8.031352	5.819756	6.331061	7.744562
海口市	26.85742	21.27728	19.81973	21.87531	22.23604
哈尔滨市	22.5301	21.97413	12.53382	13.52351	12.60715
贵阳市	21.41704	21.70562	20.24355	19.01744	20.7686
阜阳市	9.016039	9.157426	8.827768	9.337577	9.970533
大同市	11.83947	13.02033	14.44125	14.32718	13.35656
北京市	33.8149	31.56506	31.01935	31.21462	31.01072
包头市	15.49	15.37781	14.48567	11.11499	9.778477
安顺市	9.932158	10.31486	13.60411	8.850469	9.078543

数据来源：南开大学中国城市家庭住房消费调查（2015）。

由表9-1可以看出，不同城市房价收入比数据差异较大。北京、天津等一线城市甚至哈尔滨、庆阳等城市的房价收入比很高，有的城市如衡阳、洛阳等城市房价收入比很低。变化趋势上，一些城市从2010~2014年房价收入比数据呈现下降趋势，主要有北京、天津、遵义、太原、兰州、吕梁、洛阳、济南、呼和浩特、包头、哈尔滨、海口等15个城市；一些城市从2010年到2014年房价收入比数据则呈现上升趋势，主要有郑州、徐州、宿州、湘潭、庆阳、大同共6个城市；其他城市如忻州、秦皇岛、阜阳、安顺等城市房价收入比保持稳定，波动并不明显。

表9-2是住房调查城市房价收入比中位数表，剔除了极端值的影响，具有稳定性。与表9-1均值表对比可以发现26个城市房价收入比数据较小，不同城市房价收入比数据呈右偏分布，说明城市家庭收入差距较大，较低收入的家庭数较多。与表9-1相比，中位数表显示的不同城市房价收入比呈现出相同的变化趋势，多数城市的房价收入比数据呈现下降趋势，这意味着，近年来城市居民家庭收入增长速度较当地房价上涨速度快，但考虑到我们是用所在城市的房价均值作为房价的代理变量，数据会表现出一定的低估。尽管如此，与国际上大多数房价收入比在10以内的国家相比，我国的房价收入比数据依然较高，说明我国房价水平处于高位。

表9-2　　　　住房调查主要城市近年来房价收入比中位数表

中位数表	2010PIR	2011PIR_	2012PIR_	2013PIR_	2014PIR_
遵义市	9.695708	9.35836	10.12956	8.244643	6.9255
郑州市	12.54541	11.50887	13.11159	15.61111	13.44355
徐州市	8.432133	9.631455	10.31631	12.56786	12.27398
宿州市	7.056902	7.700566	7.088316	6.657127	5.926218
忻州市	6.941228	6.813228	7.28169	8.499038	6.955714
湘潭市	10.76865	11.6398	9.842771	9.391706	7.977273
乌鲁木齐市	7.840286	8.816369	9.197965	10.54526	10.36394
天水市	12.60997	21.36828	13.57219	13.73263	12.49502
天津市	15.9323	17.19362	15.2182	15.41633	15.76711
太原市	15.06178	12.94812	11.50627	12.00209	12.87895
庆阳市	9.310345	10.30588	9.260204	9.191818	8.732228
秦皇岛市	13.64097	12.52722	11.36189	11.1996	11.1996
吕梁市	7.019573	6.280556	5.468878	9.23016	5.891591
洛阳市	3.836141	4.285784	3.873117	4.043886	4.201875
兰州市	14.62979	13.50386	15.39255	13.80135	13.52281
济南市	13.72439	13.35209	11.98639	12.62381	12.24696
呼和浩特市	8.211246	8.907609	10.79598	8.799712	9.275107

续表

中位数表	2010PIR_	2011PIR_	2012PIR_	2013PIR_	2014PIR_
衡阳市	4.931484	4.808991	4.757379	5.457492	6.569474
海口市	10.5907	7.498285	6.924481	7.433484	7.566266
哈尔滨市	11.69089	12.01593	10.16294	10.59125	10.35145
贵阳市	9.524197	10.24475	8.014139	8.078013	8.827223
阜阳市	8.576901	7.829949	8.156328	8.333136	9.81
大同市	11.24164	12.54449	13.97221	13.0719	11.97861
北京市	28.85465	23.67725	23.65379	25.11336	24.30657
包头市	10.27911	10.58198	10.16491	10.59217	8.473734
安顺市	6.164326	6.731707	7.233695	6.329221	5.063377

数据来源：南开大学中国城市家庭住房消费调查（2015）。

二、住房消费能力的计算方法二

我们通过分析不同收入阶层的住房消费支出占可支配收入的比重来衡量不同收入水平的城市家庭的住房支付能力。本节，我们试图使用住房调查问卷获得的家庭微观数据建立住房消费能力指数以衡量当前城市居民家庭的实际住房支付能力。

住房消费能力指数（HAI，Housing Affordability Index）的设计思路，主要参考美国不动产协会按照标准固定利率抵押贷款计算的购买普通住房的月供水平，能够用于衡量具有代表性的中位数家庭是否符合申请有代表性的中位数价格住房的按揭贷款条件。其计算公式主要是 PMT 分期付款公式、HAI 住房支付能力指数公式，如下所示：

$$PMT = Medprice \times (1-\alpha) \times \frac{R}{12} \times \frac{(1+R/12)^{12n}}{(1+R/12)^{12n}-1}$$

$$= AP \times M \times (1-\alpha) \times \frac{R}{12} \times \frac{(1+R/12)^{12n}}{(1+R/12)^{12n}-1} \quad (9-2)$$

$$HAI = \frac{Medincome}{Qincome} = \mu \times \frac{Medincome}{PMT \times 12}$$

$$= \frac{I \times N}{AP \times M \times (1-\alpha) \times R/12 \times \frac{(1+R/12)^{12n}}{(1+R/12)^{12n}-1} \times 4 \times 12} \quad (9-3)$$

这里的 $Medincome$、$Medprice$ 和 PMT，分别代表家庭年收入水平的中位数、单套住宅均价的中位数及等额分期付款下的月供支出，$Qincome$ 代表获得按揭贷款申请资格的年收入要求，μ 代表获得住房按揭申请资格时要求的月供支出占家庭月收入的比重上限，α 表示按揭贷款首付比例，R 代表住房按揭贷款年利率。这里，μ 按照规定为 0.25，即要求一个家庭申请住房按揭贷款时，月供支出占家庭月收入的比例不得超过 25%，家庭才被认为具备住房支付能力。

为便于观察房价收入比和住房消费能力指数的关系，定义 $f(R)$ 为利率系数：

$$f(R) = \frac{12}{R} \times \frac{(1+R/12)^{12n} - 1}{(1+R/12)^{12n}} \quad (9-4)$$

$$HAI = \frac{1}{PIR} \times \frac{1}{(1-\alpha) \times 4 \times 12} \times f(R) \quad (9-5)$$

式子（9-5）显示，住房消费能力指数相当于房价收入比倒数乘以利率系数，在给定首付比例 α，贷款期限 n 和月供收入比上限 μ 时，住房消费能力指数受到房价、收入和利率水平的影响，能够较好地反映居民的住房支付能力的实际情况。这里，我们对于参数 α 和 n 的假定，根据政府按揭首付比例 30%，贷款年限一般不超过 30 年的规定，年利率 R 采用 2013 年中国人民银行最后一次公布的 5 年期以上贷款基准利率。最终，基于住房调查问卷获得的微观数据，计算出 26 个城市住房支付能力指数，得到的均值表和中位数表，如表 9-3 和表 9-4 所示。住房可支付指数的大小与住房支付能力呈正相关，等于 1 时说明一个平均收入家庭刚好可以支付市场上一套平均价格的住宅。该值越大说明支付能力越强；反之，该值越小表明支付能力越弱。

表 9-3　　　　　　　　26 个城市住房支付能力指数均值表

城市名称	2010HAI	2011HAI	2012HAI	2013HAI	2014HAI
遵义市	0.895602	0.941693	0.951488	1.172965	1.347788
郑州市	0.868835	0.840269	0.70446	0.639654	0.683317
徐州市	0.976854	0.881888	0.829213	0.762233	0.722965
宿州市	1.12307	0.877212	0.909293	0.637173	0.637188

续表

城市名称	2010HAI	2011HAI	2012HAI	2013HAI	2014HAI
忻州市	0.807897	0.712463	0.498422	0.44675	0.727218
湘潭市	0.577261	0.49587	0.537166	0.482142	0.46344
乌鲁木齐市	0.985827	0.814135	0.732922	0.747322	0.814371
天水市	0.824594	0.271509	0.684279	0.735354	0.813215
天津市	0.535007	0.457836	0.279434	0.524737	0.539432
太原市	0.516839	0.567964	0.61202	0.623201	0.665789
庆阳市	0.381917	0.3194	0.285129	0.323012	0.330647
秦皇岛市	0.522848	0.479439	0.494019	0.483128	0.491026
吕梁市	0.935293	0.92837	1.026753	0.608614	0.971564
洛阳市	1.421827	1.355398	1.371838	1.330362	1.435759
兰州市	0.406754	0.648648	0.52745	0.602145	0.628457
济南市	0.527329	0.508614	0.563521	0.619569	0.663853
呼和浩特市	0.709282	0.636863	0.845419	0.975223	0.852434
衡阳市	1.753278	1.18487	1.529601	1.479771	1.20969
海口市	0.372049	0.447243	0.449144	0.428269	0.421321
哈尔滨市	0.443508	0.43306	0.710231	0.692758	0.743112
贵阳市	0.466557	0.438417	0.43974	0.492628	0.451091
阜阳市	1.108277	1.039168	1.008398	1.003314	0.939621
大同市	0.843979	0.730865	0.616422	0.653898	0.701417
北京市	0.295499	0.301476	0.286979	0.300132	0.302106
包头市	0.645079	0.618821	0.614532	0.842872	0.958075
安顺市	1.006052	0.922563	0.654354	1.058534	1.031941

注：均值表是根据城市当地房屋均价和家庭收入水平的平均值计算得到。

表9-3和表9-4数据显示，从时间趋势上看近4年来不同城市的住房支付能力指数呈现不同程度的波动。2010～2014年住房支付能力指数上升的城市有遵义、太原、吕梁、兰州、济南、海口、哈尔滨、北京、包头、安顺市，说明这些城市家庭的住房支付能力上升，收入上升的增长幅度超过房价上升的增长幅度；2010～2014年住房支付能力指数下降的城市有郑州、徐州、忻州、乌鲁木齐、天水、庆阳、衡阳、阜阳、大同市，说明这些城市家

庭的住房支付能力下降,房价上升的增长幅度超过了家庭收入的增长幅度。此外,根据指数均值表、中位数表,住房支付能力呈现相反变化的城市也有7个,住房支付能力指数均值表中下降,而在中位数表中上升的城市有宿州、湘潭、秦皇岛、贵阳市;住房支付能力指数均值表中上升,而在中位数表中下降的城市有天津、洛阳、呼和浩特市。这表明这些城市的住房支付能力变化情况较为复杂。

表9-4　　　　　　26个城市住房支付能力指数中位数表

城市名称	2010HAI	2011HAI	2012HAI	2013HAI	2014HAI
遵义市	1.030587	1.016856	0.878804	1.136316	1.352757
郑州市	0.796489	0.82685	0.678934	0.600119	0.696878
徐州市	1.185023	0.988024	0.862896	0.745435	0.763283
宿州市	1.415957	1.235767	1.255856	1.407292	1.58086
忻州市	1.439554	1.396711	1.222505	1.102304	1.346881
湘潭市	0.927904	0.817549	0.90441	0.997531	1.174401
乌鲁木齐市	1.274478	1.079368	0.967812	0.888411	0.903954
天水市	0.792411	0.445338	0.655893	0.682209	0.74978
天津市	0.627171	0.553467	0.584951	0.607701	0.594181
太原市	0.663419	0.734941	0.773657	0.780574	0.727429
庆阳市	1.073244	0.923367	0.961307	1.019224	1.072867
秦皇岛市	0.732519	0.759635	0.783488	0.836505	0.836505
吕梁市	1.423487	1.515169	1.627739	1.01499	1.590151
洛阳市	2.604772	2.220389	2.298382	2.316712	2.229604
兰州市	0.683009	0.704695	0.578325	0.678812	0.692794
济南市	0.728067	0.712706	0.742543	0.742131	0.764967
呼和浩特市	1.216901	1.068312	0.824557	1.064639	1.010071
衡阳市	2.02622	1.978816	1.871178	1.716635	1.426068
海口市	0.943495	1.269104	1.28557	1.260313	1.238196
哈尔滨市	0.854706	0.791958	0.875918	0.884553	0.905044
贵阳市	1.049146	0.928876	1.110775	1.159755	1.061321
阜阳市	1.165021	1.215347	1.091411	1.124249	0.954997
大同市	0.888862	0.758589	0.637115	0.716692	0.782104

续表

城市名称	2010HAI	2011HAI	2012HAI	2013HAI	2014HAI
北京市	0.346297	0.401909	0.376342	0.373049	0.385432
包头市	0.972095	0.899275	0.875748	0.884476	1.105595
安顺市	1.620984	1.413625	1.230667	1.480201	1.850251

注：中位数表是根据城市当地的房屋均价和所在城市家庭收入的中位数计算得到。

参考吴璟和刘洪玉（2007）、郑思齐（2007）的划定方法，我们将住房支付能力划分为5级：HAI<0.70，支付能力很弱；0.70≤HAI<0.90，支付能力较弱；0.90≤HAI<1.10，支付能力一般；1.10≤HAI<1.30，支付能力较强；HAI≥1.30，支付能力很强。我们根据表9-3住房支付能力指数均值表，将2014年26个城市住房支付能力情况进行分组，如下表9-5所示。由表9-5可以看出，住房调查问卷中26个城市的住房支付能力较弱的占绝大多数，仅有个别城市如遵义、洛阳等住房支付能力很强，基于微观视角的城市居民家庭住房支付能力尽管有所上升，但从指数看这些城市家庭居民的住房支付能力仍然较弱。

表9-5　　　　　　26个城市的住房支付能力指数分组

城市分组		城市列表
2014年住房支付能力指数	支付能力很弱，HAI<0.70	郑州、宿州、湘潭、天津、太原、庆阳、秦皇岛、兰州、济南、海口、贵阳、北京
	支付能力较弱，0.70≤HAI<0.90	徐州、忻州、乌鲁木齐、天水、呼和浩特、哈尔滨、大同
	支付能力一般，0.90≤HAI<1.10	吕梁、阜阳、包头、安顺
	支付能力较强，1.10≤HAI<1.30	衡阳
	支付能力很强，HAI≥1.30	遵义、洛阳

三、城市家庭住房消费能力差异分析

由于本节主要是考察不同行业、不同职业类型等家庭居民的住房支付能力的区别，前文中已从城市角度分析了 2010~2014 年住房支付能力的变化，因此，本节主要从 2014 年 PIR、HAI 截面数据对比分析不同类型家庭的住房支付能力。我们一共按照 12 个不同类型标准化样本，进行对比分析。

表 9-6　　　　　　按家庭成员年龄分类的住房支付能力

按家庭成员年龄　1960~1980 年出生者

变量	个数	均值	标准差	最小值	最大值
PIR2014	546	15.75	22.95	0.32	351
HAI2014	546	1.3	2.08	0.03	29.1

按家庭成员年龄　1980 以后出生者

变量	个数	均值	标准差	最小值	最大值
PIR2014	196	10.89	12.47	0.17	157.85
HAI2014	196	1.75	4.07	0.06	53.64

表 9-6 从家庭成员年龄看，1960~1980 年出生者的家庭的住房支付能力不如 1980 年以后出生者的家庭，这可能是因为 80 年代后出生的人是经济社会的主力，收入水平较高。1960~1980 年出生者的家庭房价收入比较高，住房支付指数较低，但与 1980 年后出生者的家庭比，相差不大。根据表 9-5 指数分组，两种分类下大多数家庭的住房支付能力很强。

表 9-7　　　　　　按受教育程度分类的住房支付能力

初等教育　小学及没上过学

变量	个数	均值	标准差	最小值	最大值
PIR2014	53	21.75	24.55	0.17	126.9
HAI2014	53	1.78	7.3	0.07	53.64

中等教育　初中、高中及中专

变量	个数	均值	标准差	最小值	最大值
PIR 2014	397	17.26	27.7	0.32	351
HAI 2014	397	1.31	2.34	0.03	29.1

高等教育　大专、大学及以上

变量	个数	均值	标准差	最小值	最大值
PIR 2014	394	12.87	15.59	0.53	174.64
HAI 2014	394	1.36	1.42	0.05	17.56

表9-7对家庭成员按照受教育程度将家庭分为初等教育、中等教育、高等教育三种类型。该表数据显示,随着居民受教育程度的提高,房价收入比数据依次下降,小学及以下的初等受教育者家庭的房价收入比PIR2014为21.75,初中、高中或中专的中等受教育者家庭的房价收入比PIR2014为17.26,大专、大学及以上的高等受教育者家庭的房价收入比PIR2014为12.87。从住房支付指数看,HAI2014数据也随着受教育程度的提高,不断下降,初等受教育者住房支付能力最高,HAI2014为1.78;中等受教育者住房支付能力最低,HAI2014为1.31;高等受教育者住房支付能力较低,稍高于中等受教育者,HAI2014为1.36。三类家庭数据中,初等受教育者家庭PIR2014和HAI2014数据都是最高的,看似与HAI指数和PIR指数反比关系矛盾,但对分组数据进行分析后发现,根据单个家庭的住房价格实际计算PIR、HAI数据的反比例关系是成立的,只是分类统计后,由于不同类家庭户数差异,数据分布及奇异值的影响,使得平均化后的分类数据反比关系不明显。

表9-8　　　　　　　　按政治面貌分类的住房支付能力

按政治面貌 共青团员

变量	个数	均值	标准差	最小值	最大值
PIR2014	64	12.54	10.58	1.37	64.42
HAI2014	64	1.34	1.2	0.15	6.84

按政治面貌 中共党员

变量	个数	均值	标准差	最小值	最大值
PIR2014	256	14.39	19.76	0.17	185.45
HAI2014	256	1.66	3.96	0.05	53.64

按政治面貌 民主党或其他党派

变量	个数	均值	标准差	最小值	最大值
PIR2014	12	20.08	37.94	2.21	139.72
HAI2014	12	1.33	1.14	0.07	4.25

按政治面貌 群众

变量	个数	均值	标准差	最小值	最大值
PIR2014	490	16.61	25.23	0.32	351
HAI2014	490	1.21	1.8	0.03	29.1

表9-8对家庭成员按政治面貌进行分类,划分为共青团员、中共党员、

民主党或其他党派、群众四类。四类家庭的住房支付能力,中共党员家庭的住房支付能力最高,共青团员家庭次之,民主党派家庭再次,群众家庭的住房支付能力最低。从标准差看,中共党员家庭的样本数据波动最大,民主党派家庭的样本数据波动最小。从房价收入比看,民主党派家庭房价收入比最高,均值为20.08;共青团员家庭的房价收入比最低,均值为12.54。

表9-9　　　　　　　　　按户口分类的住房支付能力

本市非农业户口					
变量	个数	均值	标准差	最小值	最大值
PIR2014	614	15.41	23.64	0.17	351
HAI2014	614	1.39	2.96	0.03	53.64
本市农业户口					
变量	个数	均值	标准差	最小值	最大值
PIR2014	152	16.75	23.93	1.16	175.5
HAI2014	152	1.39	1.39	0.05	8.05
外市非农业户口					
变量	个数	均值	标准差	最小值	最大值
PIR2014	26	18.73	12.4	3.36	55.5
HAI2014	26	0.81	0.68	0.17	2.79
外市农业户口					
变量	个数	均值	标准差	最小值	最大值
PIR2014	36	12.08	7.67	1.37	32.21
HAI2014	36	1.23	1.15	0.29	6.84

表9-9对调查问卷中的家庭按户口所在地进行分类,分为本市非农业户口家庭、本市农业户口家庭、外市非农业户口家庭、外市农业户口家庭四类。从房价收入比数据看,外市非农业户口PIR2014最高,均值为18.73;外市农业户口PIR2014最低,均值为12.08;本市户口的房价收入比居中。从住房支付能力指数看,本市非农业户口和本市农业户口家庭的住房支付能力最高,HAI2014均值为1.39;外市农业户口家庭住房支付能力较低,HAI2014均值为1.23;外市非农业户口家庭住房支付能力最低,HAI2014均值为0.81。根据表9-5住房支付能力指数分组,外市非农业户口家庭住房支付能力较弱,外市农业户口家庭住房支付能力较强,本市户口家庭住房支付能力很强。

表 9-10　　　　　　　按在本市工作时间分类的住房支付能力

在本市工作时间小于等于 5 年

变量	个数	均值	标准差	最小值	最大值
PIR2014	195	14.47	16.66	0.17	175.5
HAI2014	195	1.61	4.09	0.05	53.64

在本市工作时间大于 5 年小于 10 年

变量	个数	均值	标准差	最小值	最大值
PIR2014	160	12.71	16.73	1.16	174.64
HAI2014	160	1.39	1.31	0.05	8.05

在本市工作时间大于等于 10 年

变量	个数	均值	标准差	最小值	最大值
PIR2014	559	16.7	25.92	0.32	351
HAI2014	559	1.25	2.02	0.03	29.1

表 9-10 按家庭成员在本市工作时间将家庭划分为三类：工作时间小于等于 5 年、工作时间大于 5 年小于 10 年、工作时间大于等于 10 年。工作时间大于 5 年小于 10 年的家庭房价收入比最低，PIR2014 均值为 12.71；工作时间大于等于 10 年的家庭房价收入比最高，PIR2014 均值为 16.7；工作时间小于等于 5 年的家庭房价收入比居中，PIR2014 均值为 14.47。这表明工作时间越短的家庭住房支付能力越高，工作时间越长的家庭住房支付能力却越低。产生上述结果的一个可能原因是，工作时间越长的家庭在当地已经拥有住房，生活稳定，但收入不太高，而工作时间短的家庭以年轻人家庭为主，工作能力强，收入水平较高。

表 9-11　　　　　　　按工作性质分类的住房支付能力

自主创业

变量	个数	均值	标准差	最小值	最大值
PIR2014	138	14.31	33.25	0.17	351
HAI2014	138	2.38	5.37	0.03	53.64

非自主创业

变量	个数	均值	标准差	最小值	最大值
PIR2014	706	15.73	20.11	0.34	191.9
HAI2014	706	1.16	1.51	0.05	27.76

表 9-11 对家庭成员按照工作性质进行分类，分为自主创业家庭和非自主创业家庭。从房价收入比来看，两类家庭 PIR2014 数据差别不大。但从住房支付能力看，自主创业家庭住房支付能力指数明显高于非自主创业家庭，支付能力较强，HAI2014 均值为 2.38，也是所有分类统计中指数最高的。相比之下，非自主创业家庭的住房支付能力指数较低，HAI2014 均值为 1.16，支付能力一般。

表 9-12　　按职业分类的住房支付能力

单位负责人

变量	个数	均值	标准差	最小值	最大值
PIR2014	197	16.41	26.27	0.32	191.9
HAI2014	197	1.42	2.55	0.05	29.1

专业技术人员

变量	个数	均值	标准差	最小值	最大值
PIR2014	175	12.48	11.36	0.17	121.72
HAI2014	175	1.5	4.08	0.08	53.64

一般职员

变量	个数	均值	标准差	最小值	最大值
PIR2014	395	15.33	23.25	0.34	351
HAI2014	395	1.33	1.94	0.03	27.76

农、林、牧、渔等其他人员

变量	个数	均值	标准差	最小值	最大值
PIR2014	27	25.77	34.42	3.29	126.9
HAI2014	27	0.97	0.72	0.07	2.85

表 9-12 对家庭成员按职业类型分类，将家庭样本数据分为四类：单位负责人、专业技术人员、一般职员、农、林、牧、渔等其他人员，一般职员家庭样本数最多，农、林、牧、渔业等家庭样本数最少。单位负责人包括国家机关党群组织、企事业单位负责人；专业技术人员包括专业技术人员和军人；一般职员包括办事人员及有关人员，商业、服务业人员，生产、运输设备操作人员及相关人员等。从房价收入比看，专业技术人员家庭的房价收入比最低，PIR2014 均值为 12.48；农、林、牧、渔业等人员房价收入比最高，PIR2014 均值为 25.77；单位负责人家庭、一般职员家庭的房价收入比较高。从住房支付能力看，专业技术人员家庭的住房支付能力最高，单位负责人家

庭的住房支付能力较高，一般职员家庭的住房支付能力次之，根据表9-8指数分组看，三类家庭的住房支付能力都很强。农、林、牧、渔等其他人员的家庭支付能力最低，支付能力一般。

表9-13　　　　　　　　　按行业分类的住房支付能力

低收入行业

变量	个数	均值	标准差	最小值	最大值
PIR2014	207	18.88	28.52	1.61	191.9
HAI2014	207	1.11	0.92	0.05	5.82

中等收入行业

变量	个数	均值	标准差	最小值	最大值
PIR2014	241	13.73	16.71	0.17	166.49
HAI2014	241	1.63	4.06	0.06	53.64

高收入行业

变量	个数	均值	标准差	最小值	最大值
PIR2014	183	14.38	27.32	0.32	351
HAI2014	183	1.52	2.66	0.03	29.09

表9-13对家庭成员按照工作从事的行业进行分类，分为低收入行业、中等收入行业、高收入行业。低收入行业包括农、林、牧、渔业、住宿餐饮业、水利、环境和公共设施管理业、居民服务和其他服务业、其他行业等；中等收入行业包括制造业、建筑业、批发和零售业、公共管理和社会组织等；高收入行业包括采矿业，电力、煤气及水生产供应业，交通运输、仓储及邮政业，信息传输、计算机服务和软件业，金融业，房地产业，租赁和商务服务业，科学研究、技术服务和地质勘察业，教育、卫生、社会保障和福利业，文化、体育和娱乐业，国际组织等。由表9-13可以看出，低收入行业家庭的房价收入比最高，PIR2014均值为18.88；中等收入行业家庭房价收入比最低，PIR2014均值为13.73；高收入行业家庭房价收入比较低，PIR2014均值为14.38。从住房支付能力指数看，低收入行业家庭的住房支付能力最低，HAI2014均值为1.11；高收入行业家庭住房支付能力较高，HAI2014均值为1.52；中等收入行业家庭住房支付能力最高，HAI2014均值为1.63。根据表9-5指数分组，低收入行业家庭住房支付能力也较强，中、高收入行业家庭住房支付能力很强。

表 9 – 14　　　　　　　　按职称分类的住房支付能力

初级职称及以下

变量	个数	均值	标准差	最小值	最大值
PIR2014	539	16.17	23.42	0.17	351
HAI2014	539	1.36	3.13	0.03	53.64

中级职称

变量	个数	均值	标准差	最小值	最大值
PIR2014	135	13.18	19.23	1.42	185.45
HAI2014	135	1.24	0.94	0.05	6.62

高级职称

变量	个数	均值	标准差	最小值	最大值
PIR2014	104	14.88	24.04	1.16	174.64
HAI2014	104	1.59	1.55	0.05	8.05

表 9 – 14 对家庭成员所获得职称类型进行分类，分为初级职称及以下、中级职称、高级职称三类家庭。根据工作职称评定，初级职称及以下包括无职称、技术员、初级职称；高级职称包括高级职称和荣誉职称等。从房价收入比看，初级职称及以下的家庭房价收入比最高，PIR2014 均值为 16.17；中级职称家庭房价收入比最低，PIR2014 均值为 13.18；高级职称家庭房价收入比较低，PIR2014 均值为 14.88。从住房支付能力指数看，中级职称家庭住房支付能力最低，HAI2014 均值为 1.24；初级职称及以下家庭住房支付能力较高，HAI2014 均值为 1.36；高级职称家庭住房支付能力较高，HAI2014 均值为 1.59。

表 9 – 15　　　　　　　　按职务分类的住房支付能力

普通职工

变量	个数	均值	标准差	最小值	最大值
PIR2014	474	16.48	19.33	0.34	185.45
HAI2014	474	1.09	1.68	0.05	27.76

部门或企业负责人

变量	个数	均值	标准差	最小值	最大值
PIR2014	297	11.58	16.88	0.17	191.9
HAI2014	297	1.83	3.75	0.05	53.64

表9-15对家庭成员按照工作职务进行分类，分为普通职工、部门或企业负责人。普通职工包括普通职工及其他；部门或企业负责人包括（副）组/股长、（副）科长、（副）处长、（副）局长及以上、部门负责人、单位负责人等。从房价收入比看，普通职工家庭的房价收入比较高，PIR2014均值为16.48；部门或企业负责人家庭的房价收入比较低，PIR2014均值为11.58。从住房支付能力看，部门或企业负责人家庭的住房支付能力指数明显高于普通职工家庭，HAI2014均值为1.83，普通职工家庭的住房支付能力指数HAI2014均值为1.09。根据表9-5指数分组，普通职工家庭住房支付能力一般，部门或企业负责人家庭住房支付能力很强。

表9-16　　　　　　　按单位类型分类的住房支付能力

政府或事业单位

变量	个数	均值	标准差	最小值	最大值
PIR2014	292	13.17	13.72	0.17	126.9
HAI2014	292	1.42	3.36	0.07	53.64

企业

变量	个数	均值	标准差	最小值	最大值
PIR2014	357	16.68	23.32	0.32	191.9
HAI2014	357	1.37	2.47	0.05	29.1

其他单位类型

变量	个数	均值	标准差	最小值	最大值
PIR2014	101	14.13	13.99	1.26	84.85
HAI2014	101	1.3	1.26	0.11	7.41

表9-16对家庭成员按照工作单位类型进行分类，政府部门、事业单位为一类，企业为一类，非营利非政府组织、军队及其他为一类，共三类。从房价收入比看，政府或事业单位家庭的房价收入比最低，PIR2014均值为13.17；企业家庭的房价收入比最高，PIR2014均值为16.68；其他单位类型家庭的房价收入比较高，PIR2014均值为14.13。从住房支付能力指数看，政府或事业单位家庭的住房支付能力最高，HAI2014均值为1.42；企业家庭的住房支付能力较高，HAI2014均值为1.37；其他单位家庭的住房支付能力最低，HAI2014均值为1.3。根据表9-5指数分组，三种类型家庭的住房支付能力都很强。

表9-17　　　　　　　按企业性质分类的住房支付能力

国有企业

变量	个数	均值	标准差	最小值	最大值
PIR2014	289	18.42	26.73	0.17	191.9
HAI2014	289	1.3	3.38	0.05	53.64

外资企业

变量	个数	均值	标准差	最小值	最大值
PIR2014	14	13.93	8.63	1.39	33.3
HAI2014	14	1.3	1.68	0.28	6.75

个体私营企业

变量	个数	均值	标准差	最小值	最大值
PIR2014	272	12.85	13.59	0.32	126.9
HAI2014	272	1.67	2.82	0.07	29.1

其他企业

变量	个数	均值	标准差	最小值	最大值
PIR2014	37	11.7	10.19	1.26	55.5
HAI2014	37	1.42	1.29	0.17	7.41

为细分家庭成员从事工作的企业性质，进而更详细地观察不同家庭的住房支付能力，表9-17将家庭成员工作企业按照企业性质进行细分，分为四类。国有企业包括国有、国有控股、集体、集体控股企业；外资企业包括外商独资、港澳台独资、中外合资企业；个体私营企业包括私营、私人、个体户；其他企业指联营或其他类型企业。从房价收入比看，国有企业家庭的房价收入比最高，PIR2014均值为18.42；外资企业家庭的房价收入比较高，PIR2014均值为13.93；个体私营企业家庭的房价收入比次之，PIR2014均值为12.85；其他企业家庭的房价收入比最低，PIR2014均值为11.7。从住房支付能力看，个体私营企业家庭住房支付能力指数最高，HAI2014均值为1.67；其他企业家庭住房支付能力指数较高，HAI2014均值为1.42；国有、外资企业家庭住房支付能力指数最低，HAI2014均值为1.3。根据表9-5指数分组，全部类型企业家庭的住房支付能力都很强。

表 9 - 18　　　　　　按收入水平分类的住房支付能力

低收入组：小于等于 39600 元

变量	个数	均值	标准差	最小值	最大值
PIR2014	280	27.61	35.35	6.24	351
HAI2014	280	0.56	0.3	0.03	1.5

中等收入组：39600~60000 元

变量	个数	均值	标准差	最小值	最大值
PIR2014	228	12.52	7.79	5.06	41.62
HAI2014	228	0.93	0.38	0.23	1.85

高收入组：大于等于 60000 元

变量	个数	均值	标准差	最小值	最大值
PIR2014	336	7.42	5.31	0.17	27.75
HAI2014	336	2.32	3.92	0.34	53.64

表 9 - 18 对家庭成员按照 2014 年年收入总额分为三类，2014 年户主年收入总额小于等于 39600 元的为低收入组，2014 年户主年收入总额大于 39600 元小于 60000 元的为中等收入组，2014 年户主年收入总额大于等于 60000 元的为高收入组。从房价收入比看，随着收入水平的上升，房价收入比依次下降。低收入组家庭的房价收入比最高，PIR2014 均值为 27.61；中等收入组家庭的房价收入比较高，PIR2014 均值为 12.52；高收入组家庭的房价收入比最低，PIR2014 均值为 7.42。从住房支付能力看，随着收入水平的上升，住房支付能力相继提高。低收入组家庭的住房支付能力最低，HAI2014 均值为 0.56；中等收入组家庭的住房支付能力较高，HAI2014 均值为 0.93；高收入组家庭的住房支付能力最高，HAI2014 均值为 2.32，明显高于低收入组家庭和中等收入组家庭的住房支付能力。根据表 9 - 5 指数分组，低收入组家庭住房支付能力很弱，中等收入组家庭住房支付能力一般，高收入组家庭住房支付能力很强。

四、总结及预测

（一）总结

本章基于南开大学中国城市家庭住房消费调查数据详细分析了我国目前

城市家庭的住房消费能力。首先，详细分析了26个样本城市的住房支付能力，建立了房价收入比指数（PIR）和住房支付能力指数（HAI），得到近年来各个城市PIR指数、HAI指数的变化情况。其次，对住房调查获得的微观家庭样本数据按照不同指标进行分类，从微观视角分析比较不同类别下城市家庭的住房支付能力。经过前文的分析，我们得出以下结论：

1. 从主要城市的房价收入比数据看，不同城市的房价收入比差别很大。北京、天津等一线城市甚至哈尔滨、庆阳等城市的房价收入比很高，有的城市如衡阳、洛阳等城市房价收入比很低。变化趋势上，一些城市从2010～2014年房价收入比数据呈现下降趋势，主要有北京、天津、遵义、太原、兰州、吕梁、洛阳、济南、呼和浩特、包头、哈尔滨、海口等15个城市；一些城市从2010～2014年房价收入比数据则呈现上升趋势，主要有郑州、徐州、宿州、湘潭、庆阳、大同共6个城市；其他城市如忻州、秦皇岛、阜阳、安顺等城市房价收入比保持稳定，波动并不明显。多数城市的房价收入比呈现下降趋势，意味着近年来我国城市居民家庭收入增长速度较当地房价上涨速度更快，居民住房支付能力有所上升。

2. 从主要城市的住房支付能力指数看，目前我国这些城市家庭的住房支付能力仍然处于较弱水平。大多数城市的住房支付能力指数在0.9以下，处于住房支付能力较弱或很弱水平。变化趋势上，一些城市从2010～2014年住房支付能力指数呈现上升趋势，主要有遵义、太原、吕梁、兰州、济南、海口、哈尔滨、北京、包头、安顺共10个城市，一些城市从2010～2014年住房支付能力呈现下降趋势，主要有郑州、徐州、忻州、乌鲁木齐、天水、庆阳、衡阳、阜阳、大同共9个城市，其他一些城市的住房支付能力指数较为稳定，波动不明显。尽管许多城市的住房支付能力有所上升，但26个城市的住房支付能力较弱的占绝大多数，仅有个别城市如遵义、洛阳住房支付能力很强，总体上看，我国城市家庭的住房支付能力仍处于较弱水平。

3. 根据2014年截面数据，对比分析不同类型下城市家庭居民的住房支付能力。从受教育程度看，受教育水平越高，房价收入比越低，住房支付能力指数越高。从政治面貌看，中共党员家庭的住房支付能力最高，群众家庭住房支付能力最低。从户口类型看，外市非农业户口家庭的住房支付能力较弱，本市户口家庭的住房支付能力很强。从工作时间看，工作时间越长，住房支付能力越低。从工作性质看，自主创业家庭的住房支付能力明显高于非自主创业家庭。从职业类型看，单位负责人家庭的住房支付能力最高，农、林、牧、渔等其他人员家庭的住房支付能力最低。从工作单位类型看，政府事业单位家庭的住房支付能力最高,其他单位家庭住房支付能力最低。从企业性质看,个体私营企业家庭住房支付能力最高,国企、外企家庭住房支付能力最低。从收入水平看,住房支付能力与收入水平明显正相关。

(二) 预测

1. 房价收入比将继续下降的趋势。原因主要有:第一,我国房地产价格经历数十年高速增长后,目前已经处于历史高位,住房价格继续快速增长的可能性不大。尽管经济发展水平不同的地区房价将会分化,但总体上住房价格不会再出现之前那样的快速上升的情况。第二,我国居民的收入水平继续保持稳步增长,收入的增长速度快于当地住房价格的增长速度。

2. 城市居民的住房支付能力将不断上升。目前来看,我国城市居民的住房支付能力处于较弱或很弱的水平。未来城市居民的住房支付能力将不断上升。原因主要有:第一,城市居民的收入水平继续保持稳步增长,年轻一代的工作机会和赚钱能力要优于年长一代,收入水平较高且呈现增长态势。第二,去存量房的宏观调控政策,降低首套、二套房首付比例,提高公积金贷款额度等措施,相对地提高了居民住房支付能力。第三,国家、社会对教育的重视,居民受教育水平提高,将具有更强的住房支付能力。第四,大众创业、万众创新是中国新常态下经济发展的"双引擎"之一,自主创业的家庭不断增多,将有助于提升其住房支付能力。

第十章

住房消费决策分析及预测

一、影响住房消费决策的市场环境分析

(一) 住房消费需求高涨，商品住宅成交量快速增加

自住房制度改革以来，我国住房消费需求呈快速持续增长趋势。随着住宅价格的迅速高涨，居民住房压力不断增加，国家出台了系列调控政策。但这些调控政策并没有全部达到调控目标，尤其在2003~2008年间，住房市场"越调越涨"的现象更是激发了住房消费的热情，以至于全民炒房、炒楼团转战全国各地。而在房价低迷时期，消费者则持观望态度，尤其是深度调整期，即使政府大力救市，消费者仍然持有较强的观望心理。消费者的住房需求大致可分为：刚性需求、改善性需求、投资、投机性需求等。从这个角度看，在住房市场发展初期，消费者的购房决策主要是以消费性需求为主；2003~2008年消费者的购房决策是消费性需求和投资性需求并存，尤其在房价愈是快速上涨时期，在非理性预期作用下，投资、投机性需求愈是浓烈；2009年至今，在限购、差别化信贷等政策影响和存量房积压的现实下，投机性需求下降，住房消费决策趋于理性；2014年商品房销售遇冷，各地纷纷放开"限购"政策，商品房成交量增幅有限。

住宅成交量是反映住房消费需求的重要指标。全国商品房住宅总成交量从2000年的57801.99万平方米，攀升至2014年的572307.35万平方米，年均增长17.79%。全国商品房住宅总成交额从2000年的11211.08亿元，攀升至2014年的344157.48亿元，年均增长30.49%。从需求整体变化情况看，2000~2004年间基本处于稳步增长阶段，住宅成交量年平均增长率约为25.7%。2005~2007年间步入高速增长阶段，住宅成交量年平均增长率达到

36.58%。2008年受全球金融危机的影响，住房市场整体需求大幅下降，住宅成交量较上一年下降13.59%。但2009年住房消费需求迅速复苏，当年住宅成交量同比增长率高达41.79%，之后住房需求稳步增长，2009~2012年成交量年均增长率约为14.14%，2013年成交量则同比增长24.97%，住宅成交量达到高峰，2014年成交量下降将近10%。

从住宅需求总量的变化情况看，主要存在以下几个特点：一是2004年后呈现"井喷式"增长，2008年遭遇短暂"寒冬"。总体上住房需求快速增长，个别年份回调。二是需求整体波动愈加显著，全国住宅成交额、成交量和成交均价基本呈现增长态势。总体上，成交额的变化幅度要大于成交量，显示了住房消费刚性需求下，住房价格呈现了明显的上涨趋势。三是需求变化对房价的拉动效应十分显著。由图10-1可见，近年来中国住宅价格的变动趋势与住房需求的变动趋势十分相似，住房需求对房价有显著的拉动效应，使住房市场呈现高需求、高价格长期高位运行的特征。

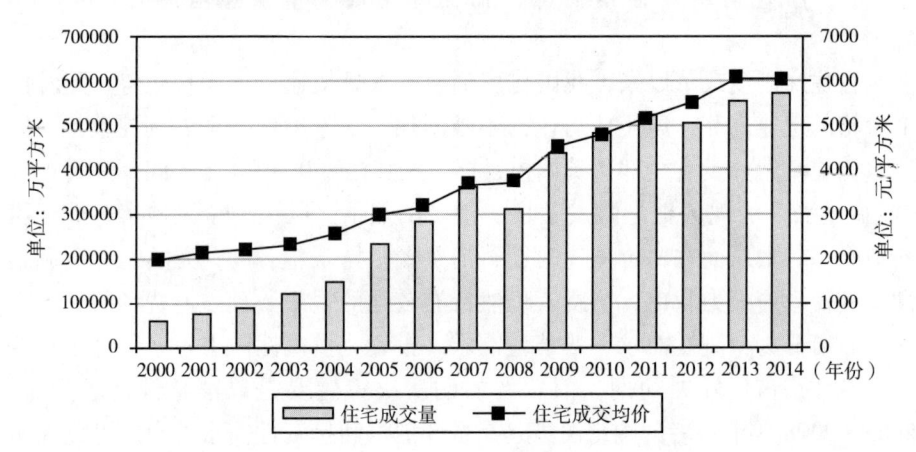

图10-1 2000~2014年全国住宅市场成交情况

数据来源：wind数据库。

在住房供需结构方面，2000~2014年新增商品住宅竣工量与实际成交量数据显示，住宅商品房仅在2000~2002年间基本实现"供求平衡"，之后均处于"供不应求"状态。具体地讲，从2003年开始，住宅成交量超过竣工量，并且差距连续扩大（除了2008、2012、2014年之外。其中，2008年由于金融危机的影响，成交量大幅下滑；2012~2014年严格限购政策抑制住房需求，成交量大幅下滑）。由此可见，从总体上看，过去十余年间，住宅成交量远超过当年竣工量，这意味着，我国整体住房消费需求旺盛，新增供给相对不足。上述供求状况也吸引了众多投资者进入住宅市场。从近年投资情况看，房地产投资一路高歌猛进，商品住房投资完成额从2005年的57805.16亿元增长至2014年的377729.22亿元，年均增长率达到23.54%，详见图10-2。

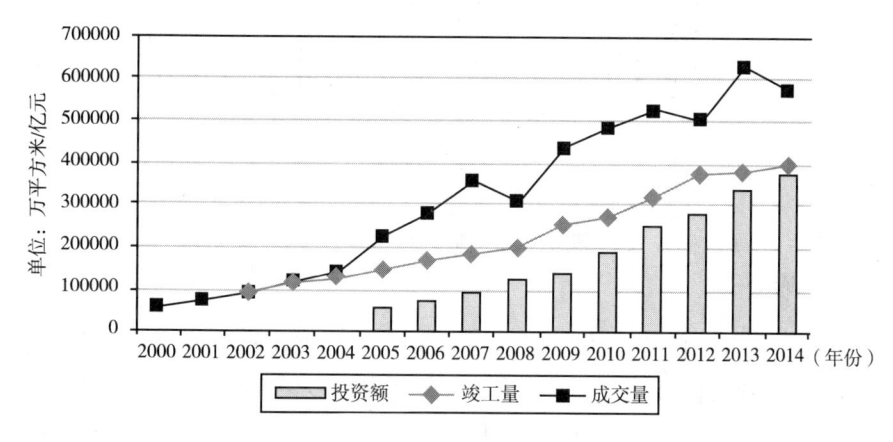

图10-2 2000~2014年全国商品房住宅供需情况

数据来源：wind数据库。

在人均住房面积方面，随着住房消费需求长期持续增长，城市人均住房面积迅速增加。从2000年和2010年全国18个城市数据来看，我国人均住房面积显著增长，如图10-3所示。18个城市中，除深圳市人均住房面积2010年与2000年持平外，其他各个城市人均住房面积均有不同程度的增长；一线城市中北京人均住房面积增长最快；二三线城市中重庆、武汉、南京、郑州等人均住房面积增长最快。从增长速度看，2000年一线城市和二三线城市人均住房建筑面积大体相当，而在2010年，二三线城市人均住房面积明显超过一线城市。其中，重庆、杭州、郑州、成都、长沙等地人均住房面积远远超过一线北上广深城市。产生上述结果的重要原因是，一线城市常住人口增长数量远大于二三线城市，在二三线城市房地产开发力度与一线城市相当情况下，两种类型城市的人均住宅面积必然出现一定差异。

（二）居民住房自有率较高，东、中、西部差别明显

住房自有率是国际上考察居民居住条件的常用指标，其含义是指居住在自有产权住宅的家庭户数占全部家庭户数的比例。2010年全国第六次人口普查数据中将住房来源分为租赁廉租房、租赁其他住房、自建住房、购买商品

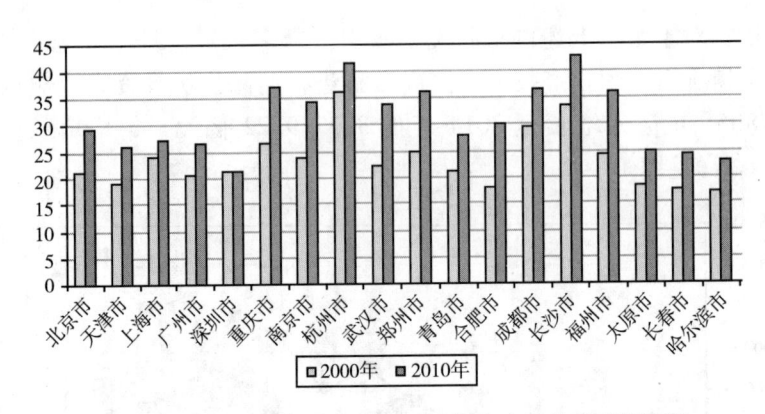

图10-3 全国18个城市2000、2010年人均住房建筑面积

数据来源：2000、2010年全国第五次、第六次人口普查数据。

房、购买二手房、购买经济适用房、购买公有住房和其他住房。一般地讲，将前两类归为非自有住房，后六类归为自有住房，由此计算出各省住房自有率如图10-4所示。按照这种方法测算，全国平均住房自有率达到85.39%，东部地区住房自有率平均为76.63%，中部地区住房自有率平均为90.68%，西部地区住房自有率平均为85.85%。按省份来看，河北省住房自有率最高，为94.82%；上海市住房自有率最低，为57.91%。由此出现经济发达地区的住房自有率偏低，而经济欠发达地区住房自有率较高的现象。

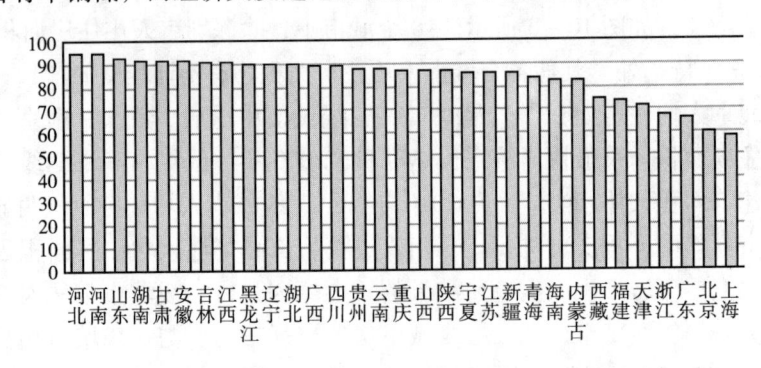

图10-4 2010年全国各地区住房自有率（单位:%）

数据来源：2010年全国第六次人口普查数据。

与世界其他国家相比，我国住房自有率较高，2010年全国住房自有率达到85.39%，远高于世界其他国家。一些学者质疑中国住房自有率数据的真实性。2002年以前，建设部网站上，中国住宅自有率是指报告期末，自有（私有）住宅的建筑面积占实有住宅建筑面积的比例，它的计算公式是：住宅自有率（％）＝自有（私有）住宅建筑面积÷实有住宅建筑面积×100％①。这里确实将"住宅自有率"等同于"住宅私有率"，出现高估问题，学者质疑有其合理之处。但应当注意的是，我们使用第六次全国普查数据，基于家庭住房来源户数推算的住房自由率与国际通行标准一致，因此不存在数据高估问题。根据中国家庭金融调查报告2014（甘犁、尹志超、谭继军，2015），中国年轻家庭住房拥有比例高的原因主要有以下两点：其一，中国年轻人单独立户比例低。样本中年龄在25～44周岁之间的年轻人中，仅有54％的年轻人单独立户。其二，年轻人婚前一般选择与父母同住，年龄在25～44周岁的非户主男青年中有36％的人跟父母居住在一起。这部分年轻人一般不是户主，统计时没有将其计算进去。这种情况客观上推高了自有住房的拥有比例。根据南开大学2015年城市家庭住房消费调查数据，年龄在25～44周岁的年轻人中，44.93％的年轻人单独立户。年龄在25～44周岁的非户主男青年中跟父母居住在一起的比例非常低，仅有4.4％。

（三）住房消费支出增加，但占可支配收入比例下降

2002年，城镇居民家庭人均住房消费现金支出为242.6元，2012年达到463.6元。在十余年间人均住房消费支出几乎翻了一番，但年平均增长率仅为6.9％。相对经济增长来看增长速度较慢，表明居民在进行住房消费决策时相对谨慎。图10－5显示，从2002～2005年城镇居民家庭人均消费现金支出处于稳定状态，增长不大，2004～2005年甚至下降。从2005年开始，城镇居民家庭人均消费现金支出绝对额处于稳步增长状态，但增长幅度不大。2006年以后，城镇居民人均住房消费支出缓慢增长。受经济危机影响，2007～2009年我国房地产市场危机频发，尤其是2008年房地产价格跌至低谷，而恰恰是这三年人均住房消费支出增加较多，是10年中人均住房消费支出增长最快的几年。

从图10－6可以看出，城镇居民家庭人均住房消费现金支出占人均可支配收入的比例较低，不到3.5％，且呈下降趋势。我们认为，产生上述结果的原因主要有两个方面：一是统计口径上，没有用虚拟房租计算城镇居民的住房消费，而是用住房购买价逐年分摊的方式计算居民住房消费，由于大量城镇居民之前以较低价格获得现有居住住房，这种方法计算出的住房消费额

---

① 详见2002年建设部的"房地产统计报表制度"。

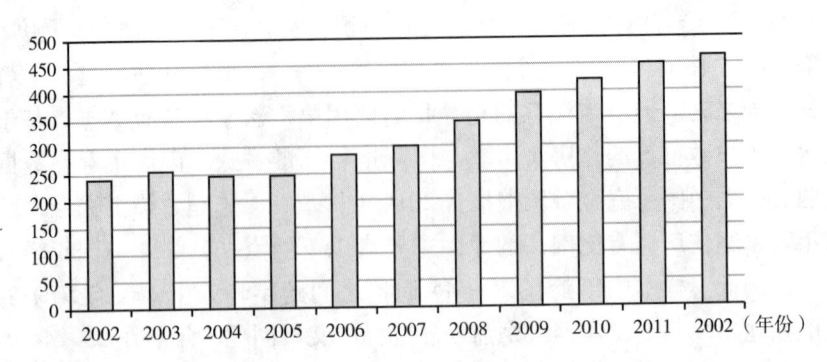

图 10-5　城镇居民家庭人均住房消费现金支出趋势图（单位：元/人）

数据来源：国家统计局。

自然偏低。二是近 10 年来城镇居民家庭人均可支配收入增长较快，从 2002~2012 年，我国城镇居民人均可支配收入从 7703 元增长到 24565 元，平均年增长速度为 12.4%，而人均住房消费支出的增长速度缓慢（不到 7%），所以人均住房消费现金支出占人均可支配收入比例呈不断下降趋势。

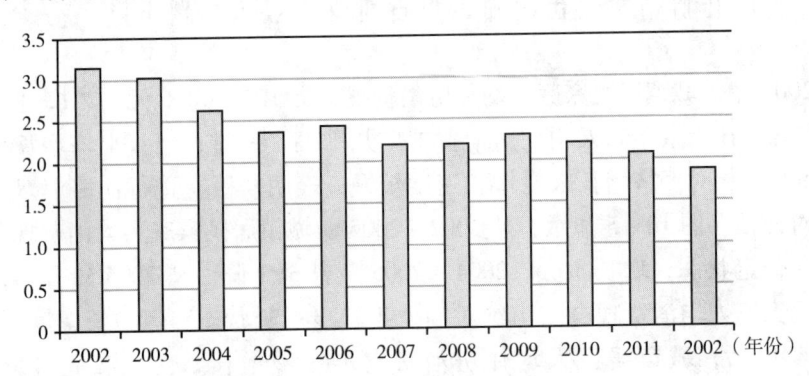

图 10-6　城镇居民家庭人均住房消费支出占其人均可支配收入比例

数据来源：国家统计局。

二、住房消费决策分析

（一）住房消费模式发生变化，租买决策中购买仍为主流

自住房制度改革以来，我国住宅消费模式发生了巨大变化，并呈现了三个阶段性特征：第一阶段是 20 世纪 80 年代以租住公房为主，私有住宅为辅；

第二阶段是 20 世纪 90 年代，1991~1998 年间以租住公房和私有住宅为主；第三阶段是 1998 年后以私有住宅为主，租住公房和私人住房为辅。随着住宅权属选择的变化，住宅需求也正从基本需求向改善需求转变。

这里，我们主要考察 1998 年以后的住房消费情况。1998 年，国务院发布了"关于进一步推进住房制度改革加快住房建设的通知"，强调停止住房福利分配制度对于构建住房市场的重要性。从此在制度上建立了市场化住房体制，并把住宅产业看作推动经济增长的一个重要支柱产业。市场化住房分配体制的建立极大地提高了商品房需求规模。2002 年，广东、山西、广西城镇家庭租住单位公房的比例分别为 12.19%、15.7%、18.32%，城镇家庭自己拥有住房的比例分别为 84.85%、72.4%、81.68%[①]。近些年，在住宅市场异常火爆的背景下，自有住宅比例则有了进一步提高。这表明在住房分配制度市场化改革基本完成后，城镇家庭的住房需求模式呈现了以私有住宅为主，租住公房和私人住房为辅的特征。此外，20 世纪 90 年代中后期，国有企业改革的侧重点是退出竞争性行业和减少企业冗员。国有企业退出竞争性行业的目的是促进产权多样化。在企业产权转变过程中，一部分工作技能较低、受教育程度低的职工不得不转换工作岗位，甚至下岗。据统计，在 1998~2005 年间我国共有 2175 万下岗职工[②]。与此同时，我国行政机构改革也将减少冗员作为改革的目标之一。这意味着，该时期城镇居民面临着较高的收入不确定性。上述分析表明，在该时期城镇家庭住宅消费模式受到了住房制度改革和收入不确定性的双重影响。

尽管 1998~2014 年的住宅市场以私有住宅为主，租住公房和私人住房为辅，但住宅市场内部也发生了不少新的变化。从全国人口普查数据统计口径的变化看，租赁房由 2000 年的租赁公有住房、商品房变为 2010 年的租赁廉租房、租赁其他住房；在购买住房中，2010 年新增加了购买二手房的变量。从住房消费决策数据看，自建住房虽然占很高比例，但有下降趋势，住房来源中全国自建住房从 2000 年的 71.57% 下降到 2010 年的 62.31%。购买住房比例从 2000 年的 15.99% 上升到 2010 年的 23.08%，购买商品房为主，占比 11.34%，购买二手房占 2.73%。租赁住房比例也有所上升，从 2000 年的 8.82% 上升到 2010 年的 11.95%。其中，租赁廉租房比例占 1.45%，租赁其他住房比例 10.5%，如表 10-1 所示。从分地区来看，东部地区租赁住房、

---

① 数据来源：《广东统计年鉴（2004）》、《山西统计年鉴（2004）》、《广西统计年鉴（2005）》。
② 数据来源：《中国劳动和社会保障年鉴（2006）》。

购买商品房的比例最高,自建住房比例最低;中部地区租赁住房比例最低,自建住房比例最高,购买商品房比例较高;西部地区租赁住房比例较高,自建住房比例与中部地区相当,购买商品房比例较低。

表 10-1　　　　　　2010 年全国居民家庭住房来源分类统计　　　　单位:%

	租赁廉租住房	租赁其他住房	自建住房	购买商品房	购买二手房	购买经济适用房	购买公有住房	其他
全国	1.45	10.50	62.31	11.34	2.73	2.18	6.83	2.66
东部地区	1.86	15.38	54.35	13.60	2.90	2.03	6.95	2.94
中部地区	0.99	5.63	68.29	10.17	3.00	2.17	7.60	2.16
西部地区	1.32	8.32	68.01	9.15	2.17	2.44	5.81	2.79

数据来源:2010 年全国第六次人口普查数据整理得到。为方便计算,算术平均得到东、中、西部地区相关数据,略有误差但不影响对比。按照国家统计标准进行地区分类:东部地区包括北京、天津、河北、辽宁、上海、江苏、浙江、福建、山东、广东、海南 11 个省(市);中部地区包括山西、吉林、黑龙江、安徽、江西、河南、湖北、湖南 8 个省;西部地区包括内蒙古、广西、重庆、四川、贵州、云南、西藏、陕西、甘肃、青海、宁夏、新疆 12 个省(市、自治区)。

　　在住房消费选择中,城市居民家庭满足住房需求主要通过租赁住房和购买住房。受传统住房观念等各种因素的影响,一直存在轻租房、重买房的现象。在消费者租买决策中,购买住房仍是主流,主要通过购买商品房、购买经济适用房、购买公有住房、购买二手房等途径来满足住房需要。购买住房中,主要是购买商品房。随着大中城市住房价格的持续走高,越来越多的住房需求群体因为买不起商品房而不得不通过购买二手房、租赁住房来满足住房需求。从图 10-7 可以更加直观地看出东、中、西部地区的差异。东部地区租赁住房远远高于中西部地区,接近 20% 的家庭选择租赁住房,购买住房的比例也较高,为 25.48%;中部地区购买住房比例与全国水平持平,租赁住房比例明显低于全国平均水平;西部地区租赁住房、购买住房均低于全国平均水平。

　　从住房消费选择的发展变化看,2000～2010 年自建住房虽然占很高比例,但有下降趋势,住房选择中全国自建住房从 2000 年的 71.57% 下降到 2010 年的 62.31%。购买住房比例则上升了 8 个百分点,从 2000 年的 15.99% 上升到 2010 年的 23.08%。租赁住房比例也有所上升,从 2000 年的 8.82% 上升到 2010 年的 11.95%。如图 10-8 所示,不同地区购买住房都明显增加,租赁住房比例则有升有降。其中,东部地区购买住房和租赁住房比例均明显增长,租赁住房比例从 2000 年的 10.51% 增长到 2010 年的 17.24%,购买住房比例从 2000 年的 17.51% 增长到 2010 年的 25.48%。中、

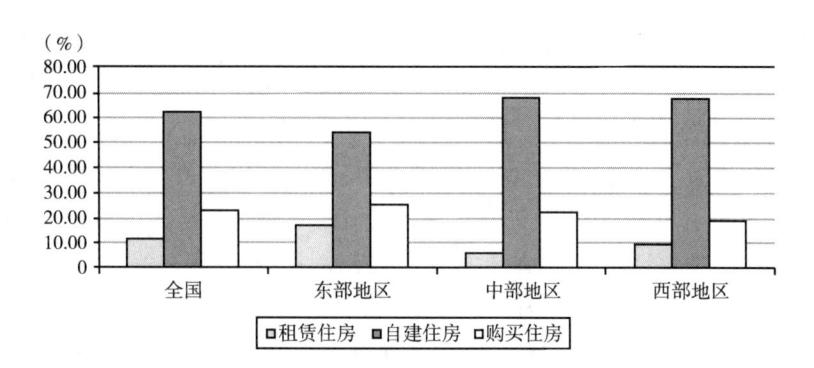

图 10-7　2010 年全国居民家庭住房消费决策统计

数据来源：2010 年全国第六次人口普查数据。

西部地区购买住房都有明显增加，中部地区购买住房比例由 2000 年的 16.12% 上升到 2010 年的 22.93%，西部地区购买住房的比例由 2000 年的 13.65% 上升到 2010 年的 19.56%，但租赁住房比例变化不大，中部地区略有下降，西部地区略有增加。

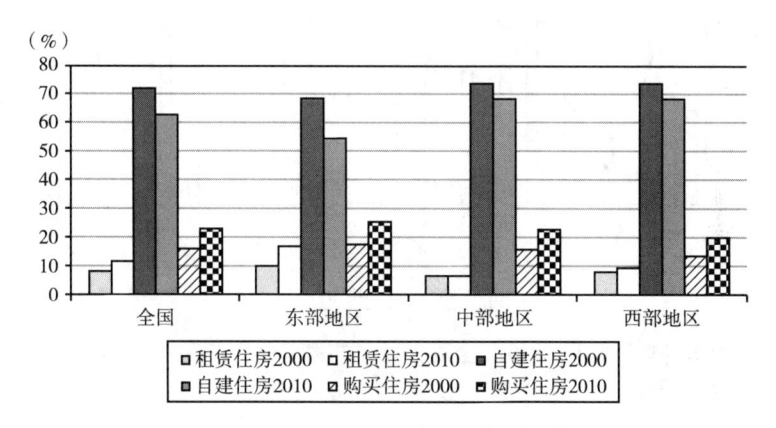

图 10-8　2000、2010 年全国居民家庭住房来源比较

数据来源：2000、2010 年全国第五次、第六次人口普查数据。

（二）18 个代表性城市住房消费者的租买选择

为满足快速增长的住房消费需求，城市居民消费者通过不同途径拓展住房来源。大体上各城市家庭住房来源有自建房、购买房、租住房、其他来源等途径，前 3 种来源是主要途径，其他住房来源比例较小，因此我们从自建房、购买房、租住住房 3 种住房来源分析居民住房消费来源的变化情况。随着住房绝对数量的增加,住房来源中自建住房的比例大大减少,购买商品房的比例迅速增加,租住住房的比例也呈现明显增加的趋势。尤其在城市地区,住房来源中商品房、租赁住房的比例变化趋势更加明显。

根据全国人口普查数据,从 2000 年和 2010 年截面数据看,不同城市的住房来源中自建房的比例差别很大,如图 10-9 所示。从该图可以看出,18 个代表城市中,家庭住房来源于自建房的比例从 2000 年的平均 48% 下降到 2010 年的平均 24%,自建房占住房来源的比例由原来的一半下降为 1/4。18 个城市中,仅有北京、上海、广州、深圳 4 个城市自建房比例上升,尤其深圳市最为突出,家庭住房中自建房比例由原来的 11% 飙升至 73%;其他 14 个城市自建房比例均呈下降趋势且下降迅速,重庆、长沙、青岛市自建房比例下降速度最快,由原来的平均 65% 下降到平均 10% 左右。总体上看,越是发达地区的自建房比例越高,相对欠发达城市自建房比例越低。

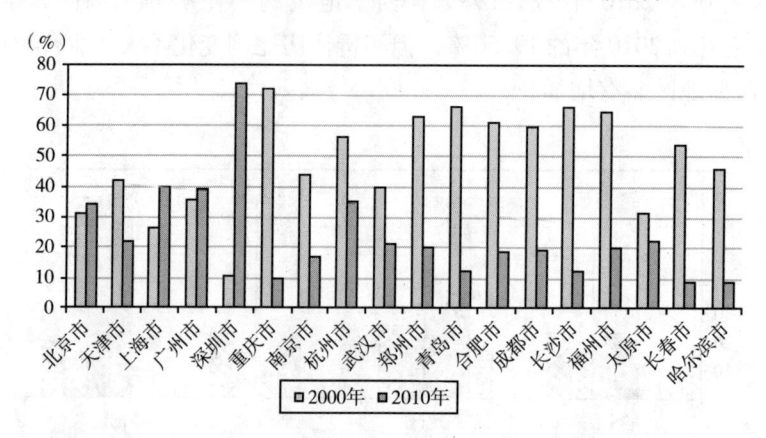

图 10-9　2000、2010 年全国 18 个城市家庭住房来源中自建房比例

数据来源:2000、2010 年全国第五次、第六次人口普查数据。

根据全国人口普查数据,从 2000 年和 2010 年截面数据看,不同城市的住房来源中购买房的比例参差不齐,如图 10-10 所示。从该图可以看出,18 个代表城市中,家庭住房来源于购买房的比例从 2000 年的平均 27% 上升到 2010 年的平均 35%,购买房占住房来源的比例上涨了近三分之一。18 个城市中,有 12 个城市购买房的比例上升,尤其重庆市最为突出,家庭住房中购买房比例由原来的 13% 飙升至 60%,其余 6 个城市购买房比例均呈缓慢下降趋势。其中,北京、上海、深圳市购买房比例下降速度最快,由原来的平均 32% 下降到平均 10%。相对来说,越是发达地区的购买房比例越低,相对欠发达城市购买房比例越高。

第十章　住房消费决策分析及预测

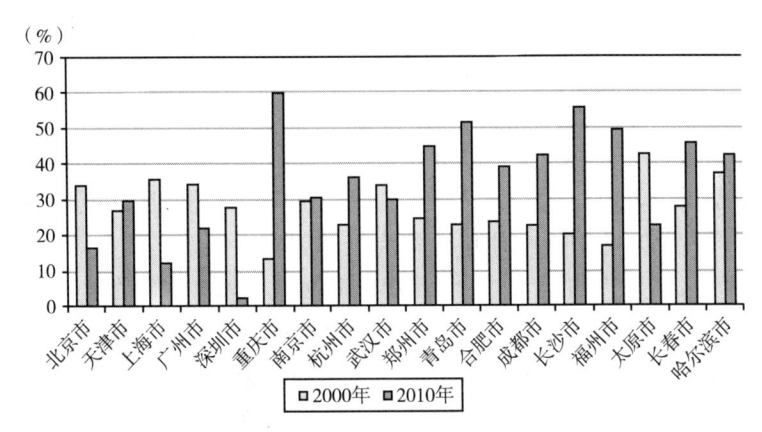

图 10-10　2000、2010 年全国 18 个城市家庭住房来源中购买房比例

数据来源：2000、2010 年全国第五次、第六次人口普查数据

根据全国人口普查数据，从 2000 年和 2010 年截面数据看，不同城市的住房来源中租住房的比例明显上升。如图 10-11 所示，18 个代表城市中，家庭住房来源于租住住房的比例从 2000 年的平均 19% 上升到 2010 年的平均 36%，购买住房占住房来源的比例上涨了近一倍。18 个城市中，有 17 个城市租住房比例显著上升，尤其南京、太原市最为突出，家庭住房中租住房比例由原来的 20% 飙升至接近 50%；仅有一个城市深圳市租住房比例呈下降趋势，由原来的 49% 下降到 18%。根据我国居民传统的住房观念，租住住房缺少"归属感"，在购买住房的刚性需求无法满足条件下，租住房成为一种解决住房问题的较好方法。

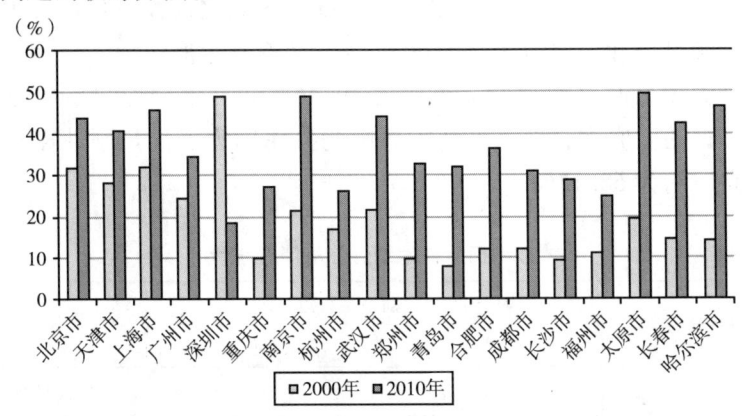

图 10-11　2000 年和 2010 年全国 18 个城市家庭住房来源中租住房比例

数据来源：2000、2010 年全国第五次、第六次人口普查数据。

(三) 消费者住房决策的影响因素

住房需求具有消费和投资双重属性。消费性需求可划分为刚性消费需求、改善性消费需求。投资性需求又可分为投资性需求和投机性需求。住房消费需求的多样性，意味着影响住房消费决策的因素有很多。宏观方面，大致包括经济发展水平、人口因素、社会生活环境、房地产市场政策等众多因素。本节更侧重从微观方面分析城市居民家庭的住房消费影响因素。

为从微观视角考察我国城市居民住房消费决策的影响因素，我们主要从城市家庭的住房实际情况分析居民的住房消费选择问题。数据主要来源于南开大学 2015 年中国城市家庭住房消费调查问卷收集的一手数据，家庭样本数量 2042 户，家庭成员样本数量 5201 个，我们将家庭成员中户主信息和家庭样本一一对应，得到汇总样本共 2042 个，涵盖了家庭及成员的诸多信息，作为本节分析的基础数据。影响消费者住房选择的因素有许多，我们主要从微观视角家庭户口、户主年龄、受教育程度、收入水平等方面分析这些因素在城市居民家庭住房消费选择中的影响。

从实际调查数据看，实际家庭中将住房用于投资需求的非常少。购买现有住房前，是否拥有住房？这一问题能够区分消费者住房的刚性需求和改善性需求。有住房，我们认为消费者购房是为满足改善性需求，没有住房，我们认为消费者购房是为满足刚性需求。由表 10 – 2 可知，按户口所在地细分，一共有 1789 户有效家庭样本，家庭以本市非农户口为主，有 1308 户。四类户口的家庭购买住房，1083 户家庭之前没有住房，因此住房消费是为满足刚性消费需求，占 60.54%；706 户家庭之前有住房，因此住房消费是为满足改善性消费需求，占 39.46%。外地农业户口的家庭比外地非农户口的家庭多，而且外地家庭中购买住房为了满足刚性需求的比例明显更高，约为 68.15%。

表 10 – 2   按户口所在地细分住房消费统计

户口状况	购买现有住房前，是否拥有住房？		总计
	有住房	没有住房	
本市非农户口	522	786	1308
本市农业户口	141	205	346

续表

户口状况	购买现有住房前,是否拥有住房?		总计
	有住房	没有住房	
外地非农户口	26	32	58
外地农业户口	17	60	77
总计	706	1083	1789

数据来源:南开大学2015年中国城市家庭住房消费调查。

表10-3中,我们按户主年龄进行家庭住房消费统计,一共有1388户有效家庭样本,总体上看,各个年龄段购房主要是为满足刚性住房需求。其中864户家庭购买现有住房前没有住房,是为满足刚性住房需求,占62.25%;524户家庭购买现有住房前有住房,是为满足改善性住房需求,占37.75%。根据年龄段划分,25岁以下的户主占708户,占比51.01%,而从我国年轻人教育年限等多种因素实际看,25岁之前靠自己能力满足住房需求几乎不可能,年轻户主的住房大多是父母长辈购买赠送的,且35.45%的年轻户主拥有两套房。26~35岁年龄段,有129户家庭购买住房前没有住房,是为满足刚性需求,占比66.84%;64户家庭购房前有住房,是为满足改善性住房需求,占比33.16%,改善性住房需求空间较大。36~45岁、46~55岁年龄段,情况大体相似,如表10-3所示。

表10-3　　　　　　按户主年龄细分住房消费统计

户主年龄	购买现有住房前,是否拥有住房?		总计
	有住房	没有住房	
0岁~25岁	251	457	708
26岁~35岁	64	129	193
36岁~45岁	93	120	213
46岁~55岁	90	123	213
56岁~65岁	26	35	61
总计	524	864	1388

数据来源:南开大学2015年中国城市家庭住房消费调查。

表10-4中,按受教育程度细分,一共有1796户有效家庭样本,总体上看,不同家庭购房主要是为满足刚性需求。其中,1087户家庭购买现住房前没有住房,是刚性消费需求,占比60.52%;709户家庭购买现住房前有住

房,是改善性消费需求,占比39.48%。从受教育程度看,大学本科学历的户主最多,其中337户家庭买房是为满足刚性住房需求,207户家庭买房是满足改善性需求。基本上,受教育程度越高,购房为满足刚性需求的比例越大,受教育程度越低,购房为满足改善性需求的比例越大。小学毕业的户主买房为满足改善性需求的比例最大,为46.59%,博士毕业的户主买房为满足改善性需求的比例最小,为33.33%。

表10-4　　按受教育程度细分住房消费统计

受教育程度	购买现有住房前,是否拥有住房?		总计
	有住房	没有住房	
没上过学	8	10	18
小学	41	47	88
初中	107	175	282
高中	129	191	320
中专/职高	58	90	148
大专/高职	137	194	331
大学本科	207	337	544
硕士研究生	19	37	56
博士研究生	3	6	9
总计	709	1087	1796

数据来源:南开大学2015年中国城市家庭住房消费调查。

表10-5中,按户主收入水平细分,一共有1057户有效家庭样本信息,购房者主要是为满足刚性需求。其中,665户家庭买房是为满足刚性需求,占比62.91%;392户家庭买房前有住房,是改善性住房需求,占比37.09%。将户主收入水平五等分,家庭分布较为平均。最低收入户户数最多,186户家庭购买现有住房前没有住房,为刚性消费需求,占比为66.19%,95户家庭购买现住房前有住房,为改善性住房需求,占比为33.81%。中等收入户有188户,127户为刚性住房需求,占比67.55%,61户为改善性住房需求,占比32.45%。最高收入户有205户,113户为刚性消费需求,占比为55.12%;92户为改善性需求,占比为44.88%。从最低收入户到中等收入户,改善性住房需求下降,从中等收入户到最高收入户,改善性住房需求上升。

表 10-5　　　　　　　　按户主收入水平细分住房消费统计

户主收入水平	购买现有住房前，是否拥有住房？		总计
	有住房	没有住房	
最低收入户	95	186	281
中低收入户	54	107	161
中等收入户	61	127	188
中高收入户	90	132	222
最高收入户	92	113	205
总计	392	665	1057

数据来源：南开大学2015年中国城市家庭住房消费调查。

对于户主是否有住房公积金问题，表10-6中按受教育程度对户主进行分类，人数最多的是高中、大专、本科毕业的户主。一共有1092户有效家庭样本，614户家庭有住房公积金，占比56.23%；478户家庭没有住房公积金，占比43.77%。在有无住房公积金问题上各个教育程度的户主分化明显。基本上，拥有住房公积金的家庭比例和受教育程度成正比，受教育程度越高，有住房公积金的比例越大。小学毕业的户主，有住房公积金的比例最低，为12.82%；硕士毕业的户主有住房公积金的比例最高，为88.14%。本科学历以上的户主有住房公积金的比例都在80%以上，中专毕业的户主有住房公积金的比例都在48%以下。

表 10-6　　　　　　　按受教育程度细分户主是否有住房公积金

受教育程度	户主是否有住房公积金		总计
	有	没有	
没上过学	3	4	7
小学	5	34	39
初中	32	123	155
高中	83	117	200
中专/职高	43	45	88
大专/高职	124	80	204
大学本科	268	67	335
硕士研究生	52	7	59
博士研究生	4	1	5
总计	614	478	1092

数据来源：南开大学2015年中国城市家庭住房消费调查。

对于户主是否有住房公积金问题，表 10-7 按户主的收入水平进行分类。一共有 890 户有效家庭样本信息，405 户家庭有住房公积金，占比 45.51%；485 户家庭没有住房公积金，占比 54.49%。最低收入户家庭数量最多，有 239 户，有住房公积金的比例最高，为 58.58%；没有住房公积金的比例为 41.42%。中高收入户家庭有住房公积金的比例仅为 30.85%；没有住房公积金的比例最高，为 69.15%。比较来看，中低收入户和最高收入户有住房公积金的比例接近，在 46% 左右，相对高于中等收入户和中高收入户有住房公积金的比例。

表 10-7　　　　按收入水平细分户主是否有住房公积金

户主收入水平	户主是否有住房公积金 有	户主是否有住房公积金 没有	总计
最低收入户	140	99	239
中低收入户	61	72	133
中等收入户	64	90	154
中高收入户	58	130	188
最高收入户	82	94	176
总计	405	485	890

数据来源：南开大学 2015 年中国城市家庭住房消费调查。

家庭自有住房的住房结构有多种类型，我们细分了从一室一厅到八室三厅四卫等 30 种类型。表 10-8 按户主年龄细分拥有住房的住房类型，一共有 1360 户有效家庭样本，住房结构类型主要以二室、三室为主，住房类型为二室及以下有 767 户家庭，占总家庭户数的 56.4%，住房类型为三室的有 519 户家庭，占总家庭户数的 38.16%，住房类型为四室、五室至八室的家庭共有 76 户，占家庭户数的 5.4%。从年龄段细分看，25 岁以下的户主最多，689 户，占比达到 50.66%，26~35 岁、36~45 岁、46~55 岁年龄段的户主各占比 15% 左右。

表 10-8　　　　按户主年龄细分自有住房结构类型

户主年龄	自有住房结构类型 二室及以下	自有住房结构类型 三室	自有住房结构类型 四室	自有住房结构类型 五室至八室	总计
0 岁~25 岁	381	273	27	8	689
26 岁~35 岁	111	72	11	0	194

续表

户主年龄	自有住房结构类型				总计
	二室及以下	三室	四室	五室至八室	
36岁~45岁	115	84	8	1	208
46岁~55岁	123	69	13	6	211
56岁~65岁	37	21	0	0	58
总计	767	519	59	15	1360

数据来源：南开大学2015年中国城市家庭住房消费调查。

表10-9按户主的受教育程度细分自有住房类型，一共有1747户有效家庭样本，住房类型主要以二三室为主。住房类型为二室（包括一室）的家庭有986户，占总家庭样本的56.44%；住房类型为三室的家庭有668户，占总家庭样本的38.24%；住房类型为四室、五室至八室的家庭共有93户，占总家庭样本的5.3%。从受教育程度看，大学本科毕业的户主最多，有507户，占调查数据的29.02%。其中，没上学的户主居住二室（含一室）的住房比例最高，占66.67%；小学毕业的户主居住三室的住房比例最高，占47.67%；本科毕业的户主居住四室的住房比例最高，占5.33%；高中毕业的户主居住五室至八室住房的比例最高，占1.89%。

表10-9　　按户主受教育程度细分自有住房结构类型

受教育程度	自有住房结构类型				总计
	二室及以下	三室	四室	五室至八室	
没上过学	10	5	0	0	15
小学	42	41	3	0	86
初中	141	120	13	5	279
高中	185	111	15	6	317
中专/职高	94	52	3	1	150
大专/高职	200	115	11	0	326
大学本科	271	203	27	6	507
硕士研究生	38	18	3	0	59
博士研究生	5	3	0	0	8
总计	986	668	75	18	1747

数据来源：南开大学2015年中国城市家庭住房消费调查。

表10-10中按户主的收入水平细分自有住房类型，一共有1018户有效

家庭样本，住房类型主要以二三室为主，住房类型为二室（含一室）的家庭有570户，占总样本数据的55.99%；住房类型为三室的家庭有388户，占总样本的38.11%；住房类型为四室、五室至八室的家庭共有60户，占总样本的5.9%。从不同收入水平看，中低收入户拥有的自有住房类型为二室（含一室）的比例最高，为61.29%；最低收入户拥有的自有住房类型为二室的比例次高，为60.65%；中高收入户的自有住房类型为三室的比例最高，为42.72%；最高收入户的自有住房类型为四室、五室至八室的比例最高，分别占6.74%、2.07%。中等收入户选择的住房类型与整体比较接近，住房类型为二室、三室、四室、五室至八室的比例分别为56.11%、38.89%、4.44%、0.56%。

表10-10　　　　　　　　　不同收入户的自有住房结构类型

户主收入水平	自有住房结构类型				总计
	二室及以下	三室	四室	五室至八室	
最低收入户	168	91	15	3	277
中低收入户	95	56	2	2	155
中等收入户	101	70	8	1	180
中高收入户	110	91	11	1	213
最高收入户	96	80	13	4	193
总计	570	388	49	11	1018

数据来源：南开大学2015年中国城市家庭住房消费调查。

表10-11从受教育程度看不同家庭的住房区位选择。数据上看，一共有1743户有效家庭样本，其中607户家庭选择居住在城市郊区，1136户家庭选择居住在市中心，比例分别为34.83%和65.17%。从受教育程度看，本科毕业的户主人数最多，有507个，占总样本的29.09%，高中毕业、大专毕业的户主人数次多，分别占18.53%和18.42%，博士毕业的户主人数最少，仅有8位，因此在样本上不具有代表性。住房区位选择上，不考虑博士毕业者，随着受教育程度的升高，选择居住在城市郊区的家庭比例越来越低，初中毕业的户主居住在城市郊区的比例最高，为46.55%；小学毕业的户主居住在城市郊区的比例次高，为42.05%。从初中毕业的户主到硕士毕业的户主，家庭选择居住在郊区的比例不断降低，选择居住在市中心的比例不断上升，硕士毕业的户主有73.58%选择居住在市中心。

表 10-11　　受教育程度不同的家庭住房区位选择

受教育程度	住宅小区位置在哪里？ 郊区	住宅小区位置在哪里？ 市中心	总计
没上过学	6	10	16
小学	37	51	88
初中	128	147	275
高中	115	208	323
中专/职高	49	105	154
大专/高职	97	222	321
大学本科	157	350	507
硕士研究生	14	39	53
博士研究生	4	4	8
总计	607	1136	1743

数据来源：南开大学 2015 年中国城市家庭住房消费调查。

表 10-12，从不同收入水平看不同家庭的住房区位选择。数据上看，一共有 1031 户有效家庭样本，其中 373 户家庭选择居住在城市郊区，658 户家庭选择居住在市中心，比例分别为 36.18% 和 63.82%。从收入水平看，最低收入的户主最多，有 272 个，占总样本的 26.38%；中高收入的户主次多，有 215 个，占总样本的 20.85%；中低收入的户主最少，有 162 户，占总样本的 15.71%。住房区位选择上，随着户主收入水平的提高，选择居住在郊区的家庭越来越少，居住在市中心的家庭越来越多。中低收入户选择居住在郊区的比例最大，有 40.12%；最高收入户选择居住在郊区的比例最低，只有 26.87%。位置在市中心的住宅小区，最低收入户中有 60.66% 的家庭选择，中高收入户中有 63.72% 的家庭选择，最高收入户中有 73.13% 的家庭选择。

表 10-12　　收入水平不同的家庭住房区位选择

户主收入水平	住宅小区位置在哪里？ 郊区	住宅小区位置在哪里？ 市中心	总计
最低收入户	107	165	272
中低收入户	65	97	162
中等收入户	69	112	181
中高收入户	78	137	215
最高收入户	54	147	201
总计	373	658	1031

数据来源：南开大学 2015 年中国城市家庭住房消费调查。

表 10-13 显示了受教育程度不同的家庭住房是否属于重点学区房的情况。数据上看，一共有 1764 户有效家庭样本，其中 809 户家庭的住房属于重点中小学片区，955 户家庭的住房不属于重点中小学片区，比例分别为 45.86% 和 54.14%。从受教育程度看，本科毕业的户主最多，有 507 户，占总样本的 28.74%；初中、高中、大专毕业的户主人数较多，分别占总样本的 15.82%、18.25%、18.48%。从不同受教育程度户主选择的住房看，没上过学的户主、硕士毕业的户主的住房属于重点中小学片区的比例最高，分别为 52.94% 和 51.67%；小学毕业的户主、博士毕业的户主的住房属于重点中小学片区的比例最低，分别为 37.08% 和 37.50%。在住房是否属于学区房问题上，受教育程度不同的户主选择没有明显的层次区别。如果仅考虑大样本的代表性，相对地，受教育程度越高的家庭选择属于学区房的住宅的比例略大，大专、本科毕业的户主选择学区房的比例分别为 48.77% 和 48.72%，明显高于小学、初中毕业的户主选择学区房的比例。

表 10-13 受教育程度不同的家庭，住房是否属于学区房

受教育程度	住宅小区是否属于重点中小学片区？是	否	总计
没上过学	9	8	17
小学	33	56	89
初中	105	174	279
高中	152	170	322
中专/职高	70	86	156
大专/高职	159	167	326
大学本科	247	260	507
硕士研究生	31	29	60
博士研究生	3	5	8
总计	809	955	1764

数据来源：南开大学 2015 年中国城市家庭住房消费调查。

表 10-14 显示了收入水平不同的家庭住房是否属于学区房的情况。数据上，一共有 1036 户有效家庭样本，其中 470 户家庭的住房属于重点中小学片区，566 户家庭的住房不属于重点中小学片区，比例分别为 45.37% 和 54.63%。从收入水平看，不同收入阶层人数分布比较均匀，最低收入水平的户主最多，有 275 户，占总样本的 26.67%；中低收入水平的户主最少，有

160户,占总样本的15.52%。从不同收入水平的户主选择的住房看,收入水平越高,选择的住房属于重点中小学片区的比例越大。中高收入的户主是个例外,只有40.37%的中高收入的户主选择属于学区房的住宅,在全部收入阶层中,这一比例最低。除了中高收入阶层的户主外,其他阶层的户主,随着收入的上升选择学区房的比例不断增加,但差别不大。最低收入户中有44%的家庭选择学区房,最高收入户中有51.76%的家庭选择学区房。

表10-14　　　　收入水平不同的家庭,住房是否属于学区房

户主收入水平	住宅小区是否属于重点中小学片区?		总计
	是	否	
最低收入户	121	154	275
中低收入户	71	89	160
中等收入户	87	97	184
中高收入户	88	130	218
最高收入户	103	96	199
总计	470	566	1036

数据来源:南开大学2015年中国城市家庭住房消费调查。

(四) 总　结

影响消费者住房消费决策的因素较为复杂,最根本的因素是由供求定理决定的价格因素,住房供给的变化和消费需求的变化在决定着住房价格的同时,也影响着政府房地产政策的选择,是"限购"还是"放松"?影响着开发商的决策,是"惜售"还是"抛盘"?影响着消费者的预期,最终影响消费者的行为,是"抢购"还是"观望"?国家宏观经济政策因素影响整体房地产行业的走势,对房地产的总量平衡和结构平衡有着重大的调节作用,而国家的住房政策及与之相关的各项优惠政策对居民住房消费决策有着重大影响。从内外部因素来看,市场环境、调控政策、开发商形象、营销手段、售后服务、配套设施、地理位置、交通、物业管理等因素,是影响消费者住房消费决策的外部因素。婚姻状况、收入水平、家庭规模、户口、年龄、受教育程度、工作性质、工作年限、消费观念、心理预期等因素,则是影响消费者住房消费决策的内部因素。

我们分析了市场环境、调控政策等宏观因素,分析比较了全国不同地区

居民住房消费的租买选择，并根据南开大学中国城市住房消费调查数据从微观视角考察我国城市居民住房消费决策的影响因素。从户口所在地看，60.54%的家庭住房消费是为满足刚性需求，39.46%家庭住房消费是为满足改善性需求，且外地户口家庭购买住房满足刚性需求的比例更高，约为68.15%。从户主年龄看，62.25%的家庭购房是为满足刚性需求，26~35岁年龄段为满足刚性需求而买房的家庭比例较大，占到66.84%。从受教育程度看，60.52%的家庭购买住房是为满足刚性需求，小学毕业的户主买房为满足改善性需求的比例最大，为46.59%，博士毕业的户主买房为满足改善性需求的比例最小，为33.33%。基本上，受教育程度越高，购房为满足刚性需求的比例越大，受教育程度越低，购房为满足改善性需求的比例越大。从收入水平看，收入水平越低，住房消费中为满足刚性需求的比例越大，收入水平越高消费决策中为满足改善性需求的比例越大。从住房公积金看，受教育程度和拥有住房公积金的家庭成正比例关系，受教育程度越高，有住房公积金的比例越大，而住房公积金和收入水平之间并没有明显关系。从不同年龄段家庭的住房类型选择来看，有56.4%的家庭选择了一室和二室住房，38.16%的家庭选择了三室住房，选择四室及以上类型住房的家庭仅有5.4%。从不同受教育程度户主选择的住房类型看，小学毕业户主居住三室的住房比例最高，高中毕业户主居住五室至八室住房比例最高，博士毕业的户主居住二室的住房比例最高，在不考虑住房区位下，受教育程度越高，选择小户型的家庭比例越高。从不同收入水平户主选择的住房类型看，低收入家庭选择二室住房的比例最大，中高收入家庭选择三室住房的比例最大，高收入家庭选择五室至八室住房的比例最大，收入水平越高，选择的大户型住房的比例越大。从住房区位选择看，受教育程度越高，选择居住郊区的比例越低，选择居住市中心的比例越高；收入水平越高，选择居住郊区的比例越低，选择居住市中心的比例越高。从重点中小学的学区房选择看，受教育程度较高的家庭选择学区房的比例较大，大专、本科毕业的户主选择学区房的比例明显高于小学、初中毕业的户主选择学区房的比例；收入水平越高，选择学区房的比例越大，但中高收入阶层的户主，选择学区房的比例却最低，不同收入层级之间的差别不大。通过前文的分析发现，影响住房消费决策的因素非常复杂，许多因素相互作用，共同影响着居民的住房消费决策。

  从调查数据看，城市居民的住房消费决策是理性的，是家庭为满足住房需求，综合考虑住房状况、优惠政策、支付能力、预期等各方面，做出的理性决策，但也有部分家庭盲目跟风买房的现象。

三、住房消费决策未来变化趋势及预测

住房消费决策中，消费者面临着一系列问题：买房还是租房？购房动机，即为什么买房或租房？怎么购买？购房时机，何时买房？购买哪个楼盘？等等问题。影响居民住房消费决策的影响因素有纷繁复杂，是对未来变化走势进行预测的困难之处。概括来说，居民做出住房消费选择主要取决于：一是家庭的实际需求和偏好；二是政府为实现经济社会效益最大化的政策性引导。

人口的增长，家庭规模减小，都会增加社会整体对住房产品的需求。从我们的调查数据看，我国城市居民的家庭规模变小了，这意味着，对住房的需求会增加。随着住房市场的不断完善，对住房品质的需求得到激发，居住的稳定性和良好的社区环境，对子女教育有利的生活环境，吸引着居民的住房消费选择。

在市场机制作用下，租赁市场发展缓慢的状态可能会得到改变。由于一二线城市存在人口虹吸效应，就业机会众多、居住相关配套设施完善，吸引大量人口涌入。但也存在居住与就业空间的不匹配问题。中心城区土地资源的稀缺，大规模的新建住宅小区项目所获得的土地大都位于城市外围或边缘地带，而对于普通居民家庭来说，其难以承受中心城区的高房价，而工作机会却在中心城区，造成居住与空间上的不匹配。这种情况在各大城市都非常普遍，大城市周围诸多城中村容纳着大量"蚁族"等工薪阶层，他们或在老家购房，或在生活居住城市的偏远郊区购房，然后不得不在接近工作地附近租赁住房。从这一角度看，我国住房自有率高的现实与租赁市场的发展并不矛盾，租赁市场发展缓慢的程度很有可能因为统计原因等被低估，随着大城市群、城市带的发展，租赁住房市场的发展或将进一步加快。

此外，政府政策将继续对城镇居民的住房消费决策产生影响。2010年的"限购令"、2011年国务院的"新国八条"、2014年限购、限贷放松政策等都对住房消费决策产生了直接影响。未来在以去库存为主的发展阶段，放开"限购"、放松"限贷"、鼓励支持刚性需求、改善型需求购房等政策将成为住房调控政策的主要内容。在这些政策的推动下，未来城镇居民住房消费将以自住型、改善型消费为主，同时住房消费决策的理性化也有助于住房市场的稳定、健康发展。

第十一章

预期、偏好与住房消费决策分析及预测

一、预期与住房消费决策

(一) 预期与住房消费

1. 预期与住房市场运行

在影响消费者住房需求的因素中,除了经济增长、城镇化进程的加快、人口增长等基本因素外,消费者对未来房价的预期也起着至关重要的作用。在房价上涨预期下,"晚买不如早买"的心理,使更多的投资者进入住房市场,使得住房消费增加、房价进一步上涨;在房价下跌的预期下,消费者会持观望态度,住房需求减少、房价呈现持续下降的趋势。住房消费的一个重要特征就是它的预期性、未来的不确定性导致了住房消费决策的风险性,大多数决策者都希望将风险降到最低,在现有的信息集与知识结构的约束下,做出最合理的预期,并在此基础上做出合理的住房消费决策。

在快速的工业化与城镇化背景下,大批农业转移人口流向城镇并长期居住于城镇,增加了住房的刚需。随着人民收入水平的提高,对住房的改善性需求也随之增加。此外,包括海外热钱在内的大量资金由于没有合适的投资机会,大多投向了住房市场,这一系列的因素导致了形成房价上涨的普遍预期。2008年,在全球金融危机的环境下,商品住宅销售面积和销售价格较前一年度,均出现一定幅度下降。2009年,住宅商品房均价与销售面积又有了较快增长。为使消费者预期向有利于住房市场健康运行方向发展,国务院在2010年1月和4月,分别就促进住房市场健康发展和稳定房价颁布了《关于促进房地产市场健康平稳发展的通知》和《关于坚决遏制部分城市房价过快上涨的通知》，并且大部分一、二、三线城市先后出台了限购政策，这在一定程度上抑制了投机性需求，但对住房市场预期也有了较大影响。2010年以后全国的住宅商品房的消费增长已经回归平稳，2010~2012年住宅商品房销售额的增长率分别为15%、9%、11%。虽然在2013年全国的住宅商品房市场又出现了小幅增长，但是在2014年又回归到了正常增长水平。这表明消费者预期的变化对住房市场运行产生了积极影响。

2. 预期对住房消费的影响

一般将投资者预期分为适应性预期与理性预期，适应性预期是指投资者对未来房价的预期是以过去房价为基础；理性预期是指投资者具有完全信息，做出完全符合市场的发展变化的预期。国外文献研究发现，住房市场的投资者大部分是适应性预期，投资者并不掌握市场的全部信息，而是通过市场过去的表现来预期未来住房市场的走势（Clayton，1996；Tse and Webb，2001）。图11-1给出了住房需求与预期的相关性图表。在此，本章假定住房市场消费者是适应性预期，表11-1是以滞后一年的房价增长率作为预期的代理变量，利用1998~2014年35个大中城市的房价、住宅销售面积、五年期存款利率、城镇居民可支配收入等变量，探讨预期对住房消费的影响。

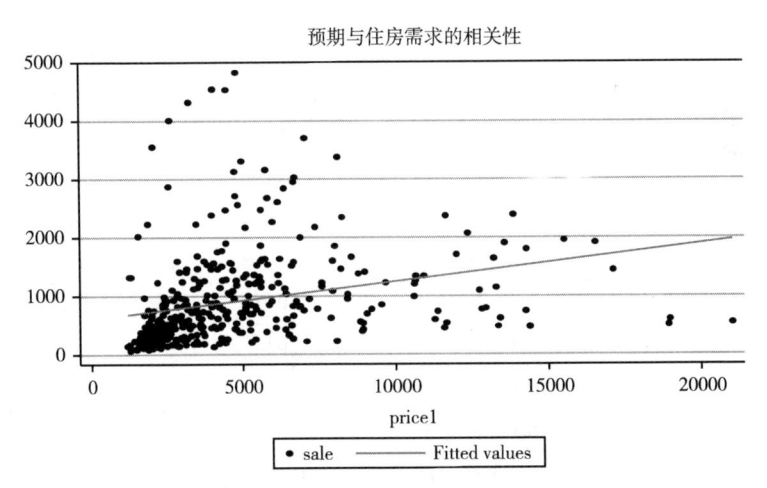

图11-1 预期与住房消费的相关性

从图11-1可知，上期住房价格与当期的住房需求正相关，即上期价格越高，当期的住房需求量越大，这也体现了住房价格的惯性。我们假定住房市场的需求者均是适应性预期，根据过去房价走势，做出当期购房决策。上一年度住房价格形成的预期显著影响当期的住房需求，可见预期对住房市场的影响作用是较大的。如果购房者普遍预期下一期房价会上涨，为了规避风险，他们会选择当期购买住房，当大多数人在当期同时购房时，在供给不变的情况下，房价和住房需求（销售面积）在当期便会上涨，也即预期的自我实现。由此可见，对住房市场的调控，不可忽视的一点就是合理引导人们的消费预期，这样有利于住房市场的平稳健康发展。

本章将利用全国35个大中城市的面板数据，分别运用最小二乘法、面板数据固定效应和随机效应3种方法，分析预期对住房需求的影响效应。结果如表11-1所示，3种回归方法所得到的结果具有一致性，下面对回归结果进行分析。

首先，5年以上贷款利率对住房需求的影响效应不显著，说明政府试图通过利率这种货币政策调控手段调节住房市场的效果是相当微弱的。这是因为我国利率并没有完全市场化，利率的浮动范围较小，利率的微调对投机者来说，不会带来投机成本的大幅度上升，投机住房市场仍然能够获取可观的收益。

表11-1　　　　　　　　　预期对住房需求的影响效应

变量	住宅需求		
	（1）	（2）	（3）
贷款利率	42.47	-18.36	6.384
	(42.33)	(28.32)	(31.34)
人口规模	1.069***	3.266***	1.111***
	(0.0466)	(0.643)	(0.102)
人均可支配收入	0.000720	0.0581***	0.0405***
	(0.00436)	(0.00608)	(0.00530)
当期房价	0.131***	0.0201	0.0737***
	(0.0339)	(0.0243)	(0.0262)
预期	-0.0810**	-0.150***	-0.130***
	(0.0373)	(0.0247)	(0.0274)
常数	-419.2	-1.723***	-441.8**
	(265.5)	(418.3)	(207.2)
R2	0.638	0.440	0.5773
回归方法	OLS	FE	RE
样本量	350	350	350
城市数	35	35	35

注：括号内的值为标准差，*** $p<0.01$，** $p<0.05$，* $p<0.1$。

人口规模和人均可支配收入对住房需求存在十分显著的影响效应，尤其是人口规模，在三种回归方法中其影响系数分别达到1.069、3.266和1.111。也就是说平均每增加10000人，住房有效需求增加至少1.069万平方米，可见人口规模增加带来的刚性消费需求是住房消费的内在动力。目前，我国住房市场存在过量的库存，解决该问题的关键是拉动住房消费需求。随着城镇化进程的加快，大量人口流入城市，不仅为城市经济的发展带来了源源不断的劳动力，更拉动了城市消费，促进了过剩产能的消化、有助于住房市场的去库存。人均可支配收入的增加除主要带来一般性消费性需求之外，还会增加住房的改善性需求，对住房市场的影响效应也较为明显。

当期房价和住房预期对住房需求有着十分显著但相反的影响效应，住房需求与当期房价正相关，而与适应性预期负相关。当期房价的上涨，会形成对未来房价上涨的预期，为规避价格风险，购房者会选择当期买房，从而提高当期的住房需求。而过去房价上涨的预期会使得当期住房需求减少，影响机制是相同的。如果预期房价会上涨，由于预期的自我实现，使得当期住房需求增加、房价上涨，然而在一定时期内住房购买能力是较为固定的，即期购房需求增加，下一期一定程度上会减少住房的需求，最终使得预期对当期住房需求的影响效应反而为负。

通过以上分析我们知道，人口规模和人均可支配收入通过影响消费性需求和改善性需求进而影响住房总需求。而预期影响了住房市场所有参与主体，并且一旦预期形成，其自我实现机制会对住房市场形成较强烈的冲击，所以政府在调控住房市场的过程中，要注重对预期的引导和管理。

3. 预期对家庭住房消费倾向的影响

本节将基于南开大学2015年中国家庭住房消费调查（CFHCS）的部分数据展开分析，该数据包括北京等26个城市1520个家庭样本[①]。

（1）对当期房价的评价。为了更明确了解住房市场的运行情况，对微观数据进行深入分析，首先讨论微观家庭对当前住房市场的评价。图11-2是受访家庭对当前房价水平的评价。从该图可知，13.36%的家庭认为房价太高，完全无法接受，38.40%的家庭认为房价较高，44.16%的家庭认为当前房价较高但能勉强接受，仅有3.71%的家庭认为房价较低，认为非常低、完

---

① 本章使用"南开大学2015年中国家庭住房消费调查数据"中的26个城市的数据，这些城市包括天津、北京、包头、徐州、太原、哈尔滨、衡阳、秦皇岛、安顺、大同、阜阳、贵阳、海口、呼和浩特、湘潭、济南、兰州、洛阳、吕梁、庆阳、天水、乌鲁木齐、宿州、沂州、郑州、遵义市。

全可以接受以及未说明情况的城镇家庭仅占 0.37%。这表明大部分家庭仍无法接受高房价。我国过高的房价收入比使得很大一部分家庭无法承担沉重的购房压力，2014 年下半年以来房地产市场的下行实际上并未导致房价的向下调整，大多数居民认为房价较高。

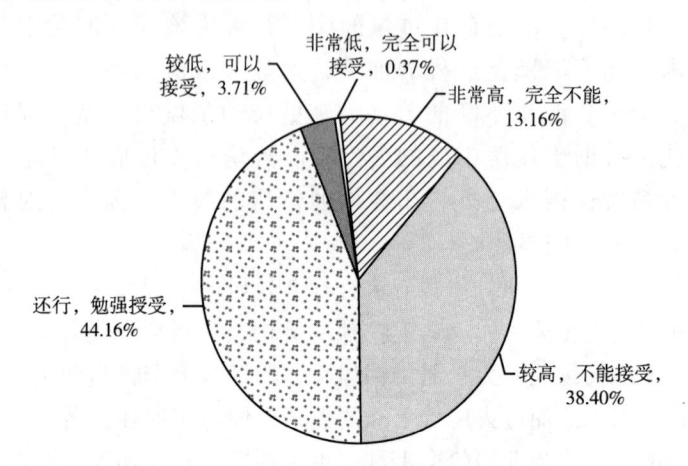

图 11-2 居民对当前房价水平的评价

数据来源：南开大学中国家庭住房消费调查数据（2015）。

（2）住房支付能力。住房支付能力反映了一定时期的潜在住房市场需求量，它是居民实际能负担的住房购买能力，它是居民购买住房的前提和必要保障。家庭的住房支付能力提高，说明该家庭能购买环境更舒适的住房或是购买多套住房以满足投资需求。在调研样本中，约 45.88% 的家庭其住房支付能力较上年度没有变化，约 36.52% 的家庭住房支付能力提高，大约 12.17% 的家庭下降。上述数据表明大多数家庭的住房支付能力没有变化，这将影响未来的住房需求规模。

家庭对未来一年住房支付能力的预期如图 11-3 所示，从该图可知，约 40.64% 的家庭其住房支付能力较上年度没有变化，约 39.51% 的家庭预期未来住房支付能力有所提高，其余 13.11% 的家庭的住房支付能力则有所下降。从上述数据可以看出，当期住房支付能力与未来住房支付能力预期差别较小，即大多数家庭的住房支付能力处于不变或略有下降的水平，这表明未来住房需求增长幅度仍然有限。

（3）对当前购买时机的评价。图 11-4 是受访家庭对当前购房时机的评价，从该图可知，64.73% 的家庭认为当前购房时机不太好，8.44% 的家庭认为当前购房时期很不好，仅有不到 5% 的家庭认为当前购房时机好。由于当

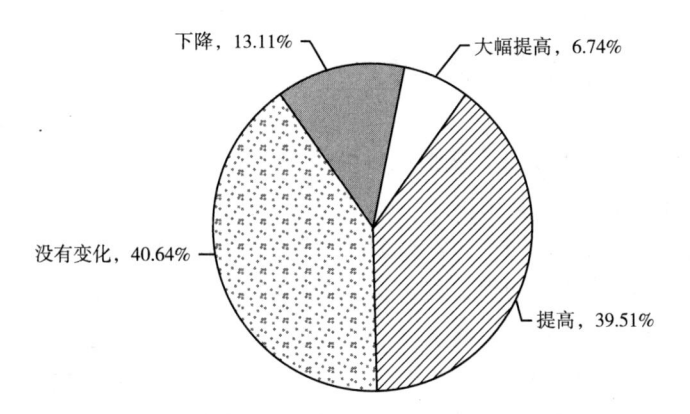

图 11-3　居民预期未来一年住房支付能力变化情况

数据来源：南开大学中国家庭住房消费调查数据（2015）。

期的住房消费预期会对未来预期产生影响，因此从当期的评价来看，未来住房市场发展仍然不容乐观。

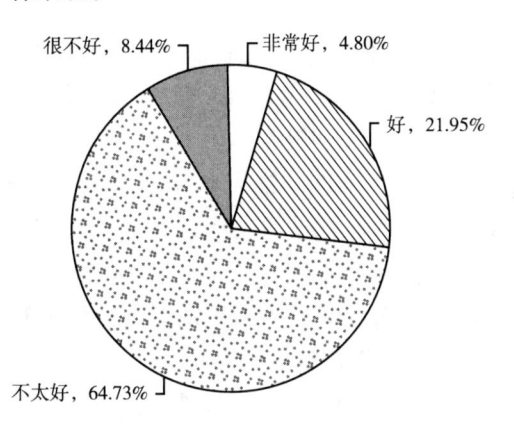

图 11-4　居民对当前购房时机的评价

数据来源：南开大学中国家庭住房消费调查数据（2015）。

　　基于以上微观调查数据的分析，我们发现大多数居民认为当前房价较高，且大多数城镇家庭的住房支付能力明显增强。这意味着，住房市场潜在消费还是可期的，但人们对未来住房市场预期并不乐观，对购房持保守谨慎的态度。因此，大量潜在需求由于房价居高不下而受到一定的抑制，从而影响住房需求持续增长。

(二) 投机性需求与刚性需求

1. 城市人口规模增加，刺激刚性需求

近10年，我国城市化水平有了明显提升，目前我国城市化水平达到55%。随着城市化进程加快，农村劳动力逐渐向城市迁移，增加了住房需求。同时，随着人口流动性增强，城市适婚年龄的青年人口增加也进一步提高了住房需求。此外，随着居民收入水平的不断提高，对住房的改善性需求也与日俱增，以上种种因素都在一定程度上刺激了城市住房消费。另一方面，2008年全球经济危机对我国资本市场产生了较强的消极影响，导致股票市场收益率降低，再加上我国相对较低的储蓄利率，使得资本所有者找不到投资的出路，在这样的背景下，出现了"温州炒房团"、国际热钱流入我国住房市场，甚至大部分做实业的企业家也将资金用来拿地、开发楼盘，而脱离实体经济运营。

图11-5的左图是35个大中城市住宅销售面积与城市总人口的相关关系图。从该图可以看出，随着人口增加，住宅销售面积呈现大幅度上涨趋势。这说明住宅销售面积受人口规模影响较大，人口增加大幅度拉动住宅消费，2002~2013年间，住宅的刚性需求随人口规模增加而不断扩大。图11-5的右图是北京、天津、上海和重庆四个直辖市的住宅销售面积与人口的关系图。直辖市的情况与全国大体上是一致的，人口规模增加带来住房需求增加。其中，增量人口的住房需求则属于住房消费需求。

2. 住房市场乐观预期，增加投资性需求

根据购房者的目的不同，将住房需求划分为消费性需求和投资性需求。住房消费是为了满足居住需要，而住房投资则是为了获取一定的资产收益。住房消费需求是指"对住房服务的需求"，住房投资需求是指"对住房资产的需求"。但由于住房的独特性质，是具有跨期特征的消费品，因此住房商品的需求取决于家庭的收入水平。1998年住房货币化、市场化改革以来，住房市场迅猛发展，住房交易价、量齐增，刚性需求得到有效释放。随着经济快速发展，2003年房地产成为国民经济的支柱性产业，伴随着住房价格的持续上涨，人们对未来住房价格上涨持乐观预期，投资性需求也呈上升趋势。

住房消费需求与贷款利率具有高度相关性，贷款利率的高低影响住房需求，贷款利率降低，购房成本降低，住房消费需求增加；反之，贷款利率提

住宅销售面积与人口相关性

住宅销售面积与人口相关性（直辖市）

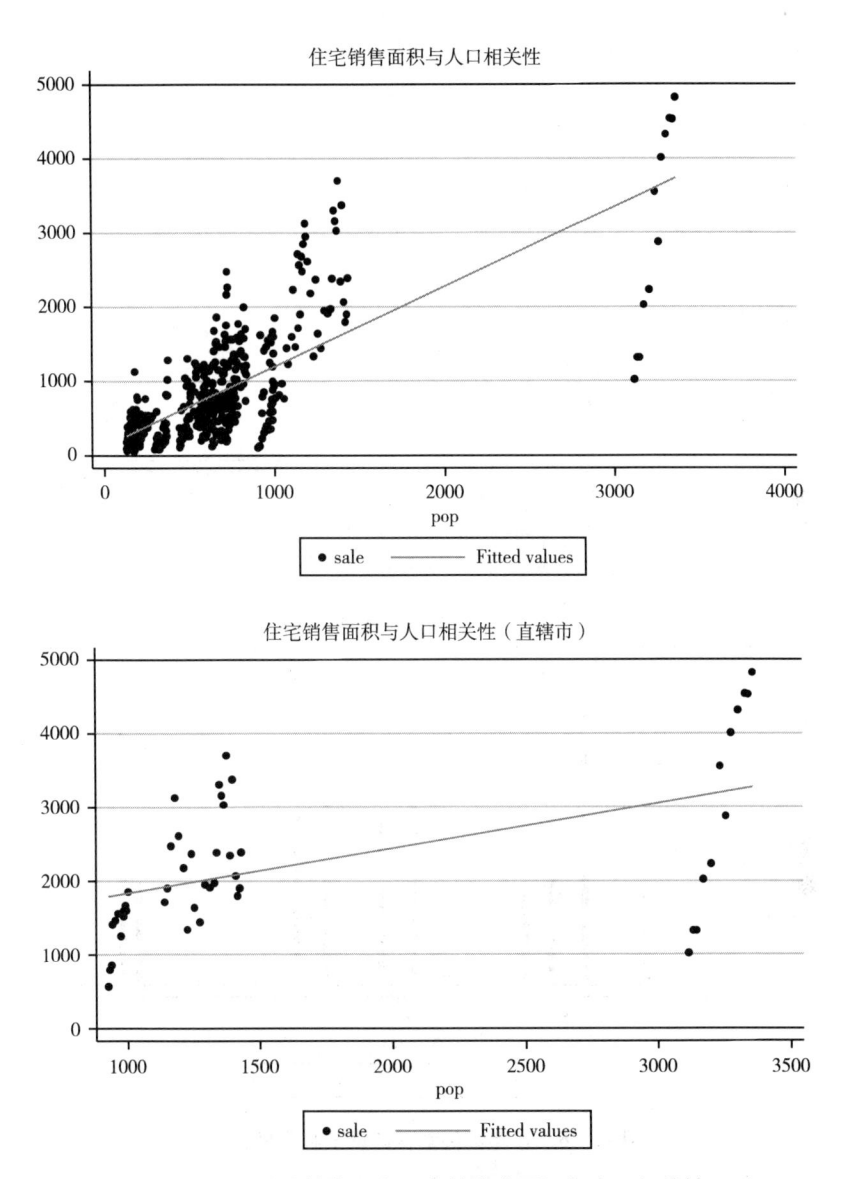

图 11 - 5　住宅销售面积（直辖市右图）与人口相关性

高，购房成本增加，住房需求降低。图 11 - 6 是住宅销售面积与贷款利率相关性分析，可以看出住宅需求随贷款利率的提高而增加。贷款利率反映了同一时期资本投资的机会成本，贷款利率越高，进行住房投资或投机的成本越高。但我国住宅投资（或投机）需求随着贷款利率的提高反而增加，产生该结果的一个可能原因是投机者对未来住房市场的乐观预期，认为房价还会不断上涨，使得长期来看投资收益远远大于投资成本。

住宅销售面积与工资相关性（直辖市）

住宅销售面积与贷款利率相关性

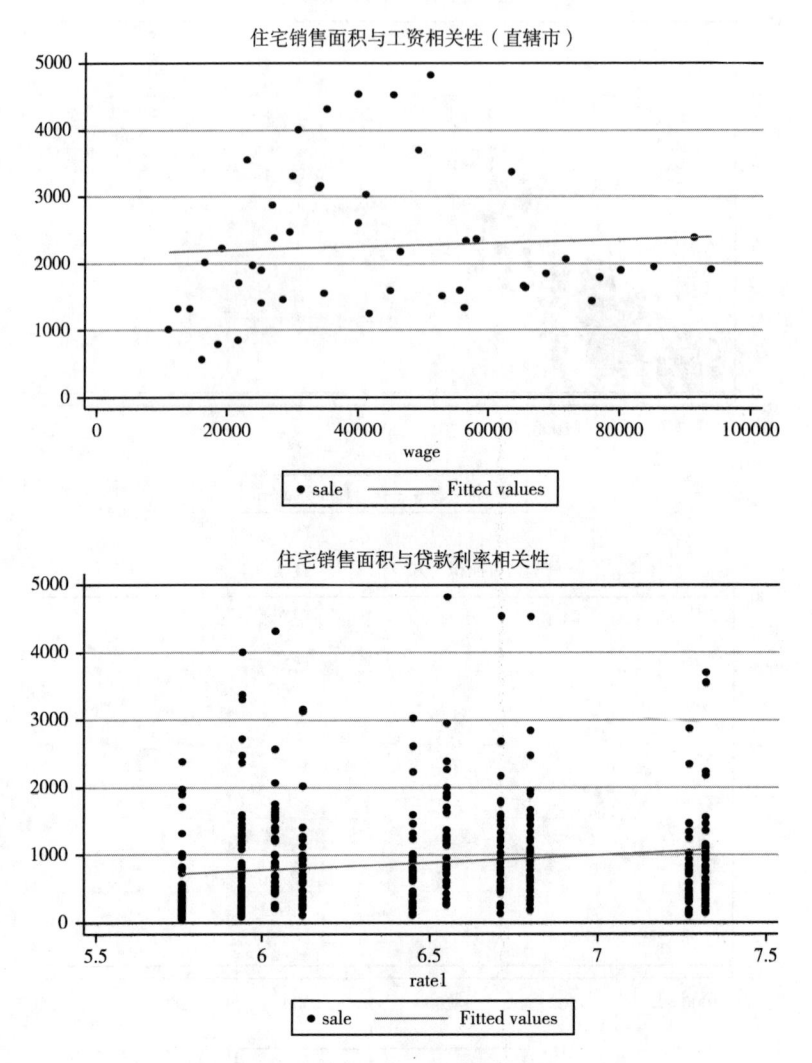

图 11-6　住宅销售面积与贷款利率相关性

上述分析表明，住房需求增长导致的住房价格快速、持续上涨，使消费者保持价格继续上涨的预期，如果价格上涨预期收益高于利率成本，此时即使采取提高利率的政策，也难以影响市场中的投资需求。由此可见，住房市场乐观预期与投资性需求有着密切的关系。

（三）预期与家庭消费决策

本章所使用的微观调查数据能够较为真实地反应居民的住房消费情况，下面将基于该数据对家庭购房决策做进一步分析。图 11-7 是未来家庭住房投资需求意愿的调查数据，购房意愿较为强烈的家庭比例约为 8.35%，而购房意愿不太强烈的家庭达到 23.72%，另外，52.18% 的家庭购房意愿一般。这说明大部分家庭认为现在购房时机不好，导致其对于未来住房市场预期不乐观，使得原本具有购房需求的家庭持观望态度，购房意愿整体上不强烈。

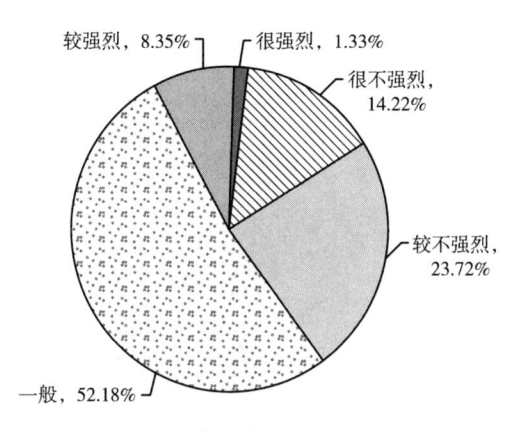

图 11-7　家庭未来住房投资需求情况

数据来源：南开大学中国家庭住房消费调查数据（2015）。

未来 1~2 年家庭购房可能性的统计结果，如图 11-8 所示，约有 39.22% 的家庭基本上不太可能在未来两年内购房，仅有约 10% 的家庭在未来两年内会选择购房。由于未来两年的购房决策信息能较为准确地反映预期，这表明在未来两年内，城镇家庭购房意愿不强烈，我国住房市场需求仍将处于疲软状态。

如果未来两年内有购房意愿，其购买住房的目的具体如图 11-9 所示。该图显示，为了改善居住条件的比例为 52.02%，说明现阶段我国的住房刚性需求主要来自于改善型住房需求；首次置业的家庭比例为 4.64%，说明没有住房的家庭所占比例较低；给父母或其他家人居住的比例为 24.37%，这部分需求可能是为年老的父母或是子女独立门户而购买住房，也体现了住房市场的刚性消费需求。投资需求的比例仅占 7.35%，这一方

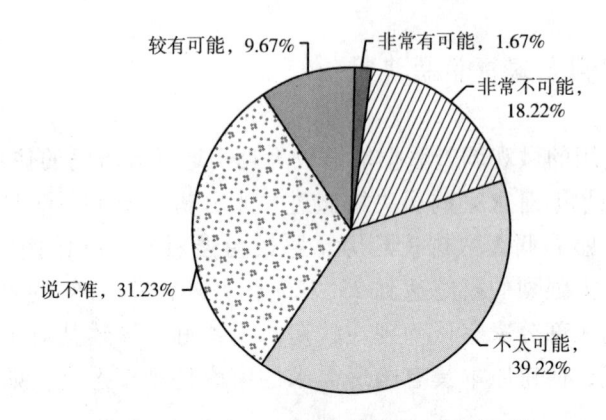

图 11-8 未来 1~2 年家庭购房可能性预期

数据来源：南开大学中国家庭住房消费调查数据（2015）。

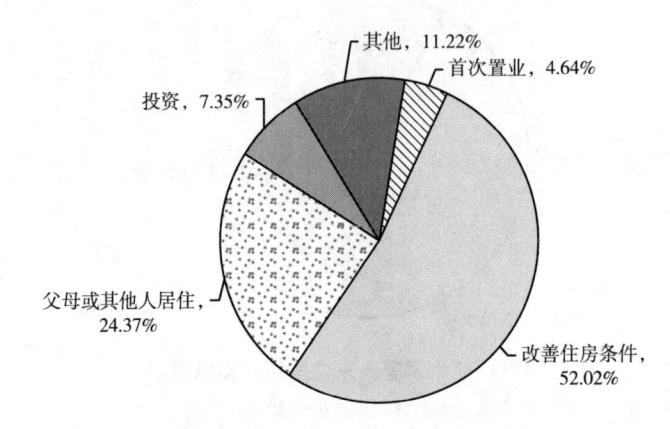

图 11-9 未来两年家庭购房目的情况

数据来源：南开大学中国家庭住房消费调查数据（2015）。

面说明我国住房的投资需求或者投机需求并未占主导地位，仅仅占家庭住房需求较小的比例，住房的投资属性并不太明显，居民购买住房主要还是为了家人居住或是改善居住条件，也即刚性需求。另一方面，表明家庭对未来住房市场预期不太乐观，投资愿望不强烈。2014 年下半年以来，我国住房市场整体上出现较为明显的疲软态势，影响了购房者的预期，尤其是投资（投机）需求者的预期受到了价格波动的影响，使得住房投资需求大幅减少。

二、偏好与住房消费决策

本节所讨论的住房消费偏好是指家庭对于住房的租买选择偏好。影响住房偏好（租房或买房）的因素较多，主要包括家庭收入、房价、租金、城市的区位以及其他社会环境因素。拥有自己的住房（在城镇一般是买房）是大多数中国人的传统，所谓"居者有其屋"，拥有住房是一种生活理念，也是许多城市居民毕生最大的财富。然而，对于许多城市中低收入者，所谓的"夹心层"、在异乡打拼的青年劳动力、大量的城市流动人口等，他们因收入、户籍或工作流动性大等因素的限制，以及另一部分不愿当房奴的人，会选择租赁住房。对每个人或每户家庭真实的住房偏好，我们不得而知，但由于偏好决定其最终的住房消费需求决策，因此我们可以根据他们最终做出租买的消费选择决策，推断其住房偏好。

（一）全国层面居民家庭住房权属结构与消费决策

根据2010年全国人口普查关于居民房源的数据，如表11-2所示，我们可以对全国及分地区居民住房偏好及消费决策进行具体分析。

表11-2　　　　　　　　　全国居民住房权属　　　　　　　　单位:%

地区	租赁廉租住房	租赁其他住房	自建住房	购买商品房	购买二手房	购买经适房	购买原公有房	其他
全国	1.45	10.50	62.31	11.34	2.73	2.18	6.83	2.66
北京	1.46	32.65	16.55	18.09	3.15	4.91	17.57	5.62
天津	2.29	19.74	30.18	25.33	4.65	1.77	9.19	6.84
河北	0.65	3.36	75.78	9.57	1.66	1.71	6.11	1.17
山西	1.47	9.11	62.26	8.35	1.67	3.87	10.25	3.02
内蒙古	1.47	13.40	50.29	14.99	6.74	2.27	8.10	2.73
辽宁	0.81	7.45	42.68	21.82	6.70	3.86	14.97	1.70
吉林	0.75	6.19	49.21	18.29	7.97	4.38	11.00	2.21
黑龙江	0.79	6.59	44.99	17.90	11.36	3.61	12.75	2.01
上海	2.05	37.55	12.10	25.11	6.11	0.31	14.28	2.49

续表

地区	租赁廉租住房	租赁其他住房	自建住房	购买商品房	购买二手房	购买经适房	购买原公有房	其他
江苏	1.18	11.45	59.17	14.97	2.57	3.38	5.24	2.04
浙江	1.34	27.12	49.40	10.40	3.79	0.83	3.32	3.81
安徽	0.85	5.63	73.56	8.76	1.67	1.97	5.30	2.26
福建	3.39	16.98	58.19	9.02	2.08	1.10	3.24	6.01
江西	1.06	5.60	71.51	10.14	1.62	0.81	6.64	2.61
山东	0.85	3.85	72.34	10.46	1.73	2.18	6.58	2.00
河南	0.66	3.54	80.28	7.09	1.08	1.53	4.53	1.29
湖北	1.24	6.86	65.00	10.31	2.35	1.70	10.01	2.53
湖南	1.31	4.72	74.45	8.05	1.45	1.59	6.17	2.26
广东	4.71	25.20	46.42	13.09	1.94	0.94	3.96	3.73
广西	1.49	6.44	77.43	4.89	0.81	1.23	4.91	2.81
海南	3.23	9.16	65.24	5.18	1.17	2.25	8.59	5.16
重庆	1.07	9.27	59.81	16.16	2.75	3.63	4.67	2.64
四川	1.14	6.56	70.70	9.99	1.95	2.06	4.45	3.17
贵州	1.11	8.33	75.56	5.76	1.17	1.53	3.89	2.65
云南	0.96	9.02	74.52	4.78	1.57	1.78	4.72	2.66
西藏	6.83	12.98	69.14	0.92	0.66	3.29	0.65	5.53
陕西	1.77	9.78	66.56	8.12	1.15	2.21	8.04	2.36
甘肃	0.84	5.76	70.47	8.85	1.59	2.38	8.07	2.04
青海	1.57	9.41	57.21	9.98	3.41	3.78	9.42	5.24
宁夏	1.05	10.54	51.97	18.31	4.07	4.31	7.30	2.44
新疆	2.15	9.78	52.05	11.40	3.95	7.48	10.43	2.77

数据来源：国家统计局。

首先，分析全国层面偏好及消费决策。全国家庭的房源结构如图11-10所示，从该图可以看出，购买商品房、二手房、经济适用房、原有公共住房的比例分别为：11.34%、2.73%、2.18%、6.83%，说明城市家庭自有住房主要是购买商品房，也有较大一部分居民购买原有公共住房和经济适用房[①]。

---

① 2010年全国人口普查关于居民房源数据显示，全国有62.31%的家庭居住在自建住房中。此外，大部分乡镇居民虽然为城镇居民，但其住房也是自建住房，还有部分城市居民也住在自建房内。1998年住房市场化改革之前，除部分单位和政府集资建的公共住房外，其他市民皆为自建住房。住房市场经过10多年的发展，绝大多数城镇居民家庭住房消费均是市场化的形式。因此，本节在分析城镇家庭住房偏好与决策时没有进一步分析自建房的情况。

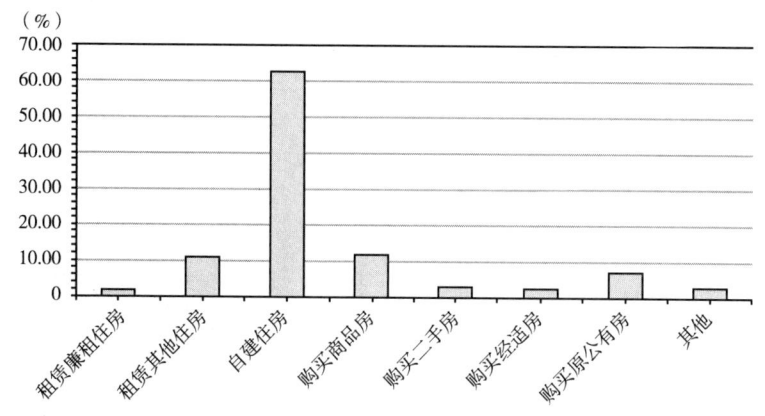

图 11 - 10 住户家庭的房源结构

数据来源：国家统计局。

在租赁住房方面，租赁廉租住房的比例仅为 1.45%，有 10.5% 的家庭租赁其他住房，也即全国城镇人口约有 1/10 的家庭是选择租赁住房。目前，仍有部分家庭选择租房居住，其可能得原因是过高的房价及工作的流动性或是偏好于转换不同的居住环境。

（二）不同地区的偏好消费决策

本部分对全国不同地区的居民家庭住房偏好进行分析，将全国分为东部地区、中部地区和西部地区[①]。表 11 - 3、图 11 - 11 是东、中、西部地区家庭住房房源结构分布情况。从表 11 - 3、图 11 - 11 可以看出，东部地区购买住房和租赁住房的比例均高于中、西部地区，而且租赁住房的比例远远高于中、西部地区，达到近 20%，这说明东部地区更多的城镇居民家庭选择租赁住房。这是因为东部地区经济发达，房价收入比远高于中、西部地区，租赁住房较为适宜，同时，东部地区租赁住房市场比较发达，能为租房者提供满足其需求偏好的住房。对于商品房的消费需求，东、中、西部地区分别为：14.82%、11.11%、9.51%，东部地区商品房的比例高于中、西部地区，这是由于东部地区住房市场较为活跃、刚性需求较大。但随着全国住房市场的发展，各地区差异在缩小。

---

① 本章中东部地区包括北京、天津、上海、河北、辽宁、江苏、浙江、福建、山东、广东、海南，中部地区包括山西、吉林、黑龙江、安徽、江西、河南、湖北、湖南，西部地区包括甘肃、新疆、贵州、重庆、内蒙古、广西、四川、云南、陕西、青海、宁夏、西藏。

表11-3　　　　　　　　　不同地区的住房权属　　　　　　　　单位:%

地区	全国	东部地区	中部地区	西部地区
租赁廉租住房	1.45	2.00	1.02	1.79
租赁其他住房	10.50	17.68	6.03	9.27
自建住房	62.31	48.00	65.16	64.64
购买商品房	11.34	14.82	11.11	9.51
购买二手房	2.73	3.23	3.65	2.49
购买经适房	2.18	2.11	2.43	3.00
购买原公有房	6.83	8.46	8.33	6.22
其他	2.66	3.69	2.27	3.09

数据来源：国家统计局。

此外，从表11-3、图11-11还可以看出，与西部地区相比，中部地区二手房比例较高，说明相对于西部地区来说，中部地区家庭比较能够接受从二手房市场购买住房。其可能的原因是，中部地区住房市场较为发达，二手房供给能够满足市场需求；中部地区人口规模较大，随着居民生活水平提高，住房改善性需求增加，二手房在价格和供给多样化方面占有优势，这是其拥有较大吸引力的重要原因。此外，西部地区人均收入水平相对较低，国家的住房保障政策对其提供优惠的住房政策，因而经济适用房和租赁廉租房的比例高于中部地区。

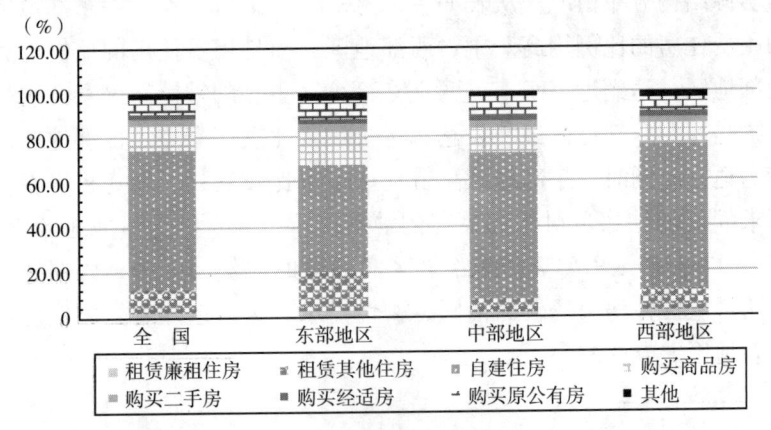

图11-11　东、中、西部地区家庭住房房源结构

数据来源：国家统计局。

(三) 不同受教育水平的偏好与消费决策

不同受教育水平家庭的住房房源结构分布如表11-4、图11-12所示。从表11-4、图11-12可以看出，受教育水平在初中及以下的，自建房比例较高，其中受教育水平为未上过小学、小学及初中的自建住房比例分别达到84.04%、81.76%和65.66%，受高中教育的家庭其自建住房比例大幅度降低，仅为34.54%。与前分析具有一致性，受教育程度低的往往是农村居民，他们在农村拥有自建住房。从表11-4还可以看出，受教育水平越高，一般情况下收入会较高，住房支付能力较强，偏好于购买商品房，而初中或高中教育水平的家庭，其工作稳定性差，收入水平较低并且有部分是城市流动人口（包括部分农村转移劳动力），这部分家庭更倾向于租赁住房。

表11-4 不同文化程度的住房权属结构 单位:%

住房来源	总计	未上学	小学	初中	高中	专科	本科	研究生
租赁廉租住房	1.50	0.80	0.96	1.74	2.02	1.67	1.50	1.85
租赁其他住房	10.89	4.02	6.18	12.92	14.93	12.98	12.00	15.68
自建住房	60.98	84.04	81.76	65.66	34.54	12.06	4.83	1.75
购买商品房	11.76	2.34	3.22	7.69	22.58	40.06	46.53	45.91
购买二手房	2.82	1.32	1.58	2.57	4.51	5.40	5.83	7.25
购买经适房	2.26	1.05	1.08	1.77	4.01	5.69	5.97	6.02
购买原公有房	7.03	3.75	3.34	5.32	13.60	16.78	17.55	15.95
其他	2.75	2.67	1.89	2.32	3.81	5.36	5.79	5.59

数据来源：国家统计局。

此外，表11-4还显示，受教育水平为研究生水平的家庭其租赁住房的比例最高为17.53%（租赁廉租住房与租赁其他住房之和），说明最高学历的家庭其住房自有率相对最低，他们更多的偏好于租房。产生上述结果的可能原因有两个方面：一方面是受研究生学历的家庭消费习惯和财富积累速度影响，研究生家庭在工作初期住房支付能力较为有限。另一方面，从研究生家庭购房行为上来讲，大多数研究生家庭更希望通过自力更生购房，接受父母或亲戚馈赠较少，也是研究生家庭租房而不购房的一个主要原因。

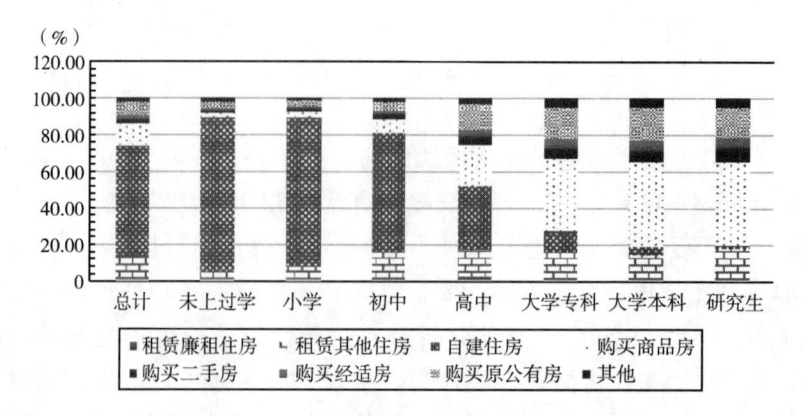

图 11-12 不同受教育水平住房权属结构

数据来源：国家统计局。

通过以上图表分析，我们发现：就全国来说，商品房及二手房的比例高于租赁住房，城镇居民更偏好于买房；就不同地区来说，东部地区购买住房和租赁住房的比例均高于中、西部地区，中部地区二手房比例较高；按不同受教育年限来讨论，受教育水平越高的家庭，其购买住房的比例越高，受教育程度为初中和高中的家庭租赁住房比例高于受大学（不含研究生家庭）教育水平的家庭。

三、住房消费决策预测

（一）市场整体预期不容乐观，住房需求持续低迷

由于包括房地产开发商、购房者等的住房市场主体形成了下行的预期，住房市场过剩的产能需要释放，虽然连续出台了多项促进消费的调控政策，但这不足以吸引投资者。因此，未来住房市场整体预期不容乐观，消费者将持有较为谨慎的住房消费心理。

此外，随着城镇化和居民收入的提高，消费性需求和改善性需求会增加。住房市场的实际情况却是，政府不允许房价下跌，一系列的刺激政策的出台，的确带来了住房市场的小幅度回升，但对处于调整时期的住房市场，仅仅是昙花一现。开发商的大量库存，对未来住房市场发展是一个考验，大量中低收入阶层居民拥有购房意愿，但高价格仍然是这些需求难以释放的主要障碍。

(二) 投机性需求逐渐淡出，市场主体转向消费性需求和改善型需求

在政府出台严格的限购政策之前，我国住房市场普遍持有价格上涨预期，这使得市场需求更多地表现为投资需求，即消费者购买住房的主要目的是获得投资收益，而不是自住消费。而在实施严格的限购、限贷政策后，投资购房的成本已远高于住房资产价值增值收益，这使得住房市场投资需求大幅下降。但该调控政策带来的另一个影响是，自住型住房消费也随之下降。2013年下半年以来随着住房市场进入调整期，为鼓励自住型消费，政府先后出台了取消限购政策、降低首付比例、住房转让营业税"五改二"等政策。由此可见，在未来很长一段时期内，住房市场的消费主导将是消费性需求和改善性需求，而投机性需求将逐渐淡出，房价会逐步回归理性，在经过结构性调整之后，住房市场将会保持长期健康稳定发展。

(三) 住房消费者偏好变化对住房市场运行影响预测

本章前面基于学历讨论了住房消费者家庭偏好对住房市场的影响，就当前中国住房市场来看，投资性需求受到一定的抑制，而真正的改善性需求还有很大的空间，释放改善性需求，适度抑制投资性需求，也符合政府对住房市场的调控目的。每年百万大学毕业生，大学生就业受到社会强烈关注，住房质量差、住房难、住房负担重等问题也越来越受到重视。可以预见，高学历大学生的住房消费习惯相较以往有了较大改观，这些高素质大学生一旦职业稳定，其购房愿望会越来越强烈。这部分家庭住房消费偏好会从初期租房转到购房，随着其住房支付能力上升，其刚性需求会刺激住房市场发展。

从区域层面来看，区域住房市场发展与人口流动有着密切的联系，我国城镇化率已经超过50%，而人口流动导向将强烈影响住房市场，经济发达地区和发展较快的地区的"虹吸效应"会明显加强，会加快人口向这些地区集聚。住房消费者偏好会强烈影响区域住房市场走向，未来一段时期，我国住房市场将进一步分化，区域差异会拉大。此外，由于资源禀赋约束，一线城市、准一线城市刚性需求和改善性需求依然强烈，住房市场供小于求，将会出现量少价增。二线城市和较为发达的三线城市资源约束相对较小，供求较为平稳，住房消费者购房预期不如一线城市，这一类地区住房市场将从"扩

规模"到"调结构"转变，进入价格趋于稳定阶段。四线城市由于过度扩张，由于住房消费者自有住房率较高，住房消费者改善性需求动机不足，难以撬动当地住房市场。

　　综上所述，不同地区、不同类型的城市住房消费者偏好不尽相同，一线和准一线城市住房消费本处于住房供给较为紧张阶段，而住房消费者会更倾向购买住宅，从而进一步繁荣住房市场，推高房价。二线城市、较为发达的三线城市，刚性需求较为强烈，改善性需求意愿不如一线、准一线城市强烈，住房消费者偏好较为稳定，这一类地区住房市场处于量价企稳的阶段，住房市场不会大起大落。三线较弱城市和四线城市，住房市场处于供大于求的阶段，住房消费者偏好变化并不足以驱动住房市场，此类地区住房市场将会明显萎缩。

第十二章

住房价格风险与住房消费决策分析

一、住房价格风险形成的经济背景

住房制度改革促使我国住房市场化水平快速提高，住宅投资增速明显加快，住房供给规模快速增加。1998~2014年，我国城镇住宅投资额由4311亿元增加到64352亿元，年均增长19%。城镇居民住房条件明显改善，居民住房福利水平得到明显提升。统计资料显示，1999~2014年间我国城镇居民人均住宅建筑面积从19.42平方米增加到35.1平方米，增加了近1倍[①]。此外，我国住宅私有化率已超过80%，随着我国住房市场的建立和发展，基础民生投资及增长持续强劲，住房市场投资增速趋缓，但住房价格和住宅需求处于长期高位运行趋势。

从图12-1可以看出，1998年以来，我国房地产进入高速发展的轨道，国家也根据经济、社会环境对房地产业进行阶段性的、必要的宏观调控，但是从总的投资趋势来看，我国房地产投资规模从1998年的3614.4亿元到2003年突破10000亿元大关，再到2014年的95000亿元，期间投资额增长了26倍，年均增长高达22.67%。2014年以来，由于政府宏观调控，房地产投资增速显著放缓，房地产投资增速进一步下行，房地产销售面积和销售额同比大幅下滑，70个大中城市中房价下跌城市不断增加。随着住房市场进入新的调整阶段，地方政府开始陆续取消限购政策，不断放松调控，中国人民银行最终也出台政策放松第一套房购买认定政策，释放改善性需求。

---

① 数据来源：《中国统计年鉴》，中国统计出版社，2014。

中国住房消费发展报告（1998－2015）

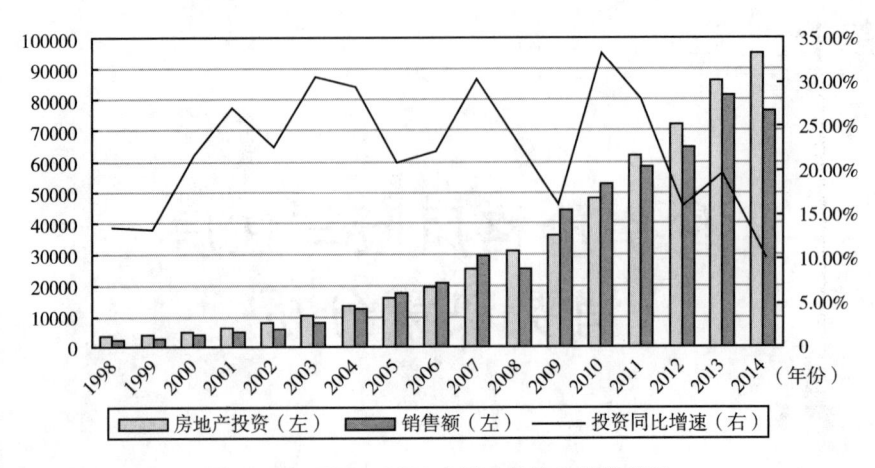

图 12－1　1998～2014 房地产投资与销售情况

数据来源：wind 资讯。

此外，住房市场规模也迅速扩大，销售额从 1998 年的 2513.3 亿元增加到 2014 年的 76300 亿元，我国住房市场规模扩大了 30 倍，年均增长 23.78%。分阶段来看，在 2008 年，受国际金融危机影响，住房销售额出现下滑，经过宏观调控，2009 年住房销售额出现爆发式持续上涨。2014 年以来，政府针对不同城市情况分类调控，增加中小套型商品房和共有产权住房供应，抑制投机投资性需求，促进住房市场持续健康发展，房价持续走低。

据统计，1998～2003 年全国房屋销售价格指数在 100～104.8，2004～2008 年，该价格指数在 105.5～109.7[①]。受全球金融危机影响，2009 年房地产价格首次出现了下降的趋势，在国家住房消费政策支撑下，住房市场迅速回暖，并且呈现非理性上涨的态势。随着 2011 年限购政策的实施，住房价格开始出现停涨和下降的趋势。2011 年 11 月，国家统计局发布 10 月份 70 个大中城市住宅销售价格变动情况显示，新建商品住宅价格下降的城市有 34 个；二手住房价格下降的城市有 38 个。2015 年 4 月，全国 100 个城市（新建）住宅平均价格为 10522 元/平方米，其中有 39 个城市环比上涨，60 个城市环比下跌，1 个城市环比持平。显然，住房价格的长期高位运行和频繁波动使得住房市场累积了较大的价格风险。

住房价格上涨或下跌，是市场经济中正常的表现，但住房价格持续的大幅度上涨或者下降，说明了住房价格风险的存在。当前，我国经济步入新常

① 数据来源：wind 资讯。

态，住房市场也随之进入新一轮的调整周期，这将进一步加大住房市场的不确定性，并对住房价格风险产生正向影响。

二、住房价格风险分析和评估

（一）住房价格风险分析

从图12-2给出的住房平均价格走势来看，2010年6月至2015年6月间，国内一、二、三线城市住房价格仍处于高位运行状态，尽管在2013~2014年堪称史上最严调控下略有下跌，但进入2014年10月以来，政府放松调控，放宽二套房融资政策，住房价格出现小幅上涨[①]。从住房消费承受能力来看，居民仍面临较大的支付压力。例如，2010年6月，一线城市住宅均价20799.50元，二线城市住宅均价8637.86元，三线城市住宅均价6396.15元。到2015年6月，一线城市住宅均价就高达29516.25元/平方米，二线城市住宅均价达9893.5元/平方米，而三线城市住宅均价也达到6749元/平方米。一、二、三线城市年均增速分别为2.36%、0.91%和0.36%[②]。显然，无论在价格增量还是在价格绝对上涨方面，一线城市价格上涨幅度高于二三线城市。与同期一线城市居民可支配收入相比，一线城市住房价格增速明显高于城镇居民可支配收入增速。这意味着，一线城市已经存在明显的住房价格风险，虽然二三线城市住房价格呈现上涨趋势，但是分化较为明显，一些资源型城市、旅游城市在短时间出现较高的价格上涨，推升了住房价格风险。

目前，从国际判断房价泡沫的相关指标（租售比、房价收入比等）来看，2014年全国35个大中城市房价收入比中，深圳的房价收入比超过了20，位居第一位，其次是厦门、北京、上海、广州、杭州和福州分别达到了15.5、14.5、11.9、11.8、10.8和10.8。国内大部分城市房价均处于高位运行状态，房价水平已经大大超过了居民的实际购买能力，这意味着居民面临较大的购房压力。

[①] 城市划分标准详见本报告附录1。其中，一线城市：北京、上海；二线城市：广州、深圳、天津、重庆、杭州、南京、武汉、沈阳、成都、西安、大连、青岛、宁波、苏州、长沙、济南、厦门、长春、哈尔滨、太原、郑州、合肥、南昌、福州；三线城市：百城中除一线城市、二线城市之外的其他74个城市。

[②] 数据来源：wind资讯。

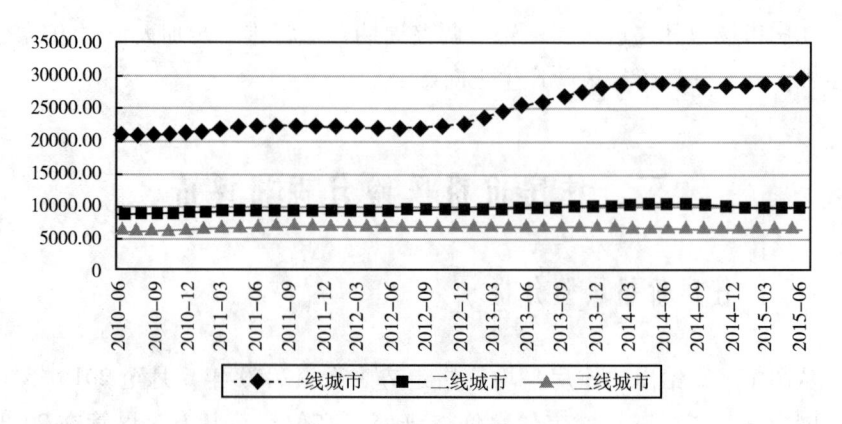

图 12-2 一、二、三线城市住宅平均价格走势

数据来源：wind 资讯。

注：这里我们只罗列全国 70 个大中城市住房价格风险指数排名前 10 名的城市，具体城市住房价格风险详见本报告附录 2。

其次，从房价指数走势来看，2014 年 70 个大中城市新建商品住房价格指数触底后出现反弹。从图 12-3 可以看出，2005 年 7 月～2008 年 7 月间国内 70 个大中城市新建商品住房价格指数出现持续的上涨态势，但在 2008 年 8 月～2009 年 2 月间，受到由美国次贷危机引发的国际金融危机的冲击出现了近半年的价格持续回调。在经历短暂调整后，2009 年 2 月～2013 年 9 月间住房价格又开始新一轮的上涨。随着限购、限贷等政策的实施。从 2013 年 10 月至 2015 年 4 月，70 个大中城市新建商品住房价格出现了较大波动，部分地区更是出现了大幅降价的现象。由此不难判断，未来住房价格波动将成为我国住房市场的新特征，这也将进一步增大住房价格风险。

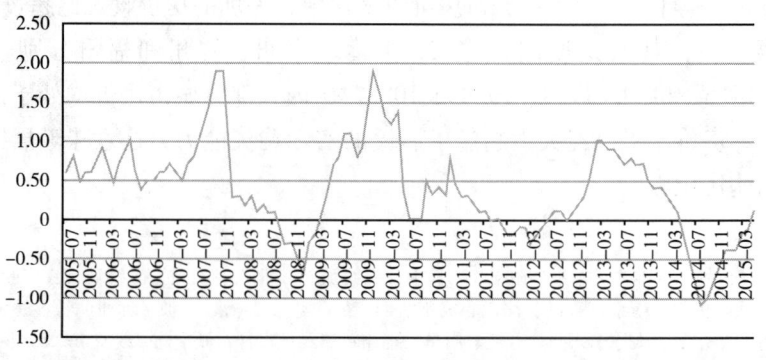

图 12-3 70 个大中城市新建商品住房价格指数环比增长率（%）

（二）住房价格风险评估

本节将利用住房销售价格数据计算 2011~2014 年 70 个中城市住房价格风险水平指数，并进行评估。[①] 其中，包括总指数、二手住房价格风险指数、新建商品住房价格风险指数。

按城市类型划分的住房价格风险指数如表 12-1 所示。从表 12-1 可以看出，各类城市在 2013 年住房价格风险达到"十二五"顶峰，2011~2014 年主要通过"土地、财税、金融、行政"等调控方式抑制房价快速上涨，2014 年，各类城市住房价格风险指数全面下降。一方面是受到此前住房宏观调控政策的影响。另一方购买者热情不高，观望明显，住房市场成交量下滑。进入 2015 年后，我国宏观经济环境发生变化，政府放松对住房调控，通过多种方式促进楼市健康发展，激活住房市场对经济发展的提振作用。但从政策实际效果来看，一线、和准一线城市在住房调控政策放松后，住房市场继续呈现"量价齐升"局面，从而推升了住房价格风险。而放松政策调控对二、三、四线城市住房价格影响有限。一线城市、准一线城市由于住房调控使其刚性需求和改善型需求受到抑制，这意味着这类城市在政策放松的情况下仍面临住房价格上升风险。二、三、四线城市在住房政策调控放松后，住房价格风险水平仍然下降，此类城市由于住房投机性需求推升了住房价格泡沫，未来住房价格风险仍然不容乐观。

表 12-1　　　　　　按城市类型分的住房价格风险指数

城市类型	2011 年	2012 年	2013 年	2014 年	2015 年上半年
一线城市	0.1088	0.1234	0.5180	0.3243	0.4257
准一线城市	0.1792	0.1334	0.3829	0.2605	0.3454
二线城市	0.1824	0.1979	0.2780	0.2374	0.1126
三线城市	0.1428	0.1813	0.3814	0.2704	0.1170
四线城市	0.1475	0.1392	0.2894	0.2514	0.1248

从各城市住房价格风险水平来看，表 12-2 统计了 2011~2015 年各城市住房价格风险水平前十名。2015 年上半年，住房价格风险指数排名前十位分

[①] 住房价格风险指数计算方法详见本报告附录 2。

别是深圳、北京、上海、牡丹江、广州、南宁、昆明、襄阳、锦州和合肥。住房调控放松后，各城市住房市场面临的住房价格风险分为三类。一类是投机需求为主推升的住房价格风险，此类城市以深圳为主。第二类是刚性需求和改善型需求为主推动的住房价格风险，此类城市以北京、上海、广州等城市为主。第三类是在当前城市住房价格下，供给大于需求所产生的住房价格风险，此类城市以二、三、四线城市为主，由于此前大规模的造城运动导致住房存量快速攀升，住房价格上涨快于城镇居民收入，导致供给失衡而引发住房价格风险。

表12-2　2011~2015上半年70个大中城市住房价格风险水平（前10名）

排名	城市	2011年	城市	2012年	城市	2013年	城市	2014年	城市	2015年
1	温州	0.7253	金华	0.6422	韶关	0.6849	南宁	0.6425	深圳	1
2	武汉	0.5253	温州	0.6369	常德	0.6272	三亚	0.5717	北京	0.4439
3	平顶山	0.5065	杭州	0.6016	贵阳	0.5875	泸州	0.4775	上海	0.4075
4	兰州	0.4213	宜昌	0.5229	南宁	0.5642	北京	0.4665	牡丹江	0.3973
5	福州	0.3545	昆明	0.3343	杭州	0.5621	西宁	0.4088	广州	0.2979
6	哈尔滨	0.3393	常德	0.3258	广州	0.5573	大理	0.3993	南宁	0.2808
7	南充	0.2929	宁波	0.3211	福州	0.5473	深圳	0.37	昆明	0.2776
8	秦皇岛	0.29	无锡	0.2625	上海	0.5236	韶关	0.3693	襄阳	0.2577
9	济南	0.2884	石家庄	0.256	北京	0.5124	杭州	0.3661	锦州	0.2541
10	重庆	0.2639	合肥	0.2555	深圳	0.5102	桂林	0.3519	合肥	0.2353

注：这里我们只罗列全国70个大中城市住房价格风险指数排名前10的城市，具体城市住房价格风险详见本报告附录2。

从住房新旧类型住房价格风险来看，2015年上半年，二手住房价格风险前十位分别为深圳、北京、牡丹江、昆明、上海、合肥、南宁、广州、韶关、南昌市。新建住房价格住房风险前十名为深圳、上海、锦州、湛江、杭州、包头、广州、襄阳、海口、九江市，具体如表12-3所示。从二手住房价格风险来看，二手存量住房价格风险较高的城市，比如，牡丹江、昆明、南宁等城市主要是由于前几年住房密集建设，城市规模扩张太快。一方面，2014年以来，牡丹江、昆明、南宁等城市二手住宅价格指数出现不同程度负增长。另一方面，这些城市住宅待售（空置）面积逐年上升。以2010~2013年为例，昆明2010年空置面积约24万平方米，而2013年高达338.8万平方米[①]。房企通过"控量提价"的方式去库存化，导致二手住房价格风险骤升。此外，北京、上海、广州等城市由于刚性需求和投资需求旺盛。2015年"330"新政以来，北京、上海、广州市二手住宅价格指数（环比）均出现不同程度增长，显示二手住房需求仍然旺盛。从新建住房价格风险来看，深圳、上海、广州等城市新建住房价格在2015年上半年持续上涨，其中，深圳最为上涨最为明显，新建住房价格超过32000元/平方米，导致这些城市新建住房价格风险上升；旅游城市海口新建住房价格风险较高，受"国际旅游岛"刺激，岛内旅游房产投机是导致其新建住房价格风险高的主要原因。

表12-3　　2014~2015年70个大中城市二手住房和新建住房价格风险

排名	二手住房价格风险				新建住房价格风险			
	城市	2014年	城市	2015上半年	城市	2014年	城市	2015上半年
1	南宁市	1	深圳市	1	三亚市	1	深圳市	1
2	北京市	0.5162	北京市	0.768	泸州市	0.7336	上海市	0.3566
3	牡丹江市	0.4595	牡丹江市	0.7516	福州市	0.5431	锦州市	0.3123
4	大理市	0.4463	昆明市	0.4889	唐山市	0.5385	湛江市	0.2504
5	韶关市	0.4413	上海市	0.4404	扬州市	0.5311	杭州市	0.2087
6	哈尔滨市	0.404	合肥市	0.4353	泉州市	0.5225	包头市	0.2083
7	广州市	0.384	南宁市	0.3954	徐州市	0.5196	广州市	0.2078
8	昆明市	0.384	广州市	0.3802	深圳市	0.5177	襄阳市	0.1979
9	沈阳市	0.3745	韶关市	0.38	西宁市	0.5142	海口市	0.1886
10	合肥市	0.3551	南昌市	0.3101	银川市	0.4971	九江市	0.1813

三、住房价格风险与住房消费决策

我国城镇住房制度改革使得住房的商品属性日益明确，住房价格也随之呈现不断上涨的趋势。与此同时，城镇居民住房的自有化率不断提高，房产逐渐成为城镇家庭资产构成中最重要的组成部分。在住房自有率不断提升的背景下，住房价格风险对居民住房消费支出究竟会产生怎样的影响？与上一节不同，本

---

① 数据来源于国家统计局。

节将使用住房价格波动方差表示住房价格风险,利用2010人口普查数据中城市家庭租房、购房、自建房等比例数据,分析住房价格风险与城市家庭住房消费结构的互动关系,以此来判断市场风险对城镇各类型家庭住房消费的影响。

(一)住房价格风险对购房家庭消费的影响

总体上来说,住房价格风险会影响购房家庭消费决策,即住房价格风险越大,购房家庭会选择观望或者停止购房。但对一些人口净流入的省份来说,住房价格风险对购房家庭影响有限,其刚性购房需求仍是驱动家庭购房的主要因素。住房价格风险与购房者家庭占比如图12-4所示。从该图可以看出,城市住房价格风险对家庭住房需求影响非常明显,住房价格风险越高,购房意愿逐渐减弱。北京、上海等购房行为受住房价格风险影响相比其他省(市)要小。北京、上海作为大都市,住房投机性购买高于其他地方。受城镇化驱动,大量农村居民迁居城市,导致甘肃、宁夏等地区住房刚性购买较为强烈。而自2000年开始由于各省市住房价格的上升幅度表现出明显的不同,尤其是北京、上海、天津、广东、海南、浙江、福建的房价增长速度明显高于其他省市,导致省级间住房价格的差距不断扩大,住房价格的地区差异特征日益明显。与此同时,省级之间住房价格风险程度也有巨大差异,从而对各省家庭购房行为影响也不尽相同。

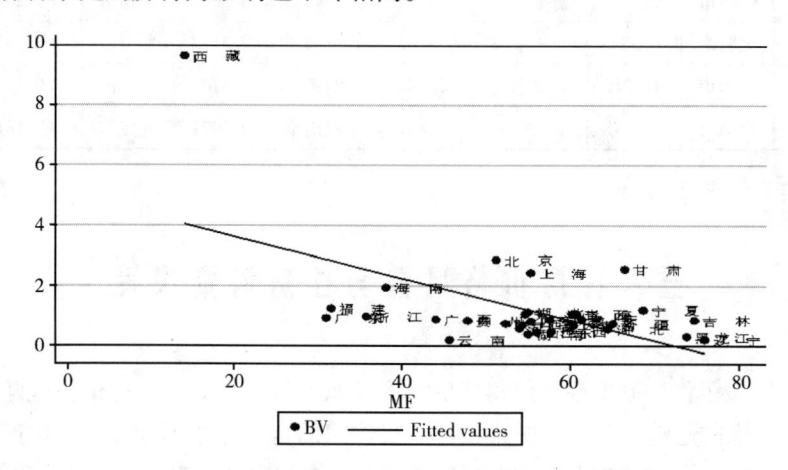

图12-4 住房价格风险与购房者家庭占比相关

从区域的角度看,东部地区人口密集,工业化程度高,住宅用地供给较为紧张,住房供需矛盾较为突出,而中西部地区面积广袤,土地供给相对宽松，住房需求压力较小，这使得住房价格的变动过程表现出较大的区域差异。表12-4给出了2000～2010年全国、东、中、西部住房价格波动的统计情况。① 从表12-4可以看出，东部、中部地区房价增长较快，增长率均高于全国平均水平，而西部地区房价的增长率远低于全国平均水平。另外，房价增长率的最高值和最低值都出现在西部地区，说明即使在同一区域内部不同省市间住房价格的上涨速度也存在显著的差异。

表12-4　　　　　东、中、西新建住房价格波动统计特征

年均增长率	东	中	西
平均值	0.13	0.11	0.10
最大值	0.18	0.14	0.13
最小值	0.09	0.08	0.06
标准差	0.03	0.02	0.02
地区数	12	9	10

住房价格风险与东、中、西部地区城镇家庭住房消费结构如表12-5所示，2010年住房价格风险西部地区最高，东部地区次之，中部地区风险水平最低。住房价格风险对区域住房消费结构影响不尽相同。在不同住房价格风险水平下，东、中、西部地区家庭住房消费的主要形式仍是购买住房，占比分别为49.44%、61.26%和53.82%。也就是说，住房价格风险会改变城镇家庭住房消费结构，但这种消费结构变动非常缓慢，这是由于我国城镇家庭住房刚性需求强烈决定的。相同的住房价格风险水平下，西部地区城镇居民住房需求对住房价格风险变动反映最为敏感，东部地区次之，中部地区最弱。

表12-5　　　　住房价格风险与区域消费结构特征（2010年）

消费结构	东	中	西
住房价格风险	1.19	0.71	1.87
住房消费（租房）(%)	29.16	17.31	28.33
住房消费（购房）(%)	49.44	61.26	53.82
住房消费（自建）(%)	16.47	17.40	12.85

---

① 东部地区：北京、天津、河北、辽宁、上海、江苏、浙江、福建、山东、广东、海南；中部地区：黑龙江、吉林、山西、安徽、江西、河南、湖北、湖南；西部地区：重庆，四川，贵州，云南，西藏，陕西，甘肃，青海，宁夏，新疆。

(二) 住房价格风险对租房家庭的影响

在住房价格风险高企的背景下，部分消费者将转向住房租赁市场。根据2010年第六次全国人口普查数据，浙江、福建、广东租房家庭比例大幅上升。以广东为例，2010年，广东省城市家庭户中，租赁各类住房的比重达46.9%，比2000年上升23.0个百分点，而购买、自建的比重分别为31.0%、17.5%，比2000年下降了6.2个、14.9个百分点。租赁住房的家庭户中户主年龄在20－39岁的比重达69%，主要由于这一年龄段的人参加工作时间较晚，基本没有机会购买原公有住房，其拥有财富有限，加上商品房价格上涨等多种因素，只能选择租房。随着租赁住房比例的大幅上升，广东城市家庭户的住房自有率从2000年的76.1%下降到2010年的53.1%，降低23.0个百分点。如图12－5，住房价格风险越高的省区，租房市场就越发达，租房需求就越大。上海、浙江、福建、广东等都是租房比例较高的地区。都是人口净迁入地区，与本地人相比，这些流动人口获得的住房金融支持很少，购房能力有限，从而转向租房。

由此可见，随着住房价格持续上升，住房市场累积了较高的价格风险，为规避风险，部分消费者将由购房转为租房。但由于住房租赁市场的成熟度存在较大的区域差异，东部地区租赁市场较为完善，因此当消费者面临较高的住房风险时，进入住房租赁市场将成为其规避风险的重要消费选择。

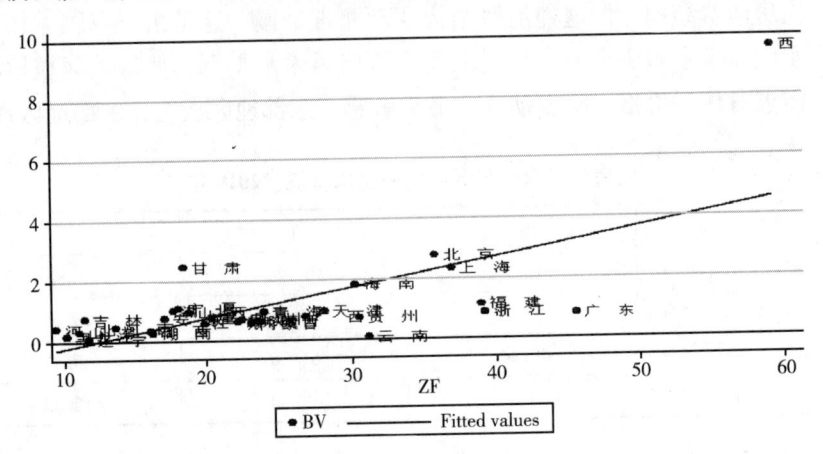

图12－5 住房价格风险对租房行为的影响

四、结论及建议

  近年来在住房市场保持了较长期的繁荣的同时，也集聚了较大的住房价格风险。而较高的住房价格风险会在很大程度上抑制城镇家庭真正的住房需求，扭曲住房价格，扰乱住房市场，导致城镇家庭住房福利损失。通过分析住房价格风险及其对城镇居民住房消费的影响，我们得出以下两点结论。
  1. 住房价格风险上升抑制城镇家庭购房需求，但区域影响有差异。住房价格风险会影响购房家庭消费决策，即住房价格风险越大，购房家庭会选择观望或者停止购房。但对一些人口净流入的省份来说，住房价格风险对购房家庭影响有限，其刚性购房需求仍是驱动家庭购房的主要因素。首先，住房价格风险上升，降低了城镇购房家庭住房支付能力，从而抑制了住房家庭购房概率。其次，价格风险上升加大了脆弱性城镇家庭信贷获取能力，住房金融机构从风险控制的角度出发，对这一类家庭"惜贷"，也压制了这一类住房家庭的购房需求。最后，与房地产业相关产业风险水平上升，提高了购房成本，也是阻碍城镇家庭购房的一个重要因素。
  2. 住房价格风险加大会激发租赁市场活力。在高房价、高价格风险背景下，部分城市家庭开始从购房转向租房，这是由于住房带来的效用比购房要高。相比购房成本来看，租房相对更为划算。如果住房价格风险足够高，租房的家庭依然会继续租房，而一些有购房意愿的家庭会转向租房，这必将给租房市场带来新的活力。
  总而言之，住房价格风险对城镇购房家庭存在明显的负向影响效应，对租房家庭影响是正向效应。高市场风险水平下，政策制定者可以采取抑制住房需求的相关政策，既可以防止住房价格风险扩散，同时也有助于城镇居民住房消费更趋于理性。此外，中低收入家庭具有更高的住房购买倾向，但这类家庭通常具有较低的住房支付能力和较高的信贷违约风险。金融机构在发放住房贷款时应关注家庭脆弱性程度以及其对信贷风险的影响。显然，控制市场风险政策的最终目标是防止住宅市场出现非理性需求，稳定住房市场，从而创造和谐的社会经济环境。可以从以下几个方面来抑制投机性需求，防范市场风险，促进城镇家庭合理住房消费。
  1. 通过政策抑制房地产投机需求。投资性需求过旺是我国住房价格风险产生的主要原因，因此，政府可以运用税收政策、信贷政策等抑制投资性需求从而平抑住房价格。在住房信贷政策方面，对于购买第三套住房的消费者采取提高贷款利率、减少抵押贷款成数等限制手段加以控制，限制投机性炒房。在税收政策方面，对短期内频繁倒买倒卖的住房投机者，提高其个人所得税和营业税的税率。同时，面对房屋空置率的问题，国家可以开征房屋空置税、物业税，从而既能提高投机者的购房投机成本和持有成本，又能有效降低真正购房需求者的购房成本，稳定住房价格。

2. 实施区域性住房金融政策，保障城镇家庭住房消费融资需求。由于各地区经济水平发展具有差异性，金融机构可以根据各地区的实际情况，对房地产信贷的融资条件、融资规模实施区域性的差异化设置，有效抑制部分地区房地产投机热潮。对于住房市场过热的北京、上海、深圳、海南等地区，房地产的信贷门槛应该设置得更高，以保障城镇家庭住房消费融资需求。

3. 建立住房价格风险监测机制，调控家庭住房消费。建立全国一、二、三线城市住房价格风险监测机制，定期定点监控住房价格风险水平。对于一线城市和部分二线城市，积极完善租房市场，培育完善中介组织，营造租房环境，鼓励家庭租房，根据租房家庭类型给予一定的租房货币补贴。对部分二线城市和三线城市，出台相关住房金融支持政策，鼓励家庭购买住房，对购买自住住房家庭给予金融政策优惠，保障城镇家庭住房需求。

4. 在住房价格风险较高的东部地区，继续推进公共租赁房建设，鼓励城镇家庭租房，减轻住房市场压力。对住房价格风险较低的地区，鼓励支持城镇家庭改善性购房需求，持续改善城镇家庭住房条件。

第十三章

住房公积金政策与住房消费发展

一、住房公积金政策调整分析

我国住房公积金制度是随着城镇住房制度改革应运而生的一项新制度，住房公积金制度的出现，极大地促进了不同收入群体的住房消费，成为提升城镇居民住房支付能力的重要手段。从十余年的住房市场发展可以看出，公积金制度不仅在推动住房市场化、货币化改革进程中扮演了十分重要的角色，也充分发挥了其"稳定器"和"助推器"的作用。

1. 建立背景：解决融资难，促进住房消费。自新中国成立以来，我国城镇住房制度实行的是低房租、高补贴、实物分配制度。房屋建设全部由国家承包，建房资金来源主要为财政支出。住房建设方式主要是由国家福利分房制度确定的，城镇职工只需缴纳较低的租金，便可获得住房分配。随着城镇居民住房需求增加，住房建设资金严重短缺问题日益突出。为此，20 世纪 80 年代开始试点公有住房出售和公有住房提租等住房商品化的改革尝试，如 1980～1985 年，推出公房出售或补贴出售试点，1986～1990 年间又进行了以调整公房租金为主的综合配套改革试点。然而，公有住房出售和提租改革效果并不明显。因此，住房投资与消费的融资问题成为我国住房制度改革中的根本问题，能否解决住房投资与消费的资金问题成为住房制度改革能否全面推进和深化的关键。

2. 借鉴经验，试点推广（1991～1994）。1991 年，上海市最早引入了住房公积金制度，并于 1992 年在北京、天津、南京、武汉等几个城市局部试行。1993 年末，全国有 131 个城市试行住房公积金制度。1994 年，国务院颁发了《关于深化城镇住房制度改革的决定》，充分肯定了住房公积金制度在住房分配机制转换和推动住房发展建设中的地位和作用。由此，住房公积金制度在全国范围内推行。

3. 公积金制度初步确立（1995~2001）。1994年7月8日，国务院颁布了《国务院关于深化城镇住房制度改革的决定》，《决定》要求建立符合我国国情的、与社会主义市场经济相适应的城镇住房新制度，并且明确提出要在1994年全面推行住房公积金制度。1999年，国务院出台《住房公积金管理条例》，财政部制定并下发《住房公积金财务管理办法》，《住房公积金会计核算方法》，国家税务总局相机规定了住房公积金有关税收政策，标志着我国住房公积金制度的全面建立。至1998年末公积金制度发展到231个地级市、437个县级市，缴存总额也从1993年末的110亿元增长到1231亿元。

4. 公积金制度的修订完善和调整期（2000~至今）。国务院于2002年对《条例》进行修订，2005年，建设部、财政部、和中国人民银行颁布《关于住房公积金管理若干具体问题的指导意见》，将缴存主体扩大到包括城镇单位聘用的进城务工人员、城镇个体工商户和自由职业人员。2006年《财政部关于加强住房公积金管理等有关问题的通知》再次强调了住房公积金工作的要点，各地基本完成了体制与机构调整任务，住房公积金制度的实践进入快速规范发展时期。

自2008年末以来，各地方政府纷纷出台了各项政策以刺激商品住房需求，其中对公积金贷款规定的调整成为刺激住房需求的重要措施。如，2014年7月，国务院总理李克强在常务会议中提出要将农民工纳入社区卫生计生服务范围，逐步将有意愿的农民工纳入城镇职工基本养老和基本医疗保险，将住房保障和公积金制度实施范围逐步扩大到农民工范围。2015年3月30日，中国人民银行会同多个部门下发《关于个人住房贷款政策有关问题的通知》，也称"330"新政，分别下调二套房、公积金购房等最低首付款比例，进一步发挥住房公积金对合理住房消费的支持作用。

二、住房公积制度运行现状

（一）公积金缴存额显著增加，区域分化明显

2014年，住房公积金缴存额持续增加，缴存单位和实缴人数保持平稳增长。根据相关统计资料显示，2014全年住房公积金实缴单位206.50万个，实缴职工11877.39万人。净增实缴单位25.44万个，净增实缴职工999.53

万人。全年住房公积金缴存额 12956.87 亿元,比上年增长 12.41%。年末缴存总额 74852.68 亿元,扣除提取后的缴存余额 37046.83 亿元,分别比上年末增长 20.88% 和 16.97%。[①]

从区域层面来看,公积金缴存额存在较大的区域差异。如图 13-1 所示,东、中、西部地区人均缴存余额分别为 33111.7、31981.72 元和 37231.60 元。西部地区人均缴存额高于东部和中部地区,其中,西藏最高,人均缴存余额为 58042 元,青海、新疆次之。西藏、青海和新疆作为我国少数民族边疆地区,住房保障问题一直是政府重视的重大问题之一,公积金缴存覆盖面较广、比例较大。东部地区中北京人均缴存余额最高,达 44155.13 元,高出东部平均水平 11000 元。北京作为首都,住房问题较为严峻,正因为房价居高不下,公积金缴存积极性也较高。中部地区公积金人均缴存余额相比全国平均水平低 2126.32 元,其可能的原因是中部地区经济发展缓慢,产业转型不明显等抑制公积金缴存水平。

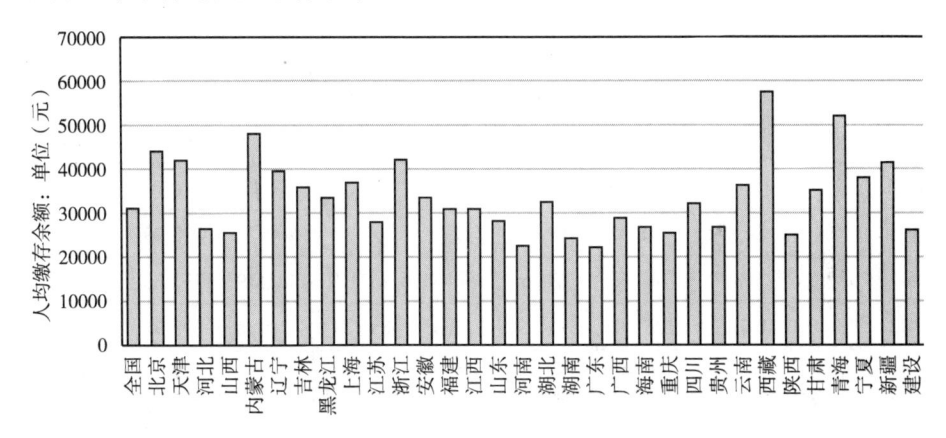

图 13-1 2014 年全国各省份人均缴存余额

数据来源:全国住房公积金 2014 年年度报告。

从代表性城市公积金缴存来看,以北京、上海、天津、武汉、杭州、西安为代表的城市公积金无论是缴存余额还是缴存职工数量,数额逐年增长,具体如表 13-1 所示。截至 2014 年,北京市缴存职工 785.8 万人,缴存 1140.33 亿元,累计缴存总额 6605.12 亿元,同比增长 20.9%。上海市缴存职工 662.84 万人,累计缴存总额 5215.59 亿元,同比增长 17.77%。天津、武汉、杭州、南京等城市公积金累计缴存总额均实现不同幅度的同比增长。

---

① 中国住房和城乡建设部,《全国住房公积金 2014 年年度报告》。

随着这些城市房价上涨和公积金制度的逐步完善和规范,城镇职工公积金缴存积极性也有所上升。此外,广州、重庆作为公积金制度发展较为成熟的城市,公积金缴存持续较快增长,缴存职工人数出现一定的回落。

表13-1　　　　　　中、西部代表性城市公积金缴存情况　　　　　单位：亿元,万人

城市	上海市			北京市			广州市		
年份	缴存金额	累计缴存	职工数量	缴存	累计缴存	职工数量	缴存	累计缴存	职工数量
2009	337.84	2134.10	371.13	482.54	2296.31	493.67	241.05	1280.76	—
2010	390.36	2524.46	407.48	563.58	2859.89	544.06	277.24	1558.00	285.64
2011	499.03	3150.42	450.18	683.88	3543.79	605.61	342.59	1900.85	318.44
2012	594.64	3745.06	487.58	833.92	4471.13	678.3	402.21	2303.07	350.21
2013	683.67	4428.72	547.58	993.65	5464.79	730.22	461.03	2764.10	487.22
2014	786.87	5215.59	662.84	1140.33	6605.12	785.8	524.77	3289.09	427.28
城市	武汉市			西安市			南京市		
年份	缴存	累计缴存	职工数量	缴存	缴存	职工数量	缴存	累计缴存	职工数量
2009	86.48	432.71	105.76	70.6	320.02	121.77	69.71	407.5	98.34
2010	103.44	536.15	117.36	86.86	409.13	134.1	87.17	526.04	113.47
2011	125.3	661.45	131.48	102.92	512.05	147	100.27	598.29	230.9
2012	147.31	808.76	142.63	124.6	636.65	162.69	128.19	733.86	183
2013	181.93	1023.74	159.92	142.19	778.83	181.21	150.88	892.91	188.21
2014	210.25	1233.99	170.45	184.47	937.01	187.47	239.73	1426.58	184.07
城市	杭州市			天津市			重庆市		
年份	缴存金额	累计缴存	职工数量	缴存	累计缴存	职工数量	缴存	累计缴存	职工数量
2009	58.13	304.68	76.37	172.8	872.7	212.4	71.17	351.2	163.11
2010	67.92	372.6	85.68	200.6	1073.40	218.6	85.02	436.21	178.14
2011	81.64	454.25	96.71	239.5	1312.80	230	127.2	563.41	201.96
2012	98.19	552.44	106.54	270	1543.10	235.9	186.65	750.06	224.22
2013	116.38	279.7	114.37	303.1	1846.20	250.2	206.9	956.96	246.16
2014	191.5	1168.8	126.30	343.6	2189.80	275.2	231.6	1188.56	223.91

数据来源：wind资讯。

(二) 公积金提取额分化明显，住房类消费提取占主体

全国住房公积金2014年年度报告显示，2014年全年住房公积金提取额7581.96亿元，占全年缴存额的58.52%。其中，住房消费类住房贷款新增余额3806.12亿元，市场占有率（全年住房公积金个人住房贷款新增余额占商业性提取5714.52亿元）稳中有升。非住房消费类提取（离休、退休、终止劳动关系、户口迁出或出境定居等提取）1867.44亿元，分别占75.37%、24.63%。

截至2014年底，住房公积金累计提取总额37806.26亿元，占缴存总额的50.51%。全年发放个人住房贷款222.51万笔，累计6593.02亿元。全年收回个人住房贷款2786.90亿元，比上年增长12.16%；全年个人住房贷款和住房公积金个人住房贷款新增余额总和的比例为19.22%。其中累计发放个人住房贷款2185.85万笔，金额42245.30亿元，分别比上年末增长11.32%、18.49%；个人住房贷款余额25521.94亿元，个人住房贷款率68.89%，比上年末增加0.33个百分点。

从公积金提取原因看，与住房相关的提取比例超过60%，具体如图13-2所示。首先我国居民提取公积金的主要原因为解决住房自身消费问题，其次为退休后提取。这表明，公积金良好地执行了其为居民住房消费提供服务的职能。但目前公积金用于租赁住房这一用途的比例仅为1.1%左右，处于较低水平，这意味着，居民对于公积金租赁房屋这一政策的认知以及实施还有待加深，如果公积金能够在租赁住房这一领域便捷服务居民，那么，公积金制度将会造福千万城镇家庭。但从目前公积金运行来看，因住房原因提取公积金占据主流，在公积金使用范围上，还可以做更多的拓展。使公积金制度真正成为造福于民的民生制度。

从代表性城市来看，各城市公积金提取总额持续增长，具体如表13-2所示。按照住房公积金提取原因，可分为住房消费提取和非住房消费提取。住房消费提取主要包括职工购买、建造、翻建、大修自住住房时的提取；偿还购房贷款本息时的提取；房租超出家庭工资收入规定比例时的提取等。非住房消费提取主要是职工离退休和销户及终止合同关系等。总体上看，住房消费提取仍然是各城市公积金提取的主要原因，占到公积金比例五成以上。但近年来，各城市非住房消费提取比例逐渐上升，这与公积金提取范围扩大不无关系。其中，离退休公积金提取额占到非住房消

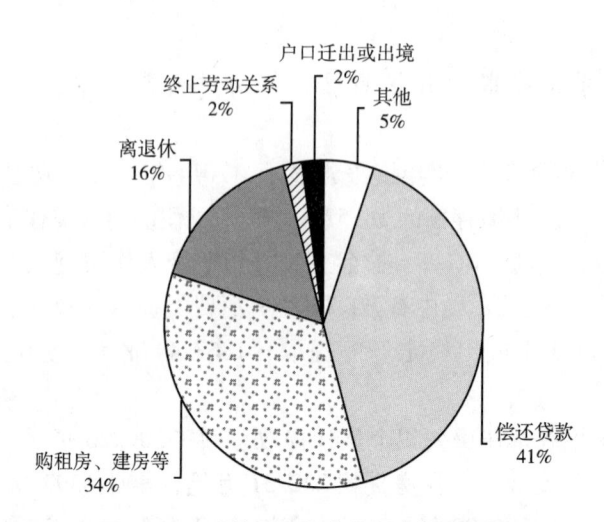

图 13-2 城镇居民住房公积金提取原因

数据来源：全国住房公积金 2014 年年度报告。

费提取的 90%。随着我国逐渐进入老龄化时期，预计未来一段时期离退休公积金提取将进一步增加。

以 2013 年为例，上海、武汉、杭州、天津和南京市住房消费贷款占当年公积金提取比例分别为 78.1%、69.4%、74.4%、80.39% 和 76.7%。由此可见，当前住房公积金提取范围虽然有所拓宽，但我国当下各城市房价居高不下，这是导致公积金住房消费提取比例高的首要原因。与各城市的高房价相比较，公积金提取作为城镇家庭一项重要的住房融资渠道，依然存在诸多不足，公积金制度改革仍然任重道远。

表 13-2 城市公积金提取原因 单位：亿元

	上海市			武汉市			杭州市		
	提取金额	购房还贷	离退休	提取金额	购房还贷	离退休	提取金额	购房还贷	离退休
2009 年	188.78	146.46	42.32	38.86	27.97	15.43	37.5	28.28	4.06
2010 年	226.13	177.82	48.31	47.41	34.51	12.39	40.03	29.97	4.7
2011 年	240.41	186.03	54.38	53.31	38.37	10.8	45.88	33.64	5.11
2012 年	282.3	212.98	69.32	64.19	44.36	11.88	63.54	46.89	6.58
2013 年	376.37	293.93	82.44	92.1	63.92	13.92	81.62	60.74	7.74
2014 年	447.18	—	103.9	129.67	—	—	31.19	18.81	13.16

续表

	天津市			南京市			西安市		
	提取金额	住房消费	非住房消费	提取金额	购房还贷	离退休	提取金额	购房还贷	离退休
2009年	68.4	—	—	42.39	33.55	8.84	25.86	6.75	7.14
2010年	99.3	—	—	49.4	38.55	10.85	32.29	10.02	10.64
2011年	124.7	111.9	31	48.18	36.77	11.41	39.88	14.27	14.84
2012年	141.9	115.9	34.6	66.64	51.08	15.56	47.4	20.31	21.22
2013年	150.5	162.9	43.2	94.7	74.67	20.03	65.23	—	—
2014年	206.1	165.7	51.6	142.75	—	—	78.59	—	—

数据来源：wind资讯。

（三）公积金保障性增强，运用效率有待提升

2014年全年发放个人住房贷款222.51万笔、6593.02亿元，分别比上年减少13.14%、14.18%；全年收回个人住房贷款2786.90亿元，比上年增长12.16%；全年个人住房贷款新增余额3806.12亿元，市场占有率（全年住房公积金个人住房贷款新增余额占商业性个人住房贷款和住房公积金个人住房贷款新增余额总和的比例）为19.22%。截至2014年底，累计发放个人住房贷款2185.85万笔、42245.30亿元，分别比上年末增长11.32%、18.49%；个人住房贷款余额25521.94亿元，个人住房贷款率68.89%，比上年末增加0.33个百分点。这意味着，住房公积金政策在支持住房消费、解决职工基本住房问题方面起到非常重要的作用，许多职工依靠公积金贷款购买房产。其中，东部发达省份公积金资金运用率普遍高于全国平均水平，中、西部地区则普遍较低。个人贷款率最高为重庆市，高达93.44%，北京为74%，山西省使用率全国最低，仅23.90%，甚至不到25%，为最高水平的1/4。另外，青海、西藏等较为偏远落后地区个人贷款率也处于较低水平。

从各城市公积金贷款情况来看，上海、天津、武汉、南京和西安市公积金个人住房贷款同比增速有所回落，但累计公积金贷款实现增长，具体如图13-3所示。截至2014年底，上海市累计发放个人住房贷款4095.36亿元，同比增长13.03%。武汉市累计向38.89万户职工家庭发放个人住房贷款987.79亿元，同比分别增长15.11%。杭州市累计发放个人住房贷款金额

679.0 亿元，比上年末增长 14.1%。西安市累计发放个人住房贷款 333.19 亿元，同比增长 23.37%。

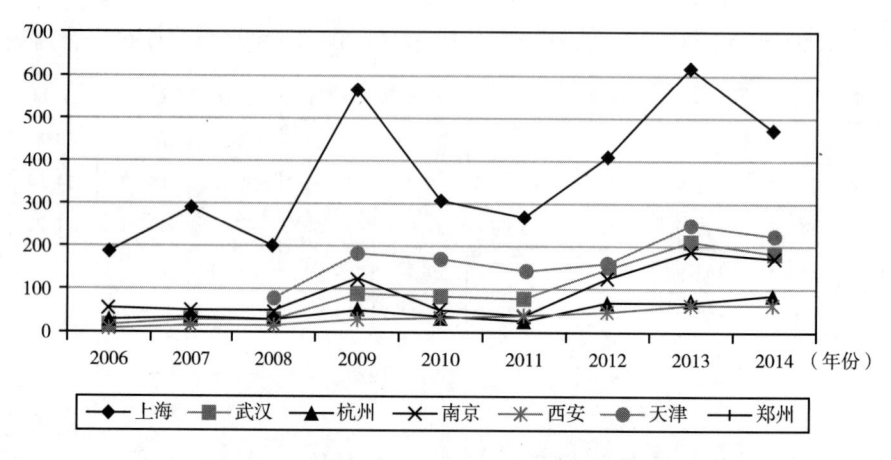

图 13-3　2006~2014 城市公积金个人贷款情况

数据来源：全国住房公积金 2014 年年度报告；wind。

三、住房公积金政策与住房消费发展

（一）公积金政策促进住房消费明显，仍有提升空间

如表 13-3 所示，2008~2014 年间，当贷款发放额增加时，住房销售面积也处于高水平；反之亦然。2009 年各大城市住房销售面积均大幅提高，与此同时，可以看到住房公积金个人贷款发放金额也随之大比例增加，为居民的住房消费提供支撑。2014 年，由于消费者市场信心不足、银行信贷收紧、国外资金回流等因素，房地产市场整体低迷，因此商品房销售面积出现大幅下降，期间公积金贷款同步下降。这表明住房公积金对支持并改善居民住房消费起到了良好的作用。

截至 2015 年 1 月底，全国住房公积金缴存职工达到 1.1 亿人。2900 万缴存职工累计提取住房公积金 3.9 万亿元，其中，住房消费类提取 2.9 万亿元。发放住房公积金个人住房贷款 2200 万笔，总额 4.3 万亿元。住房公积金制度是重大的民生工程，对于改善中低收入家庭住房条件、促进房地产市场平稳健康发展具有重要意义。

表 13-3　住房公积金贷款发放余额与商品房消费面积情况

单位：亿元，万/平方米

	北京市		上海市		天津市		广州市		武汉市	
	贷款	销售面积	贷款	销售面积	贷款	销售面积	贷款	销售面积	贷款	销售面积
2008年	111.92	1335.37	198.79	2339.29	79.20	1252.04	75.54	1024.96	28.36	732.07
2009年	305.39	2362.25	566.04	3372.45	183.40	1590.02	115.71	1375.42	87.76	1086.99
2010年	226.84	1639.53	302.93	2060.96	175.50	1514.52	91.51	1405.13	82.30	1211.71
2011年	250.42	1439.20	265.05	1790.86	145.40	1594.57	136.99	1194.08	77.16	1329.34
2012年	517.19	1943.74	410.38	1898.46	159.70	1661.69	172.42	1333.13	155.99	1576.11
2013年	559.95	1903.11	614.56	2382.20	249.00	1847.11	321.47	1699.98	210.10	1995.36
2014年	307.97	1454.19	472.20	2084.66	220.59	1612.98	188.77	1119.41	181.47	1796.90

	南京年		重庆年		郑州年		西安年		杭州年	
2008年	40.56	703.55	—	2872.19	17.13	736.85	15.69	767.23	19.59	775.02
2009年	119.36	1186.94	26.61	4002.89	30.74	1197.10	26.71	1256.02	55.59	1456.38
2010年	47.03	823.17	26.26	4314.39	39.74	1558.72	31.82	1587.81	34.24	988.34
2011年	36.76	767.71	54.16	4533.50	28.03	1563.22	36.49	1768.52	24.00	738.04
2012年	126.02	950.87	191.59	4522.40	42.49	1441.87	45.45	1532.90	64.82	1089.62
2013年	183.84	1222.01	157.09	4817.56	60.98	1621.89	64.01	1632.85	71.89	1139.13
2014年	171.23	849.09	129.21	5100.39	81.71	1091.53	63.11	—	83.70	1346.23

数据来源：wind 资讯。

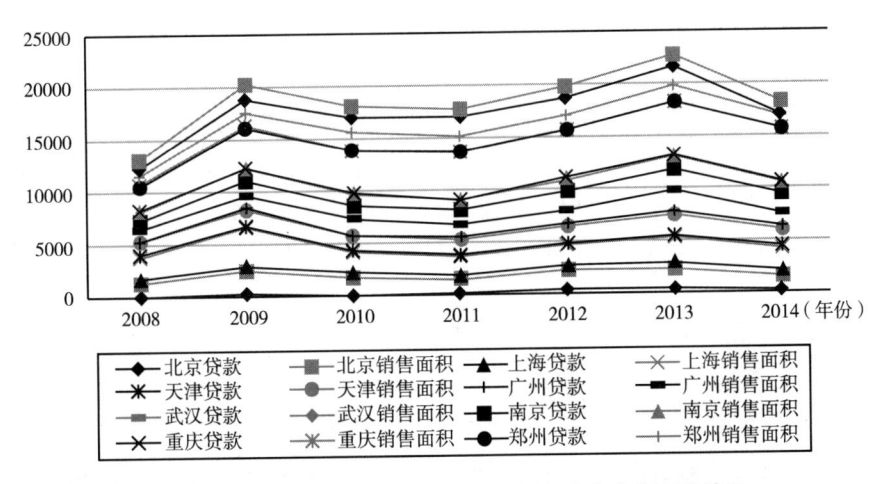

图 13-4　住房公积金贷款发放余额与商品房消费面积情况

数据来源：全国住房公积金 2014 年年度报告；wind。

此外，从 2008~2013 年间北京、天津、重庆住房公积金个人贷款发放额、住宅商品房销售面积、别墅、高档公寓销售面积之间的关系来看，住房公积金对住房消费的支持集中于普通住宅方面，别墅、高档公寓的消费与公积金贷款额并无显著关系。从图 13-4 统计可以看出，2008~2009 年，住宅商品房销售面积与别墅、高档公寓的销售面积均与住房公积金个人贷款发放额呈正比例上升。2010 年起，随着限购令的出台，别墅、高档公寓的销售逐年明显下跌，北京和重庆市的别墅及高档住宅的年销售面积在 2013 年甚至低于 2008 年。以上结果均表明，限购令的出台不仅有效地抑制了住房价格的快速上升，同样在一定程度上保证了住房公积金政策的有效性，使得住房公积金政策能够真正应用到实处，为满足城镇居民基本住宅需求提供保障。这一措施也与公积金政策设立之初，为解决住房短缺、提升住房质量等问题的初衷是一致的。

住房公积金贷款利率的调整也是公积金政策的一项核心内容。自 1999 年 6 月至今，我国共对个人住房公积金贷款利率进行了 22 次调整，除 2002 年出现一次下调 0.54 个百分点外，每次的调整幅度均在 ±0.09 至 ±0.27 个百分点间不等。但是公积金贷款利率对住房消费的影响力度并不显著。2001~2013 年间商品住宅年销售面积与个人住房公积金贷款利率关系如图 13-5 所示。从该图可以看出，公积金贷款利率对住房消费的影响力有限。其中，住房消费在 2008 年由于受到金融危机的影响出现了明显下滑，而其余时间段内，住房消费量均保持着平稳上升的态势。仅在 2009 年住房消费量随着 2008 年年底个人公积金贷款利率上浮出现了增速放缓的趋势。2004~2007 年，公积金贷款利率持续上调，2007 年 9 月上调 0.27 个百分点，从 4.59 上浮到 5.22，然而住房市场的反应非常温和。甚至在 2006~2007 年公积金贷款利率持续上调期间，商品住宅年销售面积增速反而提高。由此可见，近年来公积金贷款利率的下调以及首付比例的调整难以实现对住房消费的有效刺激。

（二）区域影响各异，中、西部城市公积金效率低下

图 13-6 给出了 10 大城市住房公积金个人贷款发放金额与当年商品房销售面积的比值变化趋势。从不同城市间对比发现，各个城市的贷款发放额呈逐年平稳上升态势，表明公积金政策在履行其支持住房消费发展职能中稳步前进。此外，不同城市间住房公积金个人贷款额存在较大差异，北京、上海

第十三章 住房公积金政策与住房消费发展

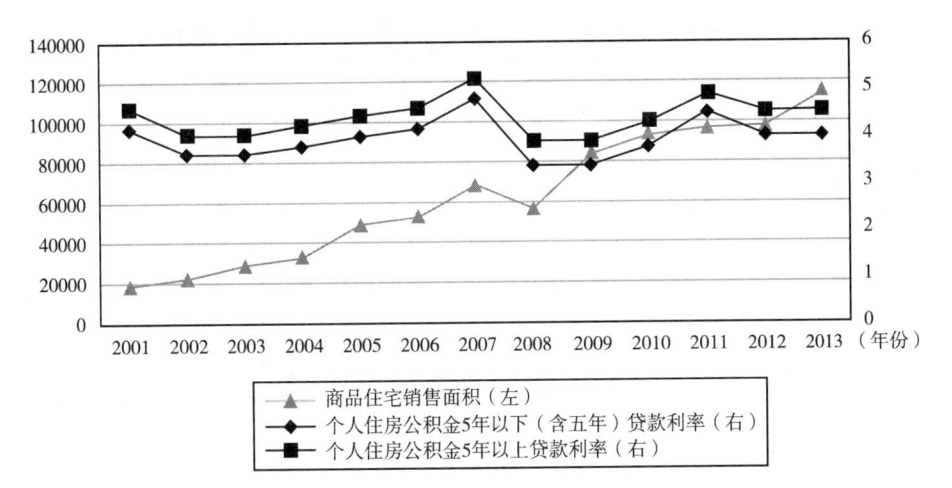

图 13-5 商品住宅年销售面积与个人住房公积金贷款利率关系

市的贷款发放额远远高于其他城市，而杭州、西安等城市远低于10大城市平均水平。

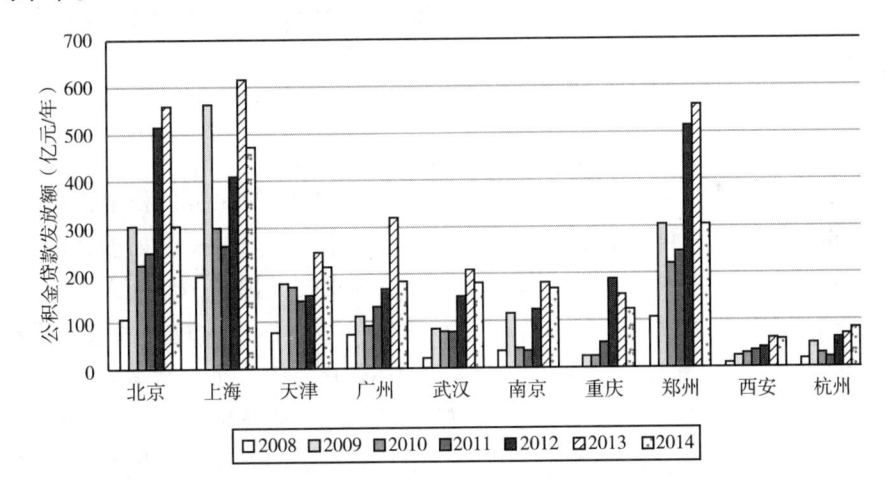

图 13-6 2008~2014年10大城市住房公积金发放情况

为更清晰地呈现上述变化，我们给出了住房公积金个人贷款发放金额与当年商品房销售面积的比值，如表13-4所示。从表13-4可以看出北京、上海、天津的这一比值均保持在0.1以上，其公积金政策对住房消费的支持效果较好，广州、武汉、南京的比值处于中间水平，重庆、郑州、西安、杭州的比值主要在0.02~0.07，这些城市的住房公积金贷款对居民住房消费的改善作用有待提高。

283

表13-4　住房公积金个人贷款发放金额与当年商品房销售面积的比值

	北京市	上海市	天津市	广州市	武汉市	南京市	重庆市	郑州市	西安市	杭州市
2008年	0.0838	0.0850	0.0633	0.0737	0.0387	0.0577	0.0000	0.0232	0.0205	0.0253
2009年	0.1293	0.1678	0.1153	0.0841	0.0807	0.1006	0.0066	0.0257	0.0213	0.0382
2010年	0.1384	0.1470	0.1159	0.0651	0.0679	0.0571	0.0061	0.0255	0.0200	0.0346
2011年	0.1740	0.1480	0.0912	0.1147	0.0580	0.0479	0.0119	0.0179	0.0206	0.0325
2012年	0.2661	0.2162	0.0961	0.1293	0.0990	0.1325	0.0424	0.0295	0.0296	0.0595
2013年	0.2942	0.2580	0.1348	0.1891	0.1053	0.1504	0.0326	0.0376	0.0392	0.0631
2014年	0.2118	0.2265	0.1368	0.1686	0.1010	0.2017	0.0253	0.0749	—	0.0622

数据来源：wind资讯。

四、住房公积金融资存在的问题分析

（一）现有的具有保障特征的住房消费融资模式难以发挥保障功能

1. 现有消费融资模式定位模糊影响了其保障功能

世界银行数据显示，截至2005年底，只有45%的住房公积金被用来发放住房贷款，而且只有17%的缴费者获得了公积金贷款[1]。正如前文的数字所显示的那样，虽然近几年住房公积金覆盖率有较大提高，但众多中低收入人群仍没有被覆盖其中，使得住房公积金贷款主要使收入较高的家庭受益。以2008年为例，高收入家庭住房贷款、归还住房贷款、个人缴纳公积金分别为195.74、614.15、948.09元，而低收入家庭则分别为33.39、52.84、96.94元[2]。高收入家庭在缴纳较高的住房公积金的同时，也从银行获得了更多的住房贷款，其获得的公积金贷款也必然远高于低收入家庭。这说明在错位机制下低收入家庭的住宅消费融资能力远低于高收入家庭，对低收入家庭来说，公积金社会福利性质的融资功能尚未体现。

公共住房融资模式定位模糊、运行模式僵化，与住房支付能力、住宅价格尚未建立联动机制。目前，我国城镇中低收入家庭的住房支付能力很低。

---

[1] 世界银行，《中国经济季报》，2005年第4期。
[2] 数据来源于《中国城市（镇）生活与价格年鉴2009》，中国统计出版社，2009年11月。

假定70平方米的住宅为中低收入家庭所能接受的住宅面积,其家庭人口为3人,以此计算2009年困难户家庭的房价收入比为18.4,最低收入家庭的房价收入比为14.7,低收入家庭的房价收入比为9.45。而中等偏上收入家庭以及高收入家庭的房价收入比均处于国际警戒线之内①。从前面给出的公积金缴存数据可以看出,中低收入家庭很难享受到公共住房消费融资补贴。另外,目前的住房公积金制度定位为提高所有人的住房消费能力,这在房地产市场化初始阶段是可行的,但在社会经济迅速发展、城市化水平不断提高和收入差距继续扩大的现实背景下,高收入和中等偏高收入群体由于已经分享了社会经济发展成果,他们也就不应该再次获得住房公积金制度补贴。因此,现行的住房公积金制度定位有失公平性。

2. 出租型公共住房消费融资模式尚处于缺位状态

我国公共住房分为出售型公共住房和出租型公共住房,目前的公共住房消费融资模式主要针对出售型公共住房,而针对出租型公共住房的融资模式仅有廉租房货币补贴模式,该补贴模式主要是针对低收入家庭。具体来说,就是政府针对在市场上无力购买或租用住房的低收入者以发放货币或购房券的形式,帮助其在市场上购房或租房,政府不再提供廉价房源,也即我们常称的"补人头"。然而,这类消费者在各地区所占的比例相对较低,未来我国公共住房供给也将以公共租赁住房为主,而针对公共租赁住房的消费融资模式尚未被提出。导致以公共租赁住房为主的出租型公共住房融资模式缺位的原因主要有两点:

一是与公共住房发展阶段有关。我国公共住房发展经历了两个阶段:第一阶段发生在1998~2007年间。1998年7月《国务院关于进一步深化城镇住房制度改革加快住房建设的通知》颁布。全国城镇停止住房实物分配,实行住房分配货币化。同时提出建立和完善以经济适用住房为主体的多层次城镇住房供应体系,对不同收入家庭实行不同的住房供应政策。最低收入家庭租赁由政府或单位提供的廉租住房,中低收入家庭购买经济适用住房。该政策一直实施到2007年,该阶段的特征是把经济适用房作为公共住房供应的主体。第二阶段发生在2007年以后。2007年8月《国务院关于解决城市低收入家庭住房困难的若干意见》颁布,首次将廉租房明确为住房保障的重点。2010年6月,住建部等七部门出台《关于加快发展公

---

① 房价收入数据是根据《中国统计年鉴1999~2011》中的家庭收入、住宅价格数据计算得到。在本报告第七章将给出更详细的数据。

共租赁住房的指导意见》，在全国范围内启动了公共租赁住房建设计划，其着眼点是解决中等偏下收入居民以及新就业人员、外来务工人员等"夹心层"群体，标志着我国公共住房发展进入到了以建设出租型公共住房为主的发展阶段。由于在公共住房发展的第一阶段，出租型公共住房供给规模过小，其收益群体也基本上属于社会上最弱势的群体，他们基本上不具备支付能力，因而也就没有必要针对这类群体设计出租型公共住房消费融资模式。

二是与公共住房的产权特征有关。正如前面所讨论的，目前我国尚没有真正意义上的公共住房消费融资模式，也就是说现有的融资模式尚未把中低收入家庭作为服务对象。在这样的背景下，现有的融资模式，如公积金贷款、先存后贷模式的贷款规则必然与普通商业贷款的规则类似，即借款人需要提供必要的抵押品，在通常情况下借款人用其购买的住房作为抵押品。而那些居住在出租型公共住房的家庭归类为脆弱性较高的家庭，他们不仅收入水平较低，同时也缺少财富积累。因此，现有的融资模式尚未对出租型公共住房消费给出对应的融资方案。

（二）现有消费融资模式的资金使用效率低、资金来源单一

1. 现有消费融资模式的资金使用效率较低

现有的具有保障特征的住房消费融资模式的资金使用效率较低主要是指贷款机构发放的住房消费贷款远低于其可贷资金。由于公积金制度几乎覆盖全体城镇职工，公积金归集的金额也相对较大，这使得公积金贷款模式的资金使用效率低的问题更突出。下面以东、中、西部4个代表性城市为例进行分析。从表13-5可以看出，代表东部地区的上海市当年公积金归集和贷出金额都远高于其他地区的代表性城市，对比当年归集金额和贷出金额，我们不难发现，2008、2010、2011年公积金贷出金额都低于当年归集金额。南京代表东部地区的城市，在多数年份该市公积金贷出金额都显著低于当年归集金额。南昌、贵阳分别是中、西部地区的代表性城市，其公积金归集和贷出金额都相对较少，但对比公积金归集金额和贷出金额，我们仍能发现同东部地区代表性城市类似的规律，即在大多数年份当年公积金归集金额要高于当年贷出金额。这说明当年归集的资金并不能完全用于住房消费融资，公积金资金使用效率尚处于较低水平。

表13-5　　东、中、西部代表性城市当年公积金归集与贷出金额　　单位：亿元

	上海市		南京市		南昌市		贵阳市	
	归集金额	贷出金额	归集金额	贷出金额	归集金额	贷出金额	归集金额	贷出金额
2007年	231.89	287.94	50.76	45.80	10.5	14.8	11.49	9.92
2008年	282.48	198.79	60.40	40.56	13.6	7.6	14.82	12.19
2009年	337.84	566.04	69.71	119.36	15.5	11.0	17.18	18.40
2010年	390.36	302.93	87.17	47.03	16.9	9.1	21.05	11.15
2011年	467.38	271.57	100.27	36.76	21.9	8.6	27.80	17.24
2012年	556.44	410.38	128.19	126.02	28.08	19.30	35.55	31.78
2013年	641.65	614.56	150.88	183.84	33.33	31.35	42.42	28.53
2014年	740.91	472.20	239.73	171.23	74.99	52.31	51.54	29.02

数据来源：各城市公积金运行情况公报（2007~2014）。

下面从公积金归集余额与贷出余额的对比角度来进一步分析公积金贷款模式的资金使用效率问题。由于公积金归集余额和贷出余额反映的是各年度的累计数据，该数据更能反映资金的运行状况。表13-6给出了东、中、西部代表性城市公积金归集余额和贷出余额。该表中的数据显示，这些城市公积金归集余额均高于贷出余额，尤其是东部地区的代表性城市的公积金归集余额与贷出余额差明显高于其他城市。这进一步说明，公积金贷款模式下流动性过剩问题较为严重，这极大地降低了资金使用效率。

表13-6　　东、中、西部代表性城市公积金归集余额与贷出余额　　单位：亿元

	上海市		南京市		南昌市		贵阳市	
	归集金额	贷出金额	归集金额	贷出金额	归集金额	贷出金额	归集金额	贷出金额
2007年	1513	582.38	141.27	117.19	33.6	29.8	34.37	19.06
2008年	1795	652.08	175.59	133.07	42.6	32.4	42.68	28.64
2009年	2134	1026.86	205.5	214.19	50.3	36.9	49.98	42.61
2010年	2524	1127.45	264.72	231.09	57.7	38.5	60.36	48.44
2011年	2991	1203.11	301.19	230.62	70.8	40.7	75.18	59.90
2012年	3745.06	1420.50	370.12	322.81	87.21	53.71	93.50	84.41
2013年	5125.59	1788.31	434.36	461.94	104.71	77.83	114.20	101.64
2014年	4189	2012.00	669.92	673.85	226.08	165.48	136.71	117.74

数据来源：各城市公积金运行情况公报（2007~2014）；wind资讯。

2. 现有消费融资模式的资金来源单一

现有公共住房消费融资模式的资金来源主要以个人缴纳的公积金和个人储蓄为主,然而这些来源于个人的资金不能全部用于公共住房消费融资,对于个人缴纳的公积金来说,这些资金将分别用于公积金住房消费贷款、保障住房开发贷款、个人提取公积金等,其中个人提取公积金所占的比例一直处于较高水平。表13-7给出了东、中、西部代表性城市公积金提取金额及提取比例。从该表可以看出,东部地区代表性城市的公积金提取金额及其占归集比例都很高,归集比例在47.6% ~ 56.0%;中、西部地区代表性城市的公积金提取比例则相对较低,在25.3% ~ 42.8%。虽然在中西部地区公积金提取比例低于东部地区,但在多数年份该比例处于30%以上。由此可见,在扣除个人提取的公积金后,仅有部分资金用于住房消费贷款。

虽然目前公积金贷款模式存在流动性过剩问题,但这是在该贷款模式没有充分发挥公共住房消费融资功能情况下存在的问题,如果扩大公积金的使用对象和范围,如在公积金消费贷款中设立中低收入家庭专项贷款,或者从政策上允许公积金用于出租型公共住房消费等,现有消费融资模式的单一资金来源将不能满足巨额的公共住房消费融资需求。

表13-7 东、中、西部代表性城市公积金提取金额(亿元)及提取比例(%)

	上海市		南京市		南昌市		贵阳市	
	提取金额	占归集比例	提取金额	占归集比例	提取金额	占归集比例	提取金额	占归集比例
2007年	839	55.5	129.44	58.94	11.4	25.3	16.39	32.3
2008年	1002	55.8	159.61	49.93	16.8	28.3	22.72	34.7
2009年	1191.12	55.81	202	60.81	25.3	33.4	32.60	39.5
2010年	1417.25	56	261.32	56.67	35.6	38.2	43.27	41.8
2011年	1657.66	55.43	297.10	48.05	45.7	39.2	56.25	42.8
2012年	1939.96	51.80	363.74	51.99	13.37	47.61	17.24	48.50
2013年	2316.33	45.19	458.45	62.77	77.35	56	21.72	51.20
2014年	2763.51	65.97	142.75	45.31	44	59	29.02	56.31

数据来源:各城市公积金运行情况公报(2007~2014);wind 资讯。

五、结论及建议

本章对公共住房消费融资模式存在的问题进行了讨论，从上述分析中我们发现，目前我国尚不存在真正意义上的公共住房消费融资模式，具体说就是现存的公积金贷款模式、住宅储蓄模式只有部分保障融资属性；现有的具有保障特征的住房消费融资模式难以发挥保障功能，其原因在于现有消费融资模式定位模糊影响了其保障功能，出租型公共住房消费融资模式尚处于缺位状态；现有消费融资模式的资金使用效率低、资金来源单一。围绕上述问题，将来公积金政策调整主要应从强化公积金保障功能，提升资金效率和构建新型消费融资模式处着手。

（一）强化公积金政策保障功能，拓宽保障范围

按照国家规定，凡是缴存公积金的职工均可按公积金贷款的相关规定申请公积金贷款。然而，住房公积金缴存是针对具有正规职业的职工，大部分非正规就业或失业的中低收入者无法参加公积金。如前所述，当前，我国住房公积金制度主要覆盖高收入群体，对中低收入群体覆盖严重不足，特别是个体工商户、私营企业合同工、自由职业者、进城务工人员等基本不在国家住房公积金覆盖范围内，自然也难以享受住房公积金制度带来的实惠。严重违背了住房公积金为提高中低收入人群住房支付能力而设立的初衷。为使政策向中低收入群体倾斜，在相关政策的制定过程中应本着普遍受益的逆相关原则；对于已经被覆盖的群体，应增强住房公积金缴存强制性，确保应缴尽缴，真正发挥住房公积金住房的保障作用。出台限制政策应对高收入者多次低息购房贷款的情况；发挥住房公积金对中低收入人群的政策性住房保障功能，对中低收入人群住房公积金贷款买房给予政策倾斜。

此外，还应调整住房公积金使用结构，创新拓展其使用方式和范围。为真正实现住房公积金的住房保障功能，应根据保障群体的实际要求适当调整住房公积金的使用结构，拓展住房公积金的使用方式。对支付房租、装修款项、用于涉及个人重大民生支出的支付（居民大病医疗、水电气等）、异地缴存使用等广泛适用和覆盖，进一步发挥住房公积金的保障功能。

(二) 提高公积金使用效率，严防资金"睡大觉"

根据《住房公积金管理条例》修订案规定，公积金的使用主要立足于刚性需求群体，也就是以首套置业的买房者为主。相对居民可支配收入，当前房价依然较高的情况下，本应被鼓励的首套置业需求也亟须贷款支持。带有福利性质的公积金贷款由于利率低于银行贷款，所以备受首套置业者欢迎。但住房公积金的运用效率仍存在较大的区域差异。其中，重庆最高，高达95.38%，江苏、福建、浙江和上海省市公积金利用率也在80%以上，但中、西部省份公积金利用率明显偏低，甘肃、青海、新疆兵团、西藏省区的利用率都在50%以下，最低的是山西省，利用率仅24.66%，这意味着山西省超75%的公积金沉睡。这表明在住房消费融资方面，住房公积金运行中存在较大的供给与需求的非匹配性。

由此可见，提升住房公积金运行效率和发挥住房保障功能的关键，须从重塑制度运作的效率与公平入手，建立起受益人、保管人、受托人相互制衡的全新信托管理模式。在此基础上，公积金具体运用范围的厘定，比如，在投资保障房之外公积金适用范围问题，完全可以交由信托管理体制来予以确定，而不是再让公积金躺在账户上"睡大觉"。

(三) 构建新型住房消费融资模式，实现"人居有其屋"

实现人人有其屋是我国住房保障政策的终极目标。中低收入家庭融资能力较弱，极大地制约了该目标的实现。公积金贷款主要覆盖城镇职工家庭，对中低收入家庭支持力度有限。在支持低收入群体住房融资方面，目前我国还没有设置专业性的融资机构，而该业务的发展对于解决中低收入家庭的住房问题却是必不可少的。因此，可利用现有的政策性金融机构的网络体系，直接开展中低收入家庭住房贷款业务，对购买中小户型住房的中低收入家庭提供贷款[①]。

目前房地产业仍然是我国经济增长的动力之一，经济"房地产化"短期内难以扭转。房地产需求持续萎缩是当前经济增长下滑的主要诱因，放松房地产调控被视为政府应对经济增长下滑的重要举措。各地方可以根据公积金

---

① 周京奎：《我国公共住房消费融资现状、问题及模式选择》，载《城市问题》2010年第7期。

利用实际情况，以公积金为基础成立政策性住宅金融机构，一方面可以增加住房消费需求，稳定经济，为我国经济去"房地产化"转型赢得时间。另一方面，可以向缴存住房公积金的职工提供低息住房贷款，增加中低收入家庭住房消费需求，真正实现"人居有其屋"，从而达到稳定经济的目的。

本章附录

本章附表 13-1　住房公积金政策演化

年份	政策记事
1979~1985	试点售房阶段
1986~1990	进行提租补贴和以租促售的改革
1988	江苏镇江市被国务院确定为住房制度改革试点城市，推行了以公房租金改革为主要内容的改革政策，奠定了镇江市住房公积金制度的框架体系，为我国住房公积金制度的简历、国务院《条例》的起草、住房公积金财务管理等方面提供了建设性意见。
1989-1990	全国房改陷入停滞期，中央政府鼓励地方政府发挥主观能动性
1991	上海开始试行住房公积金制度。同年5月，通过《上海市住房制度改革实施方案》，并确立"建立公积金、提租发补贴、配房买债券、买房给优惠和建立房委会"的房改方案。
1994	国务院颁发《关于深化城镇住房制度改革的决定》，住房公积金制度开始在全国范围内推行。
1995	专户管理确立了主体地位，消除了资金账户模式之争。
1996	《关于加强住房公积金管理的意见》出台，确立了"房委会决策、中心运作、银行专户、财政监督"的管理体制。
1998	由住房实物分配向住房市场化转变
1999	国务院出台《住房公积金管理条例》，财政部制定并下发《住房公积金财务管理办法》，《住房公积金会计核算方法》，国家税务总局相机规定了住房公积金有关税收政策，标志着我国住房公积金制度的全面建立。
2002	国务院进一步完善《条例》
2005	建设部、财政部、和中国人民银行颁布《关于住房公积金管理若干具体问题的指导意见》，将缴存主题扩大到包括城镇单位聘用的进城务工人员、城镇个体工商户和自由职业人员。
2006	《财政部关于加强住房公积金管理等有关问题的通知》再次强调住房公积金工作的要点，各地基本完成体制与机构调整任务，住房公积金的实践进入快速规范的发展时期。
2008	各地政府纷纷出台政策对公积金贷款规定进行调整，如降低公积金贷款首付至两成、提高每户家庭最高贷款限额等。
2009年10月	住房和城乡建设部、财政部、发改委、人民银行、监察部、审计署、银监会联合印发《关于利用住房公积金贷款支持保障性住房建设试点工作的实施意见》，明确提出将住房公积金闲置资金用于支持保障性住房建设。

续表

年份	政策记事
2010 年 8 月	住房城乡建设部、财政部等联合确定 28 个城市为利用住房公积金贷款支持保障性住房建设首批试点城市。
2014 年 7 月	国务院总理李克强常务会议中提出要将农民工纳入社区卫生计生服务范围,逐步将有意愿的农民工纳入城镇职工基本养老和基本医疗保险,将住房保障和公积金制度实施范围逐步扩大到农民工范围。
2015 年 3 月	中国人民银行、住房城乡建设部、中国银行业监督管理委员会30日下发《关于个人住房贷款政策有关问题的通知》,分别下调二套房、公积金购房等最低首付款比例,进一步发挥住房公积金对合理住房消费的支持作用。
2015 年 4 月	住建部公积金监管司建议以住房公积金制度为基础设立政策性住宅金融机构。

本章附表 13 - 2   2014 年全国住房公积金缴存情况表

地区	实缴单位数（万个）	实缴职工数（万个）	全年缴存额（亿元）	缴存总额（亿元）	缴存余额（亿元）
全国	206.5	11877.39	12956.87	74852.68	37046.83
北京	10.03	571.39	1140.33	6605.12	2522.98
天津	4.14	226.02	343.59	2189.81	954.35
河北	5.83	494.81	393.98	2370.2	1324.47
山西	4.16	400.4	263.92	1492.58	1025.36
内蒙古	3.52	186.94	260.59	1380.27	901.48
辽宁	7.61	463.03	574.66	3683.33	1846.27
吉林	3.41	206.75	218.43	1355.1	749.58
黑龙江	3.18	289.91	279.19	1805.84	966.82
上海	21.01	662.84	786.87	5215.59	2452.08
江苏	26.96	957	1039.87	5874.41	2675.52
浙江	13.63	500.6	783.2	4874.66	2100.03
安徽	4.9	342.4	457.49	2579.01	1156.93
福建	7.71	313.03	359.34	2136.36	970.92
江西	3.93	221.15	216.76	1073.1	685.82
山东	10.81	777.88	706.6	4086.26	2198.5
河南	6.17	618.52	413.97	2300.51	1397.79
湖北	5.73	425.75	407.65	2326.54	1383.06
湖南	5.9	433.18	334.64	1826.45	1061.95
广东	20.88	1410.72	1440.72	7549.56	3179.06
广西	4.56	241.45	244.49	1500.39	699.68

续表

地区	实缴单位数（万个）	实缴职工数（万个）	全年缴存额（亿元）	缴存总额（亿元）	缴存余额（亿元）
海南	1.73	86.28	79.55	396.68	229.74
重庆	2.64	223.91	231.6	1188.56	573.99
四川	8.33	510.54	587.73	3116.05	1642.6
贵州	3.12	201.68	186.33	889.05	537.63
云南	3.99	247.51	286.82	1786.11	909.24
西藏	0.35	21	41.77	211.1	121.89
陕西	4.32	370.33	278.97	1645.47	937.38
甘肃	2.91	180.67	174.25	1013.88	637.44
青海	0.89	42.84	71.77	404.8	224.22
宁夏	0.85	52.85	70.87	430.17	202.4
新疆	2.94	169.15	256.7	1427.98	707.73
建设兵团	0.36	26.86	24.22	117.74	69.92

数据来源：《全国住房公积金2014年年度报告》

本章附表13-3　　住房公积金个人住房贷款情况表

地区	全年发放笔数（万笔）	全年发放金额（亿元）	累计发放笔数（万笔）	累计发放额（亿元）	贷款余额（亿元）	个贷率（%）
全国	222.51	6593.02	2185.85	42245.30	25521.94	68.89
北京	4.93	307.97	75.41	3069.27	1871.81	74.19
天津	5.72	220.59	69.27	1664.37	787.37	82.50
河北	7.45	178.33	64.28	1169.72	791.48	59.76
山西	3.99	92.36	30.22	391.26	245.02	23.90
内蒙古	5.79	147.20	71.55	911.91	490.90	54.45
辽宁	11.86	317.75	116.08	2082.38	1263.93	68.46
吉林	4.69	115.46	44.07	728.72	475.41	63.42
黑龙江	4.94	121.21	58.60	941.77	513.22	53.08
上海	12.15	472.20	195.55	4095.36	2012.00	82.05
江苏	20.63	621.78	202.18	4233.57	2443.67	91.33
浙江	10.15	428.08	122.08	3082.63	1779.79	84.75
安徽	9.47	241.85	79.78	1383.48	916.54	79.22
福建	5.89	208.55	69.16	1375.07	855.96	88.16
江西	4.63	134.73	44.47	700.93	423.59	61.76

续表

地区	全年发放笔数（万笔）	全年发放金额（亿元）	累计发放笔数（万笔）	累计发放额（亿元）	贷款余额（亿元）	个贷率（％）
山东	14.16	370.13	125.61	2318.36	1467.51	66.75
河南	10.03	231.37	68.42	1176.30	805.64	57.64
湖北	9.38	273.80	77.27	1459.34	940.36	67.99
湖南	7.41	181.95	80.18	1171.46	740.58	69.74
广东	15.70	607.94	107.52	2987.74	2049.83	64.48
广西	4.84	114.99	41.88	677.95	460.85	65.87
海南	1.72	47.25	9.37	190.69	154.06	67.06
重庆	3.88	129.21	33.00	706.32	536.33	93.44
四川	10.82	272.64	86.78	1542.86	1061.59	64.63
贵州	5.31	124.36	37.64	614.75	430.50	80.07
云南	6.29	163.27	83.51	1108.34	593.18	65.24
西藏	0.56	20.94	4.14	85.54	41.80	34.29
陕西	4.67	111.33	40.53	602.87	409.28	43.66
甘肃	5.02	109.21	47.05	490.48	281.52	44.16
青海	1.65	33.22	18.03	210.43	84.53	37.70
宁夏	1.90	50.04	18.63	264.16	121.31	59.94
新疆	6.54	136.53	60.22	768.59	452.50	63.94
建设兵团	0.34	6.78	3.37	38.68	19.88	28.43

本章附表13-4　　　　住房公积金试点项目贷款情况表

地区	试点项目数（个）	全年发放额（亿元）	全年收回额（亿元）	累计发放额（亿元）	累计收回额（亿元）	贷款余额（亿元）
全国	439	143.21	172.76	775.80	324.94	450.86
北京	37	44.81	24.35	167.37	33.46	133.91
天津	10	7.09	5.50	24.19	12.17	12.02
河北	23	1.70	4.40	28.70	13.10	15.60
山西	9	4.03	2.25	8.33	4.33	4.00
内蒙古	14	4.20	2.15	13.12	5.17	7.95
辽宁	9	1.57	5.71	30.78	13.71	17.07
吉林	12	0.80	1.34	14.60	11.34	3.26
黑龙江	5	1.64	13.50	46.14	33.00	13.14

续表

地区	试点项目数（个）	全年发放额（亿元）	全年收回额（亿元）	累计发放额（亿元）	累计收回额（亿元）	贷款余额（亿元）
上海	15	8.94	24.78	88.54	32.86	55.68
江苏	6	2.36	0.24	9.92	3.24	6.68
浙江	13	0.30	4.06	14.92	12.58	2.34
安徽	23	5.46	13.36	34.91	15.79	19.12
福建	10	0.00	0.00	8.75	4.15	4.60
江西	6	1.97	0.33	4.76	0.33	4.43
山东	28	2.13	13.08	22.61	17.77	4.84
河南	17	1.63	3.09	8.53	6.59	1.94
湖北	6	0.00	1.78	5.20	2.88	2.32
湖南	15	8.61	2.39	21.39	2.64	18.75
广东	5	1.67	0.04	3.55	0.05	3.50
广西	5	1.05	0.00	2.06	0.00	2.06
海南	5	0.55	0.66	3.74	3.05	0.69
重庆	12	0.00	15.50	30.00	19.00	11.00
四川	38	5.28	7.30	31.49	14.27	17.22
贵州	14	6.37	1.10	14.32	1.10	13.22
云南	3	0.00	0.19	7.46	4.51	2.95
西藏	—	—	—	—	—	—
陕西	29	20.30	5.65	61.20	22.25	38.95
甘肃	21	1.38	0.42	12.88	5.92	6.96
青海	9	0.73	0.39	2.07	0.51	1.56
宁夏	7	2.50	1.52	8.74	4.44	4.30
新疆	32	5.20	17.68	41.59	24.73	16.86
建设兵团	1	0.94	0.00	3.94	0.00	3.94

第十四章

保障住房政策与住房消费发展

一、住房保障政策与住房消费脉络演绎

住房保障制度是住房市场化分配机制的必要补充，同时也是国家社会政策与社会保障制度的不可或缺的组成部分。由于保障住房的公共特性，住房保障通常由政府主导。我国住房保障相关政策的演变与发展，经历了从强化到弱化到再回归的过程。

住房保障政策与国家主流的宏观经济政策高度相关。我国的保障性住房政策与住房价格导致的住房压力有密切联系。在房价出现过高情况下，政府出台相应的住房保障政策。一方面是平抑房价和调整住房消费结构；另一方面维护社会公平，保障低收入家庭住房需求。具体来看，保障住房主要涵盖经济适用房、廉租房、公租房等，根据保障住房政策和保障性住房结构演化，本章将自1998年以来我国保障住房政策大体上划分为以下3个阶段，具体如表14-1所示。

表14-1　　　　我国住房保障政策的发展演变及各阶段重要内容

阶段	时间	保障住房供给模式	主要特征
第一阶段：住房市场化迅速住房保障化收缩	1998~2005	最低收入家庭：廉租住房；中低收入家庭：经济适用房；中高收入阶层：商品房；购买或者承租住宅商品房	一是完成福利住房转向了住房商品化，基本确立了多层次的城镇住房供应体系，住房市场发展迅速。二是支持家庭购买或承租普通商品住房，保障住房让位于商品房市场。地方政府以"经营城市"出让土地赚钱，导致建设经济适用住房的积极性逐步减弱。土地以"招、拍、挂"形式出让，保障住房土地供给减少。其中2005年经济适用住房的建设跌入历史最低点。

续表

阶段	时间	保障住房供给模式	主要特征
第二阶段 住房保障回归政策方向调整	2006~2010	保障性住房主要包括：经济适用房、廉租住房、两限房等。	90平方米以下住房面积所占比重须达到开发建设总面积的70%以上；保障房用地的年度供应量占居住用地供应总量不低于70%；保障性住房发展规划制定实施，解决城市低收入住房困难家庭和棚户区居民的住房问题。
第三阶段 房地产市场调控保障住房建设提速	2011~至今	保障性住房包括：经济适用房、廉租住房、两限房；新增公共租赁房。	提出公租房成为保障性住房的主体，将公共租赁房和廉租房合并为公租房。

  第一阶段为住房市场化时期。这一时期，我国保障住房政策经历了由强化到弱化的过程。1998年国务院颁布《关于进一步深化住房改革加快住房建设的通知》，显示保障住房政策的转变，不同收入家庭实行差别住房供应的政策，并确立了以经济适用房为主体的多层次住房供应体系。此时，住房保障体系针对3个收入层次与住房保障层次作了对应划分。低收入家庭对应廉租房，资金全部由政府支出。中等收入家庭对应经济适用房，资金来源为政府与个人各出一部分资金。高收入家庭对应商品化住房，住房是完全市场化的，购房款完全由购房者承担。

  2003年，国务院18号文件明确要求把房地产业作为支柱产业来发展，通过引导家庭住房需求向商品住房转变，使商品住房成为住房消费的主要对象。保障性住房在住房市场化下的潮流下被弱化，受住房消费政策影响，经济适用房投资建设开始下降。从投资额来看，经济适用房投资额经历了先增后减到再增加。从经济适用房投资额占总住房投资额的比例来看，1999年之后，经济适用房投资额占比逐年降低，这与我国房地产行业收益较高有较大关系，大量外资以及民间资本进入房地产市场推升了资本存量。如表14-2所示，在2005年经济适用房投资达到历史最低值，明显不如前两年，有些城市对经济适用房的投资建设甚至停滞，"十五"时期经济适用房新开工面积低于"九五"前期。

表14-2　　　　　1998~2015年度保障性住房建设情况

单位：亿元，万平方米，套

年份	住房总投资	经适房投资	新开工面积	销售面积	销售价（元）
1998	3614.2	270.85	3466.4	1666.5	1035
1999	4103.2	437.02	3970.36	2701.31	1093
2000	4984.1	542.43	5313.32	3760.07	1202
2001	6344.1	599.65	5795.97	4021.47	1240
2002	7790.9	589.04	5279.68	4003.61	1283
2003	10153.8	621.98	5330.58	4018.87	1380
2004	13158.25	606.39	4257.5	3261.8	1482
2005	15909.24	519.18	3513.4	3205	1655.2
2006	19422.91	696.84	4379	3337	1728.8
2007	25288.83	820.93	4810.3	3507.5	1754.2
2008	31203.19	970.9	5621.86	3627.25	1929
2009	36241.81	1138.59	5354.7	3058.8	2134
2010	48259.4	1067.44	4909.5	2748.9	2495
年份	住房总投资	安居工程投资	计划建设	完成建设	—
2011	61796.89	12000	1000	1043	—
2012	71803.79	11000	700	769	—
2013	86013.38	11200	630	666	—
2014	95035.61	12900	700	740	—
2015	—	—	740		

注：2010年后，保障性安居工程包括保障性住房和棚改房，其中保障性住房包括经济适用房、廉租房、公租房和限价商品房。其他涉及保障性安居工程、保障性住房的指标概念界定与此相同。

数据来源：wind资讯。

第二阶段为住房保障回归、政策方向调整阶段。在该阶段，受房地产市场房价泡沫影响，政府密集出台政策调控房地产市场，并重新重视保障性住房问题。2006年8月，建设部制定了《城镇廉租房工作规范化管理实施办法》，加强城镇廉租住房制度建设，对城镇廉租住房规范制度管理。2007年8月，国务院发布《关于解决城市低收入家庭住房困难的若干意见》，规范城市居民住房保障工作，切实解决城市低收入家庭住房困难，采取政府新建、收购、改建等方式增加廉租住房供应。

2008年1月，中国人民银行、银监会联合发布《经济适用住房开发贷款管理办法》，通过信贷政策鼓励房地产开发商涉足经济适用房领域，加大经济适用房建设。2009年6月，《2009~2011年廉租住房保障规划》实施，意味着政策在保证商品房市场平稳发展的同时，也在加大民生住房保障力度。

保障住房达到新的高度,通过丰富实物配租和租赁补贴相结合的廉租住房制度,完善相关的土地、财税和信贷支持保障房建设的政策。

第三阶段为保障住房建设提速阶段。在该阶段,引入公共租赁房,使其成为住房保障的主体。2011年,作为"十二五"起始之年,国务院出台《关于保障性安居工程建设和管理的指导意见》,提出根据实际情况继续安排经济适用房和限价商品住房建设。这一时期,保障住房不仅包括经济适用房,还涵盖了廉租房、公租房和限价商品房。根据"十二五"规划纲要的要求,"十二五"期间规划建设保障性住房、棚户区改造住房3600万套。2014年,调整保障住房层次,把公共租赁住房和廉租住房并轨统称公共租赁住房。公租房是政府为解决低收入群体居住问题而推出的政策性保障型住房,各地方都制定了符合地方实际的公租房的制度和标准。一些地方政府通过政府购买服务提供公租房,不仅将新建公租房,还通过买或租赁市场上符合要求的新房或二手房作为公租房来源。

二、我国住房保障政策与住宅消费发展评价

自我国保障性住房制度实施以来,让众多城镇低收入家庭实现了住有所居。特别是近十多年以来,国家更加重视保障性住房建设,投资力度不断加大,保障房建设有了很大的发展,经济适用房、廉租住房等各类型的保障性住房不仅解决了低收入家庭的住房问题,也起到了地区房价"稳定器"作用,取得了显著的效果。

(一) 保障住房建设对民生的影响

我们将其影响分为两个时期,第一时期是1998~2010年,这一时期保障性住房主要以经济适用房为主。第二个时期是2011~2015年,国家在这一时期加大了保障性住房建设,统称为保障性安居工程,与第一时期有一定的差别。

第一时期,以经济适用房为主,廉租房等为辅,建立保障性住房体系。1998年城镇住房市场化改革之后,保障性住房(经济适用房)建设逐步加快,通过保障性住房供给变化,能够看出住房政策对保障性住房的影响,具体数据如表14-3所示。

1999~2003年,保障房建设速度明显加快。如表14-3所示,这一时

期，经济适用房投资年均增长9%，经济适用房新开工面积从1999年的3970.36万/平方米增加到2003年的5330.58万/平方米，年均增长8%。而经济适用房价基本维持较低水平，从1999年到2003年，经济适用房价年均增长率为6%，低于投资增长率和开工面积增长率。从供给层面来看，保障住房新开工面积保持合理增长，保障性住房市场供给处于起步态势；从需求层面看，销售面积年均增长率为10%，高于经济适用房新开工面积年均增速。中低收入家庭对经济适用房接纳程度较高，经济适用房需求强烈。

2004~2005年，这一时期，政府更加明确提出住房市场化，鼓励民众换购商品房。同时对一些地区投资"过热"进行"土地调控"和"利率调控"，导致经济适用房供给发生变化。过于强调市场化而忽略了经济适用房建设，也是导致经济适用房供给下降的一个重要因素。

2006~2010年，在保障住房政策上，一方面明确住房结构调整，保证经济适用房面积所占比重须达到开发总面积的70%以上。另一方面，政府更加注重民生建设，加大对保障性住房（公租房）的投入，经济适用房供给虽有微小波动，但总体出现稳定增长局面。

表14-3　　　　　1999~2010年经济适用房建设及其供给情况

年份	完成投资（亿元）	新开工面积（万/平方米）	销售面积（万/平方米）	竣工套数（万套）	销售套数（万套）	经适房价格（元/平方米）	人均住宅面积（平方米）
1999	437.02	3970.36	2701.31	48.50	—	1093	19.42
2000	542.44	5313.32	3760.07	60.36	—	1202	20.30
2001	599.65	5795.97	4021.47	60.48	—	1240	20.80
2002	589.04	5279.68	4003.61	53.85	—	1283	22.79
2003	621.98	5330.58	4018.87	44.77	—	1380	23.70
2004	606.39	4257.49	3261.80	49.75	—	1482	25.00
2005	519.18	3513.45	3205.01	28.73	29.53	1655.2	26.11
2006	696.84	4379.03	3336.97	33.80	33.83	1728.8	27.10
2007	820.93	4810.26	3507.52	35.66	35.60	1754.2	30.10
2008	970.91	5621.86	3627.25	35.38	39.61	1929	30.60
2009	1134.08	5354.65	3058.85	39.84	34.78	2134	31.30
2010	1069.17	4909.54	2748.87	39.92	32.59	2495	31.60

数据来源：wind资讯。

第二时期，以保障性安居工程为主，包括棚改房建设、公租房建设等。在城镇商品住房市场不断深化发展，居民住房水平不断提高的同时，安居工程保障范围也逐渐扩大。为鼓励保障房建设，政府在土地金融政策等方面给予积极的支持。2011年以来，保障性安居工程建设加快推进，住房保障受益群体持续扩大。截至2014年9月，全国累计用实物方式解决和改善了4000多万户城镇家庭的住房。从表14-4可知，保障性安居工程建设执行都超额完成建设计划，可见政府对民生问题的重视，解决中低收入家庭住房问题的决心和力度都达到前所未有的高度。到2015年底，保障性住房（包括棚改房）将达到5000万套，届时将基本解决城镇中低收入家庭住房问题，新就业职工住房、外来务工人员等住房困难将得到有效缓解，居住条件进一步改善。

表14-4　　　　　　　　　　保障安居工程建设完成情况

年份	2011	2012	2013	2014	2015
建设计划	1000.00	700.00	630.00	700.00	740.00
实际执行	1043.00	768.00	666.00	740.00	—
完成比例%	104.3	109.7	105.7	105.7	—

数据来源：wind资讯。

（二）保障性住房政策对中低收入家庭的福利效应评价

住房保障政策的出台施行，直接效应是对中低收入家庭的消费行为产生影响。间接关系到中低收入家庭住房福利改善。从家庭消费角度来看，如果家庭用于住房的消费过高，则可能对该家庭的一般消费品支出形成挤出效应。因此，政府的住房保障政策必然对居民的消费支出产生影响，从而影响家庭的福利水平。适当的住房保障政策有利于促进城镇居民消费支出水平提高、扩大国内市场需求，同时提高城镇居民居住福利水平。

福利分房"终结"和住房市场化后，我国城镇居民的住房面积和居住质量都得到了明显的改善和提高。对高收入群体，住房改善是显而易见的。然而，对于一些中低收入家庭，由于受经济条件等方面的制约，其住房问题无法通过市场来解决。

从全国保障人群来看，据相关资料统计，2000年我国城镇人均居住面积在8平方米以下的困难家庭户数有1040万户，占全国总家庭户数12.25%。也就是说城市至少有3000万人处于缺房状态。[1]若按照2000年城镇人均住宅

---

[1] 国家统计局，2000年第五次人口普查资料。

面积 20.30 平方米计算，在人均住宅 20 平米以下的家庭有 3345 万户，占比达 39.4%，约一亿人居住水平在全国平均水平之下。到 2010 年全国第六次人口普查，城市人均面积 8 平方米以下的家庭 1213 万户，占比 9.42%。[①] 与 2000 年相比，下降约 3 个百分点。2000 年有 53 万户家庭通过购买经济适用房改善了居住条件，而在 2010 年则有 143 万家庭通过购买或租赁保障性住房改善了自身福利水平。

从全国人均住房面积来看，从"全国第五次人口普查"到"全国第六次人口普查"，我国人均住房面积结构发生了结构性的变化。如表 14-5 所示，人均住房面积 29 平方米以下所占比例无一例外都发生了不同程度的下降，而人均住房面积 30 平方米以上都显著增加。其中 50 平米以上增加最为显著，增加约 14 个百分点，人均 30~39 平方米和 40~49 平方米占比也均提高约 6 个百分点。说明十年间我国城镇居民住房面积大幅改善，住房福利得到显著提升。

从家庭学历结构住房比例来看，家庭人员学历越高，人均住房面积水平就越高，具体如表 14-5 所示。以人均住房面积 50 平方米以上为例，2000 年，各学历层次成员家庭所占比例均在 10% 以下，到 2010 年，占比达到 20%，研究生层次家庭占比高达 30%。[②] 人均住房面积是家庭居住福利水平的一个重要指标，家庭人均住房面积变化显示家庭住房福利改变。综上所述，高学历家庭住房福利水平改善的幅度高于低学历家庭，并且还有扩大趋势。

表 14-5　　　　2000~2010 年按学历划分家庭人均住房面积占比变化　　　单位：平方米

受教育程度	8 以下 2000 年	8 以下 2010 年	9~12 2000 年	9~12 2010 年	13~16 2000 年	13~16 2010 年	17~19 2000 年	17~19 2010 年
总计	10.27	6.05	14.48	5.84	16.73	8.94	8.23	5.67
未上过学	11.73	4.6	15.64	5.82	16.79	8.94	7.09	4.45
小学	10.98	5.27	15.13	5.98	26.86	9.51	7.71	5.5
初中	9.96	7.2	14.4	6.58	17.03	9.77	8.43	6.03
高中	9.01	6.26	12.99	5.33	16.17	8.15	9.71	6.16
大学专科	5.77	3.8	9.62	3.19	14	5.25	10.36	4.65
大学本科	4.23	2.4	7.74	2.17	12.47	3.89	10.69	3.88
研究生	3.5	1.59	6.42	1.68	10.83	3.44	10.57	3.92

[①] 国家统计局，全国第五次人口普查资料（2000）、第六次人口普查资料（2010）。
[②] 由于 2000 年人口普查与 2010 年人口普查统计口径发生一些变化，本报告把"上过扫盲班"并入"小学"，把"中专"并入"高中"。

续表

受教育程度	20~29 2000年	20~29 2010年	30~39 2000年	30~39 2010年	40~49 2000年	40~49 2010年	50以上 2000年	50以上 2010年
总计	26.58	24.41	11.95	17.56	5.52	11.37	6.25	20.07
未上过学	24.34	21.02	11.78	16.66	5.72	11.78	6.91	26.72
小学	25.79	23.63	11.77	17.2	5.49	11.3	6.27	21.62
初中	27.05	25.36	11.85	17.03	5.39	10.33	5.9	17.7
高中	27.88	25.33	12.05	18.09	5.51	11.35	6.68	19.33
大学专科	32.14	23.54	14.86	21.29	6.41	15.25	6.83	23.02
大学本科	33.46	20.98	16.89	22.25	7.34	17.69	7.18	26.74
研究生	33.7	19.56	18.12	20.69	8.18	18.26	8.67	30.84

数据来源：根据国家统计局第五、六次人口普查资料整理计算。

从居住设施改善情况来看，"五普"时期，城市家庭住房设施无独立厨房的比例占到11.77%，无洗澡设施城市的家庭占比高达49.58%，近23%的城市家庭没有厕所，甚至有13%的家庭无自来水，具体如表14－6所示。城市居民生活质量相对比较低下，住房设施严重影响到城市家庭居住水平。

表14－6　全国第五、六次人口普查城市家庭住房质量改善情况　　　单位：户

年份	总户数	无厨房	占比(%)	无洗澡设施	占比(%)	无厕所	占比(%)	无自来水	占比(%)
2000	8154917	959990	11.77	4043466	49.58	1837434	22.53	1022879	12.54
2010	12416562	1018077	8.20	2787844	22.45	1356496	10.92	847051	6.82

数据来源：根据国家统计局第五、六次人口普查资料整理计算。

从保障住房覆盖比例来看，我们根据国家统计局五等份收入分组法，测算了我国2009年至2013年城镇中低收入家庭户数。如表14－7所示，若按照最低5%的比例覆盖中低收入家庭，从安居工程房屋建设套数可以看出，近年来，我国覆盖比例已经明显高出5%。若按照10%的城镇中低收入家庭覆盖率，除2011年安居工程住房套数高于保障比例外，其他年份安居工程建设套数均低于城镇中低收入家庭需求套数。目前，我国安居保障工程覆盖率在5%~10%。总体上来说，近年我国大力实施安居保障工程以来，越来

多的中低收入家庭通过"安居保障工程"提高了住房福利水平。但我国住房保障比例仍然较低，区域保障水平差异较大。

表 14-7　　　　2009~2013 年我国不同比例下安居工程保障情况

年份	户数（万户）	中低收入家庭户数	保障比例（5%）	保障比例（10%）	保障比例（15%）	安居工程（万套）
2009	22322.49	8929	446.45	892.90	1339.35	333
2010	23256.25	9302.50	465.13	930.25	1395.38	590
2011	24069.34	9627.74	481.39	962.77	1444.16	1043
2012	24888.81	9955.52	497.78	995.55	1493.33	666
2013	25563.29	10225.31	511.27	1022.53	1533.80	740

数据来源：国家统计局。

总的来说，我国住房保障性政策经过近 20 年的演变发展，在保障城市中低收入家庭住房问题方面起到了重要作用，极大地提升了这些家庭的住房福利，改善了其生存质量。当前，我国城镇家庭住房自有率为 89.6%，18.6% 的家庭拥有两套以上住房。在住房高自有率的背景下，我国存量商品房规模较大，目前商品房存量已经超过 1 亿套，如果考虑在建施工的规模，2015 年可达到 1.25 亿套，二手房崛起将不可避免。保障性住房政策也必然要与住房市场变化、农村人口市民化等方面相匹配，如何利用保障性住房政策真正保障中低收入家庭住房问题，增进这些家庭住房福利，是将来的保障性住房政策需要做的。

三、政策建议

需要指出的是，我国住宅消费保障政策尽管经过多年的探索，但到目前为止，我国保障性住房制度框架仍然存在诸多缺陷。1998 年以来，保障性住房政策的变迁多发生在商品房房价高涨的背景下，住房保障与住房消费政策切换频繁，中央政府和地方政府利益博弈，减弱了保障住房政策功效。此外，住房保障政策通常作为辅助性调控政策，而非强制性，这也给执行带来了一定难度，这导致保障性住房建设仅停留在政策层面，缺少一种长期的战略性安排。无论是保障低收入家庭住房问题，还是调节住宅消费市场，住房保障政策还任重道远。

（一）推动住房保障方式转型，调节住房消费市场

商品房存量高、价格高已严重影响住房市场健康发展，因此住房市场调控应注重盘活存量，建立住房梯级供给机制。将商品房分流进入保障领域，既有利于保障对象提早入住，也有利于消化社会库存，减少部分城市供给过剩的压力。未来几年可适当减少或停止（部分地区）新建设保障性住房，取而代之的应是通过回购商品房、盘活商品房存量等方式提供保障住房。回购商品房作保障住房是将市场库存高的商品房转化为刚性需求住房的一个重要方式，也将有利于提高住房供给与需求的匹配性，使住房消费市场进入良性循环轨道。

（二）放宽保障性住房金融管制，解决资金瓶颈

利用 REITs、PPP、BOT、BT 等方式来吸纳各种社会资金。同时，构建专门服务于保障房的融资机构也是重要手段之一。当然，融资方式只是手段，关键在于要扩大资金来源，允许更多的资金参与保障房建设，这其中包括国有土地出让金、住房公积金增值收益、社保基金以及私人资本等。把鼓励自住、抑制投机和防范风险三个方面的目标结合起来，逐步完善住房金融政策。既要适应居民通过多次换购住房不断改善居住条件的需求，也要防止过度刺激对住房市场的不利影响，防范金融风险。建议进一步完善住房金融政策，向市场传递中性的住房金融政策信号。一是采取有效措施，尽快改变住房贷款利率水平持续高于基准利率水平的状况；二是在公积金贷款实施形式、批准信贷额度等方面充分考虑金融风险。三是住房宏观调控实施区域差异化的降息政策。

（三）拓宽保障性住房渠道，多方式多角度确保保障性住房供给

在低收入群体住房得到满足的情况下，积极探索我国住宅消费转变方式，稳定住宅消费市场，促进住宅市场健康合理发展。目前我国家庭住房自有率超过80%，改善型住房需求增长空间较大。未来住房消费政策应向鼓励居民提升改善型住房需求方向转变，这样不但可以树立梯度消费的理

念，还可以进一步活跃商品房市场和二手房市场。此外，居民换购住房还会释放大量的二手住房，给保障住房提供了巨大操作空间，可借此时机拓宽保障住房来源，改善保障性住房的供给结构，形成有层次、有梯度的保障房供给市场。

本章附录 保障性住房投融资现状及面临的问题

保障性住房金融是保障性住房建设得以进行的重要保障,我国制定的"十二五"规划纲要明确提出了要建设3600万套保障房,覆盖我国城镇地区人口20%的目标。随着市场大规模建设逐步进入尾声,保障房的投资建设和融资又出现了新的特征,特别是针对公租房、廉租房为主的保障房投资建设和融资。从融资资金来源看,政府财政投资、土地出让金净收益及住房公积金的增值收益仍然是当前我国保障房资金的主要来源。当前我国宏观经济下行明显,经济增长步入新常态,政府财政投资、土地财政出让金及住房公积金增长有限,甚至有下滑趋势,远远不能满足保障房建设资金需求。2015年,各地方财政收入下滑导致财力吃紧,保障房建设投资力度减弱,这意味着保障性住房建设仍会遭遇资金瓶颈。

(一) 保障性住房投资

在"十二五"期间,我国计划建设保障性住房3600万套。其中,2011年计划建设1000万套保障房,2012年计划建设700万套,2013年计划建设630万套,2014年计划建设480万套,2015年计划建设740万套。然而,我国各地区经济发展水平不仅存在区域差异,同时城市规模差异也很明显,这使得保障住房建设资金缺口还存在着城市规模差异。我们以安徽和湖南两省为例进行分析,并在章附表14-1中给出了安徽、湖南省"十二五"期间保障住房建设规模、资金需求及财政负担数据。在安徽省住房保障"十二五"规划中,芜湖、安庆、亳州出租型保障住房建设规模均在6万套以上,分别达到25.1万套、8.05万套、6.9万套,该类型保障住房建设资金占财政总收入的比重分别为0.441、0.394、0.237。铜陵、黄山、蚌埠出租型保障住房建设规模相对较小,分别达到1.57万套、0.84万套、2.02万套,该类型保障住房建设资金占财政总收入的比重分别为0.067、0.041、0.07。从上述数字不难看出,在同一省内,出租型保障住房建设规模较大的城市,其保障房建设带来的财政负担也相对较重,而出租型保障住房建设规模较小的城市,其财政负担也相对较低。湖南省的数据也反映出类似的规律,出租型保障住房建设资金占财政总收入的比重在0.047~0.276,不同城市保障住房建设面临的财政压力有较大差异。

虽然上述例子中仅给出了两个省地级市的数据，但这些数据反映的规律同样适用于其他省市。目前，全国有283个地级市，这些城市经济发展水平、人口规模、居民收入水平、保障住房存量都有较大差别。国家在制定保障住房发展规划时，给出的保障住房覆盖20%常住人口的指标是适用于所有城市的，这使得保障住房建设任务较重，地方财政支持能力较弱的城市将面临巨大的资金缺口。因此，在当前的保障住房规划下，各地区不仅面临着保障住房建设资金缺口问题，而且资金缺口存在较大的城市差异。

本章附表14-1 安徽、湖南省"十二五"期间保障住房建设规模、资金需求及财政负担

省份	城市	（1）出租型保障住房建设规模（万套）	（2）出租型保障住房建设资金（亿元）	（3）2010年财政收入（亿元）	（4）"十二五"财政总收入（亿元）	（5）(2)/(4)
安徽	淮北市	2.44	24.4	29.6	198.75	0.123
安徽	亳州市	6.9	69	23.3	156.46	0.441
安徽	宿州市	3.68	36.8	26.15	175.64	0.21
安徽	蚌埠市	2.02	20.2	42.9	288.11	0.07
安徽	阜阳市	4.07	40.7	41.18	276.56	0.147
安徽	淮南市	3.99	39.9	51.81	347.94	0.115
安徽	滁州市	2.79	27.9	50.53	339.33	0.082
安徽	六安市	5.24	52.4	42.7	286.76	0.183
安徽	马鞍山市	4.27	42.7	69.88	469.29	0.091
安徽	芜湖市	25.1	251	94.84	636.89	0.394
安徽	宣城市	3.46	34.6	49.83	334.65	0.103
安徽	铜陵市	1.57	15.7	34.73	233.26	0.067
安徽	池州市	2.23	22.3	31.21	209.57	0.106
安徽	安庆市	8.05	80.5	50.57	339.64	0.237
安徽	黄山市	0.84	8.4	30.79	206.75	0.041
湖南	株洲市	5.2	52	78.04	524.07	0.099
湖南	湘潭市	1.7	17	47.38	318.18	0.053
湖南	衡阳市	8.5	85	75.89	509.67	0.167
湖南	邵阳市	4.5	45	31.53	211.73	0.213
湖南	岳阳市	5.74	57.4	192.7	1294	0.044

续表1

省份	城市	(1)出租型保障住房建设规模（万套）	(2)出租型保障住房建设资金（亿元）	(3)2010年财政收入（亿元）	(4)"十二五"财政总收入（亿元）	(5)(2)/(4)
湖南	常德市	3.5	35	70.02	470.23	0.074
湖南	张家界市	1.61	16.1	14.31	96.072	0.168
湖南	益阳市	4.54	45.4	24.5	164.5	0.276
湖南	郴州市	7.3	73	62.71	421.14	0.173
湖南	永州市	3.51	35.1	33.01	221.66	0.158
湖南	怀化市	1.13	11.3	35.67	239.55	0.047
湖南	娄底市	3.3	33	30.01	201.52	0.164

注释：上述数据分别来源于安徽省城镇住房保障"十二五"规划（2011~2015年）、湖南省城镇住房保障"十二五"规划（2011~2015年）；为计算"十二五"期间出租型保障住房建设资金需求规模，我们假定廉租房、公共租赁房单套面积为50平方米，每平方米的建安成本和装修成本为2000元；为计算"十二五"期间各地区财政总收入，我们假定"十二五"期间各地区财政收入年均增长10%。

（二）保障性住房融资

我国保障房的融资渠道主要有政府筹集、发行债务融资和民间资本参与三大类。其中，政府筹集是指政府公共财政预算、土地出让金净收益和住房公积金增值收益等财政性资金。债务融资是指保障房开发企业或地方保障房投融资平台，采用贷款、发行债券或票据等方式，吸引债权投资，并于到期后偿还本息的融资方式筹集的保障房建设资金。民间资本融资有两种，一是债权投资，即享有固定的利息收益并于到期后收回本金；二是权益投资，出资建设保障房并持有享有产权，可通过转让或者出租获得收益。

在政府融资方面，2013年，各级财政实际用于保障性安居工程支出3816.72亿元，从资金来源看，公共财政预算安排支出2969.69亿元，占77.8%；政府性基金预算安排支出847.03亿元（其中，住房公积金增值收益安排支出147.87亿元，土地出让收益安排支出699.16亿元），占22.2%[1]。

在债务融资方面，银行贷款是保障性住房债务融资的重要来源，从贷款资金来源上看，银行贷款又细分为商业银行贷款和政策性银行贷款。保障性

---

[1] 财政部，2013年财政支持保障性安居工程建设情况。

住房贷款余额自2011年以来，银行新增保障房贷款不断增加，余额不断扩大。以2015年一季度为例，各商业银行房地产开发贷款中的保障性住房开发贷款余额1.28万亿元，同比增长64.3%；1~3月份增加1352亿元，同比多增860亿元，增量占同期房地产开发贷款的43.7%，比上年同期增量占比高24.4个百分点。

同时，住房公积金贷款作为专项用于保障性住房建设的贷款，也取得了突破性进展，2014年全年共缴存住房公积金存额12956.87亿元，住房公积金用于保障性住房建设潜力很大。各地通过出台相关公积金政策，支持公积金贷款购买保障性住房，并制定了相关的优惠政策。其中，上海市在公积金政策管理上，允许对购买经济适用房、动迁安置房、收入低于一定标准的职工家庭，实行贷款贴息政策，对封存职工、新参加工作等不符合公积金贷款条件的职工，允许其在缴存公积金满一定年限后申请"商转公"贷款。广州市试点开展个人住房抵押贷款证券化业务、广清公积金互贷等。2015年广州市公积金中心将投入50亿元进行贴息，并根据住房市场情况调整贴息额度。

地方政府投融资平台公司或参与保障房建设项目的其他企业可以通过发行企业债券的方式融资，据不完全统计，2011~2012年共发行募集资金设计保障房建设的企业债券2350亿元，对于加大保障房有效供给，解决低收入家庭住房困难问题发挥了积极作用。[①] 此外，还可以通过在中国银行间交易市场协会发行中期票据、非公开定向债务融资工具和资产支持票据为保障房建设融资。

在民间融资方面，住建部2012年发布《关于鼓励民间资本参与保障性安居工程建设有关问题的通知》，鼓励和引导民间资本通过直接投资、间接投资、参股、委托代建等多种方式参与保障性安居工程建设，民间资本参与保障房建设的，在贷款、税收、土地使用等方面享受优惠政策。从资金来源上看，其吸引民间资本进入保障房建设领域的主要有房地产开发企业自有资金、保险资金、信托资金、全国社会保障基金、私募股权基金以及计划试点的其他资金。

总体上来看，2013年，全国共筹集城镇保障性安居工程财政性资金4328.74亿元，占比46.94%；通过银行贷款、住房公积金贷款、企业债券等债务融资和民间资本参与方式，从社会渠道筹集资金4667.67亿元，占比

[①] 国家发改委：《关于开展保障房项目企业债券募集资金使用情况检查的通知》，发改办财金[2013] 742号。

53.06%[①]。从结构上来看,财政性资金比重依然很高,但债务融资和民间资本参与方式等社会渠道融资占比共投入 300 亿元。这表明,我国保障房建设社会融资情况依然不容乐观,还有更多的路要走。

(三)保障性住房建设资金面临的问题

截至 2014 年底,保障性安居工程完成建设 3050 万套,完成比例为 84.72%,资金需求参考陈振锋测算方式,资金供给主要为住房保障支出财政预算资金,包括中央财政住房保障预算资金和地方财政预算资金[②]。

通过对保障住房资金缺口估计,由本章附表 14-2 可知,我国保障住房资金缺口逐年下降,测算利用的是财政预算资金,而实际上中央财政预算支出执行率较高,而地方财政预算资金执行力度较低,财政资金供给存在高估,导致资金缺口实际上被低估。特别是在公租房、租赁房等保障性住房领域,由于投资收益低,社会投资意愿不强烈,完全依靠政府投资,这类保障性住房投融资难题是将来面临的主要问题。

本章附表 14-2　"十二五"期间保障性住房资金缺口估计　　单位:万亿

名称	2011 年	2012 年	2013 年	2014 年	2015 年
资金需求	1.79	1.08	0.8	0.79	0.79
资金供给	0.36	0.61	0.65	0.72	0.75
资金缺口	1.43	0.47	0.15	0.07	0.04

数据来源:wind 资讯,2015 年中央预算报告。

(四)保障性住房分配面临的问题

从 2011 年开始,保障性住房"安居工程"成为"十二五"时期保障和改善民生的标志性工程。计划到 2015 年,国家累计建设保障性住房、棚户区改造住房 3600 万套,使保障性住房计划覆盖率达到 20%。随着我国保障住房建设规模的扩大,保障性住房工作重心已逐渐从"建设"过渡到"分配",国家有关部门相继出台了《经济适用住房管理办法》和《廉租住房保障方法》规范了保障性住房分配。例如,2013 年国家发改委出台《深化经济体制改革重点工作的意见》,提出健全保障性住房分配制度,深化保障住房公平

[①] 审计署:《2013 年城镇保障性安居工程跟踪审计结果》,审计署审计结果公告 2014 年第 22 号。
[②] 陈振锋:《我国保障性住房建设资金现状》,载《住宅产业》2015 年第 5 期。

分配认识。

　　但在保障性住房分配过程中存在审核不严、分配标准不公、转租等现象。一是资格审核漏洞，以瞒报、假报、转移财产等途径来申请保障性住房的情况屡有发生，出现"开宝马住经济适用房"的怪象，更出现诸多的"房叔"、"房婶"、"房哥"、"房姐"，严重挑战公众对社会公平性的认知。二是分配方式有损公平。例如，轮候摇号，摇号人为操作情况仍然存在，导致机会不公平。其次对摇号缺乏一种人情关怀，有的人连续多次摇号不中，后面的人却一摇号就中。这对排在前面的人有失公平。三是保障房申请的门槛较高，分配错位。有的地区将为引进人才而建的"人才房"纳入保障房范围，挤占有限的保障房指标和公共资源，使本应受益的弱势民众无法获得相关保障。然而对一些真正对保障住房有需求的群体设置过高的申请门槛。导致大量农民工、毕业大学生等无法申请保障性住房。

第十五章

住房调控政策与住房消费发展

一、住房调控政策演化历程

（一）1998~2014年房地产运行及政府调控

1. 1998年之前：房地产市场尚未成形，政府进行尝试性调控

1978年之后，邓小平提出改革住房市场的思路，开始对住房市场进行尝试性调控。1982年国务院开始在郑州、常州、四平和沙市4个城市试行公有住房的补贴制度，1984年在广东、重庆两地征收土地使用费，这也是土地使用开始向市场化过渡的标志[①]。1987~1991年是住房市场起步并快速发展的阶段，大部分城市建立了住房二级交易市场，政府也出台了相应的政策措施。1990年上海市政府借鉴新加坡的经验，开始实施住房公积金制度。1991年下半年开始，住房市场开始出现过热的迹象，房地产公司数目增加，对住房开发投入资金也增加。1992年是我国住房市场转折的一年，这一年，住房公积金制度在全国普遍推广实施。由于1992年上半年住房投资过热，越来越多的资金投入到住房的炒作中，脱离了实体经济，住房资产泡沫越来越大，之后便发生了北海和海南的住房资产泡沫破裂，导致了整个经济的下滑。经过1993年政府对住房市场的进一步调整，朱镕基同志在海南调查后发现海南的土地泡沫之后，便下令停止银行贷款，之后的几年里，我国住房市场没有出现较大的泡沫，一直处于波澜不惊的状态。1994年7月，《关于深化城镇住房制度改革的决定》首次提出建立具有社会保障性质的经济适用房体系，同时也提出了住房公积金制度，建立较为完善的住房信贷体系。在这一时期，

---

① 沙市原为湖北地级市，现为荆州市。

我国住房市场开始形成，使得政府有了调控住房市场的平台。

2. 1998～2003年：住房市场逐步形成，宏观调控推动住房市场发展

1998年我国面临亚洲经济危机的冲击，对外贸易形势恶化，国家力图扩大内需来刺激经济增长，住宅产业受到广泛重视。1998年7月3日，国务院颁布《国务院关于进一步深化城镇住房制度改革加快住房建设的通知》，深化城镇住房制度改革的目标是：停止住房实物分配，逐步实行住房分配货币化；建立和完善以经济适用住房为主的多层次城镇住房供应体系；发展住房金融，培育和规范住房交易市场。随着住房实物分配制度的取消和按揭贷款政策的实施，住房市场进入了稳定且健康的发展道路。到2003年，房价已经处于比较高的水平，商品房供给结构出现不合理，资源配置低效率，住房市场成为人们关注的焦点。为进一步调控住房市场，国务院颁布《关于促进房地产市场持续健康发展的通知》，加紧了土地和信贷的调控，主要是减少供给来降低房价，使住房市场回归理性。与此同时，为建立和完善城镇廉租住房制度，保障城镇最低收入家庭的基本住房需求，住建部、财政部、民政部、国土资源部及税务总局等联合颁布了《城镇最低收入家庭廉租住房管理办法》。

此外，随着我国经济的进一步发展，外商投资企业和外国企业在华投资不断增加，对我国住房市场亦产生影响，为此，2001年12月31日国务院颁布了《中华人民共和国城镇土地使用税暂行条例》，将外商投资企业、外国企业纳入纳税人范围，实现内外资统一；并提高土地使用税的每平方米年税额。

3. 2004～2008年：住房市场快速发展，宏观调控避免市场泡沫

2004年以来，住房价格出现较快幅度的上涨，投机性需求增加，住房供给结构不合理，2005年国务院办公厅发布《关于切实稳定住房价格的通知》，也即"老国八条"，以抑制住房价格过快上涨，促进住房市场健康发展。随后国务院总理主持召开国务院常务会议，提出了八项加强住房市场引导和调控的措施，被称为"新国八条"的《国务院常务会议关于加强房地产市场的调控措施》。2006年5月17日，国务院常务会议通过了六项措施调控房地产业，促进房地产业健康发展，被业界称为"国六条"，第一项便指出，重点发展中低价位、中小套型普通商品住房、经济适用房和廉租住房。虽然经过20多年的发展，居民住房条件得到较大的改善，但部分低收入家庭住房还比较困难，2007年8月，为切实解决低收入家庭住房困难问题，国务院颁布了《关于解决低收入家庭住房困难的若干意见》。2007年金融危机后，房价也有

所下降，但最近几年来的通货膨胀、刚性需求的增加及人们形成的通胀预期，导致房价进一步上涨，住房市场存在较大的泡沫。2008 年末，国务院颁布了《关于促进房地产市场健康发展的若干意见》，旨在进一步扩大内需、促进经济平稳较快增长，加大保障性住房建设力度，进一步改善人民群众的居住条件，促进住房市场健康发展。

2005 年以来，国家税务总局相继颁布了《中华人民共和国个人所得税法》、《关于个人取得房屋拍卖收入征收个人所得税问题的批复》、《关于企业为个人购买房屋或其他财产征收个人所得税问题的批复》、《关于调整房地产交易环节税收政策的通知》、《中华人民共和国营业税暂行条例》、《关于个人住房转让营业税政策的通知》等相关政策性文件，意味着财产转让所得、购房均需要缴纳相关税费，间接调节住房市场，促进住房市场健康运行。

4. 2009~2013 年：短暂的松绑期之后，住房市场投资过热，宏观调控促进住房市场回归理性

2009 年住房市场仍呈现投资较热的态势，房价和住房交易量均增加，2010 年 1 月和 4 月，国务院分别就促进住房市场健康发展和稳定房价颁布了《关于促进房地产市场健康平稳发展的通知》和《关于坚决遏制部分城市房价过快上涨的通知》。2010 年的调控措施出台后，住房市场出现了积极的变化，房价过快上涨的势头得到初步遏制，为进一步做好住房市场调控工作，逐步解决城镇居民住房问题，促进住房市场平稳健康发展，2011 年 1 月国务院办公厅颁布了《关于进一步做好房地产市场调控工作有关问题的通知》。至 2013 年，住房市场依旧十分繁荣，房价上涨预期较强，投资和投机需求较大，各城市住房市场出现分化。鉴于此，国务院办公厅颁布了《关于继续做好房地产市场调控工作的通知》，被业界称为"新国五条"，进一步调控房价，抑制投机投资性需求，增加保障性安居住房的供给，提高住房二级市场交易的成本，旨在促进房价理性回归，维持住房市场的可持续发展。经过 2013 年的调控，同时我国经济处于"新常态"下，调整经济结构，消化过剩产能，住房市场也正经历着一场变革。

此外，随着住房市场持续过热，国家采取了直接调控住房需求规模的政策，也即对部分城市实施"限购令"。2010 年 4 月 30 日，北京出台"国十条"实施细则，率先规定"每户家庭只能新购一套商品房"。9 月 29 日"国五条"出台后，累计有上海、广州、天津、南京、杭州等 16 个一二线城市推出限购政策。截至 2011 年 2 月，已有 36 个城市提出限购；新一轮住房限购城市将翻番达 72 个，高压调控下，楼市跌入"冰点"。2011 年 8 月 17 日，住建部下发二三线城市限购标准；12月，住建部知会地方政府，对于限购政策将要于2011年年底到期的城市，地方政府需在到期之后对限购政策进行延续。随着2014年经济进行结构性调整，住房市场开始降温，于是，部分城市逐渐取消限购令，以促进住房市场健康平稳运行。2014年6月26日，呼和浩特取消住房限购令，9月26日，苏州市住建局确认，苏州五大区全线取消限购，90平方米以下房屋也取消限购。

为防止外资及海外热钱对住房市场的冲击、基于公平和增加税收的角度考虑，2009年1月1日起，外商投资企业、外国企业和组织及外籍个人，依照《中华人民共和国房产税暂行条例》缴纳房产税。2011年1月28日，上海、重庆作为试点城市实施了由国务院制定并颁布的房产税改革试点办法，正式开始对部分个人住房征收房产税，开创了我国住房制度改革以来向本国国籍个人拥有住房征收房产税的先例。

（二）2014年至今：住房市场下行，政府刺激住房需求

当前我国经济"新常态"的主要特点是：经济增长从高速增长转为中高速增长；经济结构不断优化升级；从要素驱动、投资驱动转向创新驱动；我国政治、经济、社会呈现出新常态。在新常态的背景下，我国房地产业也出现了过剩的情况，不断涌现出"鬼城"、"空城"，除一线城市外其余城市住房市场表现低迷、大量的商品房空置。这不得不引起我们反思，政府该如何调控以促进住房市场健康稳定运行。

1. 限购政策全面放开

2014年，限购政策由局部调整转向全面放开，7~8月30余个城市陆续放宽，且部分第一轮采取定向放松限购政策的城市，也加大了放松力度，宣布全面放松。2014年底全国47个限购城市中，共有42个城市有所放宽，其中有32个城市宣布全面取消限购。

2. 不动产统一登记工作进入实质阶段，房产税有望推行

2014年两会后不动产统一登记有了突破性进展，上半年不动产登记局成立；8月国务院法制办公室公布《不动产登记条例（征求意见稿）》，对全社会征求意见，不动产局"三定方案"正式印发，11月不动产登记中心成立，12月22日，修订后的《不动产条例》正式出台，于2015年3月1日正式实施，并指出利用4年时间左右建立有效运行的不动产登记信息管理平台。

3. 个人转让两年以上免收营业税

2015年3月30日，财政部发布《关于调整个人住房转让营业税通知》，

个人购买不足两年的住房对外销售的,全额征收营业税;购买两年及两年以上的非普通住房对外销售的,按照销售收入减去购买房屋的价款后的差额征收营业税;对满两年的普通住房对外销售的,免征营业税。

二、住房调控政策对住房消费的影响

(一) 2004~2013年住房调控政策对住房消费的影响

1. 对全国商品房消费的影响

从图15-1我们可以看出,自2000年~2013年,除2008年外,住宅商品房平均销售价格与销售面积均呈现上涨趋势。1998年《国务院关于进一步深化城镇住房制度改革加快住房建设的通知》取消福利分房制度,我国住房市场化的进程开启。1999年开始,我国商品房市场逐渐发展并逐渐繁荣。2000年全国住宅商品房销售面积为16570万平方米,至2003年,全国住宅商品房销售面积增加至29779万平方米,增幅约为130%。住房市场化初期,房价并未出现大幅度波动,2000年住宅商品房销售均价为1948元/平方米,至2003年,住宅商品房销售均价上涨至2197元/平方米,5年内上涨了245元/平方米,上涨幅度为18%。与销售价格相比,销售面积出现了更大幅度的上涨,这说明福利分房制度的取消,更多的家庭必须在商品房市场购房,以满足基本住房需求。1998年的住房制度改革不仅减轻了财政负担,开启了住房市场的新纪元,也使得普通居民的家庭住房条件可以得到改善。

2004年全国住宅商品房销售面积和价格分别达到33820万平方米、2608元/平方米,较2003年分别上涨了4041万平方米、411元/平方米,涨幅分别达到13.6%、18.7%。此外,2004年度住宅商品房销售均价上涨水平大于2000~2003年5年期间价格的上涨水平,可见商品住宅价格出现较快增长。2003的宏观调控并没有抑制房价的上涨,由于人民生活水平的提高,对住房需求的不断增加,从而住宅商品房的销售面积亦增加。

从图15-1我们还可以看出,2004年~2007年住房市场出现过热迹象,到2007年,住宅商品房销售面积达到70136万平方米,而销售均价达到3645元/平方米。与1999年相比,房价翻了一番,而住宅商品房的销售面积增加了4.4倍。为抑制房价过快上涨、住房投资过热,国务院2005年先后颁布了"老国八条"与"新国八条",但2006年住房市场仍然出现了"价量齐增";

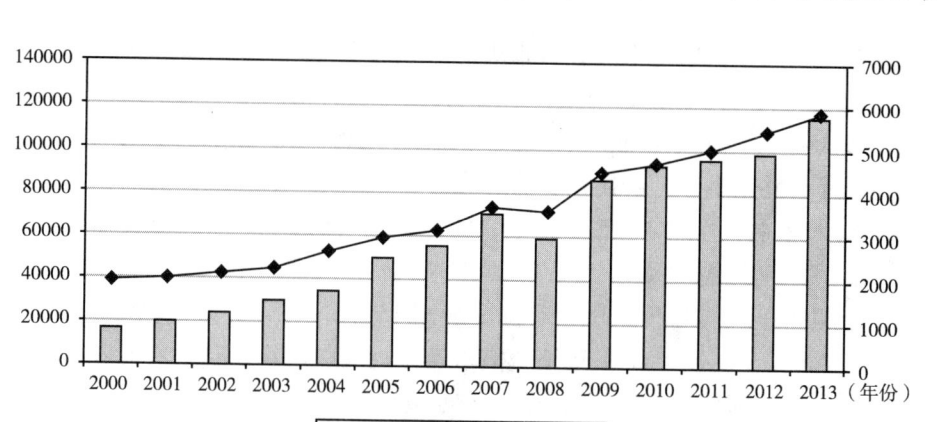

图 15－1　1999~2013 年住宅商品房销售面积和销售价格

数据来源：国家统计局。

在此背景下，2006 年 5 月国务院新推出"国六条"，但 2007 年住房市场呈现空前盛况。城镇人口众多，加上快速的工业化与城镇化，大批农村人口流向城镇，增加了住房的"刚"需。随着人民收入水平的提高，对住房的改善性需求增加；包括海外热钱的大量资金没有合适的投资机会，于是他们的目光投向了住房市场，这一系列的因素造成了我国住房市场屡次调控均没有达到预期效果。

2008 年，在全球金融危机的环境下，我国经济也受到一定程度的影响，住房市场也未能幸免，商品住宅销售面积和销售价格较前一年度，均出现一定幅度下降，销售均价降低了 69 元/平方米，而销售面积则减少了 10856 万平方米，经济危机对销售面积的冲击大于对销售均价的影响。这也说明住宅商品房的销售面积对外部经济环境具有更大弹性，而销售价格存在一定的刚性。伴随着 2008 年 4 万亿刺激计划的实施，年末国务院颁布了《关于促进房地产市场健康发展的若干意见》，旨在进一步扩大内需、促进经济平稳较快增长，加大保障性住房建设力度，进一步改善人民群众的居住条件，促进住房市场健康发展。于是住房市场在经历短暂的下行之后，迅速恢复活力，销售价格和销售面积出现大幅反弹，均超出了经济危机前的 2006 年的水平。2009 年~2013 年住宅商品房均价与销售面积逐年增加，到 2013 年达到了一个峰值，全国住宅商品房销售均价达到 8282 元/平方米，较 1999 年上涨了 6427 元/平方米，而销售面积更是达到 115723 万平方米。尽管国务院 2010 年 1 月和 4 月，国务院分别就促进住房市场健康发展和稳定房价颁布了《关于促进房地产市场健康平稳发展的通知》和《关于坚决遏制部分城市房价过快上涨的通知》，并且大部分一、二、三线城市先后出台了限购政策，这在一定程度上抑制了投机性需求，但未能从根本上抑制房价上涨。积极的住房政策促进了住房消费，但抑制住房消费需求的调控政策作用有限。

2. 对东中、西部地区商品房消费的影响

(1) 住房调控政策对东、中、西部地区住房消费影响具有一致性：刺激政策效果明显，抑制政策作用有限。从图15-2可以看到，1998年房改之后，东、中、西部地区的住房消费需求均呈现大幅度增加，政府的宏观调控政策推动了全国住房市场的发展，但在2003年之后，我国住房市场快速发展，2005年和2006年的宏观调控政策对东、中、西部的住房需求调控效果不明显，住房需求仍然快速增加，2008年的金融危机，政府对住房市场采取了相应的刺激政策，2008年到2009年住房需求有一个大幅度的反弹，东、中、西部地区均超过2007年的住房需求水平。2010年及2011年先后试点实施的限购政策和房产税试点，除对西部地区有短暂的调控作用，对东部和中部地区的调控效应有限。基于对图表的观察和以上分析，我们发现住房调控政策对东、中、西部地区住房消费影响具有一致性：积极的刺激政策对住房消费需求的促进作用明显，但抑制房价和需求的调控政策作用有限。

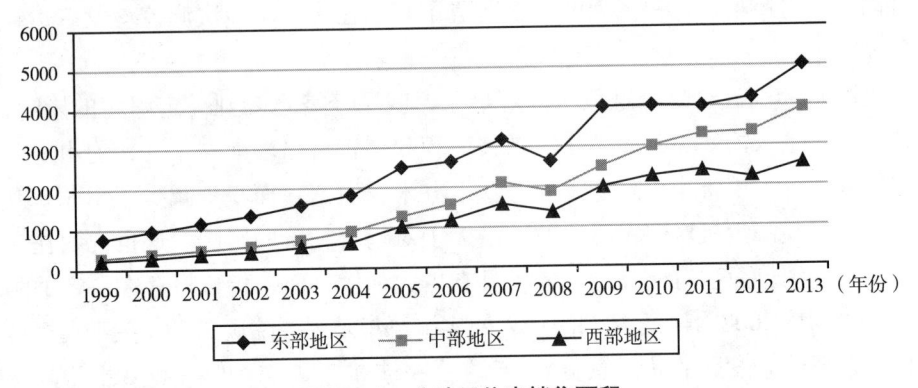

图15-2 分地区住房销售面积

数据来源：wind数据库。

(2) 住房调控政策对东部地区的影响效应大于中西部地区。从图15-2可以发现，1999~2013年间，东部地区的住房消费波动最大、中部地区次之、西部地区住房消费波动较小。东部地区经济较为发达，其住房市场也比中、西部地区相对发达，政府的宏观调控政策传导路径顺畅，传导机制能较好地发挥作用，政府的宏观调控政策在东部地区易于实施，因而东部地区住房需求波动相对较大；中、西部地区存在经济不发达或欠发达地区，其住房市场本身发展较为缓慢或市场化相对不完善，住房市场运行受宏观经济及政府调控影响较小，住房消费需求更多的是受收入或是个人预期的影响，此外，中央政府的调控政策在传达到中、西部地区的地方政府，再具体实施起来，其时效性受到限制，政策效果也不能较好地发挥。1999年~2003，东部地区与中、西部地区住房消费差距较为稳定，2004~2007年，东部地区住房市场快速发展，其住房需求已远超过中、西部地区；从图15-2我们还发现，2009年之后，中部地区与东部地区的住房消费需求差距缩小，而西部地区与中部地区住房消费需求差距扩大，说明中部地区住房市场在2009年之后快速发展，市场化程度不断提高，政府在金融危机后对住房市场短暂的松绑期，有力地促进了东、中部地区住房市场的恢复与发展；而2010年及之后的限购政策与房产税试点，仅仅在2012年对西部地区住房需求产生短暂抑制作用，对东中部地区住房需求的抑制作用则不明显。

3. 对不同城市商品房消费的影响

（1）商品住宅成交面积：住房调控政策对一二线城市住房消费有明显影响，三四线城市住房消费需求影响不明显。图15-3和图15-4是2008年至今分别表示一、二、三四线城市的上海、天津、郑州、扬州、泸州等每个月的商品房成交面积。从图中可以看出，2008年全球金融危机对一二线城市的影响比三四线城市的影响大。2008年住房市场一直处于低迷状态，2009年1月各城市住房成交面积基本上降到历史最低。鉴于此，2010年10月财政部颁布《继续加大保障民生投入力度切实解决低收入群众基本生活》，降低真实购房需求的置业门槛，同时降低贷款利率、准备金率，政府对住房市场由"控制"向"救市"转变，2009年1月之后，全国住房市场复苏，一二线城市的商品住宅成交面积大幅度上涨。2009年12月，个人住房转让营业税征免时限由2年恢复到5年，并且召开的国务院常务会议，要求各地遏制城市房价过快上涨的势头，于是2010年1月伊始，一二线城市住房消费需求减少，成交面积出现短暂的下降，2010年12月商品房成交面积达到局部极大值。2010年9月部分城市开始限贷、限购，出现最为严厉的住房调控政策，2011年1月中国人民银行上调存款准备金率、国务院常务会议推出"新国八条"、上海和重庆房产税试点推行等一系列调控政策，2011年2月上海、郑州住房需求达到新低，至2011年底，一二线城市商品房成交面积维持相对稳定，住房消费需求出现一定幅度的下降。

2012年6月开始，住房市场逐渐出现繁荣态势，商品住宅需求逐渐增

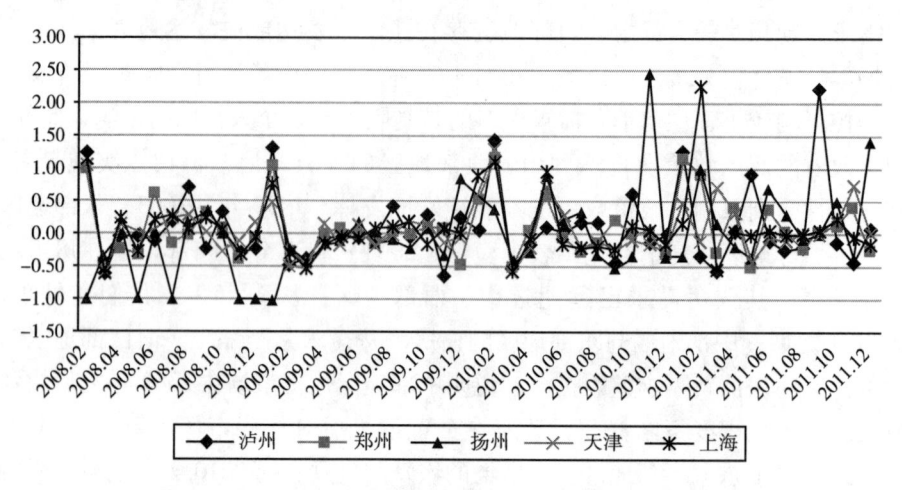

图 15-3　2008~2011 年代表性城市的商品住宅成交面积

数据来源：wind 数据库。

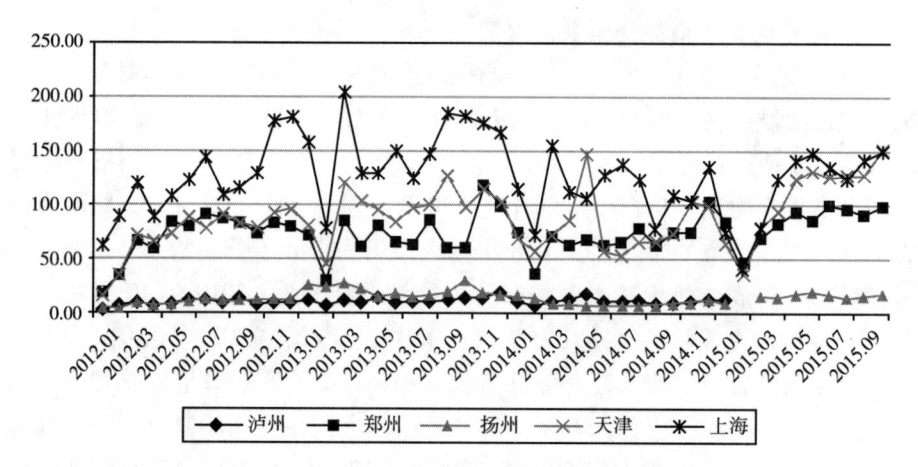

图 15-4　2011~2015 年代表性城市的商品住宅成交面积

数据来源：wind 数据库。

加。2012 年 5 月至 7 月，住建部、国土部、财政部等部委陆续出台相关政策，坚持住房调控不动摇，一线城市上海的住房需求仍增加，而准一线城市天津和二线城市郑州住房需求并未出现大幅度增加。2013 年 2 月，"新国五条"颁布，当月国内各城市住房消费需求出现大幅度下降，商品住宅成交面积骤减，3 月，各城市商品住宅成交面积出现"报复性"反弹，此后至 2013 年末的很长一段时间，住房消费需求均维持在高位波动。2014 年上半年开始，商品住宅成交面积降低，6 月下旬呼和浩特发文取消限购，此后全国 40

多个城市相继取消或者大幅度松绑限购,以刺激住房消费需求,9月30日,中国人民银行、中国银监会联合下发《关于进一步做好住房金融服务工作的通知》,被称为"9·30"房贷新政,是房贷政策的大尺度"松绑",对楼市的刺激作用比较明显,11月份,一二线城市的住房消费需求增加,商品住宅成交面积增加。从图15-4我们也发现,三四线城市,如扬州、泸州等城市,商品住宅成交面积也即住房消费需求受住房调控政策的影响不太明显。

(2)商品住宅成交面积增加比例:住房调控政策对各城市住房消费需求增加比例的影响均具有明显的效果。

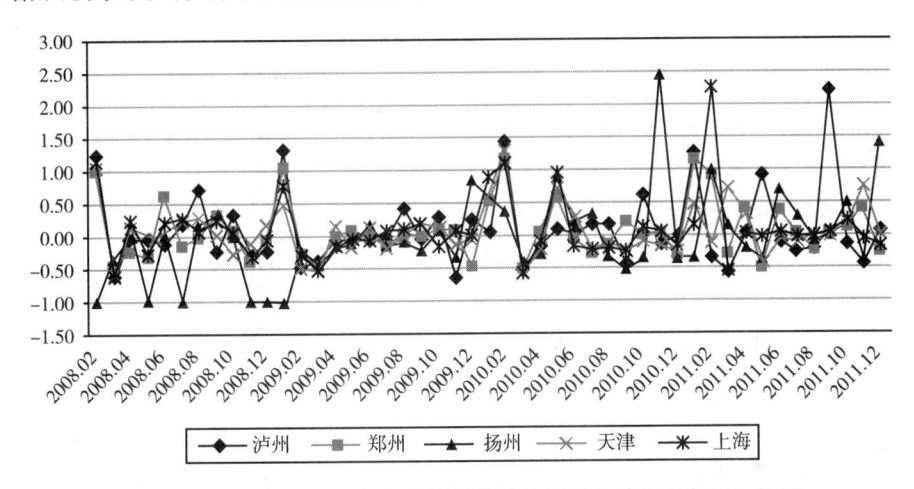

图15-5 2008~2011年代表性城市的商品住宅成交面积增加比例

数据来源:wind数据库。

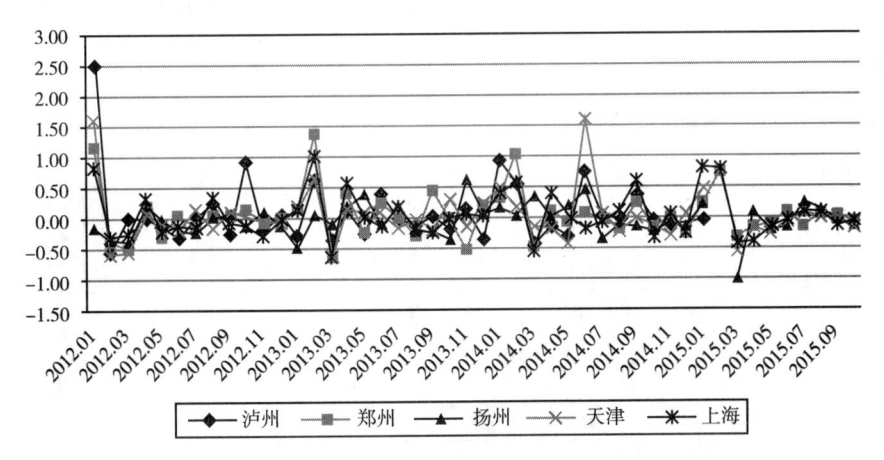

图15-6 2011~2015年代表性城市的商品住宅成交面积增加比例

数据来源:wind数据库。

为了更全面地反映住房调控政策对住房消费需求的影响，下面将进一步分析商品住宅成交面积增加比例情况，具体如图15-5、图15-6所示。2008年10月，政府由"控制"向"救市"转变，使得全国各城市商品住宅成交面积增加比例出现一个较大幅度的增加。2010年9月，国家各部委出台实施了自调控以来最为严厉的调控政策，图15-7所示，全国各城市2010年9月和10月，商品住宅成交面积出现了不同比例的下降。表明政府的高强度调控政策对住房市场的调控具有十分明显的作用。从图15-7、图15-8可以发现，商品住宅成交面积增加比例随时间呈现周期性波动，且各城市波动的幅度大体具有一致性，这就表明宏观调控政策对各城市均具有调控作用。

（二）2014年以来住房调控政策对住房消费需求的影响

1. 住房市场持续低迷，调控政策效果不明显

图15-7说明了2014年以来，商品住宅销售面积的变化趋势，这从侧面反映出全国住房消费需求情况。从图15-7可以看出，尽管2014下半年大部分城市取消了限购政策，但住房需求并未明显上升，8月份以来，筹备的房产税登记方案，对投机性住房需求带来一定的抑制作用，可能减少部分住房需求。2015年3月30号财政部发布的营业税"五改二"政策，旨在刺激低迷的住房消费需求市场，但这并不足以刺激广大消费者的购房欲望，在降准及各种政策的支持下，人们对住房市场的预期仍不乐观，2015年2月至5月，住房消费需求仍然低迷，可见，政府的宏观调控政策所起的作用有限。

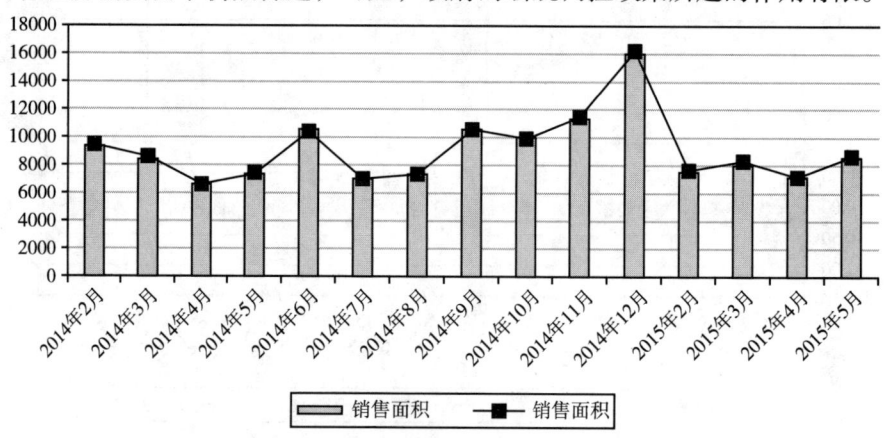

图15-7　2014年至今商品住宅销售面积

数据来源：国家统计局。

2. 住房市场自我调整，政府宏观调控作用有限

消费者大多形成住房市场下行预期，刚性需求者期待房价进一步下跌再购房，而投机性需求者此时会选择其他的资产，而不会继续炒房，因此，无论政府的调控政策力度如何，市场的需求依然疲软。图15-8是2014年1月至今，70个大中城市房价指数的涨跌情况。从图中我们可以看出，2014年4月之后，70个大中城市中大多城市出现价格环比下降，持续到2015年2月，基本上90%以上的城市房价是逐月下跌，经历10个多月的下跌周期，在经济运行低迷的同时，住房市场也一蹶不振。2011年之后，新一轮住房投资热引发了大量投资，因此导致大量空置房、"鬼城"，造成大量库存，整体经济面临"三期"叠加的状态，住房市场也必然经历自我调整时期，逐步消化过剩产能、去库存。但整体经济的下行，导致整个国家消费力降低，对住房的需求也降低，此时政府积极的宏观调控政策对深陷泥潭的住房市场来说，也仅仅是杯水车薪，2015年3月的"新政"似乎对住房市场带来了一丝慰藉，2015年5月70个大中城市中房价上涨的城市达到20个，对未来的住房市场的发展预期乐观。但整体而言，住房市场进入自我消化期，政府的积极住房消费政策无法从根本上刺激住房需求，宏观调控作用有限。

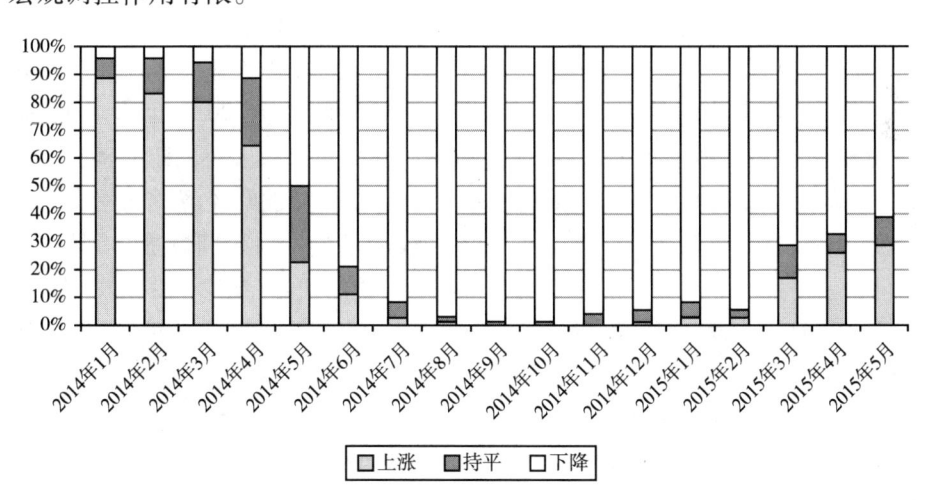

图15-8 2014年1月~2015年5月70个大中城市房价变动情况

数据来源：wind数据库。

三、对政策的评价及政策建议

(一) 政策评价

1. 政府宏观调控政策促使住房市场形成并逐渐繁荣

1998年住房制度改革之前,我国住房市场尚未形成,城镇居民住房由单位进行实物分配,城镇居民人均居住面积较小。1998年房改之后,包括经济适用住房、普通商品房、别墅和高档住宅等为主体的住房市场体系逐渐建立起来。对商品房的开发和建设、价格和交易程序、售后服务等环节进行明确规定,规范了地方政府、开发商、房产中介、购房者等的行为。国家统计局数据显示,2000年房地产开发投资额为4984.05亿元,2013年达到86013.38亿元,房地产投资增加超过了16倍,2003年房地产业已然成为我国经济发展的支柱性产业,2003年房地产开发投资为10153.80亿元,同期的全社会固定资产投资为55566.61亿元,房地产投资约占全社会固定资产投资的18.3%,房地产投资的增加反映出住房市场的繁荣。

2. 政府宏观调控政策使得城镇住房条件得到明显改善

住房市场化改革,显著改善了我国城镇居民的居住条件。国家统计局数据显示,1998年全国城镇人均住房面积为18.6平方米,2013年达到33.95平方米,比1999年增加了15.35平方米,涨幅约为82.5%。在建立多层次商品房市场、丰富住房体系的同时,大量开发建设保障性的经济适用住房、廉租住房以及公共租赁住房,保障城镇中低收入阶层的住房问题能得到解决。此外,住房条件的改善不仅体现在人均住房面积的增加,也反映在居住设施、环境、交通易达性等诸多方面条件的改善,从根本上提高城镇居民的居住质量。

3. 政府宏观调控政策一定程度上控制了房价,保持住房市场稳定发展

自2003年以来,进行多次宏观调控,改变了房地产业投资的环境。政府监管力度的加大、银根的调节等,逐渐规范了房地产业的投资、交易等行为。投资、投机需求得到有效的控制,尤其是住房市场"限购令"和房产税改革等政策,使得住房市场向自主性需求转变,房价在一定程度上得到控制。

（二） 政策建议

1. 进一步完善住房行政调控措施，推动房产税的实施

我国住房调控政策大多以行政命令为主，在房价波动幅度较大时进行适当的微调，虽然这些行政命令具有针对性，且容易对住房市场产生立竿见影的效果，但这样的政策实施不具有连续性，对我国住房市场在目前、未来的发展没有很好的战略规划调节。因此，开征房产税是政府调控住房市场有效的工具之一。房地产业相关的税种大多针对交易环节征税，而未对保有环节征税，未能增加住房投机或投资者的成本，并且这部分税收主要是用于经济适用住房和廉租住房的建设，房产税未曾普遍征收，没能减轻各级政府进一步建设和完善保障住房体系的财政负担。因此，我国目前应尽快落实不动产登记制度的实施，并且在全国展开房产税的征收，以抑制住房的投机需求，使住房需求回归理性，减轻政府财政负担，为广大中低收入阶层的城镇居民提供保障性住房。

此外，由于税收"稳定器"的功能，在房价上涨的时候增加税赋，房价下跌的时候减轻税赋，这对政府行政调节是一个很好的补充。在前文的分析中我们了解到，在住房市场过热时，政府行政政策的宏观调控能有效抑制住房需求，但市场低迷时，宏观调控难以明显刺激住房需求，此时，房产税的"稳定器"功能在一定程度上降低了拥有住房的成本，刺激了住房消费需求。

2. 不同区域和城市调控政策应当因地制宜，调节住房市场的供需

通过以上分析我们知道，东、中、西部地区的住房市场发展及其市场化程度不同，即使在同一地区，但不同规模的城市其住房市场的情况也存在差异，因此，对不同的区域和城市，应在中央政府统一的大政策方针背景下，赋予地方政府对住房市场调控的更大空间。同理，各地方政府应根据具体情况对本地区住房市场进行调控，杜绝再盲目开发，造成大量的"鬼城"。在这个过程中，当地住房市场情况，包括商品房空置率、房价收入比、居民拥有自住房比例等应纳入政绩考核中，激励地方政府对住房市场的有效调节。

3. 理顺地方政府"财权"与"事权"，弱化土地财政依赖

我国的住房市场之所以经历一轮近乎疯狂的上涨，很大一部分原因在于土地财政。中央政府与地方政府之间事权和财权的不对等，导致地方政府事权过大而财权过小，需要解决的事情太多而财政能力有限，所以他们只有不断的卖地获取收入，土地成本的过高直接导致住房成本的上涨。一旦经济下行，人们的支付能力下降，便会出现大量的商品房库存，导致大量资源浪费，以致整个经济受住房市场的牵连。所以，解决好土地财政问题，也即中央政府和地方政府间事权与财权对等，是推动住房市场健康运行的根本。

第十五章 住房调控政策与住房消费发展

本章附录

本章附表 15－1　1998~2005 年政府对房地产市场的调控政策

时间	名称	内容
1998 年 7 月	《国务院关于进一步深化城镇住房制度改革加快住房建设的通知》	停止住房实物分配，逐步实行住房分配货币化；建立和完善以经济适用住房为主的多层次城镇住房供应体系；发展住房金融，培育和规范住房交易市场。
2004 年 5 月	《经济适用住房管理办法》	规范经济适用住房的建设、交易
2005 年 3 月	《关于切实稳定住房价格的通知》	"国八条"，以抑制住房价格过快上涨，促进住房市场健康发展
2005 年 5 月	《国务院常务会议关于加强房地产市场的调控措施》	"新国八条"，八项加强房地产市场引导和调控措施
2005 年 10 月	《中华人民共和国个人所得税法》	规定财产转让所得，以转让财产的收入额减除财产原值和合理费用后的余额，为应纳税所得额，这就意味着住房转让所得也应缴纳所得税
2006 年 5 月	六项措施调控房地产业	"国六条"，重点发展中低价位、中小套型普通商品住房、经济适用房和廉租住房
2007 年 11 月	《关于个人取得房屋拍卖收入征收个人所得税问题的批复》	个人通过拍卖市场取得的房屋拍卖收入在计征个人所得税时，其房屋原值应按照纳税人提供的合法、完整、准确的凭证予以扣除；不能提供完整、准确的房屋原值凭证，不能正确计算房屋原值和应纳税额的，统一按转让收入全额的3%计算缴纳个人所得税
2007 年 8 月	《关于解决低收入家庭住房困难的若干意见》	切实解决解决低收入家庭住房困难问题
2008 年 12 月	《关于促进房地产市场健康发展的若干意见》	进一步扩大内需、促进经济平稳较快增长，加大保障性住房建设力度，进一步改善人民群众的居住条件，促进房地产市场健康发展
2008 年 6 月	《关于企业为个人购买房屋或其他财产征收个人所得税问题的批复》	企业为个人购买房屋或其他财产均应缴纳所得税
2008 年 10 月	《关于调整房地产交易环节税收政策的通知》	对个人首次购买90平方米及以下普通住房的，契税税率统一下调到1%，对个人销售或购买住房暂免征收印花税和土地增值税

续表

时间	名称	内容
2008年11月	《中华人民共和国营业税暂行条例》	规定纳税人销售、出租不动产应当向不动产所在地的主管税务机关申报纳税，其税率为5%
2008年12月	《关于个人住房转让营业税政策的通知》	规定自2009年1月1日至12月31日，个人将购买不足2年的非普通住房对外销售的，全额征收营业税；个人将购买超过2年（含2年）的非普通住房或者不足2年的普通住房对外销售的，按照其销售收入减去购买房屋的价款后的差额征收营业税；个人将购买超过2年（含2年）的普通住房对外销售的，免征营业税。
2009年1月	《中华人民共和国房产税暂行条例》	外商投资企业、外国企业和组织及外籍个人，缴纳房产税。
2009年12月	《关于个人转租房屋取得收入征收个人所得税问题的通知》	规定个人将承租房屋转租取得的租金收入，属于个人所得税应税所得，应按"财产租赁所得"项目计算缴纳个人所得税，取得转租收入的个人向房屋出租方支付的租金，凭房屋租赁合同和合法支付凭据允许在计算个人所得税时，从该项转租收入中扣除。
2010年1月	《关于促进房地产市场健康平稳发展的通知》	促进房地产市场健康平稳的发展相关措施
2010年4月	《关于坚决遏制部分城市房价过快上涨的通知》	抑制房价的过快上涨
2010年9月	《关于调整房地产交易环节契税个人所得税优惠政策的通知》	规定对个人购买普通住房，且该住房属于家庭（成员范围包括购房人、配偶以及未成年子女，下同）唯一住房的，减半征收契税；对个人购买90平方米及以下普通住房，且该住房属于家庭唯一住房的，减按1%税率征收契税。
2011年1月	《关于进一步做好房地产市场调控作有关问题的通知》	
2011年1月	《关于调整个人住房转让营业税政策的通知》	规定个人将购买不足5年的住房对外销售的，全额征收营业税；个人将购买超过5年（含5年）的非普通住房对外销售的，按照其销售收入减去购买房屋的价款后的差额征收营业税；个人将购买超过5年（含5年）的普通住房对外销售的，免征营业税
2013年3月	《关于继续做好房地产市场调控工作的通知》	"新国五条"，进一步调控房价，抑制投机投资性需求，增加保障性安居住房的供给，提高住房二级市场交易的成本，旨在促进房价理性回归，维持房地产市场的可持续发展。

续表

时间	名称	内容
2013年12月	《关于夫妻之间房屋土地权属变更有关契税政策的通知》	规定在婚姻关系存续期间，房屋、土地权属原归夫妻一方所有，变更为夫妻双方共有或另一方所有的，或者房屋、土地权属原归夫妻双方共有，变更为其中一方所有的，或者房屋、土地权属原归夫妻双方共有，双方约定、变更共有份额的，免征契税。
2014年12月	《不动产登记暂行条例》	将用4年左右时间建立有效运行的不动产登记信息管理基础平台
2015年3月	《关于调整个人住房转让营业税政策的通知》	个人将购买不足2年的住房对外销售的，全额征收营业税；个人将购买2年以上（含2年）的非普通住房对外销售的，按照其销售收入减去购买房屋的价款后的差额征收营业税；个人将购买2年以上（含2年）的普通住房对外销售的，免征营业税。

附录1 住房承载环境竞争力指数

住房承载环境竞争力指数是由南开大学经济研究所开发的一套评价城市住房环境承载力的工具。在计算城市住房承载环境竞争力的过程中，我们将城市划分为一线城市、准一线城市、二线城市、三线城市、四线城市、五线城市。以下是我们计算住房承载环境竞争力前的三项准备工作：

第一，城市的选取。对于城市的选取，我们按照国家统计局的《最新县及县以上行政区划代码（截止2014年10月31日）》的行政区划代码，识别出我们需要的290个城市，这290个城市不包括县级市，主要为286个地级市和4个直辖市。特别的，这290个城市包括了新设的三沙市。

第二，数据的整理。住房承载环境竞争力指标设计的大部分数据来源于《中国城市统计年鉴2014》，以及国家统计局其他数据。

第三，住房承载环境范围的确定。为了更全面的测度住房承载环境竞争力水平，我们尽可能多的扩充承载力范围，其中，包括能源、资源、正向生态、负向生态、客运交通、货运交通、道路、交通工具、经济、财政、金融、贸易、外资、投资、人口、就业、产业、行业、社保、教育、文化、卫生、邮政、电信、电话、互联网、排水等范围。

一、指标体系

我们将指标分为四级，其中一级指标包括：1. 能源、资源；2. 生态；3. 交通；4. 经济；5. 人口、就业、社保；6. 教育、文化、卫生；7. 其他基础设施；8. 政治地位、区位优势。

（一）能源、资源

能源、资源包括的二级指标为：1. 能源；2. 资源。

能源部分主要覆盖煤气、液化石油气、电这三部分，而资源部分主要覆盖土地资源和水资源这两部分。其详细的四级指标体系见附表1－1。

附表1-1　　　　　　　　能源、资源承载力体系

一级指标	二级指标	三级指标	四级指标
能源、资源	资源	土地资源	行政区域土地面积
			建成区面积
			人口密度
			城市建设用地面积
			居住用地面积
			城市建设用地占市区面积比重
		水资源	供水总量
			居民生活用水量
	能源	煤气	供气总量（人工、天然气）
			家庭用量
			用气人口
		液化石油气	液化石油气供气总量
			家庭用量
			用液化气人口
		电	全社会用电量
			工业用电
			城乡居民生活用电

（二）生态

生态包括的二级指标为：1. 绿化；2. 污染物；3. 污染处。

污染物主要覆盖废水、二氧化硫、工业烟粉尘这三部分，而污染处理主要覆盖一般工业固体废物、污水、生活垃圾这三部分。其详细的四级指标体系见附表1-2。

附表1-2　　　　　　　　生态承载力体系

一级指标	二级指标	三级指标	四级指标
生态	绿化		绿地面积
			公园绿地面积
			建成区绿化覆盖面积
			建成区绿化覆盖率

续表

一级指标	二级指标	三级指标	四级指标
生态	污染物	废水	工业废水排放量
		二氧化硫	工业二氧化硫产生量
			工业二氧化硫排放量
		工业烟（粉）尘	工业烟（粉）尘去除量
			工业烟（粉）尘排放量
	污染处理	一般工业固体废物	一般工业固体废物综合利用率
		污水	污水处理厂集中处理率
		生活垃圾	生活垃圾无害化处理率

（三）交通

交通包括的二级指标为：1. 客运量；2. 货运量；3. 道路；4. 交通工具。客运量覆盖铁路、公路、水路、民航、公共汽（电）车这五部分，货运量覆盖铁路、公路、水路、民航这四部分，道路覆盖年末实有城市道路面积，交通工具覆盖年末实有公共汽（电）车营运车辆数、年末实有出租汽车数。其详细的四级指标体系见附表1-3。

附表1-3　　　　　　　　交通承载力体系

一级指标	二级指标	三级指标	四级指标
交通	客运量	铁路	
		公路	
		水路	
		民航	
		公共汽（电）车	
	货运量	铁路	
		公路	
		水路	
		民航	
	道路	年末实有城市道路面积	
	交通工具	年末实有公共汽（电）车营运车辆数	
		年末实有出租汽车数	

（四）经济

经济包括的二级指标为：1. 经济；2. 财政；3. 金融；4. 贸易；5. 外贸；6. 投资；7. 外资。其详细的四级指标体系见附表1-4。

附表1-4　　　　　　　　　经济承载力体系

一级指标	二级指标	三级指标	四级指标
经济	经济	地区生产总值（当年价格）	
		地区生产总值增长率	
	财政	公共财政收入	
		公共财政支出	
		科学技术支出	
		教育支出	
		城市维护建设资金支出	
	金融	年末金融机构人民币各项存款余额	
		居民人民币储蓄存款余额	
		年末金融机构人民币各项贷款余额	
	贸易	限额以上批发零售贸易业商品销售总额	
		社会消费品零售总额	
		限额以上批发零售贸易企业数（法人数）	
	外资	外商直接投资合同项目	
		当年实际使用外资金额	
	投资	固定资产投资（不含农户）	
		房地产开发投资	
		房地产开发投资住宅	

（五）人口、就业、社保

人口、就业、社保的二级指标为：1. 人口；2. 就业；3. 社保。其中，就业覆盖了就业、产业、行业三大维度。其详细的四级指标体系见附表1-5。

附表1-5　　　　　　　人口、就业、社保承载力体系

一级指标	二级指标	三级指标	四级指标
人口、就业、社保	人口	年末总人口	
		年平均人口	
		自然增长率	
	就业	从业人员期末人数	
		城镇私营和个体从业人员	
		城镇登记失业人员数	
	产业	第一产业（农、林、牧、渔业）	
		第二产业	
		第三产业	
	行业	第一产业	农、林、牧、渔业
		第二产业	（1）采矿业
			（2）制造业
			（3）电力、燃气及水的生产和供应业
			（4）建筑业
		第三产业	（1）交通运输、仓储和邮政业
			（2）信息传输、计算机服务和软件业
			（3）批发和零售业
			（4）住宿、餐饮业
			（5）金融业
			（6）房地产业
			（7）租赁和商业服务业
			（8）科学研究、技术服务和地质勘查业
			（9）水利、环境和公共设施管理业
			（10）居民服务、修理和其他服务业
			（11）教育
			（12）卫生、社会保障和社会福利业
			（13）文化、体育、娱乐用房屋
			（14）公共管理和社会组织
	社保	城镇职工基本养老保险参保人数	
		城镇基本医疗保险参保人数	
		失业保险参保人数	

(六) 教育、文化、卫生

教育、文化、卫生的二级指标为：1. 教育；2. 文化；3. 卫生。其中，教育覆盖了教师、学生两大维度。其详细的四级指标体系见附表1-6。

附表1-6　　教育、文化、卫生承载力体系

一级指标	二级指标	三级指标	四级指标
教育、文化、卫生	教育	学校	普通高等学校
			中等职业教育学校
			普通中学
			小学
		教师	普通高等学校
			中等职业教育学校
			普通中学
			小学
		学生	普通高等学校
			高中阶段在校学生数
			中等职业教育学校
			普通中学
			小学
			成人高等学校在校学生数
	文化	剧场、影剧院数	
		公共图书馆图书总藏量	
	卫生	医院、卫生院数	
		医院、卫生院床位数	
		医生数（执业医师+执业助理医师）	

(七) 其他基础设施

其他基础设施的二级指标为：1. 邮政；2. 电信；3. 电话；4. 互联网；5. 排水。其中，电话覆盖了固定电话、移动电话两个维度。其详细的四级指标体系见附表1-7。

附表1-7　　　　　　　　其他基础设施承载力体系

一级指标	二级指标	三级指标	四级指标
其他基础设施	邮政	邮政业务收入	
	电信	电信业务收入	
	电话	固定电话年末用户数	
		移动电话年末用户数	
	互联网	互联网宽带接入用户数	
	排水	排水管道长度	

（八）政治地位、区位优势

政治地位及区位优势的二级指标为：1. 政治地区；2. 距离。其详细的四级指标体系见附表1-8。

附表1-8　　　　　　　政治地位与区位优势承载力体系

一级指标	二级指标	三级指标	四级指标
政治地位及区位优势	政治地位		
	距离		

特别的，政治地位和空间距离为我们的最大创新，以下是我们对该类指标的算法。

1. 对于政治地位，我们将按照城市的最高行政级别而给与不同的排序位。排序原则为：直辖市 > 计划单列市 > 副省级 > 省会城市 > 地级市。其中，

北京、上海、天津、重庆为直辖市；

大连、青岛、宁波、深圳、厦门为计划单列市；

哈尔滨、长春、沈阳、济南、南京、杭州、广州、武汉、成都、西安为副省级；

石家庄、长沙、合肥、昆明、福州、太原、南宁、南昌、乌鲁木齐、贵阳、拉萨、兰州、海口、呼和浩特、银川、西宁为省会；

其他城市为地级市。

我们对直辖市赋值为1，计划单列市赋值为0.75，副省级赋值为0.5，省会赋值为0.25，其他地级市赋值为0。

2. 对于距离，我们需要利用每个城市的经纬度。假设地球是一个完全球体，半径为6371.004公里，其计算的距离为立体空间距离。空间距离为两两

城市计算，电脑需要计算 290×290＝84100 个空间距离，若两个城市为同一个城市则距离为零公里。以大连—上海空间距离为例（见附图 1-1），我们在 EXCEL 的 G8 单元格中输入的空间距离计算函数为：

"＝ACOS（COS（RADIANS（＄D8））×COS（RADIANS（INDIRECT（"R"&COLUMN（G8）－2&"C"&4,FALSE）））×COS（RADIANS（INDIRECT（"R"&COLUMN（G8）－2&"C"&3,FALSE）－＄C8））＋SIN（RADIANS（＄D8））×SIN（RADIANS（INDIRECT（"R"&COLUMN（G8）－2&"C"&4,FALSE））））×6371.004"

A	B	C	D	E	F	G
地区	行政区代码	经度	纬度	距离		
				北京市	天津市	上海市
北京市	110000	116.39795	39.908173	0.000	115.638	1067.109
天津市	120000	117.25238	39.103856	115.638	0.000	954.612
上海市	310000	121.46927	31.238176	1067.109	954.612	0.000
重庆市	500000	106.54843	29.554914	1459.260	1444.725	1442.120
沈阳市	210100	123.41641	41.827587	627.342	602.801	1190.176
大连市	210200	212.61649	38.914453	461.664	377.625	853.668
长春市	220100	125.32479	43.886859	860.453	856.543	1446.488
哈尔滨市	230100	126.72379	45.973419	1076.144	1087.422	1699.908
南京市	320100	118.79774	32.055645	899.359	796.050	268.717
杭州市	330100	120.17297	30.273977	1124.675	1017.331	163.821
宁波市	330200	131.54399	29.868336	1210.444	1099.317	152.487
厦门市	350200	118.08977	24.479669	1722.845	1628.039	821.526
济南市	370100	116.99741	36.6510166	365.937	273.660	729.449

附图 1-1　距离测算表截图

得到两两城市空间距离后，我们便可算出每个城市在空间上，距离剩下 290－1＝289 个城市的平均空间距离。平均空间距离越小，区位优势越大。

注意，第 8 项一级指标比较特殊，短期内可以认为是外生的；而前 7 项一级指标则不同，每年可能都会有所变化，可以认为是内生的。

二、指标数据处理

（一）量纲处理

住房承载环境竞争力指标体系，其涉及的维度是多方面的，而不同的维度又有不同的量纲，所以我们需要解决量纲问题。以下是两种去量纲的方法：

方法一，（数值-均值）/标准差。

方法二，（数值-最小值）/（最大值-最小值）。

考虑到我们的研究为承载环境竞争力研究，竞争力一般需要设定一个上限。方法一标准化值后，上限往往不统一；而方法二标准化后，上限均为1。故第二种方法在计算时比较符合我们对承载力计算的要求，从而我们选择第二种计算方法来去量纲。

特别的，在用第二种方法时，我们考虑了空值和零值的处理。从学术严谨角度出发，我们认为大部分的零值实际为空值，故我们的最小值实际为最小非零值。但是，政治地位指标下的零值我们按照我们原设定的地级市处理，属于例外。

（二）方向调整

住房承载环境竞争力指标体系中，有的指标为越高越好，而有的指标则为越低越好。我们的处理方法是，对于指标值越低越好的分指标，我们用1减去该分指标值即可完成越高越好的方向调整。比如距离值，其去量纲标准化后的值为越低越好，通过方向调整我们使其方向为越高越好。

（三）权重

住房承载环境竞争力指标体系中，其涉及的分指标维度是多方面的，数据也是相当庞大的，而最终需要汇总所有分指标，从而得出一个总的指标值。在汇总过程中，需要考虑到如何赋权重问题。我们放弃了主观赋权，其具体权重一律客观处理。

我们赋权的原则为：所有一级指标权重相等，若需要计算的一级指标有M个，则一级指标的权重为$1/M$；每个一级指标内部，我们按照其含有的四级指标个数来平均赋权。比如，经济类一级指标包含了18项，故经济类每项的权重为$1/M \times (1/18)$。

（四）多重数据调整

住房承载环境竞争力指标体系中，有的指标既有全市数据，也有市辖区数据。我们的处理是：（1）先算出全市数据的去量纲标准值，（2）再算出市辖区数据的去量纲标准值，(3) 最后对两者数据求算数平均。

三、N 线城市划分

N 线城市的划分，我们较保守地按照传统方法处理，即只利用前 7 个一级指标，暂不用第 8 个一级指标。在得到最终加权汇总值后，我们按照指标值的高低，划分出一线、准一线、二线、三线、四线以及五线城市。附表 1-9 是我们对不同类型城市的划分准则。其中，一线城市 2 个；准一线城市 4 个；二线城市 24 个；三线城市 25 个；四线城市数量最多，203 个；五线城市 32 个。

附表 1-9　　　　　　　　N 线城市划分情况

指标值范围	类型划分	计数
(0.6250, 1.0000]	一线城市	2
(0.3500, 0.6250]	准一线城市	4
(0.1700, 0.3500]	二线城市	24
(0.1150, 0.1700]	三线城市	25
(0.0575, 0.1150]	四线城市	203
(0.0000, 0.0575]	五线城市	32

附表 1-10 为 290 个城市的城市类型。特别的，我们有时也会将一线城市和准一线城市合并称为一线城市。在附表 1-10 中，传统上比较发达的城市，比如，北京、上海、广州、深圳市，均在我们的一线城市或准一线城市范围内，同时我们又增加了重庆和天津两个城市。其中，重庆的城市住房承载环境竞争力水平较高，其主要原因是其人口众多，地域辽阔以及直辖市身份。

附表 1-10　　　　　　　　N 线城市

N 线城市	排名	指标值	城市
一线城市	1	0.673658	北京市
一线城市	2	0.649819	上海市
准一线城市	3	0.599869	重庆市
准一线城市	4	0.49553	广州市
准一线城市	5	0.422191	深圳市

续表1

N线城市	排名	指标值	城市
准一线城市	6	0.365613	天津市
二线城市	7	0.338662	成都市
二线城市	8	0.308892	武汉市
二线城市	9	0.288764	南京市
二线城市	10	0.274499	西安市
二线城市	11	0.27281	杭州市
二线城市	12	0.261179	苏州市
二线城市	13	0.243221	沈阳市
二线城市	14	0.227946	郑州市
二线城市	15	0.219876	东莞市
二线城市	16	0.211578	大连市
二线城市	17	0.205336	青岛市
二线城市	18	0.204136	佛山市
二线城市	19	0.20135	三沙市
二线城市	20	0.200751	哈尔滨市
二线城市	21	0.196257	宁波市
二线城市	22	0.192384	石家庄市
二线城市	23	0.191768	长沙市
二线城市	24	0.190653	合肥市
二线城市	25	0.188892	昆明市
二线城市	26	0.188875	济南市
二线城市	27	0.186414	无锡市
二线城市	28	0.176633	长春市
二线城市	29	0.173202	唐山市
二线城市	30	0.172981	福州市
三线城市	31	0.1663	太原市
三线城市	32	0.160806	南宁市
三线城市	33	0.159903	厦门市
三线城市	34	0.158286	徐州市
三线城市	35	0.15167	南昌市
三线城市	36	0.150754	温州市

续表2

N线城市	排名	指标值	城市
三线城市	37	0.145781	潍坊市
三线城市	38	0.145121	南通市
三线城市	39	0.143588	邯郸市
三线城市	40	0.143572	乌鲁木齐市
三线城市	41	0.143308	泉州市
三线城市	42	0.141754	烟台市
三线城市	43	0.139998	常州市
三线城市	44	0.135952	保定市
三线城市	45	0.135539	绍兴市
三线城市	46	0.134839	淄博市
三线城市	47	0.132979	贵阳市
三线城市	48	0.132294	临沂市
三线城市	49	0.131727	汕头市
三线城市	50	0.127354	台州市
三线城市	51	0.127054	拉萨市
三线城市	52	0.122313	洛阳市
三线城市	53	0.120905	济宁市
三线城市	54	0.118342	珠海市
三线城市	55	0.117367	惠州市
四线城市	56	0.114847	兰州市
四线城市	57	0.114514	中山市
四线城市	58	0.114003	扬州市
四线城市	59	0.112951	嘉兴市
四线城市	60	0.112065	包头市
四线城市	61	0.110819	江门市
四线城市	62	0.110763	海口市
四线城市	63	0.110038	芜湖市
四线城市	64	0.109561	呼和浩特市
四线城市	65	0.109205	金华市
四线城市	66	0.107982	大庆市
四线城市	67	0.104263	邢台市

续表3

N线城市	排名	指标值	城市
四线城市	68	0.103938	衡阳市
四线城市	69	0.103263	银川市
四线城市	70	0.102989	淮安市
四线城市	71	0.102489	泰州市
四线城市	72	0.102183	沧州市
四线城市	73	0.102043	盐城市
四线城市	74	0.10169	毕节市
四线城市	75	0.101577	阜阳市
四线城市	76	0.101419	鄂尔多斯市
四线城市	77	0.101397	襄阳市
四线城市	78	0.100883	湛江市
四线城市	79	0.100397	大同市
四线城市	80	0.100053	新乡市
四线城市	81	0.099434	吉林市
四线城市	82	0.098291	南阳市
四线城市	83	0.097903	镇江市
四线城市	84	0.097873	柳州市
四线城市	85	0.097669	岳阳市
四线城市	86	0.097412	宜昌市
四线城市	87	0.097212	连云港市
四线城市	88	0.096585	咸阳市
四线城市	89	0.096532	鞍山市
四线城市	90	0.096378	湖州市
四线城市	91	0.096248	曲靖市
四线城市	92	0.095959	平顶山市
四线城市	93	0.094979	茂名市
四线城市	94	0.094714	泰安市
四线城市	95	0.094031	淮南市
四线城市	96	0.093742	遵义市
四线城市	97	0.093488	漳州市
四线城市	98	0.093065	菏泽市

续表4

N线城市	排名	指标值	城市
四线城市	99	0.092907	安庆市
四线城市	100	0.092798	绵阳市
四线城市	101	0.091844	常德市
四线城市	102	0.091789	张家口市
四线城市	103	0.091757	枣庄市
四线城市	104	0.091092	九江市
四线城市	105	0.091078	莆田市
四线城市	106	0.090943	榆林市
四线城市	107	0.090825	秦皇岛市
四线城市	108	0.090811	聊城市
四线城市	109	0.090697	株洲市
四线城市	110	0.090303	南充市
四线城市	111	0.089454	商丘市
四线城市	112	0.089405	晋中市
四线城市	113	0.089062	周口市
四线城市	114	0.089019	赣州市
四线城市	115	0.088885	渭南市
四线城市	116	0.088694	湘潭市
四线城市	117	0.088605	黄石市
四线城市	118	0.088529	赤峰市
四线城市	119	0.088094	宜春市
四线城市	120	0.08792	六安市
四线城市	121	0.087775	安阳市
四线城市	122	0.087773	德州市
四线城市	123	0.087767	桂林市
四线城市	124	0.087488	运城市
四线城市	125	0.086499	永州市
四线城市	126	0.08632	廊坊市
四线城市	127	0.086307	宿迁市
四线城市	128	0.08614	宜宾市
四线城市	129	0.086089	宝鸡市

续表5

N线城市	排名	指标值	城市
四线城市	130	0.086084	西宁市
四线城市	131	0.086068	马鞍山市
四线城市	132	0.085875	长治市
四线城市	133	0.085448	蚌埠市
四线城市	134	0.085224	齐齐哈尔市
四线城市	135	0.08522	盘锦市
四线城市	136	0.084844	六盘水市
四线城市	137	0.084736	营口市
四线城市	138	0.084524	玉林市
四线城市	139	0.08438	朔州市
四线城市	140	0.084317	许昌市
四线城市	141	0.083846	滨州市
四线城市	142	0.083613	舟山市
四线城市	143	0.083507	淮北市
四线城市	144	0.083025	娄底市
四线城市	145	0.082909	郴州市
四线城市	146	0.08283	通辽市
四线城市	147	0.082788	威海市
四线城市	148	0.082465	东营市
四线城市	149	0.082334	滁州市
四线城市	150	0.082205	肇庆市
四线城市	151	0.082122	开封市
四线城市	152	0.081995	上饶市
四线城市	153	0.08191	邵阳市
四线城市	154	0.081655	亳州市
四线城市	155	0.081061	潮州市
四线城市	156	0.080783	达州市
四线城市	157	0.080744	揭阳市
四线城市	158	0.080555	晋城市
四线城市	159	0.080511	铜陵市
四线城市	160	0.080502	信阳市

续表6

N线城市	排名	指标值	城市
四线城市	161	0.080241	日照市
四线城市	162	0.079884	锦州市
四线城市	163	0.07978	葫芦岛市
四线城市	164	0.079412	驻马店市
四线城市	165	0.079394	德阳市
四线城市	166	0.079043	泸州市
四线城市	167	0.07888	焦作市
四线城市	168	0.078836	抚顺市
四线城市	169	0.078807	临汾市
四线城市	170	0.078616	宣城市
四线城市	171	0.078407	孝感市
四线城市	172	0.078151	辽阳市
四线城市	173	0.078049	益阳市
四线城市	174	0.0777	衡水市
四线城市	175	0.077502	抚州市
四线城市	176	0.077412	宿州市
四线城市	177	0.076564	韶关市
四线城市	178	0.075906	佳木斯市
四线城市	179	0.075683	龙岩市
四线城市	180	0.075203	衢州市
四线城市	181	0.074464	濮阳市
四线城市	182	0.074274	本溪市
四线城市	183	0.074021	遂宁市
四线城市	184	0.073937	铁岭市
四线城市	185	0.073575	乐山市
四线城市	186	0.073302	清远市
四线城市	187	0.073257	十堰市
四线城市	188	0.072963	梅州市
四线城市	189	0.072635	自贡市
四线城市	190	0.072555	丹东市
四线城市	191	0.072457	呼伦贝尔市

续表7

N线城市	排名	指标值	城市
四线城市	192	0.072416	广安市
四线城市	193	0.072271	荆门市
四线城市	194	0.072243	新余市
四线城市	195	0.0722	伊春市
四线城市	196	0.072069	吉安市
四线城市	197	0.071977	绥化市
四线城市	198	0.0719	四平市
四线城市	199	0.071758	阜新市
四线城市	200	0.071554	三明市
四线城市	201	0.071342	鹰潭市
四线城市	202	0.070982	内江市
四线城市	203	0.070894	阳江市
四线城市	204	0.070784	丽水市
四线城市	205	0.070689	萍乡市
四线城市	206	0.070438	荆州市
四线城市	207	0.070314	宁德市
四线城市	208	0.070256	吕梁市
四线城市	209	0.070153	怀化市
四线城市	210	0.069516	乌兰察布市
四线城市	211	0.069098	安康市
四线城市	212	0.068991	牡丹江市
四线城市	213	0.068876	钦州市
四线城市	214	0.068706	莱芜市
四线城市	215	0.068634	承德市
四线城市	216	0.068062	黄冈市
四线城市	217	0.067967	攀枝花市
四线城市	218	0.067774	来宾市
四线城市	219	0.067753	北海市
四线城市	220	0.067404	朝阳市
四线城市	221	0.067402	贵港市
四线城市	222	0.067186	松原市

续表8

N线城市	排名	指标值	城市
四线城市	223	0.067176	汉中市
四线城市	224	0.067074	阳泉市
四线城市	225	0.067029	眉山市
四线城市	226	0.066996	通化市
四线城市	227	0.06696	资阳市
四线城市	228	0.066752	景德镇市
四线城市	229	0.066701	鄂州市
四线城市	230	0.066689	汕尾市
四线城市	231	0.066474	广元市
四线城市	232	0.066176	巴中市
四线城市	233	0.066113	中卫市
四线城市	234	0.06563	南平市
四线城市	235	0.065378	延安市
四线城市	236	0.065118	克拉玛依市
四线城市	237	0.065101	巴彦淖尔市
四线城市	238	0.06498	咸宁市
四线城市	239	0.064899	忻州市
四线城市	240	0.064705	随州市
四线城市	241	0.064448	三亚市
四线城市	242	0.064237	乌海市
四线城市	243	0.062456	漯河市
四线城市	244	0.061041	铜川市
四线城市	245	0.060995	黄山市
四线城市	246	0.060743	梧州市
四线城市	247	0.060659	贺州市
四线城市	248	0.060292	石嘴山市
四线城市	249	0.060003	百色市
四线城市	250	0.059624	白银市
四线城市	251	0.059556	鹤壁市
四线城市	252	0.059251	三门峡市
四线城市	253	0.059036	池州市

续表9

N线城市	排名	指标值	城市
四线城市	254	0.058974	酒泉市
四线城市	255	0.058785	吴忠市
四线城市	256	0.05858	临沧市
四线城市	257	0.057991	天水市
四线城市	258	0.05769	武威市
五线城市	259	0.057226	安顺市
五线城市	260	0.057135	庆阳市
五线城市	261	0.056974	河池市
五线城市	262	0.056758	黑河市
五线城市	263	0.056561	固原市
五线城市	264	0.05624	七台河市
五线城市	265	0.055962	丽江市
五线城市	266	0.055914	鸡西市
五线城市	267	0.0556	防城港市
五线城市	268	0.055463	昭通市
五线城市	269	0.054952	双鸭山市
五线城市	270	0.054777	雅安市
五线城市	271	0.054149	河源市
五线城市	272	0.05282	普洱市
五线城市	273	0.052538	玉溪市
五线城市	274	0.051591	保山市
五线城市	275	0.051078	云浮市
五线城市	276	0.050671	嘉峪关市
五线城市	277	0.050644	商洛市
五线城市	278	0.050627	张掖市
五线城市	279	0.050149	铜仁市
五线城市	280	0.05009	定西市
五线城市	281	0.049584	白城市
五线城市	282	0.04903	辽源市
五线城市	283	0.047432	平凉市
五线城市	284	0.04652	金昌市

续表10

N线城市	排名	指标值	城市
五线城市	285	0.045301	海东市
五线城市	286	0.044705	张家界市
五线城市	287	0.044556	崇左市
五线城市	288	0.039656	白山市
五线城市	289	0.039638	鹤岗市
五线城市	290	0.038034	陇南市

四、住房承载环境竞争力指数

在住房承载环境竞争力指数中，我们将利用全部的 8 项一级指标，这不同于城市类型划分，后者只利用了前 7 项一级指标。附表 1 - 11 为住房承载环境竞争力指数，以及 8 个一级指标情况。

附表 1 - 11　　　　住房承载环境竞争力指数

序号	城市	总指数	能源、资源	生态	交通	经济	人口、就业、社保	教育、文化、卫生	其他基础设施	政治地位、区位优势
1	北京市	0.7089	0.58	0.55	0.54	0.84	0.74	0.70	0.78	0.93
2	上海市	0.6929	0.73	0.64	0.46	0.86	0.56	0.58	0.78	0.94
3	重庆市	0.6688	0.39	0.72	0.37	0.49	0.51	0.76	0.51	0.94
4	广州市	0.5170	0.49	0.56	0.40	0.45	0.28	0.51	0.70	0.65
5	深圳市	0.4658	0.49	0.47	0.39	0.38	0.33	0.22	0.67	0.76
6	天津市	0.4387	0.29	0.46	0.27	0.48	0.28	0.37	0.40	0.94
7	成都市	0.3832	0.23	0.37	0.31	0.30	0.38	0.40	0.36	0.66
8	武汉市	0.3640	0.27	0.40	0.24	0.30	0.18	0.43	0.34	0.74
9	南京市	0.3434	0.28	0.44	0.20	0.28	0.19	0.34	0.28	0.73
10	西安市	0.3343	0.19	0.36	0.20	0.24	0.18	0.42	0.31	0.72
11	三沙市	0.3285	0.00	0.73	0.00	0.00	0.00	0.00	0.00	0.25
12	杭州市	0.3265	0.20	0.42	0.17	0.31	0.22	0.28	0.31	0.70
13	沈阳市	0.2894	0.18	0.40	0.17	0.29	0.17	0.29	0.21	0.60
14	苏州市	0.2863	0.20	0.46	0.16	0.29	0.16	0.18	0.37	0.45
15	大连市	0.2849	0.16	0.40	0.14	0.27	0.12	0.20	0.18	0.78
16	青岛市	0.2834	0.12	0.34	0.17	0.21	0.13	0.24	0.25	0.82

续表1

序号	城市	总指数	能源、资源	生态	交通	经济	人口、就业、社保	教育、文化、卫生	其他基础设施	政治地位、区位优势
17	宁波市	0.2723	0.14	0.38	0.11	0.20	0.12	0.16	0.25	0.80
18	郑州市	0.2629	0.20	0.33	0.14	0.20	0.16	0.36	0.22	0.49
19	济南市	0.2588	0.13	0.31	0.12	0.16	0.13	0.30	0.17	0.72
20	合肥市	0.2454	0.14	0.40	0.11	0.16	0.12	0.25	0.17	0.61
21	石家庄市	0.2451	0.16	0.39	0.10	0.13	0.10	0.28	0.18	0.59
22	长沙市	0.2440	0.17	0.34	0.10	0.19	0.11	0.26	0.18	0.60
23	东莞市	0.2437	0.26	0.37	0.19	0.15	0.15	0.16	0.26	0.39
24	哈尔滨市	0.2389	0.13	0.33	0.12	0.17	0.17	0.28	0.20	0.50
25	厦门市	0.2376	0.13	0.39	0.13	0.13	0.11	0.11	0.15	0.77
26	佛山市	0.2318	0.27	0.34	0.08	0.18	0.13	0.18	0.24	0.39
27	长春市	0.2232	0.12	0.30	0.11	0.14	0.14	0.25	0.16	0.55
28	昆明市	0.2227	0.15	0.33	0.15	0.17	0.12	0.27	0.14	0.46
29	太原市	0.2210	0.13	0.33	0.09	0.13	0.11	0.24	0.12	0.59
30	无锡市	0.2207	0.14	0.38	0.09	0.19	0.10	0.13	0.27	0.46
31	福州市	0.2205	0.11	0.37	0.10	0.16	0.11	0.21	0.18	0.54
32	南昌市	0.2118	0.13	0.43	0.07	0.10	0.09	0.19	0.12	0.60
33	唐山市	0.2066	0.13	0.46	0.09	0.11	0.11	0.16	0.14	0.43
34	南宁市	0.2024	0.12	0.34	0.08	0.12	0.10	0.25	0.11	0.49
35	徐州市	0.1989	0.10	0.38	0.11	0.11	0.11	0.17	0.13	0.48
36	贵阳市	0.1876	0.10	0.25	0.08	0.12	0.11	0.19	0.11	0.54
37	邯郸市	0.1873	0.09	0.42	0.09	0.07	0.09	0.15	0.10	0.48
38	温州市	0.1867	0.11	0.34	0.06	0.11	0.08	0.14	0.21	0.42
39	潍坊市	0.1861	0.07	0.35	0.06	0.11	0.07	0.17	0.22	0.46
40	南通市	0.1837	0.10	0.34	0.07	0.14	0.09	0.11	0.16	0.45
41	常州市	0.1808	0.10	0.33	0.07	0.15	0.07	0.11	0.15	0.46
42	保定市	0.1789	0.09	0.30	0.08	0.07	0.08	0.17	0.15	0.45
43	淄博市	0.1788	0.11	0.38	0.11	0.08	0.08	0.12	0.09	0.47
44	烟台市	0.1786	0.08	0.32	0.09	0.12	0.09	0.14	0.14	0.43
45	临沂市	0.1767	0.09	0.31	0.08	0.08	0.09	0.15	0.14	0.48
46	泉州市	0.1766	0.09	0.38	0.05	0.10	0.07	0.13	0.21	0.40

续表2

序号	城市	总指数	能源、资源	生态	交通	经济	人口、就业、社保	教育、文化、卫生	其他基础设施	政治地位、区位优势
47	绍兴市	0.1761	0.10	0.38	0.04	0.12	0.09	0.10	0.13	0.44
48	拉萨市	0.1742	0.17	0.12	0.14	0.42	0.01	0.02	0.01	0.28
49	洛阳市	0.1696	0.11	0.29	0.05	0.08	0.07	0.16	0.11	0.49
50	济宁市	0.1685	0.07	0.33	0.08	0.08	0.09	0.12	0.09	0.49
51	兰州市	0.1671	0.09	0.24	0.06	0.08	0.07	0.17	0.08	0.52
52	汕头市	0.1670	0.17	0.31	0.03	0.07	0.07	0.18	0.10	0.39
53	台州市	0.1657	0.08	0.38	0.07	0.08	0.07	0.10	0.14	0.42
54	呼和浩特市	0.1644	0.07	0.30	0.07	0.08	0.06	0.11	0.06	0.54
55	银川市	0.1613	0.06	0.36	0.04	0.06	0.06	0.08	0.05	0.53
56	扬州市	0.1595	0.07	0.32	0.04	0.09	0.07	0.10	0.10	0.47
57	芜湖市	0.1581	0.06	0.38	0.08	0.09	0.04	0.08	0.07	0.48
58	嘉兴市	0.1572	0.06	0.38	0.05	0.08	0.05	0.07	0.11	0.45
59	惠州市	0.1564	0.12	0.29	0.06	0.09	0.07	0.09	0.11	0.39
60	海口市	0.1546	0.07	0.30	0.11	0.06	0.06	0.10	0.06	0.45
61	新乡市	0.1540	0.07	0.27	0.03	0.06	0.06	0.12	0.08	0.49
62	阜阳市	0.1531	0.05	0.29	0.07	0.04	0.05	0.14	0.09	0.50
63	邢台市	0.1528	0.05	0.34	0.05	0.04	0.06	0.11	0.07	0.48
64	金华市	0.1525	0.04	0.33	0.03	0.07	0.06	0.09	0.15	0.45
65	襄阳市	0.1517	0.06	0.31	0.04	0.07	0.06	0.10	0.06	0.50
66	中山市	0.1512	0.08	0.28	0.07	0.09	0.08	0.08	0.11	0.38
67	珠海市	0.1510	0.12	0.34	0.08	0.09	0.06	0.06	0.07	0.38
68	包头市	0.1505	0.08	0.35	0.09	0.08	0.06	0.06	0.06	0.41
69	平顶山市	0.1501	0.05	0.31	0.05	0.04	0.09	0.10	0.05	0.50
70	淮安市	0.1498	0.08	0.28	0.04	0.08	0.06	0.10	0.07	0.47
71	泰州市	0.1497	0.06	0.28	0.07	0.08	0.06	0.07	0.09	0.46
72	衡阳市	0.1497	0.06	0.29	0.06	0.06	0.06	0.12	0.07	0.46
73	乌鲁木齐市	0.1495	0.13	0.34	0.10	0.09	0.09	0.15	0.10	0.19
74	南阳市	0.1492	0.06	0.19	0.05	0.06	0.08	0.18	0.08	0.50
75	沧州市	0.1483	0.06	0.30	0.05	0.06	0.06	0.09	0.09	0.46
76	咸阳市	0.1480	0.04	0.29	0.04	0.07	0.05	0.10	0.05	0.47

续表3

序号	城市	总指数	能源、资源	生态	交通	经济	人口、就业、社保	教育、文化、卫生	其他基础设施	政治地位、区位优势
77	盐城市	0.1479	0.05	0.26	0.04	0.08	0.07	0.10	0.10	0.46
78	江门市	0.1473	0.08	0.33	0.06	0.06	0.05	0.08	0.10	0.38
79	岳阳市	0.1472	0.06	0.32	0.06	0.05	0.05	0.09	0.06	0.49
80	淮南市	0.1463	0.05	0.36	0.06	0.04	0.06	0.07	0.03	0.49
81	宜昌市	0.1463	0.05	0.33	0.05	0.07	0.06	0.07	0.06	0.49
82	镇江市	0.1459	0.06	0.32	0.04	0.08	0.04	0.06	0.08	0.47
83	泰安市	0.1451	0.05	0.28	0.04	0.06	0.06	0.10	0.09	0.48
84	菏泽市	0.1449	0.04	0.27	0.03	0.05	0.05	0.13	0.08	0.49
85	湖州市	0.1442	0.05	0.37	0.06	0.06	0.04	0.05	0.06	0.46
86	连云港市	0.1438	0.06	0.28	0.04	0.06	0.08	0.08	0.07	0.47
87	周口市	0.1436	0.04	0.24	0.04	0.05	0.06	0.14	0.06	0.50
88	大同市	0.1433	0.05	0.31	0.09	0.06	0.08	0.09	0.05	0.43
89	鄂尔多斯市	0.1430	0.04	0.34	0.14	0.06	0.04	0.03	0.07	0.42
90	毕节市	0.1429	0.02	0.34	0.02	0.05	0.04	0.13	0.08	0.40
91	安庆市	0.1428	0.07	0.33	0.03	0.04	0.04	0.10	0.06	0.48
92	商丘市	0.1428	0.04	0.24	0.04	0.05	0.05	0.14	0.07	0.49
93	聊城市	0.1426	0.04	0.31	0.04	0.05	0.05	0.09	0.06	0.48
94	枣庄市	0.1424	0.06	0.30	0.05	0.04	0.06	0.08	0.07	0.48
95	常德市	0.1417	0.04	0.32	0.03	0.05	0.05	0.09	0.05	0.48
96	九江市	0.1416	0.05	0.34	0.03	0.05	0.05	0.08	0.06	0.48
97	运城市	0.1414	0.02	0.30	0.03	0.04	0.04	0.10	0.06	0.48
98	六安市	0.1412	0.03	0.28	0.06	0.04	0.06	0.11	0.05	0.49
99	安阳市	0.1408	0.06	0.26	0.03	0.05	0.05	0.09	0.07	0.49
100	黄石市	0.1404	0.08	0.35	0.03	0.04	0.03	0.05	0.04	0.49
101	许昌市	0.1399	0.11	0.25	0.03	0.04	0.04	0.07	0.05	0.50
102	渭南市	0.1399	0.03	0.32	0.03	0.04	0.04	0.08	0.06	0.48
103	株洲市	0.1398	0.06	0.32	0.05	0.06	0.04	0.07	0.06	0.47
104	德州市	0.1395	0.05	0.28	0.04	0.06	0.05	0.07	0.06	0.47
105	马鞍山市	0.1393	0.07	0.34	0.04	0.05	0.03	0.05	0.05	0.48
106	湘潭市	0.1390	0.05	0.36	0.03	0.05	0.03	0.06	0.04	0.47

续表4

序号	城市	总指数	能源、资源	生态	交通	经济	人口、就业、社保	教育、文化、卫生	其他基础设施	政治地位、区位优势
107	榆林市	0.1390	0.04	0.33	0.03	0.05	0.05	0.06	0.05	0.44
108	西宁市	0.1387	0.06	0.29	0.04	0.06	0.04	0.06	0.05	0.49
109	晋中市	0.1386	0.02	0.36	0.04	0.03	0.04	0.07	0.05	0.47
110	蚌埠市	0.1386	0.05	0.30	0.06	0.06	0.04	0.07	0.04	0.49
111	淮北市	0.1382	0.05	0.33	0.05	0.04	0.05	0.05	0.02	0.49
112	张家口市	0.1379	0.05	0.29	0.05	0.05	0.05	0.07	0.06	0.43
113	宜春市	0.1379	0.03	0.37	0.03	0.04	0.04	0.08	0.04	0.47
114	宿迁市	0.1377	0.04	0.26	0.03	0.05	0.05	0.08	0.07	0.48
115	开封市	0.1376	0.07	0.22	0.04	0.04	0.04	0.11	0.05	0.49
116	亳州市	0.1373	0.03	0.31	0.03	0.03	0.03	0.09	0.04	0.50
117	长治市	0.1372	0.04	0.31	0.03	0.04	0.05	0.07	0.05	0.48
118	遵义市	0.1367	0.04	0.30	0.03	0.05	0.05	0.11	0.06	0.43
119	柳州市	0.1367	0.08	0.29	0.03	0.07	0.06	0.09	0.05	0.41
120	滁州市	0.1365	0.03	0.32	0.05	0.04	0.03	0.06	0.05	0.48
121	滨州市	0.1355	0.03	0.30	0.04	0.05	0.04	0.07	0.06	0.46
122	漳州市	0.1352	0.04	0.34	0.02	0.04	0.04	0.07	0.05	0.41
123	绵阳市	0.1350	0.03	0.29	0.03	0.04	0.05	0.10	0.08	0.42
124	孝感市	0.1350	0.03	0.27	0.03	0.05	0.05	0.05	0.05	0.50
125	南充市	0.1350	0.04	0.25	0.05	0.05	0.05	0.12	0.06	0.44
126	宝鸡市	0.1346	0.03	0.29	0.05	0.05	0.04	0.08	0.05	0.45
127	信阳市	0.1345	0.04	0.23	0.03	0.04	0.04	0.12	0.05	0.50
128	晋城市	0.1343	0.04	0.31	0.05	0.03	0.04	0.03	0.04	0.49
129	赣州市	0.1341	0.05	0.22	0.04	0.05	0.05	0.14	0.09	0.44
130	驻马店市	0.1336	0.03	0.24	0.05	0.05	0.05	0.11	0.05	0.50
131	娄底市	0.1335	0.04	0.32	0.03	0.04	0.03	0.06	0.04	0.47
132	廊坊市	0.1335	0.05	0.24	0.04	0.06	0.04	0.07	0.08	0.44
133	焦作市	0.1331	0.07	0.23	0.04	0.04	0.05	0.08	0.05	0.49
134	莆田市	0.1330	0.04	0.32	0.03	0.06	0.05	0.07	0.08	0.41
135	湛江市	0.1324	0.06	0.25	0.06	0.06	0.06	0.13	0.09	0.35
136	永州市	0.1324	0.03	0.27	0.12	0.04	0.04	0.08	0.03	0.45

续表 5

序号	城市	总指数	能源、资源	生态	交通	经济	人口、就业、社保	教育、文化、卫生	其他基础设施	政治地位、区位优势
137	秦皇岛市	0.1323	0.05	0.31	0.04	0.05	0.04	0.09	0.06	0.42
138	曲靖市	0.1322	0.03	0.35	0.03	0.05	0.04	0.09	0.06	0.36
139	上饶市	0.1321	0.03	0.28	0.03	0.04	0.04	0.09	0.06	0.46
140	铜陵市	0.1321	0.04	0.43	0.03	0.04	0.02	0.02	0.02	0.48
141	鞍山市	0.1321	0.08	0.28	0.06	0.08	0.05	0.06	0.06	0.37
142	宿州市	0.1318	0.03	0.27	0.04	0.04	0.04	0.08	0.05	0.49
143	朔州市	0.1314	0.02	0.34	0.11	0.03	0.03	0.05	0.02	0.44
144	濮阳市	0.1312	0.06	0.23	0.02	0.04	0.05	0.07	0.04	0.49
145	东营市	0.1309	0.05	0.28	0.03	0.06	0.06	0.05	0.05	0.45
146	临汾市	0.1309	0.03	0.27	0.03	0.03	0.04	0.09	0.05	0.48
147	桂林市	0.1303	0.04	0.28	0.04	0.05	0.04	0.10	0.05	0.42
148	邵阳市	0.1300	0.04	0.26	0.03	0.04	0.04	0.10	0.06	0.46
149	衡水市	0.1300	0.03	0.27	0.04	0.04	0.04	0.07	0.05	0.47
150	宣城市	0.1299	0.02	0.37	0.03	0.04	0.04	0.04	0.03	0.47
151	茂名市	0.1297	0.05	0.30	0.02	0.05	0.06	0.11	0.06	0.36
152	日照市	0.1296	0.05	0.29	0.06	0.05	0.03	0.06	0.05	0.46
153	达州市	0.1294	0.03	0.30	0.04	0.04	0.04	0.08	0.04	0.46
154	郴州市	0.1294	0.04	0.29	0.04	0.05	0.03	0.07	0.05	0.44
155	益阳市	0.1289	0.03	0.29	0.03	0.04	0.04	0.07	0.04	0.48
156	舟山市	0.1287	0.04	0.29	0.17	0.05	0.02	0.02	0.03	0.42
157	抚州市	0.1285	0.03	0.32	0.02	0.04	0.04	0.07	0.03	0.46
158	葫芦岛市	0.1279	0.02	0.28	0.03	0.03	0.03	0.12	0.06	0.39
159	六盘水市	0.1277	0.03	0.28	0.09	0.05	0.03	0.08	0.03	0.39
160	大庆市	0.1272	0.09	0.33	0.06	0.07	0.08	0.07	0.06	0.26
161	赤峰市	0.1272	0.05	0.29	0.04	0.05	0.04	0.08	0.05	0.38
162	宜宾市	0.1267	0.03	0.33	0.04	0.05	0.04	0.06	0.04	0.41
163	营口市	0.1263	0.06	0.29	0.04	0.06	0.02	0.04	0.04	0.38
164	十堰市	0.1262	0.03	0.25	0.02	0.04	0.04	0.06	0.04	0.49
165	荆门市	0.1259	0.03	0.31	0.02	0.04	0.04	0.04	0.03	0.49
166	荆州市	0.1256	0.04	0.18	0.03	0.05	0.05	0.08	0.06	0.49

续表6

序号	城市	总指数	能源、资源	生态	交通	经济	人口、就业、社保	教育、文化、卫生	其他基础设施	政治地位、区位优势
167	威海市	0.1254	0.05	0.26	0.05	0.07	0.04	0.06	0.07	0.42
168	衢州市	0.1252	0.03	0.34	0.02	0.04	0.03	0.04	0.04	0.46
169	吕梁市	0.1251	0.01	0.25	0.02	0.03	0.04	0.07	0.04	0.46
170	莱芜市	0.1250	0.04	0.28	0.04	0.03	0.03	0.04	0.02	0.48
171	德阳市	0.1249	0.04	0.29	0.03	0.04	0.04	0.05	0.05	0.42
172	揭阳市	0.1241	0.09	0.18	0.01	0.06	0.04	0.10	0.09	0.40
173	鹰潭市	0.1240	0.03	0.38	0.01	0.04	0.02	0.02	0.01	0.46
174	泸州市	0.1238	0.04	0.24	0.04	0.04	0.04	0.08	0.05	0.42
175	吉林市	0.1236	0.07	0.29	0.05	0.06	0.05	0.10	0.06	0.29
176	遂宁市	0.1236	0.04	0.28	0.03	0.04	0.04	0.05	0.03	0.43
177	肇庆市	0.1234	0.04	0.23	0.02	0.06	0.04	0.07	0.10	0.39
178	新余市	0.1233	0.03	0.36	0.02	0.03	0.03	0.04	0.03	0.47
179	安康市	0.1231	0.02	0.27	0.03	0.05	0.03	0.05	0.03	0.48
180	萍乡市	0.1230	0.03	0.32	0.02	0.03	0.03	0.05	0.02	0.47
181	盘锦市	0.1229	0.06	0.32	0.03	0.03	0.03	0.05	0.03	0.38
182	玉林市	0.1228	0.04	0.29	0.02	0.03	0.04	0.10	0.05	0.38
183	黄冈市	0.1227	0.03	0.20	0.03	0.03	0.04	0.09	0.05	0.49
184	吉安市	0.1226	0.02	0.29	0.03	0.04	0.03	0.07	0.04	0.46
185	广安市	0.1225	0.03	0.28	0.03	0.03	0.04	0.06	0.03	0.45
186	潮州市	0.1221	0.07	0.33	0.01	0.06	0.03	0.06	0.04	0.40
187	韶关市	0.1217	0.04	0.27	0.04	0.04	0.04	0.06	0.05	0.43
188	随州市	0.1216	0.02	0.29	0.01	0.03	0.03	0.03	0.03	0.50
189	鄂州市	0.1209	0.03	0.29	0.02	0.03	0.03	0.03	0.03	0.49
190	咸宁市	0.1207	0.02	0.26	0.02	0.03	0.03	0.03	0.03	0.49
191	丽水市	0.1207	0.02	0.31	0.01	0.04	0.03	0.05	0.03	0.44
192	阳泉市	0.1206	0.05	0.23	0.04	0.03	0.03	0.05	0.03	0.47
193	锦州市	0.1203	0.04	0.28	0.04	0.05	0.04	0.06	0.05	0.39
194	怀化市	0.1201	0.03	0.23	0.03	0.04	0.04	0.07	0.04	0.45
195	龙岩市	0.1200	0.02	0.34	0.01	0.05	0.03	0.05	0.03	0.42
196	景德镇市	0.1196	0.03	0.33	0.01	0.03	0.03	0.03	0.02	0.47

续表7

序号	城市	总指数	能源、资源	生态	交通	经济	人口、就业、社保	教育、文化、卫生	其他基础设施	政治地位、区位优势
197	漯河市	0.1192	0.04	0.24	0.02	0.04	0.03	0.06	0.02	0.50
198	三明市	0.1182	0.02	0.33	0.01	0.04	0.03	0.04	0.04	0.43
199	汉中市	0.1176	0.02	0.26	0.02	0.03	0.03	0.04	0.03	0.46
200	三门峡市	0.1176	0.03	0.23	0.02	0.03	0.02	0.04	0.04	0.49
201	延安市	0.1174	0.02	0.26	0.02	0.04	0.03	0.04	0.03	0.46
202	内江市	0.1171	0.03	0.27	0.03	0.04	0.03	0.06	0.03	0.42
203	鹤壁市	0.1170	0.03	0.24	0.02	0.03	0.04	0.04	0.04	0.49
204	忻州市	0.1169	0.02	0.20	0.04	0.03	0.03	0.08	0.04	0.46
205	巴中市	0.1168	0.03	0.27	0.03	0.03	0.04	0.04	0.02	0.45
206	清远市	0.1164	0.04	0.24	0.02	0.05	0.03	0.06	0.05	0.41
207	宁德市	0.1163	0.02	0.30	0.03	0.03	0.03	0.04	0.05	0.42
208	自贡市	0.1162	0.04	0.28	0.02	0.04	0.03	0.05	0.03	0.41
209	乌兰察布市	0.1160	0.04	0.31	0.02	0.03	0.02	0.03	0.02	0.42
210	辽阳市	0.1157	0.05	0.32	0.04	0.03	0.03	0.03	0.04	0.36
211	铜川市	0.1152	0.02	0.29	0.01	0.03	0.03	0.02	0.01	0.47
212	梅州市	0.1152	0.03	0.27	0.01	0.03	0.03	0.07	0.05	0.41
213	乐山市	0.1150	0.03	0.26	0.03	0.04	0.04	0.06	0.04	0.40
214	抚顺市	0.1141	0.06	0.26	0.04	0.05	0.05	0.05	0.04	0.35
215	池州市	0.1140	0.02	0.29	0.02	0.03	0.01	0.04	0.02	0.48
216	中卫市	0.1139	0.03	0.30	0.01	0.03	0.02	0.04	0.01	0.41
217	黄山市	0.1137	0.02	0.30	0.01	0.04	0.02	0.03	0.02	0.47
218	广元市	0.1137	0.02	0.28	0.02	0.03	0.03	0.05	0.04	0.44
219	南平市	0.1136	0.02	0.29	0.01	0.04	0.03	0.04	0.04	0.43
220	承德市	0.1134	0.03	0.23	0.04	0.04	0.03	0.06	0.04	0.41
221	眉山市	0.1129	0.03	0.26	0.02	0.04	0.03	0.04	0.03	0.40
222	资阳市	0.1120	0.02	0.24	0.02	0.06	0.03	0.06	0.03	0.42
223	本溪市	0.1118	0.05	0.27	0.05	0.04	0.04	0.04	0.03	0.36
224	阜新市	0.1115	0.06	0.27	0.04	0.04	0.03	0.04	0.03	0.37
225	来宾市	0.1114	0.03	0.30	0.01	0.02	0.04	0.04	0.02	0.39
226	丹东市	0.1112	0.03	0.27	0.03	0.05	0.04	0.04	0.04	0.36

续表8

序号	城市	总指数	能源、资源	生态	交通	经济	人口、就业、社保	教育、文化、卫生	其他基础设施	政治地位、区位优势
227	朝阳市	0.1104	0.03	0.25	0.02	0.04	0.03	0.04	0.04	0.38
228	铁岭市	0.1104	0.02	0.32	0.03	0.04	0.02	0.04	0.03	0.34
229	通辽市	0.1102	0.04	0.31	0.02	0.04	0.04	0.05	0.04	0.29
230	阳江市	0.1101	0.04	0.29	0.02	0.04	0.03	0.03	0.03	0.37
231	庆阳市	0.1099	0.02	0.23	0.01	0.03	0.03	0.04	0.03	0.45
232	巴彦淖尔市	0.1098	0.03	0.28	0.01	0.04	0.03	0.03	0.03	0.39
233	天水市	0.1090	0.03	0.18	0.02	0.03	0.03	0.08	0.03	0.43
234	贺州市	0.1090	0.03	0.26	0.01	0.03	0.03	0.04	0.01	0.42
235	汕尾市	0.1090	0.04	0.27	0.02	0.04	0.03	0.05	0.03	0.38
236	商洛市	0.1089	0.01	0.20	0.01	0.04	0.02	0.04	0.02	0.48
237	贵港市	0.1082	0.03	0.22	0.03	0.03	0.04	0.08	0.03	0.38
238	固原市	0.1081	0.02	0.25	0.01	0.03	0.02	0.04	0.01	0.43
239	齐齐哈尔市	0.1077	0.05	0.21	0.04	0.04	0.08	0.11	0.06	0.25
240	乌海市	0.1073	0.04	0.30	0.02	0.03	0.03	0.02	0.01	0.40
241	吴忠市	0.1069	0.02	0.27	0.02	0.03	0.02	0.04	0.01	0.41
242	白银市	0.1060	0.03	0.23	0.03	0.03	0.03	0.03	0.02	0.40
243	四平市	0.1057	0.03	0.29	0.02	0.03	0.02	0.06	0.03	0.32
244	钦州市	0.1057	0.03	0.25	0.03	0.03	0.03	0.07	0.03	0.35
245	石嘴山市	0.1054	0.03	0.29	0.02	0.03	0.02	0.02	0.01	0.40
246	梧州市	0.1044	0.02	0.24	0.02	0.04	0.03	0.05	0.02	0.40
247	北海市	0.1034	0.04	0.29	0.02	0.04	0.03	0.04	0.02	0.35
248	河池市	0.1024	0.02	0.23	0.01	0.03	0.03	0.05	0.02	0.40
249	攀枝花市	0.1021	0.07	0.26	0.03	0.04	0.03	0.03	0.02	0.34
250	河源市	0.1019	0.03	0.22	0.01	0.03	0.03	0.04	0.02	0.41
251	雅安市	0.1017	0.02	0.24	0.01	0.03	0.02	0.03	0.02	0.39
252	铜仁市	0.1015	0.02	0.12	0.04	0.07	0.03	0.06	0.02	0.45
253	平凉市	0.1008	0.01	0.18	0.02	0.03	0.02	0.04	0.02	0.44
254	安顺市	0.1003	0.02	0.23	0.02	0.04	0.02	0.04	0.02	0.40
255	通化市	0.1002	0.02	0.29	0.02	0.04	0.02	0.03	0.03	0.32
256	百色市	0.0996	0.02	0.24	0.01	0.03	0.03	0.05	0.03	0.37

续表9

序号	城市	总指数	能源、资源	生态	交通	经济	人口、就业、社保	教育、文化、卫生	其他基础设施	政治地位、区位优势
257	定西市	0.0994	0.01	0.19	0.01	0.03	0.02	0.05	0.02	0.41
258	昭通市	0.0990	0.02	0.17	0.01	0.04	0.03	0.11	0.03	0.38
259	武威市	0.0989	0.02	0.24	0.01	0.03	0.02	0.05	0.01	0.37
260	张家界市	0.0988	0.02	0.19	0.02	0.03	0.02	0.02	0.01	0.47
261	云浮市	0.0962	0.02	0.18	0.01	0.02	0.02	0.03	0.04	0.39
262	海东市	0.0961	0.02	0.21	0.01	0.01	0.01	0.03	0.01	0.38
263	绥化市	0.0952	0.02	0.26	0.04	0.04	0.03	0.05	0.04	0.23
264	松原市	0.0947	0.03	0.29	0.02	0.03	0.04	0.04	0.03	0.28
265	呼伦贝尔市	0.0933	0.07	0.24	0.02	0.04	0.04	0.04	0.03	0.23
266	防城港市	0.0928	0.02	0.24	0.02	0.02	0.02	0.02	0.01	0.34
267	牡丹江市	0.0924	0.04	0.23	0.04	0.05	0.03	0.04	0.03	0.23
268	陇南市	0.0921	0.01	0.10	0.01	0.03	0.02	0.07	0.01	0.43
269	三亚市	0.0920	0.02	0.29	0.03	0.05	0.03	0.03	0.02	0.28
270	酒泉市	0.0908	0.04	0.25	0.02	0.04	0.02	0.02	0.01	0.28
271	佳木斯市	0.0906	0.03	0.25	0.11	0.04	0.03	0.04	0.03	0.19
272	丽江市	0.0904	0.01	0.28	0.02	0.03	0.03	0.03	0.02	0.32
273	金昌市	0.0901	0.01	0.24	0.01	0.02	0.01	0.01	0.00	0.36
274	临沧市	0.0890	0.01	0.25	0.00	0.02	0.02	0.04	0.02	0.27
275	伊春市	0.0885	0.07	0.27	0.02	0.03	0.06	0.02	0.03	0.19
276	玉溪市	0.0877	0.02	0.20	0.02	0.03	0.03	0.04	0.02	0.32
277	张掖市	0.0862	0.02	0.22	0.01	0.03	0.02	0.03	0.01	0.32
278	崇左市	0.0856	0.01	0.18	0.00	0.03	0.02	0.03	0.03	0.35
279	辽源市	0.0842	0.03	0.23	0.01	0.03	0.02	0.02	0.01	0.32
280	嘉峪关市	0.0819	0.03	0.26	0.01	0.01	0.01	0.01	0.01	0.28
281	普洱市	0.0816	0.02	0.22	0.01	0.03	0.02	0.04	0.02	0.27
282	保山市	0.0810	0.01	0.21	0.01	0.03	0.02	0.05	0.02	0.27
283	白城市	0.0807	0.02	0.19	0.01	0.03	0.03	0.03	0.02	0.29
284	鸡西市	0.0757	0.03	0.23	0.02	0.03	0.03	0.03	0.02	0.20
285	白山市	0.0753	0.02	0.15	0.01	0.03	0.03	0.02	0.02	0.31
286	七台河市	0.0750	0.02	0.28	0.02	0.00	0.03	0.02	0.01	0.20

续表10

序号	城市	总指数	能源、资源	生态	交通	经济	人口、就业、社保	教育、文化、卫生	其他基础设施	政治地位、区位优势
287	双鸭山市	0.0725	0.02	0.26	0.02	0.01	0.02	0.02	0.02	0.18
288	黑河市	0.0701	0.03	0.25	0.01	0.03	0.03	0.02	0.02	0.15
289	鹤岗市	0.0578	0.03	0.16	0.02	0.01	0.04	0.02	0.01	0.18
290	克拉玛依市	0.0569	0.03	0.31	0.01	0.03	0.04	0.01	0.01	0.00

附录 2 住房价格风险指数

一、指数设计

住房价格风险指数，是测度住房价格波动的指数，其主要用于测度住房价格预期外的风险。因而，以下三种情况（但也不局限于这三种）会产生较高的住房价格风险指数值：（1）住房价格预期外的过快增长，（2）住房价格预期外的迅速降温，（3）住房价格预期外的剧烈波动。其中，情况 1 会对购房者产生不利；情况 2 会对房地产商、二手房出售者产生不利；而情况 3 产生的不利则是全方位的，往往此时的住房市场会处于观望态势。

而计算所用的数据，主要来源国家统计局，其具体数据为：70 个城市的二手住宅价格指数月度数据，70 个城市的新建商品住宅价格指数月度数据，以及 70 个城市的新建住宅价格指数月度数据。其中，三个数据汇总时的赋权分别为 1/2、1/4、1/4。值得注意的是新建住宅包括了新建商品住宅，这意味着，相对于新建非商品住宅，我们给予了新建商品住宅更高的权重。

以下为住房价格风险指数的计算步骤。

第一，根据理性预期理论，我们计算出每个城市每个月份的住房价格偏差。其计算公式为：当月住房价格偏差 =（上一月住房价格指数 × 下一月住房价格指数）^0.5/当月住房价格指数，这个公式充分了考虑历史价格、未来价格与当期价格的比较。

第二，计算每一年的住房价格风险（毛）指数，其值为当年内所有月份的住房价格偏差的标准差。其中，2011、2012、2013、2014 年和 2015 年上半年分别由 11（因为 2010 年 12 月无数据）、12、12、12、6 个住房价格偏差值计算而得。

第三，标准化住房价格风险（毛）指数，其计算公式为：（住房价格风险（毛）指数 - 最小住房价格风险（毛）指数）/（最大住房价格（毛）指数 - 最小住房价格风险（毛）指数）。

第四，汇总由二手住宅价格指数、新建商品住宅价格指数、新建住宅价格指数这 3 套数据计算的标准化指数值,从而得到住房价格风险指数,其计算公式为:住房价格风险指数 = 1/2 × 二手住宅价格风险指数 + 1/4 × 新建商品住宅价格风险指数 + 1/4 × 新建住宅价格风险指数。

二、经济现象分析

(一) 总指数

附表 2 - 1 为我们计算的住房价格风险指数,其值越大,表示风险越大。附表 2 - 1 给出的指数数据显示,2015 年上半年住房价格风险最大的城市为深圳、北京、上海、牡丹江、广州,2014 年住房价格风险最大的城市为南宁、三亚、泸州、北京、西宁,2013 年住房价格风险最大的城市为韶关、常德、贵阳、南宁、杭州,2012 年住房价格风险最大的城市为金华、温州、杭州、宜昌、昆明,2011 年住房价格风险最大的城市为温州、武汉、平顶山、兰州、福州。从而,每年住房价格风险最大的城市都有较大变动。这说明了住房价格风险,不仅在单个城市的时间序列上具有随机性,而且在某时刻的不同城市上也具有随机性。就 2015 年上半年来看,深圳具有最大价格风险,这与 2015 年上半年深圳过快增长的房价基本一致。

附表 2 - 1　　　　　　　　住房价格风险指数

住房价格指数	2011 年	2012 年	2013 年	2014 年	2015 年上半年	城市类型
深圳市	0.1381	0.1304	0.5102	0.3700	1.0000	准一线城市
北京市	0.0546	0.1425	0.5124	0.4665	0.4439	一线城市
上海市	0.1630	0.1042	0.5236	0.1820	0.4075	一线城市
牡丹江市	0.1067	0.1451	0.3374	0.3460	0.3973	四线城市
广州市	0.1334	0.1177	0.5573	0.3238	0.2979	准一线城市
南宁市	0.1582	0.1744	0.5642	0.6425	0.2808	三线城市
昆明市	0.0733	0.3343	0.2358	0.2448	0.2776	二线城市
襄阳市	0.2538	0.0440	0.3400	0.1041	0.2577	四线城市
锦州市	0.0284	0.2118	0.1962	0.2523	0.2541	四线城市
合肥市	0.1091	0.2555	0.3479	0.2843	0.2353	二线城市
南昌市	0.1643	0.1310	0.2953	0.2150	0.2341	三线城市
韶关市	0.1022	0.1558	0.6849	0.3693	0.2213	四线城市
海口市	0.1101	0.0921	0.1019	0.1362	0.1901	四线城市

续表1

住房价格指数	2011年	2012年	2013年	2014年	2015年上半年	城市类型
包头市	0.1114	0.2179	0.3170	0.2822	0.1849	四线城市
温州市	0.7253	0.6369	0.3959	0.3212	0.1804	三线城市
安庆市	0.0718	0.1604	0.1173	0.1746	0.1690	四线城市
湛江市	0.0337	0.0787	0.1533	0.1491	0.1658	四线城市
杭州市	0.1157	0.6016	0.5621	0.3661	0.1580	二线城市
福州市	0.3545	0.1915	0.5473	0.2903	0.1519	二线城市
九江市	0.0854	0.0866	0.3855	0.2085	0.1518	四线城市
无锡市	0.1307	0.2625	0.3965	0.0957	0.1511	二线城市
赣州市	0.1428	0.0341	0.2933	0.3304	0.1494	四线城市
成都市	0.1839	0.1235	0.1905	0.1923	0.1474	二线城市
泉州市	0.0282	0.2159	0.3247	0.3318	0.1448	三线城市
大连市	0.1435	0.1982	0.1138	0.3162	0.1347	二线城市
呼和浩特市	0.0781	0.0820	0.3543	0.2418	0.1231	四线城市
大理市	0.1098	0.0318	0.3242	0.3993	0.1187	
金华市	0.1640	0.6422	0.2056	0.2722	0.1174	四线城市
沈阳市	0.1070	0.1561	0.2473	0.3425	0.1167	二线城市
常德市	0.0350	0.3258	0.6272	0.1022	0.1157	四线城市
哈尔滨市	0.3393	0.2232	0.3182	0.3434	0.1135	二线城市
南京市	0.2179	0.1482	0.1224	0.2241	0.1049	二线城市
唐山市	0.0644	0.0749	0.2140	0.3198	0.1042	二线城市
丹东市	0.1848	0.1098	0.1214	0.2400	0.1032	四线城市
济宁市	0.0454	0.0926	0.4704	0.0482	0.0955	三线城市
遵义市	0.1237	0.1977	0.3160	0.2003	0.0955	四线城市
惠州市	0.0767	0.1384	0.1200	0.3048	0.0916	三线城市
泸州市	0.0679	0.1021	0.3261	0.4775	0.0914	四线城市
长春市	0.2249	0.1762	0.1517	0.1374	0.0911	二线城市
长沙市	0.0354	0.0587	0.2159	0.2737	0.0882	二线城市
桂林市	0.1148	0.0904	0.5063	0.3519	0.0876	四线城市
吉林市	0.1280	0.0961	0.1854	0.2634	0.0873	四线城市
西宁市	0.0681	0.0234	0.2826	0.4088	0.0864	四线城市
秦皇岛市	0.2900	0.0954	0.3611	0.2555	0.0861	四线城市

续表2

住房价格指数	2011年	2012年	2013年	2014年	2015年上半年	城市类型
徐州市	0.1561	0.2253	0.3010	0.3265	0.0858	三线城市
石家庄市	0.1155	0.2560	0.4002	0.2323	0.0857	二线城市
太原市	0.0566	0.1177	0.3004	0.3390	0.0834	三线城市
扬州市	0.0586	0.1571	0.3036	0.3168	0.0808	四线城市
厦门市	0.0966	0.1903	0.4339	0.1204	0.0804	三线城市
北海市	0.1044	0.0718	0.1926	0.2050	0.0799	四线城市
蚌埠市	0.2232	0.0235	0.1948	0.2730	0.0795	四线城市
贵阳市	0.0230	0.1084	0.5875	0.2143	0.0790	三线城市
兰州市	0.4213	0.1358	0.3327	0.0616	0.0759	四线城市
岳阳市	0.1315	0.0217	0.2449	0.1096	0.0744	四线城市
南充市	0.2929	0.0626	0.2628	0.1954	0.0700	四线城市
洛阳市	0.0594	0.0607	0.4045	0.2330	0.0687	三线城市
乌鲁木齐市	0.2016	0.1156	0.4627	0.2663	0.0669	三线城市
济南市	0.2884	0.0713	0.1117	0.1651	0.0643	二线城市
郑州市	0.1317	0.1065	0.2138	0.1976	0.0621	二线城市
武汉市	0.5253	0.0890	0.2894	0.2753	0.0606	二线城市
天津市	0.1814	0.1961	0.3024	0.1334	0.0572	准一线城市
西安市	0.2637	0.1137	0.2014	0.1546	0.0408	二线城市
三亚市	0.2337	0.0282	0.2249	0.5717	0.0396	四线城市
银川市	0.0905	0.0862	0.1654	0.3016	0.0385	四线城市
宁波市	0.1517	0.3211	0.5092	0.1658	0.0382	二线城市
平顶山市	0.5065	0.0745	0.2454	0.1797	0.0361	四线城市
宜昌市	0.0610	0.5229	0.3016	0.1625	0.0344	四线城市
烟台市	0.0645	0.1496	0.2973	0.1522	0.0294	三线城市
重庆市	0.2639	0.0895	0.1615	0.2147	0.0266	准一线城市
青岛市	0.0712	0.1965	0.1712	0.1269	0.0254	二线城市

另外，若按城市类型划分，我们将城市分为一线城市、准一线城市、二线城市、三线城市、四线城市、五线城市（见附录1）。但有两点需要注意：第一，这70个城市中并不包括五线城市；第二，大理不属于地级市。

附表2-2为按承载力水平划分的住房价格风险指数。其中，2011年和2012年二线城市的住房风险最大，而2013、2014年和2015年上半年一线城市的住房风险最大。

附表2-2　　　　　　按承载力水平分住房价格风险指数

	2011年	2012年	2013年	2014年	2015年上半年
一线城市	0.1088	0.1234	0.5180	0.3243	0.4257
准一线城市	0.1792	0.1334	0.3829	0.2605	0.3454
二线城市	0.1824	0.1979	0.2780	0.2374	0.1126
三线城市	0.1428	0.1813	0.3814	0.2704	0.1170
四线城市	0.1475	0.1392	0.2894	0.2514	0.1248

（二）分指数

70个城市的二手住宅价格风险指数见附表2-3，新建商品住宅价格风险指数见附表2-4，新建住宅价格风险指数附表2-5。同时，在附表2-3、附表2-4、附表2-5的倒数第二行，我们给出了70个城市的最小住房价格风险（毛）指数；在倒数第一行，我们给出了70个城市的最大住房价格风险（毛）指数。而通过最后两行的数据，我们可以还原每个城市的住房价格风险（毛）指数。

还原后的（毛）指数，其优点为：1.可以在时间维度进行比较；2.可以直接衡量住房价格风险的绝对大小。其缺点为：失去了指数在城市间相互比较的直观性。

附表2-3　　　　　　　　二手住宅价格风险指数

城市	2011年	2012年	2013年	2014年	2015年上半年
安庆市	0.1242	0.2751	0.0000	0.0936	0.2175
蚌埠市	0.4005	0.0289	0.2697	0.1946	0.0415
包头市	0.1106	0.3777	0.1130	0.2503	0.1426
北海市	0.1414	0.0396	0.2057	0.0554	0.0841
北京市	0.0608	0.1632	0.8249	0.5162	0.7680
常德市	0.0304	0.5027	0.9834	0.0347	0.0483
成都市	0.1347	0.1528	0.1288	0.2135	0.2079
大理市	0.1741	0.0136	0.3954	0.4463	0.1418
大连市	0.2687	0.3743	0.1179	0.2240	0.1801
丹东市	0.1860	0.0904	0.2273	0.0569	0.0459

续表1

城市	2011年	2012年	2013年	2014年	2015年上半年
福州市	0.6048	0.2298	0.2761	0.0837	0.1456
赣州市	0.1595	0.0235	0.2295	0.3238	0.1550
广州市	0.2286	0.1612	0.8117	0.3840	0.3802
贵阳市	0.0208	0.1827	0.8459	0.0738	0.0315
桂林市	0.1411	0.1636	0.2168	0.2573	0.0437
哈尔滨市	0.1066	0.1794	0.4719	0.4040	0.1619
海口市	0.1982	0.0525	0.1489	0.0879	0.1857
杭州市	0.1092	0.3408	1.0000	0.2910	0.0781
合肥市	0.1291	0.5109	0.5292	0.3551	0.4353
呼和浩特市	0.0779	0.0000	0.2962	0.0319	0.0316
惠州市	0.1481	0.2006	0.2057	0.2167	0.0529
吉林市	0.1404	0.0465	0.3303	0.1511	0.0765
济南市	0.0337	0.0640	0.1930	0.1725	0.0611
济宁市	0.0637	0.1014	0.4109	0.0460	0.0929
金华市	0.2771	0.2844	0.1521	0.2008	0.0957
锦州市	0.0000	0.2159	0.1194	0.1400	0.1932
九江市	0.0743	0.1408	0.3967	0.2203	0.1090
昆明市	0.0835	0.5799	0.3475	0.3840	0.4889
兰州市	0.7386	0.2055	0.4432	0.0695	0.0596
泸州市	0.0459	0.0201	0.2622	0.2745	0.0400
洛阳市	0.0517	0.0808	0.5012	0.1405	0.0393
牡丹江市	0.0862	0.2008	0.5322	0.4595	0.7516
南昌市	0.2330	0.0869	0.2891	0.2155	0.3101
南充市	0.0523	0.0639	0.2700	0.1599	0.0682
南京市	0.0827	0.2399	0.1718	0.2409	0.1310
南宁市	0.1985	0.3037	0.7094	1.0000	0.3954
宁波市	0.0525	0.3225	0.7044	0.0277	0.0160
平顶山市	0.8394	0.0832	0.1785	0.1715	0.0516
秦皇岛市	0.0779	0.1381	0.5119	0.1568	0.0744
青岛市	0.0640	0.1194	0.1739	0.0790	0.0263
泉州市	0.0460	0.3572	0.1977	0.1985	0.0971

续表2

城市	2011年	2012年	2013年	2014年	2015年上半年
三亚市	0.4027	0.0463	0.2965	0.1435	0.0390
厦门市	0.0853	0.2724	0.5016	0.2334	0.1207
上海市	0.0457	0.1362	0.7220	0.2090	0.4404
韶关市	0.1005	0.2486	0.8590	0.4413	0.3800
深圳市	0.1843	0.1360	0.8019	0.2827	1.0000
沈阳市	0.1265	0.1302	0.2196	0.3745	0.0686
石家庄市	0.1225	0.2984	0.5540	0.1272	0.0314
太原市	0.0622	0.1730	0.2877	0.3415	0.1079
唐山市	0.1254	0.0941	0.3006	0.1097	0.0396
天津市	0.2056	0.3044	0.4261	0.2295	0.0659
温州市	0.6460	0.7058	0.5465	0.2346	0.1944
乌鲁木齐市	0.3872	0.1618	0.2456	0.2415	0.1338
无锡市	0.0965	0.4635	0.5389	0.0769	0.2452
武汉市	1.0000	0.1123	0.5145	0.1115	0.0869
西安市	0.4598	0.1729	0.3918	0.0938	0.0488
西宁市	0.1307	0.0369	0.2609	0.3286	0.0846
襄阳市	0.0445	0.0280	0.4786	0.0884	0.3067
徐州市	0.2569	0.3385	0.5601	0.1316	0.0730
烟台市	0.0401	0.2178	0.3819	0.0897	0.0422
扬州市	0.0426	0.1738	0.3262	0.1091	0.1024
宜昌市	0.0298	1.0000	0.4212	0.1781	0.0000
银川市	0.0766	0.1273	0.1650	0.1369	0.0377
岳阳市	0.1009	0.0151	0.0614	0.1222	0.0486
湛江市	0.0392	0.0966	0.1145	0.0000	0.0768
长春市	0.0712	0.1809	0.0970	0.0970	0.1014
长沙市	0.0241	0.0102	0.3547	0.3334	0.1116
郑州市	0.0548	0.1219	0.1968	0.1504	0.0170
重庆市	0.4683	0.0912	0.2525	0.0704	0.0236
遵义市	0.1565	0.2426	0.3893	0.2318	0.0841
MIN	0.000143489	0.000330363	0.000532167	0.000982568	0.000290541
MAX	0.016364478	0.006801351	0.003488581	0.005441643	0.008255471

附表 2-4　　　　　　　　新建商品住宅价格风险指数

城市	2011 年	2012 年	2013 年	2014 年	2015 年上半年
安庆市	0.0167	0.0437	0.2713	0.2623	0.1289
蚌埠市	0.0299	0.0097	0.1331	0.3501	0.1393
包头市	0.1368	0.0628	0.6535	0.3158	0.2464
北海市	0.0682	0.1019	0.2103	0.3327	0.1003
北京市	0.0355	0.1445	0.2636	0.4553	0.1491
常德市	0.0424	0.1484	0.3106	0.1412	0.1902
成都市	0.4095	0.0916	0.2886	0.1826	0.0924
大理市	0.0552	0.0502	0.2773	0.3396	0.1163
大连市	0.0086	0.0283	0.1193	0.3999	0.0855
丹东市	0.1550	0.1195	0.0000	0.3705	0.1765
福州市	0.1032	0.1568	1.0000	0.4506	0.1538
赣州市	0.1170	0.0354	0.4371	0.2813	0.1712
广州市	0.0221	0.0670	0.3451	0.2601	0.2232
贵阳市	0.0236	0.0360	0.3770	0.3746	0.1693
桂林市	0.0918	0.0173	0.9357	0.4349	0.1508
哈尔滨市	0.1440	0.2694	0.1728	0.2802	0.0488
海口市	0.0015	0.1295	0.0474	0.1527	0.2001
杭州市	0.1256	0.8900	0.1708	0.4224	0.2671
合肥市	0.1070	0.0000	0.2104	0.2096	0.0371
呼和浩特市	0.1019	0.1507	0.4918	0.4275	0.2513
惠州市	0.0000	0.0818	0.0239	0.3888	0.1383
吉林市	0.1379	0.1497	0.0162	0.3617	0.0863
济南市	1.0000	0.0764	0.0173	0.1411	0.0773
济宁市	0.0291	0.0816	0.6437	0.0534	0.1209
金华市	0.0356	1.0000	0.2800	0.3194	0.1469
锦州市	0.0567	0.2057	0.3139	0.3378	0.3177
九江市	0.1051	0.0370	0.4401	0.2009	0.2079
昆明市	0.0690	0.0858	0.1862	0.1368	0.0921
兰州市	0.1155	0.0760	0.2406	0.0418	0.1012
泸州市	0.1052	0.1894	0.4723	0.6274	0.1613
洛阳市	0.0389	0.0397	0.3749	0.2963	0.1037

续表1

城市	2011 年	2012 年	2013 年	2014 年	2015 年上半年
牡丹江市	0.1182	0.1044	0.1698	0.2305	0.0428
南昌市	0.1001	0.1732	0.3630	0.2260	0.1696
南充市	0.9697	0.0624	0.2896	0.1975	0.0739
南京市	0.6057	0.0805	0.0706	0.2455	0.1024
南宁市	0.1330	0.0541	0.5004	0.2541	0.1902
宁波市	0.3553	0.3301	0.3629	0.2712	0.0861
平顶山市	0.1759	0.0646	0.3773	0.1409	0.0318
秦皇岛市	0.2039	0.0480	0.2435	0.3408	0.1130
青岛市	0.0649	0.2764	0.2102	0.1834	0.0434
泉州市	0.0140	0.0863	0.5510	0.4075	0.2121
三亚市	0.0652	0.0080	0.1760	1.0000	0.0509
厦门市	0.0923	0.0986	0.4330	0.0000	0.0526
上海市	0.4972	0.0756	0.4221	0.1718	0.3928
韶关市	0.0987	0.0718	0.6188	0.3149	0.0699
深圳市	0.1275	0.1196	0.2669	0.3969	1.0000
沈阳市	0.0924	0.1732	0.3249	0.2942	0.1715
石家庄市	0.1146	0.2235	0.2910	0.3124	0.1526
太原市	0.0548	0.0575	0.3520	0.3298	0.0688
唐山市	0.0069	0.0666	0.1489	0.5214	0.1787
天津市	0.2439	0.0972	0.2241	0.0475	0.0712
温州市	0.8977	0.6049	0.3060	0.3830	0.2071
乌鲁木齐市	0.0114	0.0626	0.3596	0.2666	0.0000
无锡市	0.1687	0.0526	0.3246	0.1567	0.0744
武汉市	0.0477	0.0675	0.0871	0.4180	0.0448
西安市	0.0785	0.0779	0.0220	0.2420	0.0286
西宁市	0.0016	0.0077	0.3589	0.4635	0.0975
襄阳市	0.9089	0.0579	0.2266	0.1033	0.2197
徐州市	0.0629	0.1136	0.0353	0.5230	0.1178
烟台市	0.0717	0.0613	0.2481	0.1859	0.0296
扬州市	0.0527	0.1343	0.3292	0.5180	0.1031
宜昌市	0.1043	0.0425	0.2069	0.1261	0.0851

续表2

城市	2011年	2012年	2013年	2014年	2015年上半年
银川市	0.1140	0.0428	0.2222	0.4356	0.0521
岳阳市	0.2485	0.0365	0.6257	0.1940	0.1551
湛江市	0.0468	0.0586	0.2150	0.2747	0.2593
长春市	0.6518	0.1704	0.2352	0.1896	0.0650
长沙市	0.0482	0.1022	0.0725	0.2002	0.0638
郑州市	0.2214	0.1059	0.2510	0.2360	0.1235
重庆市	0.0511	0.0748	0.0594	0.3477	0.0504
遵义市	0.0976	0.1470	0.3140	0.1759	0.1651
MIN	0.000587551	0.000582403	0.00114121	0.001073666	0.000536631
MAX	0.011486943	0.009192249	0.005215262	0.004512796	0.008888885

附表2-5　　　　新建住宅价格风险指数

城市	2011年	2012年	2013年	2014年	2015年上半年
安庆市	0.0222	0.0479	0.1980	0.2487	0.1122
蚌埠市	0.0617	0.0266	0.1065	0.3526	0.0956
包头市	0.0879	0.0532	0.3884	0.3122	0.2083
北海市	0.0666	0.1062	0.1484	0.3764	0.0511
北京市	0.0613	0.0991	0.1363	0.3785	0.0907
常德市	0.0367	0.1492	0.2313	0.1980	0.1761
成都市	0.0570	0.0969	0.2159	0.1595	0.0813
大理市	0.0357	0.0497	0.2286	0.3651	0.0749
大连市	0.0280	0.0159	0.1001	0.4167	0.0929
丹东市	0.2121	0.1388	0.0311	0.4755	0.1446
福州市	0.1052	0.1495	0.6370	0.5431	0.1628
赣州市	0.1352	0.0542	0.2768	0.3927	0.1164
广州市	0.0542	0.0815	0.2606	0.2672	0.2078
贵阳市	0.0267	0.0323	0.2812	0.3348	0.0837
桂林市	0.0851	0.0172	0.6559	0.4581	0.1123
哈尔滨市	1.0000	0.2646	0.1565	0.2853	0.0816
海口市	0.0425	0.1337	0.0625	0.2164	0.1886
杭州市	0.1187	0.8349	0.0778	0.4601	0.2087

续表1

城市	2011 年	2012 年	2013 年	2014 年	2015 年上半年
合肥市	0.0709	0.0000	0.1229	0.2173	0.0335
呼和浩特市	0.0548	0.1773	0.3331	0.4760	0.1779
惠州市	0.0106	0.0705	0.0448	0.3968	0.1222
吉林市	0.0933	0.1417	0.0649	0.3895	0.1099
济南市	0.0860	0.0806	0.0434	0.1741	0.0575
济宁市	0.0251	0.0859	0.4162	0.0472	0.0756
金华市	0.0664	1.0000	0.2381	0.3678	0.1313
锦州市	0.0567	0.2099	0.2320	0.3913	0.3123
九江市	0.0880	0.0276	0.3083	0.1926	0.1813
昆明市	0.0574	0.0916	0.0620	0.0742	0.0405
兰州市	0.0925	0.0561	0.2039	0.0655	0.0832
泸州市	0.0746	0.1789	0.3076	0.7336	0.1245
洛阳市	0.0952	0.0417	0.2408	0.3548	0.0927
牡丹江市	0.1363	0.0744	0.1152	0.2344	0.0433
南昌市	0.0912	0.1772	0.2401	0.2029	0.1465
南充市	0.0973	0.0602	0.2218	0.2645	0.0699
南京市	0.1005	0.0323	0.0753	0.1691	0.0553
南宁市	0.1029	0.0359	0.3378	0.3159	0.1420
宁波市	0.1467	0.3095	0.2651	0.3366	0.0347
平顶山市	0.1714	0.0670	0.2473	0.2347	0.0094
秦皇岛市	0.8004	0.0573	0.1770	0.3675	0.0825
青岛市	0.0920	0.2708	0.1267	0.1661	0.0056
泉州市	0.0066	0.0628	0.3524	0.5225	0.1728
三亚市	0.0640	0.0122	0.1305	1.0000	0.0296
厦门市	0.1235	0.1178	0.2994	0.0146	0.0275
上海市	0.0636	0.0688	0.2285	0.1382	0.3566
韶关市	0.1093	0.0541	0.4028	0.2796	0.0552
深圳市	0.0564	0.1301	0.1703	0.5177	1.0000
沈阳市	0.0828	0.1907	0.2251	0.3267	0.1583
石家庄市	0.1024	0.2034	0.2019	0.3624	0.1274
太原市	0.0470	0.0673	0.2739	0.3432	0.0489

续表2

城市	2011年	2012年	2013年	2014年	2015年上半年
唐山市	0.0000	0.0449	0.1059	0.5385	0.1588
天津市	0.0705	0.0785	0.1332	0.0271	0.0259
温州市	0.7115	0.5312	0.1846	0.4325	0.1256
乌鲁木齐市	0.0205	0.0764	1.0000	0.3156	0.0000
无锡市	0.1613	0.0704	0.1835	0.0726	0.0394
武汉市	0.0534	0.0640	0.0415	0.4603	0.0236
西安市	0.0568	0.0312	0.0000	0.1889	0.0368
西宁市	0.0091	0.0119	0.2498	0.5142	0.0789
襄阳市	0.0175	0.0621	0.1764	0.1362	0.1979
徐州市	0.0478	0.1106	0.0486	0.5196	0.0795
烟台市	0.1062	0.1017	0.1773	0.2434	0.0036
扬州市	0.0963	0.1464	0.2328	0.5311	0.0152
宜昌市	0.0799	0.0492	0.1571	0.1676	0.0524
银川市	0.0949	0.0471	0.1092	0.4971	0.0265
岳阳市	0.0759	0.0200	0.2311	0.0000	0.0452
湛江市	0.0094	0.0628	0.1691	0.3217	0.2504
长春市	0.1054	0.1726	0.1776	0.1661	0.0967
长沙市	0.0451	0.1122	0.0818	0.2279	0.0658
郑州市	0.1958	0.0761	0.2108	0.2535	0.0909
重庆市	0.0678	0.1007	0.0817	0.3704	0.0089
遵义市	0.0842	0.1585	0.1715	0.1617	0.0488
MIN	0.000489939	0.00054611	0.000933872	0.00101678	0.000662615
MAX	0.013111497	0.009156031	0.00733932	0.004130659	0.008638654

(三) 风险分解

在前面的指数设计中，我们通过标准化处理，得到了比较直观的住房价格风险指数。但是这个风险指数衡量的是相对风险，不能直接衡量风险的绝对大小。故我们可以返回到住房价格风险指数设计的第二步，从而可以直接利用住房价格风险（毛）指数来衡量风险的绝对大小。

附图2-1为70个城市的平均住房价格风险（毛）指数图。我们发现：在时间维度上，2011、2013、2014年住房价格风险相对较高，而2012年和2015年上半年住房价格风险相对较低；在分指数维度上，2011年的住房价格风险主要领域为二手住宅，2012、2013、2014、2015年上半年的住房价格风险领域主要为新建商品住宅。值得一提的是，与前4年相比，2015年上半年住房价格风险在二手住宅、新建商业住宅和新建住宅领域都较低。

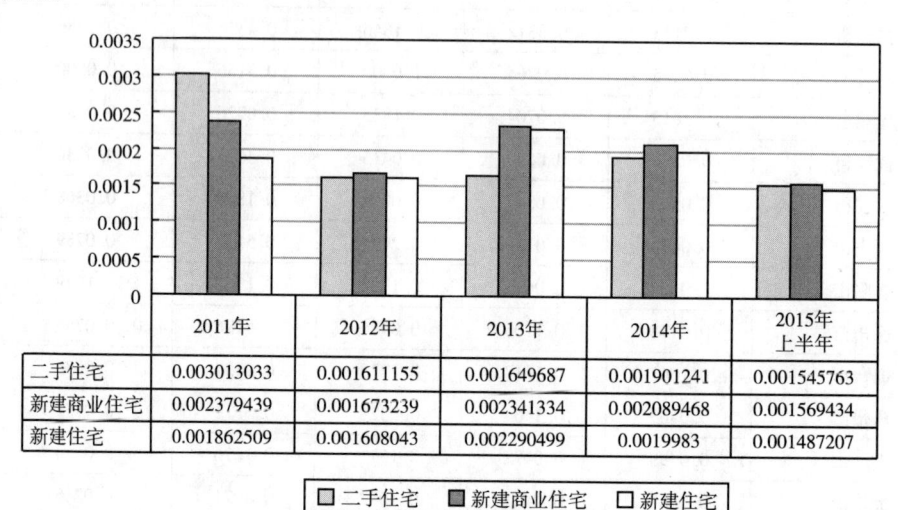

	2011年	2012年	2013年	2014年	2015年上半年
二手住宅	0.003013033	0.001611155	0.001649687	0.001901241	0.001545763
新建商业住宅	0.002379439	0.001673239	0.002341334	0.002089468	0.001569434
新建住宅	0.001862509	0.001608043	0.002290499	0.0019983	0.001487207

附图2-1　70个城市的平均住房价格风险（毛）指数

附表2-6为我们对风险高、中、低临界值的指定。

附表2-6　　　　　　　　风险高、中、低范围

风险	住房价格风险（毛）指数
高	大于0.003
中	大于0.001，且小于等于0.003
低	小于等于0.001

根据附表2-6的风险高、中、低的划分，我们得到了2015年上半年70个城市的风险表，见附表2-7。从附表2-7中，我们发现：70个城市中，二手住宅有9个城市为高风险，新建商品住宅和新建住宅则均有3个城市为高风险；深圳在二手住宅、新建商品住宅、新建住宅领域均为最高风险，而北京的风险主要集中在二手住宅领域，上海的风险主要集中在新建商品住宅和新建住宅领域。

附表 2-7 2015年上半年住房价格风险指数分解

	二手住宅			新建商品住宅			新建住宅		
1	深圳市	0.00847	高	深圳市	0.00886	高	深圳市	0.00857	高
2	北京市	0.00657	高	上海市	0.00367	高	上海市	0.00339	高
3	牡丹江市	0.00644	高	锦州市	0.00303	高	锦州市	0.00303	高
4	昆明市	0.00429	高	杭州市	0.00260	中	湛江市	0.00253	中
5	上海市	0.00389	高	湛江市	0.00253	中	杭州市	0.00220	中
6	合肥市	0.00385	高	呼和浩特市	0.00246	中	包头市	0.00219	中
7	南宁市	0.00352	高	包头市	0.00242	中	广州市	0.00219	中
8	广州市	0.00339	高	广州市	0.00222	中	襄阳市	0.00211	中
9	韶关市	0.00339	高	襄阳市	0.00219	中	海口市	0.00203	中
10	南昌市	0.00282	中	泉州市	0.00213	中	九江市	0.00198	中
11	襄阳市	0.00279	中	九江市	0.00209	中	呼和浩特市	0.00195	中
12	无锡市	0.00229	中	温州市	0.00209	中	常德市	0.00193	中
13	安庆市	0.00206	中	海口市	0.00203	中	泉州市	0.00191	中
14	成都市	0.00198	中	南宁市	0.00194	中	福州市	0.00183	中
15	温州市	0.00187	中	常德市	0.00194	中	唐山市	0.00179	中
16	锦州市	0.00186	中	唐山市	0.00185	中	沈阳市	0.00179	中
17	海口市	0.00180	中	丹东市	0.00183	中	南昌市	0.00170	中
18	大连市	0.00176	中	沈阳市	0.00178	中	丹东市	0.00168	中
19	哈尔滨市	0.00161	中	赣州市	0.00178	中	南宁市	0.00166	中
20	赣州市	0.00155	中	南昌市	0.00177	中	金华市	0.00157	中
21	福州市	0.00147	中	贵阳市	0.00176	中	石家庄市	0.00154	中
22	包头市	0.00145	中	遵义市	0.00173	中	温州市	0.00153	中
23	大理市	0.00144	中	泸州市	0.00170	中	泸州市	0.00152	中
24	乌鲁木齐市	0.00138	中	岳阳市	0.00164	中	惠州市	0.00150	中
25	南京市	0.00135	中	福州市	0.00163	中	赣州市	0.00145	中
26	厦门市	0.00127	中	石家庄市	0.00162	中	桂林市	0.00142	中
27	长沙市	0.00119	中	桂林市	0.00161	中	安庆市	0.00142	中
28	九江市	0.00117	中	北京市	0.00159	中	吉林市	0.00140	中
29	太原市	0.00116	中	金华市	0.00157	中	长春市	0.00129	中
30	扬州市	0.00112	中	蚌埠市	0.00151	中	蚌埠市	0.00129	中
31	长春市	0.00111	中	惠州市	0.00150	中	大连市	0.00126	中

续表1

	二手住宅			新建商品住宅			新建住宅		
32	泉州市	0.00108	中	安庆市	0.00142	中	洛阳市	0.00126	中
33	金华市	0.00106	中	郑州市	0.00137	中	郑州市	0.00125	中
34	济宁市	0.00104	中	济宁市	0.00135	中	北京市	0.00125	中
35	武汉市	0.00099	低	徐州市	0.00132	中	贵阳市	0.00119	中
36	西宁市	0.00097	低	大理市	0.00131	中	兰州市	0.00119	中
37	北海市	0.00097	低	秦皇岛市	0.00128	中	秦皇岛市	0.00118	中
38	遵义市	0.00097	低	洛阳市	0.00120	中	哈尔滨市	0.00117	中
39	杭州市	0.00092	低	扬州市	0.00120	中	成都市	0.00117	中
40	湛江市	0.00091	低	南京市	0.00119	中	徐州市	0.00116	中
41	吉林市	0.00091	低	兰州市	0.00118	中	西宁市	0.00115	中
42	秦皇岛市	0.00089	低	北海市	0.00118	中	济宁市	0.00112	中
43	徐州市	0.00088	低	西宁市	0.00115	中	大理市	0.00112	中
44	沈阳市	0.00084	低	成都市	0.00111	中	南充市	0.00108	中
45	南充市	0.00084	低	昆明市	0.00111	中	长沙市	0.00105	中
46	天津市	0.00082	低	吉林市	0.00106	中	济南市	0.00098	低
47	济南市	0.00078	低	宁波市	0.00105	中	南京市	0.00096	低
48	兰州市	0.00077	低	大连市	0.00105	中	韶关市	0.00096	低
49	惠州市	0.00071	低	宜昌市	0.00105	中	宜昌市	0.00094	低
50	平顶山市	0.00070	低	济南市	0.00098	低	北海市	0.00093	低
51	西安市	0.00068	低	无锡市	0.00095	低	太原市	0.00091	低
52	岳阳市	0.00068	低	南充市	0.00095	低	遵义市	0.00091	低
53	常德市	0.00068	低	天津市	0.00093	低	岳阳市	0.00088	低
54	丹东市	0.00066	低	韶关市	0.00092	低	牡丹江市	0.00086	低
55	桂林市	0.00064	低	太原市	0.00091	低	昆明市	0.00084	低
56	烟台市	0.00063	低	长春市	0.00087	低	无锡市	0.00083	低
57	蚌埠市	0.00062	低	长沙市	0.00086	低	西安市	0.00081	低
58	泸州市	0.00061	低	厦门市	0.00077	低	宁波市	0.00079	低
59	唐山市	0.00060	低	银川市	0.00076	低	合肥市	0.00079	低
60	洛阳市	0.00060	低	三亚市	0.00075	低	三亚市	0.00075	低
61	三亚市	0.00060	低	重庆市	0.00075	低	厦门市	0.00074	低
62	银川市	0.00059	低	哈尔滨市	0.00074	低	银川市	0.00073	低

续表2

	二手住宅			新建商品住宅			新建住宅		
63	呼和浩特市	0.00054	低	武汉市	0.00070	低	天津市	0.00072	低
64	贵阳市	0.00054	低	青岛市	0.00069	低	武汉市	0.00071	低
65	石家庄市	0.00054	低	牡丹江市	0.00068	低	扬州市	0.00064	低
66	青岛市	0.00050	低	合肥市	0.00064	低	平顶山市	0.00059	低
67	重庆市	0.00047	低	平顶山市	0.00059	低	重庆市	0.00059	低
68	郑州市	0.00042	低	烟台市	0.00057	低	青岛市	0.00056	低
69	宁波市	0.00041	低	西安市	0.00056	低	烟台市	0.00054	低
70	宜昌市	0.00028	低	乌鲁木齐市	0.00032	低	乌鲁木齐市	0.00052	低

附录3　住房消费增长指数

一、指数说明

住房消费增长指数计算方法：以2010年为基期计算住房成交套数同比增长。

根据2011~2014年住房消费增长排名，各城市住房消费增长指数差异分化明显。2013年30个大中城市住房消费增长指数100以上的城市达到27个，这意味着，2013年我国大多数城市住房消费较为旺盛。为保证住房市场健康稳定运行，2014年国家对房地产进行了严密的调控，导致大多数城市住房消费增长指数明显回落，住房消费增长指数100以上的城市仅11个，可以说住房调控政策作用明显。

从城市级别来看，一线城市仅仅北京和广州住房消费增长指数还较高，深圳、上海回落明显。排名前十位的二三线城市占多数，这意味着，房地产调控政策对区域住房消费调控效果相同，这是由于城市间由于住房市场风险水平不同，导致地方政府在调控房地产市场立场有所不同，二三线城市处于城市规模高速发展时期，房地产市场调控力度显然较小。

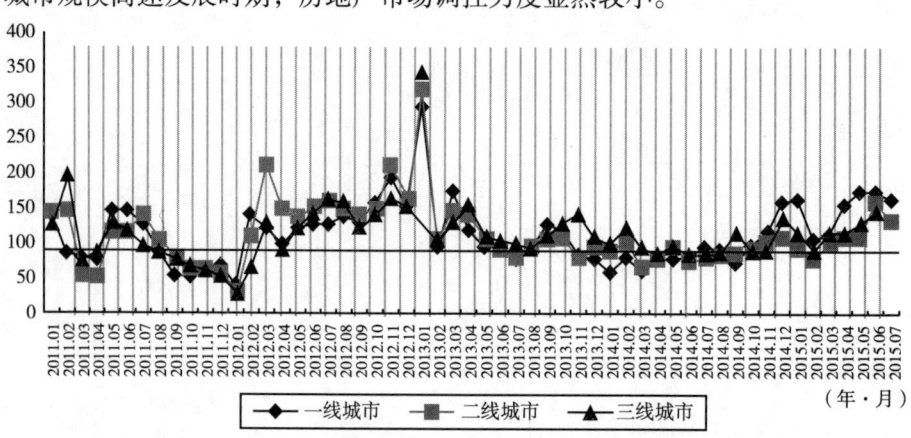

附图3-1　一、二、三线城市住房消费月度增长指数变化趋势

从附图 3-1 所知，一、二、三线城市住房消费增长指数有强烈趋势一致性，在 2011 年至 2013 年 1 月，一、二、三线城市住房消费增长指数都呈现出了剧烈波动，这意味着，这一阶段我国住房消费较为旺盛。2014 年，由于住房消费过热导致房价居高不下，政府出台一系列抑制住房消费过热的宏观调控政策，促使住房消费回归到正常发展的轨道，从附图 3-1 中住房消费发展指数的波动情况，我们可以知道这一时期，政府的宏观调控政策是有效的。

2015 年，我国宏观经济环境恶化，经济增长下行，房地产作为拉动经济增长重要的力量之一，放松房地产调控，释放住房消费需求，符合我国当下经济的新常态。"330" 新政的推出，一、二、三线城市住房消费增长指数均有所回升，有效促进了住房消费增长，对我国经济增长起到一定的积极作用。

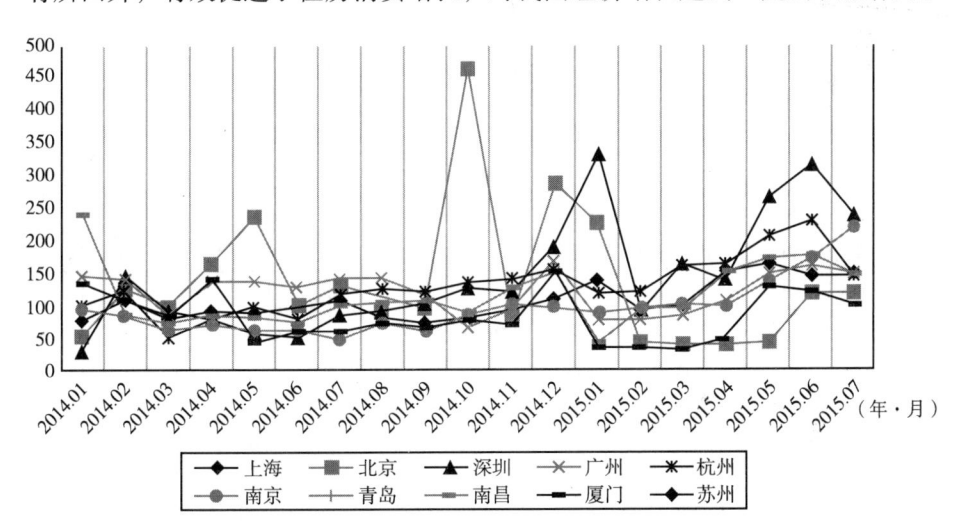

附图 3-2　2014.01~2015.07 月十大城市住房消费增长指数变动情况

2014 年我国住房调控政策力度大，一定程度上抑制了居民住房消费。从附图 3-2 所知，2014 年十大城市（除北京外）住房消费增长指数波动较为平稳，说明这一时期住房调控政策较好的抑制住了住房价格上涨，促进住房消费平稳发展。2015 年，"调控政策" 松绑对城市影响各异，深圳、杭州、广州住房消费指数开始走高。其中深圳住房消费指数在 6 月达到峰值，高达 315.3，上半年住房消费指数远远高于其他城市。刚性需求强烈的城市由于住房调控而受到抑制，随着住房 "调控政策" 松绑和退出，这类型城市被抑制的住房消费需求得到释放，从而消费指数走高。

二、附表

附表3-1　　2011~2014年30个城市住房消费增长指数排名

城市	2011	城市	2012	城市	2013	城市	2014	排名
济南市	220	海口市	218	兰州市	171	兰州市	144	1
东莞市	156	南京市	181	韶关市	152	佛山市	127	2
昆明市	148	杭州市	171	昆明市	147	广州市	119	3
厦门市	136	南昌市	163	合肥市	139	济南市	112	4
惠州市	133	安庆市	162	南宁市	139	南昌市	111	5
泸州市	127	郑州市	135	天津市	136	南宁市	109	6
南宁市	122	兰州市	135	厦门市	135	杭州市	106	7
天津市	120	重庆市	134	大连市	135	昆明市	106	8
岳阳市	119	厦门市	131	江阴市	132	岳阳市	105	9
北京市	116	无锡市	129	安庆市	130	泸州市	101	10
深圳市	116	韶关市	124	上海市	129	重庆市	100	11
广州市	115	深圳市	113	南京市	127	合肥市	98	12
杭州市	115	广州市	112	济南市	126	海口市	97	13
安庆市	115	东莞市	108	深圳市	126	无锡市	95	14
上海市	114	大连市	108	佛山市	120	长春市	95	15
南昌市	109	惠州市	105	长春市	120	郑州市	91	16
长春市	107	长沙市	102	东莞市	120	韶关市	90	17
南京市	106	济南市	101	重庆市	112	上海市	88	18
佛山市	106	北京市	100	广州市	111	深圳市	88	19
合肥市	102	合肥市	99	杭州市	111	东莞市	88	20
包头市	101	昆明市	99	长沙市	110	江阴市	87	21
韶关市	95	包头市	98	郑州市	109	厦门市	84	22
长沙市	92	江阴市	97	北京市	108	包头市	83	23
兰州市	90	岳阳市	96	泸州市	106	惠州市	82	24
重庆市	88	长春市	95	岳阳市	104	北京市	78	25
江阴市	86	上海市	93	惠州市	102	长沙市	78	26
无锡市	81	佛山市	91	海口市	100	天津市	77	27
大连市	81	天津市	86	无锡市	95	南京市	77	28
郑州市	74	南宁市	86	南昌市	95	安庆市	72	29
海口市	56	泸州市	85	包头市	83	大连市	69	30

数据来源：wind资讯。

附表3-2　　　　　　　　10大城市月度住房消费指数

年·月	上海	北京	深圳	广州	杭州	南京	青岛	南昌	厦门	苏州
2014.01	74	53.1	32.1	146	81.4	97.1	99.5	239.9	134.7	100.4
2014.02	106.1	126.7	145.3	137.3	95.6	87.1	125.8	85.4	105.7	96.2
2014.03	79.5	98.3	73.2	82.1	51.6	59.9	49.2	74.8	82.4	74.8
2014.04	90.9	165.2	77.2	134.8	76.3	76.1	81.7	86.7	139.8	92.3
2014.05	87	237.7	53.1	137.4	92.1	61.6	67.6	82.2	46.8	97.4
2014.06	95.4	101.6	52.2	126.5	75.6	64.1	75.6	71	61	99.3
2014.07	105.1	132.8	85.8	137.4	114.7	50.1	100.9	104.1	60.5	93.8
2014.08	78.8	94.5	89.9	142.2	125.1	75.8	130.2	99	73.4	103.7
2014.09	72.7	91.1	101.8	114.4	118.1	63.7	77.3	107.1	66	78.6
2014.10	80.9	463.4	125.9	68.8	135	86.7	68.2	87.8	81.7	93
2014.11	92.1	88.5	118.2	92.4	140.2	102.4	50.5	128.1	70.8	122.2
2014.12	109.6	290.5	189.7	166.3	154.9	105.5	33	152.2	153.2	94.3
2015.01	138.8	227.3	331	77.8	118.3	93.4	106.8	44.2	35.8	103.1
2015.02	90.6	44	79.8	78.5	121.1	93.5	67	98.8	37	90.2
2015.03	98.5	40.9	164.7	86.2	159.9	105	126.7	96.4	35.6	112
2015.04	155.5	38.6	142.3	109.4	162	103.3	125.6	153.9	44.8	125.6
2015.05	164.1	44.4	264.6	152.3	207.6	138	126.2	173.1	132.8	133.4
2015.06	147.3	120.4	315.3	160.1	230.7	173.7	193.7	180.5	121.5	160.3
2015.07	146.6	119.5	236.4	147.7	147.5	220.4	153.5	148.4	101	146.3
2015.08	159.3	103.4	207.8	139.5	111.9	172.1	134.6	116.2	95.2	117.4
2015.09	150.1	99	141.3	139.6	123.3	228.1	129.4	110.4	95.9	152.5

附录4 住房消费结构指数

住房消费结构指数，其计算所用的数据主要为第六次全国人口普查数据，由平均每户住房间数分指数、人均住房建筑面积分指数、住房设施完善分指数构成。住房消费结构总指数由3个分指数汇总计算。其中，平均每户住房间数分指数的均值为0.3585，标准差为0.1791，偏度为0.2651，峰度为-0.2349；四分位数分别为0、0.2243、0.3645、0.4790、1。人均住房建筑面积分指数的均值为0.4075，标准差为0.1502，偏度为0.4069，峰度为0.5114；四分位数分别为0、0.2945、0.4057、0.5010、1。住房设施完善指数的均值为0.6402，标准差为0.1684，偏度为-0.5521，峰度为0.6681；四分位数分别为0.0260、0.5303、0.6549、0.7649、0.9734。其详细指数描述见附表4-1。

从附表4-1给出的2010年住房消费结构指数简表可以看出，东部地区的住房消费结构要优于西部地区；在四个直辖市中，重庆（0.5345）、北京（0.4601）、天津（0.4362）、上海（0.4275）分别为第107、193、214、222名，位于下四分位数和上四分位数之间。

附表4-1　　　　　　　　住房消费结构指数数据概况

	平均每户住房间数分指数	人均住房建筑面积分指数	住房设施完善分指数	总指数
均值	0.3585	0.4075	0.6402	0.4687
标准差	0.1791	0.1502	0.1684	0.1154
偏度	0.2651	0.4069	-0.5521	-0.4157
峰度	-0.2349	0.5114	0.6881	0.2161
最小值	0	0	0.0260	0.0501
上四分位数	0.2243	0.2945	0.5303	0.3943
中位数	0.3645	0.4057	0.6549	0.4800
下四分位数	0.4790	0.5010	0.7649	0.5575
最大值	1	1	0.9734	0.7789

若按城市承载力分,我们将城市分为一线城市、准一线城市、二线城市、三线城市、四线城市、五线城市,并且按照每个城市的户数和人口数作为综合权重。经过计算,我们发现:随着城市承载力水平的降低,住房消费结构总指数呈倒 U 型结构。具体而言,一线城市住房消费结构总指数为 0.442027,准一线城市为 0.487071,二线城市为 0.522618,三线城市为 0.550845,四线城市为 0.492497,五线城市为 0.405078(见附表 4-2)。

另外,观察附表 4-2 中的 3 个分指数,我们还发现:随着城市承载力水平的降低,平均每户住房间数分指数和人均住房建筑面积分指数均呈现倒 U 型结构,而住房设置完善分指数同方向变化。

附表 4-2　　按承载力分住房消费结构指数

城市类型	平均每户住房间数分指数	人均住房建筑面积分指数	住房设施完善分指数	总指数
一线城市	0.132988	0.368162	0.82493	0.442027
准一线城市	0.210684	0.42687	0.823661	0.487071
二线城市	0.273748	0.472127	0.821978	0.522618
三线城市	0.40375	0.484387	0.764399	0.550845
四线城市	0.407108	0.439126	0.631257	0.492497
五线城市	0.359712	0.327758	0.527762	0.405078

一、指数设计

住房消费结构指数,其计算所用的数据主要为第六次全国人口普查数据,由平均每户住房间数分指数、人均住房建筑面积分指数、住房设施完善分指数构成。其中,3 个分指数的权重相同,均为 1/3,这样做的原因是回避主观赋权。

而某城市的指数计算公式为:指数值 =(此城市的数值 - 最小城市数值)/(最大城市数值 - 最小城市数值)。这样做的好处是标准化指数值,使不同分指数可以进行比较,甚至还可以进行简单的代数运算。

二、附表

以下为详细的 337 个地区的住房消费结构指数,见附表 4-3。

附表4-3　　　　　　　　　　2010年住房消费结构指数

排名	地区	平均每户住房间数分指数	人均住房建筑面积分指数	住房设施完善分指数	总指数	城市类型
1	莆田市	0.63	0.52	0.63	0.7789	四线城市
2	衢州市	0.37	0.25	0.58	0.7494	四线城市
3	株洲市	0.19	0.50	0.62	0.7382	四线城市
4	南通市	0.18	0.26	0.49	0.7014	三线城市
5	泰州市	0.25	0.15	0.09	0.6968	四线城市
6	湖州市	0.37	0.44	0.71	0.6821	四线城市
7	嘉兴市	0.43	0.54	0.70	0.6718	四线城市
8	长沙市	0.25	0.32	0.40	0.6627	二线城市
9	恩施土家族苗族自治州	0.73	0.57	0.48	0.6574	
10	龙岩市	0.14	0.28	0.84	0.6566	四线城市
11	茂名市	0.15	0.35	0.54	0.6558	四线城市
12	扬州市	0.26	0.38	0.71	0.6478	四线城市
13	泉州市	0.52	0.45	0.58	0.6434	三线城市
14	湘潭市	0.04	0.26	0.51	0.6415	四线城市
15	眉山市	0.06	0.21	0.64	0.6407	四线城市
16	滨州市	0.37	0.25	0.51	0.6334	四线城市
17	镇江市	0.34	0.42	0.51	0.6300	四线城市
18	三明市	0.38	0.43	0.54	0.6285	四线城市
19	郑州市	0.06	0.24	0.63	0.6260	二线城市
20	池州市	0.45	0.35	0.69	0.6233	四线城市
21	张家界市	0.46	0.46	0.65	0.6216	五线城市
22	宁德市	0.45	0.50	0.62	0.6201	四线城市
23	宜昌市	0.44	0.41	0.60	0.6184	四线城市
24	萍乡市	0.17	0.39	0.82	0.6183	四线城市
25	绍兴市	0.08	0.21	0.75	0.6169	三线城市
26	杭州市	0.29	0.22	0.21	0.6161	二线城市
27	福州市	0.60	0.57	0.73	0.6128	二线城市
28	咸宁市	0.46	0.49	0.41	0.6123	四线城市
29	焦作市	0.25	0.33	0.62	0.6104	四线城市
30	梅州市	0.41	0.38	0.72	0.6098	四线城市

续表1

排名	地区	平均每户住房间数分指数	人均住房建筑面积分指数	住房设施完善分指数	总指数	城市类型
31	廊坊市	0.49	0.35	0.25	0.6091	四线城市
32	鄂州市	0.13	0.37	0.66	0.6080	四线城市
33	河源市	0.40	0.62	0.77	0.6077	五线城市
34	邯郸市	0.21	0.63	0.87	0.6076	三线城市
35	武威市	0.30	0.47	0.68	0.6070	四线城市
36	黄冈市	0.22	0.34	0.53	0.6054	四线城市
37	济南市	0.20	0.22	0.90	0.6046	二线城市
38	苏州市	0.40	0.37	0.53	0.6046	二线城市
39	雅安市	0.32	0.56	0.84	0.6000	五线城市
40	鹰潭市	0.24	0.27	0.51	0.5984	四线城市
41	菏泽市	0.46	0.65	0.76	0.5982	四线城市
42	莱芜市	0.15	0.26	0.55	0.5971	四线城市
43	常德市	0.34	0.52	0.68	0.5970	四线城市
44	绵阳市	0.31	0.40	0.51	0.5961	四线城市
45	南平市	0.42	0.41	0.55	0.5955	四线城市
46	安阳市	0.33	0.45	0.71	0.5937	四线城市
47	阿坝藏族羌族自治州	0.48	0.38	0.57	0.5924	
48	潍坊市	0.20	0.35	0.76	0.5922	三线城市
49	石家庄市	0.12	0.30	0.74	0.5921	二线城市
50	台州市	0.16	0.18	0.49	0.5886	三线城市
51	岳阳市	0.06	0.17	0.55	0.5831	四线城市
52	金华市	0.11	0.26	0.73	0.5796	四线城市
53	泰安市	0.22	0.34	0.58	0.5787	四线城市
54	乐山市	0.41	0.54	0.75	0.5786	四线城市
55	淄博市	0.61	0.46	0.64	0.5770	三线城市
56	济宁市	0.67	0.57	0.39	0.5763	三线城市
57	丽水市	0.47	0.17	0.39	0.5749	四线城市
58	新乡市	0.03	0.29	0.93	0.5745	四线城市
59	枣庄市	0.40	0.48	0.83	0.5743	四线城市
60	无锡市	0.11	0.35	0.48	0.5737	二线城市

续表2

排名	地区	平均每户住房间数分指数	人均住房建筑面积分指数	住房设施完善分指数	总指数	城市类型
61	山南地区	0.42	0.66	0.74	0.5730	
62	广元市	0.58	0.79	0.60	0.5708	四线城市
63	张掖市	0.38	0.35	0.58	0.5703	五线城市
64	成都市	0.19	0.46	0.95	0.5702	二线城市
65	东营市	0.39	0.55	0.90	0.5696	四线城市
66	南宁市	0.07	0.25	0.81	0.5695	三线城市
67	德州市	0.51	0.44	0.55	0.5693	四线城市
68	日照市	0.25	0.33	0.67	0.5679	四线城市
69	开封市	0.44	0.47	0.49	0.5679	四线城市
70	鹤壁市	0.32	0.27	0.36	0.5678	四线城市
71	常州市	0.37	0.33	0.45	0.5676	三线城市
72	邢台市	0.57	0.43	0.59	0.5663	四线城市
73	德阳市	0.27	0.16	0.51	0.5661	四线城市
74	衡水市	0.38	0.60	0.67	0.5659	四线城市
75	黄山市	0.44	0.62	0.65	0.5649	四线城市
76	徐州市	0.16	0.34	0.97	0.5647	三线城市
77	淮安市	0.60	0.47	0.48	0.5647	四线城市
78	上饶市	0.22	0.38	0.68	0.5634	四线城市
79	威海市	0.42	0.45	0.56	0.5624	四线城市
80	云浮市	0.13	0.07	0.03	0.5604	五线城市
81	南京市	0.10	0.25	0.71	0.5602	二线城市
82	连云港市	0.21	0.37	0.70	0.5591	四线城市
83	许昌市	0.24	0.16	0.51	0.5580	四线城市
84	黄石市	0.64	0.20	0.50	0.5578	四线城市
85	安庆市	0.15	0.28	0.84	0.5575	四线城市
86	广安市	0.30	0.16	0.35	0.5537	四线城市
87	娄底市	0.18	0.17	0.47	0.5513	四线城市
88	周口市	0.76	0.42	0.64	0.5512	四线城市
89	渭南市	0.33	0.47	0.67	0.5493	四线城市
90	宜宾市	0.28	0.67	0.90	0.5459	四线城市

续表3

排名	地区	平均每户住房间数分指数	人均住房建筑面积分指数	住房设施完善分指数	总指数	城市类型
91	迪庆藏族自治州	0.22	0.41	0.71	0.5443	
92	宿迁市	0.36	0.17	0.43	0.5443	四线城市
93	酒泉市	0.32	0.44	0.51	0.5442	四线城市
94	荆门市	0.66	0.38	0.78	0.5440	四线城市
95	襄阳市	0.68	0.45	0.67	0.5440	四线城市
96	青岛市	0.59	0.43	0.52	0.5432	二线城市
97	运城市	0.66	0.46	0.58	0.5423	四线城市
98	九江市	0.08	0.25	0.67	0.5418	四线城市
99	南充市	0.00	0.18	0.64	0.5412	四线城市
100	临沂市	0.48	0.43	0.78	0.5411	三线城市
101	盐城市	0.45	0.50	0.47	0.5408	四线城市
102	玉溪市	0.31	0.29	0.49	0.5400	五线城市
103	泸州市	0.10	0.28	0.56	0.5396	四线城市
104	烟台市	0.04	0.22	0.50	0.5391	三线城市
105	益阳市	0.25	0.34	0.62	0.5390	四线城市
106	聊城市	0.40	0.76	0.88	0.5351	四线城市
107	重庆市	0.42	0.43	0.56	0.5345	准一线城市
108	佛山市	0.37	0.54	0.78	0.5340	二线城市
109	洛阳市	0.45	0.42	0.61	0.5335	三线城市
110	武汉市	0.34	0.42	0.68	0.5308	二线城市
111	资阳市	0.57	0.69	0.56	0.5306	四线城市
112	咸阳市	0.34	0.08	0.24	0.5289	四线城市
113	赣州市	0.37	0.60	0.72	0.5279	四线城市
114	保定市	0.43	0.56	0.68	0.5273	三线城市
115	阳江市	0.25	0.30	0.89	0.5260	四线城市
116	漯河市	0.06	0.21	0.64	0.5242	四线城市
117	清远市	0.61	0.48	0.48	0.5239	四线城市
118	保山市	0.10	0.22	0.69	0.5222	五线城市
119	南阳市	0.46	0.52	0.82	0.5221	四线城市
120	吉安市	0.46	0.46	0.80	0.5216	四线城市

续表4

排名	地区	平均每户住房间数分指数	人均住房建筑面积分指数	住房设施完善分指数	总指数	城市类型
121	江门市	0.11	0.27	0.63	0.5184	四线城市
122	荆州市	0.32	0.82	0.87	0.5182	四线城市
123	宣城市	0.18	0.43	0.86	0.5181	四线城市
124	临夏回族自治州	0.27	0.39	0.89	0.5179	
125	贵港市	0.64	0.51	0.68	0.5176	四线城市
126	巴中市	0.19	0.11	0.83	0.5158	四线城市
127	崇左市	0.36	0.39	0.65	0.5151	五线城市
128	铜陵市	0.28	0.68	0.78	0.5145	四线城市
129	商丘市	0.19	0.33	0.69	0.5138	四线城市
130	自贡市	0.47	0.39	0.61	0.5128	四线城市
131	梧州市	0.27	0.34	0.64	0.5113	四线城市
132	贺州市	0.39	0.54	0.70	0.5105	四线城市
133	景德镇市	0.34	0.52	0.69	0.5099	四线城市
134	安康市	0.42	0.52	0.59	0.5079	四线城市
135	来宾市	0.46	0.47	0.70	0.5058	四线城市
136	韶关市	0.49	0.42	0.72	0.5056	四线城市
137	沧州市	0.52	0.23	0.60	0.5042	四线城市
138	遂宁市	0.81	0.39	0.51	0.5042	四线城市
139	马鞍山市	0.16	0.39	0.89	0.5037	四线城市
140	宿州市	0.56	0.24	0.46	0.5030	四线城市
141	抚州市	0.27	0.45	0.70	0.5026	四线城市
142	南昌市	0.42	0.39	0.58	0.5007	三线城市
143	芜湖市	0.46	0.46	0.59	0.5004	四线城市
144	漳州市	0.50	0.55	0.74	0.4998	四线城市
145	珠海市	0.24	0.29	0.69	0.4978	三线城市
146	濮阳市	0.52	0.44	0.87	0.4977	四线城市
147	淮北市	0.39	0.61	0.74	0.4964	四线城市
148	宝鸡市	0.56	0.37	0.47	0.4962	四线城市
149	宜春市	0.36	0.60	0.76	0.4961	四线城市
150	达州市	0.48	0.50	0.70	0.4954	四线城市

续表5

排名	地区	平均每户住房间数分指数	人均住房建筑面积分指数	住房设施完善分指数	总指数	城市类型
151	内江市	0.29	0.34	0.44	0.4949	四线城市
152	温州市	0.10	0.31	0.70	0.4921	三线城市
153	晋城市	0.10	0.19	0.51	0.4917	四线城市
154	汉中市	0.53	0.50	0.57	0.4913	四线城市
155	日喀则地区	0.46	0.46	0.45	0.4912	
156	广州市	0.32	0.23	0.44	0.4910	准一线城市
157	西安市	0.36	0.36	0.52	0.4909	二线城市
158	肇庆市	0.75	0.14	0.66	0.4891	四线城市
159	嘉峪关市	0.51	0.46	0.66	0.4891	五线城市
160	舟山市	0.29	0.37	0.72	0.4886	四线城市
161	宁波市	0.32	0.46	0.54	0.4847	二线城市
162	北海市	0.23	0.27	0.31	0.4842	四线城市
163	淮南市	0.56	0.64	0.77	0.4831	四线城市
164	玉林市	0.77	0.27	0.40	0.4825	四线城市
165	驻马店市	0.62	0.49	0.55	0.4823	四线城市
166	中山市	0.39	0.54	0.69	0.4818	四线城市
167	攀枝花市	0.55	0.50	0.55	0.4812	四线城市
168	新余市	0.51	0.49	0.57	0.4808	四线城市
169	陇南市	0.20	0.20	0.49	0.4800	五线城市
170	巢湖市	0.20	0.41	0.90	0.4800	
171	克拉玛依市	0.79	0.58	0.60	0.4800	四线城市
172	惠州市	0.50	0.70	0.72	0.4799	三线城市
173	平凉市	0.64	0.35	0.84	0.4790	五线城市
174	盘锦市	0.41	0.64	0.73	0.4787	四线城市
175	大理白族自治州	0.11	0.25	0.64	0.4753	
176	汕头市	0.31	0.30	0.08	0.4745	三线城市
177	昆明市	0.34	0.43	0.73	0.4742	二线城市
178	桂林市	0.44	0.51	0.68	0.4741	四线城市
179	唐山市	0.25	0.50	0.93	0.4731	二线城市
180	随州市	0.40	0.50	0.81	0.4729	四线城市

续表6

排名	地区	平均每户住房间数分指数	人均住房建筑面积分指数	住房设施完善分指数	总指数	城市类型
181	天水市	0.45	0.56	0.77	0.4723	四线城市
182	怀化市	0.33	0.86	0.91	0.4721	四线城市
183	衡阳市	0.63	0.45	0.48	0.4720	四线城市
184	孝感市	0.41	0.42	0.66	0.4690	四线城市
185	金昌市	0.16	0.51	0.79	0.4688	五线城市
186	阜阳市	0.46	0.56	0.84	0.4685	四线城市
187	湘西土家族苗族自治州	0.30	0.18	0.22	0.4676	
188	丽江市	0.26	0.37	0.81	0.4663	五线城市
189	十堰市	0.23	0.40	0.81	0.4635	四线城市
190	拉萨市	0.50	0.38	0.46	0.4623	三线城市
191	信阳市	0.56	0.28	0.60	0.4614	四线城市
192	楚雄彝族自治州	0.53	0.54	0.78	0.4603	
193	北京市	0.67	0.82	0.85	0.4601	一线城市
194	厦门市	0.60	0.35	0.55	0.4594	三线城市
195	林芝地区	0.25	0.21	0.41	0.4585	
196	柳州市	0.05	0.24	0.66	0.4573	四线城市
197	永州市	0.05	0.20	0.59	0.4566	四线城市
198	亳州市	0.38	0.39	0.47	0.4545	四线城市
199	湛江市	0.36	0.42	0.37	0.4534	四线城市
200	银川市	0.37	0.38	0.35	0.4525	四线城市
201	蚌埠市	0.48	0.28	0.41	0.4515	四线城市
202	巴音郭楞蒙古自治州	0.23	0.42	0.64	0.4500	
203	喀什地区	0.41	0.36	0.86	0.4495	
204	合肥市	0.43	0.40	0.74	0.4493	二线城市
205	海东市	0.59	0.26	0.43	0.4492	五线城市
206	平顶山市	0.52	1.00	0.73	0.4481	四线城市
207	阳泉市	0.23	0.33	0.33	0.4472	四线城市
208	长治市	0.48	0.66	0.79	0.4461	四线城市

续表7

排名	地区	平均每户住房间数分指数	人均住房建筑面积分指数	住房设施完善分指数	总指数	城市类型
209	三门峡市	0.72	0.43	0.32	0.4457	四线城市
210	大连市	0.53	0.46	0.71	0.4405	二线城市
211	潮州市	0.45	0.39	0.49	0.4396	四线城市
212	防城港市	0.54	0.54	0.81	0.4386	五线城市
213	六安市	0.33	0.30	0.66	0.4377	四线城市
214	天津市	0.11	0.35	0.91	0.4362	准一线城市
215	石嘴山市	0.81	0.44	0.47	0.4360	四线城市
216	阿拉善盟	0.26	0.19	0.97	0.4348	
217	秦皇岛市	0.26	0.14	0.85	0.4332	四线城市
218	郴州市	0.44	0.40	0.41	0.4329	四线城市
219	三亚市	0.68	0.45	0.42	0.4305	四线城市
220	沈阳市	0.10	0.35	0.83	0.4289	二线城市
221	庆阳市	0.57	0.55	0.58	0.4282	五线城市
222	上海市	0.34	0.39	0.78	0.4275	一线城市
223	哈密地区	0.41	0.40	0.44	0.4261	
224	贵阳市	0.30	0.75	0.80	0.4257	三线城市
225	吐鲁番地区	0.01	0.21	0.96	0.4253	
226	遵义市	0.09	0.34	0.86	0.4247	四线城市
227	西宁市	0.32	0.43	0.64	0.4246	四线城市
228	百色市	0.55	0.50	0.73	0.4235	四线城市
229	海口市	0.22	0.38	0.70	0.4228	四线城市
230	乌鲁木齐市	0.03	0.22	0.66	0.4225	三线城市
231	河池市	0.29	0.21	0.38	0.4219	五线城市
232	鞍山市	0.25	0.25	0.46	0.4197	四线城市
233	克孜勒苏柯尔克孜自治州	0.13	0.20	0.56	0.4195	
234	吴忠市	0.25	0.63	0.93	0.4191	四线城市
235	商洛市	0.15	0.22	0.56	0.4177	五线城市
236	邵阳市	0.37	0.50	0.54	0.4173	四线城市
237	东莞市	0.35	0.52	0.65	0.4172	二线城市
238	汕尾市	0.13	0.29	0.57	0.4169	四线城市

续表8

排名	地区	平均每户住房间数分指数	人均住房建筑面积分指数	住房设施完善分指数	总指数	城市类型
239	临汾市	0.34	0.64	0.78	0.4160	四线城市
240	阜新市	0.20	0.29	0.71	0.4154	四线城市
241	晋中市	0.49	0.49	0.76	0.4136	四线城市
242	黔东南苗族侗族自治州	0.38	0.82	0.89	0.4122	
243	兰州市	0.23	0.37	0.82	0.4092	四线城市
244	铜川市	0.15	0.32	0.84	0.4083	四线城市
245	太原市	0.66	0.19	0.57	0.4041	三线城市
246	滁州市	0.15	0.29	0.64	0.4040	四线城市
247	锦州市	0.14	0.24	0.63	0.4029	四线城市
248	阿克苏地区	0.21	0.26	0.55	0.4018	
249	文山壮族苗族自治州	0.27	0.32	0.63	0.4016	
250	营口市	0.23	0.45	0.87	0.4016	四线城市
251	葫芦岛市	0.35	0.45	0.36	0.4007	四线城市
252	博尔塔拉蒙古自治州	0.29	0.33	0.65	0.3985	
253	深圳市	0.38	0.40	0.91	0.3943	准一线城市
254	钦州市	0.54	0.43	0.81	0.3900	四线城市
255	伊犁哈萨克自治州	0.48	0.49	0.68	0.3895	
256	乌海市	0.22	0.44	0.82	0.3882	四线城市
257	铜仁市	0.38	0.36	0.46	0.3864	五线城市
258	大庆市	0.14	0.36	0.67	0.3857	四线城市
259	西双版纳傣族自治州	0.08	0.16	0.29	0.3856	
260	中卫市	0.10	0.34	0.82	0.3853	四线城市
261	黔南布依族苗族自治州	0.19	0.63	0.90	0.3846	
262	昌吉回族自治州	0.17	0.48	0.85	0.3845	
263	甘孜藏族自治州	0.29	0.26	0.70	0.3825	

续表9

排名	地区	平均每户住房间数分指数	人均住房建筑面积分指数	住房设施完善分指数	总指数	城市类型
264	白银市	0.61	0.39	0.53	0.3797	四线城市
265	德宏傣族景颇族自治州	0.23	0.49	0.87	0.3788	
266	抚顺市	1.00	0.32	0.50	0.3758	四线城市
267	揭阳市	0.29	0.46	0.72	0.3754	四线城市
268	辽阳市	0.27	0.31	0.69	0.3699	四线城市
269	黔西南布依族苗族自治州	0.20	0.34	0.62	0.3685	
270	丹东市	0.09	0.24	0.40	0.3677	四线城市
271	长春市	0.54	0.58	0.71	0.3651	二线城市
272	朝阳市	0.51	0.45	0.62	0.3649	四线城市
273	红河哈尼族彝族自治州	0.49	0.67	0.77	0.3635	
274	昌都地区	0.47	0.37	0.57	0.3627	
275	铁岭市	0.41	0.54	0.68	0.3604	四线城市
276	凉山彝族自治州	0.35	0.50	0.56	0.3599	
277	忻州市	0.38	0.20	0.49	0.3592	四线城市
278	哈尔滨市	0.68	0.50	0.54	0.3553	二线城市
279	延边朝鲜族自治州	0.26	0.52	0.66	0.3547	
280	张家口市	0.41	0.49	0.49	0.3515	四线城市
281	巴彦淖尔市	0.63	0.44	0.63	0.3492	四线城市
282	本溪市	0.06	0.28	0.49	0.3482	四线城市
283	定西市	0.43	0.50	0.70	0.3464	五线城市
284	通化市	0.58	0.50	0.43	0.3375	四线城市
285	承德市	0.54	0.50	0.65	0.3375	四线城市
286	通辽市	0.57	0.51	0.59	0.3361	四线城市
287	吉林市	0.31	0.54	0.71	0.3348	四线城市
288	牡丹江市	0.46	0.55	0.79	0.3337	四线城市
289	佳木斯市	0.43	0.37	0.81	0.3331	四线城市
290	鹤岗市	0.17	0.22	0.44	0.3322	五线城市

续表 10

排名	地区	平均每户住房间数分指数	人均住房建筑面积分指数	住房设施完善分指数	总指数	城市类型
291	临沧市	0.05	0.25	0.77	0.3309	四线城市
292	塔城地区	0.29	0.50	0.84	0.3291	
293	安顺市	0.33	0.68	0.93	0.3258	五线城市
294	榆林市	0.41	0.46	0.71	0.3236	四线城市
295	赤峰市	0.31	0.30	0.73	0.3213	四线城市
296	和田地区	0.03	0.19	0.55	0.3207	
297	四平市	0.31	0.26	0.60	0.3197	四线城市
298	甘南藏族自治州	0.40	0.54	0.69	0.3158	
299	固原市	0.42	0.67	0.77	0.3142	五线城市
300	七台河市	0.49	0.48	0.52	0.3142	五线城市
301	阿勒泰地区	0.41	0.51	0.70	0.3126	
302	鄂尔多斯市	0.19	0.38	0.79	0.3123	四线城市
303	呼和浩特市	0.53	0.63	0.63	0.3110	四线城市
304	绥化市	0.18	0.30	0.73	0.3083	四线城市
305	包头市	0.51	0.43	0.43	0.3074	四线城市
306	双鸭山市	0.21	0.28	0.49	0.3046	五线城市
307	海北藏族自治州	0.54	0.34	0.57	0.3021	
308	白山市	0.11	0.00	0.04	0.3015	五线城市
309	鸡西市	0.49	0.54	0.59	0.3006	五线城市
310	曲靖市	0.52	0.50	0.73	0.2994	四线城市
311	吕梁市	0.57	0.41	0.70	0.2988	四线城市
312	松原市	0.55	0.41	0.66	0.2964	四线城市
313	朔州市	0.50	0.51	0.70	0.2915	四线城市
314	普洱市	0.48	0.32	0.56	0.2903	五线城市
315	齐齐哈尔市	0.57	0.64	0.66	0.2813	四线城市
316	延安市	0.27	0.26	0.53	0.2799	四线城市
317	大同市	0.61	0.40	0.70	0.2783	四线城市
318	兴安盟	0.26	0.45	0.79	0.2744	

续表11

排名	地区	平均每户住房间数分指数	人均住房建筑面积分指数	住房设施完善分指数	总指数	城市类型
319	海西蒙古族藏族自治州	0.18	0.28	0.64	0.2731	
320	黑河市	0.46	0.69	0.83	0.2719	五线城市
321	六盘水市	0.33	0.36	0.64	0.2703	四线城市
322	海南藏族自治州	0.25	0.19	0.21	0.2691	
323	白城市	0.37	0.32	0.78	0.2685	五线城市
324	辽源市	0.34	0.64	0.91	0.2681	五线城市
325	大兴安岭地区	0.50	0.55	0.82	0.2602	
326	伊春市	0.14	0.36	0.95	0.2540	四线城市
327	呼伦贝尔市	0.43	0.23	0.50	0.2536	四线城市
328	锡林郭勒盟	0.32	0.57	0.72	0.2420	
329	毕节市	0.12	0.52	0.83	0.2391	四线城市
330	那曲地区	0.71	0.41	0.53	0.2310	
331	怒江傈僳族自治州	0.18	0.35	0.96	0.2309	
332	昭通市	0.70	0.74	0.77	0.2203	五线城市
333	黄南藏族自治州	0.54	0.46	0.45	0.2177	
334	乌兰察布市	0.42	0.57	0.60	0.1756	四线城市
335	阿里地区	0.46	0.49	0.78	0.1652	
336	果洛藏族自治州	0.34	0.47	0.73	0.0743	
337	玉树藏族自治州	0.35	0.45	0.48	0.0501	

附录5　住房特征需求下的综合指数

根据《中国城市统计年鉴2014》的数据，我们分别计算了290个城市的综合指数，其均值为0.3052，标准差为0.1319，偏度为1.2712，峰度为1.7220；四分位数分别为0.1096、0.2173、0.2738、0.3544、0.8170。在290个城市的综合指数基础上，我们绘制了住房特征需求综合指数热点图，城市的综合指数值越高，其对应地区的颜色越深，而纯白色填充的地图代表无数据记录。我们发现：直辖市和省会城市，其综合指数相对较高；而从全国总体来看，综合指数值的高低值分布，则相对较为平均。（注：该热点地图不再呈现在本书中，感兴趣的读者可以联系本书作者索要）

若按城市承载力水平分，我们将城市分为一线城市、准一线城市、二线城市、三线城市、四线城市、五线城市。其中，一线城市的住房特征需求指数为0.731803，准一线城市为0.716225，二线城市为0.554979，三线城市为0.437873，四线城市为0.266656，五线城市为0.181997。总体而言，随着城市承载力水平的下降，住房特征需求指数也随着下降。其原因为：住房特征需求指数设计过程中用到的准公共物品，属于城市承载力水平体系中的一部分。

一、指数设计

为了更好地反映出中国各个城市的住房特征需求。我们设计了一种指数，这个指数旨在发现不同城市对于不同方面的公共物品的住房特征需求强度。以下是我们设计指数的原则：

1. 必须剔除单位量纲的影响。比如，采用亿元和元为单位不会影响我们的指数。又比如，万元和万人分别为两种不同的单位，通常是无法直接比较的。

2. 必须剔除人口因素影响。我们发现：在上一节的城市横向对比中，人口多的城市在数值的绝对量上占了很大优势。比如重庆，在很多方面的位次都比较靠前，其庞大的人口基数是一个最重要的原因。但是，公共投资是否为"严格"意义上的公共物品在学术上存在争议。如果为"严格"意义上的公共物品，采用总量数据是正确的；如果为私人物品，采用人均数据是正确的。

3. 必须剔除统计遗漏的影响。在国家统计局提供的数据中，有很多的数据是遗漏的，甚至有些遗漏数据被错误的以 0 值代替，而 0 值和空值在统计上是完全不同的两个概念，并对空值所对应的城市产生致命的影响。比如，新成立的三沙，很多数据就是 0 值，而一些城市存在个别公共投资数据也以 0 值填充的现象，前者主要是真实的 0 值，而后者主要为遗漏数据。

以下是我们针对上面问题的处理方案。

1. 针对量纲的问题。我们用两种方法去除量纲问题：一种是标准化处理，另一种是排序化处理。

如果我们令城市 j 的公共投资 i 为 x_{ij}，所有城市的公共投资 i 的均值为 $x_{i\bullet}$，标准差为 $s_{i\bullet}$；那么城市 j 的公共投资 i，通过标准化后为 $x_{ij}^s = \dfrac{x_{ij} - x_{i\bullet}}{s_{i\bullet}}$，$x_{ij}^s \in (-\infty, +\infty)$。

如果我们令城市 j 的公共投资 i 在公共投资 i 中的排序为 $x_{ij}^{rank\,in\,i}$，公共投资 i 的实际有效数据为 $n_{i\bullet}^{efficient}$ 个；那么城市 j 的公共投资 i，通过排序化后为 $x_{ij}^r = \dfrac{x_{ij}^{rank\,in\,i}}{n_{i\bullet}^{efficient}}$，$x_{ij}^r \in [0,1]$。

2. 针对人口方面的问题。我们先对 x_{ij}^s，x_{ij}^r 分别进行均值化处理，即，引入两个变量 $x_{\bullet j}^s = \dfrac{1}{n_{\bullet j}^{efficient}} \sum_{i=1}^{n_{\bullet j}^{efficient}} x_{ij}^s$，$x_{\bullet j}^r = \dfrac{1}{n_{\bullet j}^{efficient}} \sum_{i=1}^{n_{\bullet j}^{efficient}} x_{ij}^r$。

对于标准指数，如果 $x_{ij}^s - x_{\bullet j}^s$ 大于 0，则我们认为城市 j 的居民住房特征需求在结构上更偏好公共物品 i；如果 $x_{ij}^s - x_{\bullet j}^s$ 小于 0，则我们认为城市 j 的居民住房特征需求在结构上不太偏好公共物品 i。

对于排序指数，如果 $x_{ij}^r - x_{\bullet j}^r$ 大于 0，则我们认为城市 j 的居民住房特征需求在结构上不太偏好公共物品 i；如果 $x_{ij}^r - x_{\bullet j}^r$ 小于 0，则我们认为城市 j 的居民住房特征需求在结构上更偏好公共物品 i。注意，这里排序指数和标准指数正好相反，排序化值越小对应着越大的标准化值。

另外，我们认为公共投资是准公共物品，所以我们分别计算总量指数值人均指数，并给予总量指数和人均指数 0.5、0.5 的权重（注：这里的权重可以根据需要调节，为了保持中立态度，我们保守地给予 0.5、0.5 的权重），从而计算出综合标准指数和综合排序指数。

3. 针对统计遗漏问题。我们的做法是"一刀切",把所有等于零的公共物品都按照遗漏数据处理。这样做,我们是基于大部分0值统计数据都是遗漏数据的错误填充的事实。基于这个"一刀切"的处理方法,每个公共物品计算的平均值将会受到影响。比如,原来每个公共物品对应的是290个城市的标准化数据,因为剔除了2个0值数据,那么计算均值时应用288去除。

附图5-2是我们的指数设计结构框架,总体而言,我们的指数为2×2维度的。其中,总量指数(注意:我们这里的总量数据主要是全市数据,若没有全市数据则以市辖区数据替代)和人均指数(注意:我们这里的人均是按照全市人均计算,而非市辖区人均)的划分主要考虑到公共投资的准公共物品性质;标准指数和排序指数为去量纲的两种技术处理。我们将设计的综合指数命名为住房特征需求结构指数,或简称结构指数。

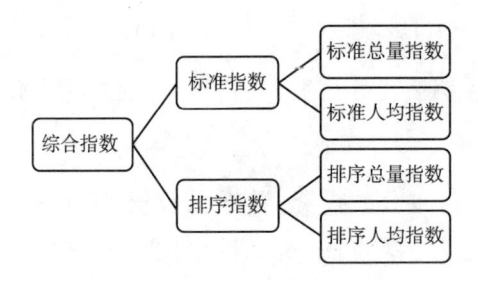

附图5-1 指数设计结构框架

为了计算综合指数我们有必要对标准指数和排序指数再次标准化处理,即,综合指数=0.5×(城市标准指数-最小化指数)/(最大标准化指数-最小标准化指数)+0.5×(1-城市排序指数)。

二、附表

附表5-1为详细的住房特征需求指数。我们发现:前10名依次为深圳、北京、三沙、广州、东莞、上海、重庆、天津、西安、武汉市。而我们计算所采用的准公共物品分别为:城市维护建设资金支出、邮政局数、固定电话户数、移动电话户数、互联网宽带户数、高等学校数、中等职业教育学校数、普通中学数、小学数、高等学校数教师、中等职业教育学校教师数、普通中学教师数、小学教师数、医院床位数、医生数、排水管道长、公园绿地面积、城市建成区绿化覆盖面积、年末实有城市道路面积、年末实有公共汽车数。

值得一提的是，深圳的综合指数值高于北京、广州、上海3个城市。这意味着，深圳市住房的准公共物品的外部溢价更大些。这也为2015年深圳市房价的迅速增长提供了一些解释。而三沙的综合指数值也较高，主要得惠于政府的政策支持。

附表5-1　　　　　　　　　住房特征需求指数

排序	城市	综合指标	城市类型
1	深圳市	0.817033509	准一线城市
2	北京市	0.786443162	一线城市
3	三沙市	0.74762409	二线城市
4	广州市	0.745678775	准一线城市
5	东莞市	0.720155112	二线城市
6	上海市	0.677163816	一线城市
7	重庆市	0.67003197	准一线城市
8	天津市	0.632157581	准一线城市
9	西安市	0.631707192	二线城市
10	武汉市	0.621337927	二线城市
11	成都市	0.590298378	二线城市
12	太原市	0.584219652	三线城市
13	昆明市	0.571789169	二线城市
14	杭州市	0.571735018	二线城市
15	南京市	0.567379405	二线城市
16	郑州市	0.553864538	二线城市
17	济南市	0.55059784	二线城市
18	苏州市	0.548894681	二线城市
19	青岛市	0.547700016	二线城市
20	沈阳市	0.539653533	二线城市
21	佛山市	0.530336284	二线城市
22	厦门市	0.52578248	三线城市
23	长春市	0.52115897	二线城市
24	宁波市	0.518079651	二线城市
25	乌鲁木齐市	0.517516445	三线城市
26	石家庄市	0.517203875	二线城市
27	哈尔滨市	0.515563471	二线城市

续表1

排序	城市	综合指标	城市类型
28	大连市	0.512316843	二线城市
29	长沙市	0.510425906	二线城市
30	贵阳市	0.507670897	三线城市
31	合肥市	0.500653938	二线城市
32	无锡市	0.498869435	二线城市
33	福州市	0.491184565	二线城市
34	珠海市	0.488597007	三线城市
35	拉萨市	0.47550993	三线城市
36	兰州市	0.47047496	四线城市
37	中山市	0.468748753	四线城市
38	烟台市	0.468698434	三线城市
39	南昌市	0.468495774	二线城市
40	惠州市	0.468449837	三线城市
41	南宁市	0.467072157	三线城市
42	潍坊市	0.452670305	三线城市
43	海口市	0.448889774	四线城市
44	呼和浩特市	0.443991601	四线城市
45	洛阳市	0.441973869	三线城市
46	唐山市	0.44097442	二线城市
47	泉州市	0.43819151	三线城市
48	温州市	0.431536067	三线城市
49	常州市	0.42887949	三线城市
50	淄博市	0.412946668	三线城市
51	秦皇岛市	0.409013615	四线城市
52	绍兴市	0.40433378	三线城市
53	金华市	0.400940912	四线城市
54	银川市	0.400132139	四线城市
55	大庆市	0.397053706	四线城市
56	保定市	0.386529096	三线城市
57	大同市	0.386521411	四线城市
58	南通市	0.384793877	三线城市

续表2

排序	城市	综合指标	城市类型
59	柳州市	0.380119429	四线城市
60	威海市	0.377699322	四线城市
61	邯郸市	0.377232708	三线城市
62	徐州市	0.376819681	三线城市
63	西宁市	0.376084887	四线城市
64	临沂市	0.373564353	三线城市
65	包头市	0.371590981	四线城市
66	吉林市	0.370324245	四线城市
67	济宁市	0.368264913	三线城市
68	江门市	0.36752629	四线城市
69	新乡市	0.364758984	四线城市
70	扬州市	0.363532054	四线城市
71	运城市	0.357510781	四线城市
72	镇江市	0.356510047	四线城市
73	嘉兴市	0.354873646	四线城市
74	芜湖市	0.352783932	四线城市
75	忻州市	0.352261357	四线城市
76	东营市	0.350020856	四线城市
77	台州市	0.349338668	三线城市
78	三亚市	0.348513418	四线城市
79	汕头市	0.347737314	三线城市
80	绵阳市	0.34553906	四线城市
81	滨州市	0.345455442	四线城市
82	咸阳市	0.343116876	四线城市
83	南阳市	0.343045295	四线城市
84	晋中市	0.340790917	四线城市
85	焦作市	0.339813231	四线城市
86	德州市	0.335242222	四线城市
87	九江市	0.33423403	四线城市
88	临汾市	0.334200913	四线城市
89	泰安市	0.334032281	四线城市

续表 3

排序	城市	综合指标	城市类型
90	赣州市	0.332068674	四线城市
91	廊坊市	0.329713974	四线城市
92	宝鸡市	0.328207632	四线城市
93	长治市	0.328021344	四线城市
94	开封市	0.327228327	四线城市
95	湖州市	0.325773101	四线城市
96	株洲市	0.324390883	四线城市
97	赤峰市	0.324009968	四线城市
98	淮安市	0.320027709	四线城市
99	鞍山市	0.319895108	四线城市
100	嘉峪关市	0.319167154	五线城市
101	十堰市	0.318892119	四线城市
102	南充市	0.318762745	四线城市
103	安庆市	0.31784598	四线城市
104	鄂尔多斯市	0.315315093	四线城市
105	岳阳市	0.314332334	四线城市
106	沧州市	0.313928792	四线城市
107	宜昌市	0.313384688	四线城市
108	连云港市	0.309189098	四线城市
109	湛江市	0.309129758	四线城市
110	衡阳市	0.309004865	四线城市
111	湘潭市	0.307763198	四线城市
112	桂林市	0.306594571	四线城市
113	常德市	0.305798028	四线城市
114	本溪市	0.305259907	四线城市
115	张家口市	0.304704528	四线城市
116	邢台市	0.304677131	四线城市
117	肇庆市	0.304566674	四线城市
118	淮南市	0.304467293	四线城市
119	聊城市	0.30137278	四线城市
120	克拉玛依市	0.300180542	四线城市

续表4

排序	城市	综合指标	城市类型
121	齐齐哈尔市	0.298631239	四线城市
122	抚顺市	0.298285495	四线城市
123	襄阳市	0.298270699	四线城市
124	攀枝花市	0.297125867	四线城市
125	商丘市	0.296778874	四线城市
126	枣庄市	0.296526701	四线城市
127	牡丹江市	0.295396837	四线城市
128	舟山市	0.29458252	四线城市
129	泰州市	0.292025592	四线城市
130	蚌埠市	0.291503642	四线城市
131	呼伦贝尔市	0.290949791	四线城市
132	阳泉市	0.290268724	四线城市
133	平顶山市	0.289826677	四线城市
134	莱芜市	0.289354001	四线城市
135	新余市	0.288247282	四线城市
136	安阳市	0.28693076	四线城市
137	菏泽市	0.286697134	四线城市
138	晋城市	0.285472038	四线城市
139	黄石市	0.284373039	四线城市
140	盐城市	0.28377668	四线城市
141	铜陵市	0.283596489	四线城市
142	丹东市	0.279883821	四线城市
143	榆林市	0.278879458	四线城市
144	营口市	0.278279105	四线城市
145	遵义市	0.276980854	四线城市
146	马鞍山市	0.276705935	四线城市
147	日照市	0.276126951	四线城市
148	渭南市	0.274150823	四线城市
149	锦州市	0.272766695	四线城市
150	漳州市	0.271591306	四线城市
151	滁州市	0.271535814	四线城市

续表5

排序	城市	综合指标	城市类型
152	阜阳市	0.269729451	四线城市
153	通辽市	0.269621516	四线城市
154	周口市	0.267965518	四线城市
155	盘锦市	0.266809557	四线城市
156	乐山市	0.265853584	四线城市
157	景德镇市	0.265762853	四线城市
158	衡水市	0.265160349	四线城市
159	承德市	0.264583549	四线城市
160	信阳市	0.26209181	四线城市
161	淮北市	0.2610656	四线城市
162	辽阳市	0.260860496	四线城市
163	泸州市	0.259555349	四线城市
164	许昌市	0.257977357	四线城市
165	佳木斯市	0.257564656	四线城市
166	四平市	0.255316039	四线城市
167	吕梁市	0.251363901	四线城市
168	上饶市	0.251189421	四线城市
169	吉安市	0.249841462	四线城市
170	抚州市	0.247775718	四线城市
171	邵阳市	0.247079597	四线城市
172	莆田市	0.24671564	四线城市
173	萍乡市	0.246198934	四线城市
174	白银市	0.245940752	四线城市
175	六安市	0.245271464	四线城市
176	韶关市	0.245114933	四线城市
177	宜宾市	0.243592998	四线城市
178	白山市	0.242868111	五线城市
179	通化市	0.241112569	四线城市
180	黄山市	0.240893048	四线城市
181	天水市	0.240271391	四线城市
182	郴州市	0.239574912	四线城市

续表6

排序	城市	综合指标	城市类型
183	怀化市	0.239431369	四线城市
184	龙岩市	0.239383024	四线城市
185	宜春市	0.239200191	四线城市
186	宿迁市	0.23887845	四线城市
187	池州市	0.238057698	四线城市
188	葫芦岛市	0.237726638	四线城市
189	三门峡市	0.236285539	四线城市
190	濮阳市	0.236266867	四线城市
191	驻马店市	0.235514482	四线城市
192	丽水市	0.235466454	四线城市
193	朔州市	0.235143773	四线城市
194	武威市	0.235130931	四线城市
195	黄冈市	0.234855184	四线城市
196	白城市	0.234234579	五线城市
197	鹤壁市	0.233801007	四线城市
198	茂名市	0.233617064	四线城市
199	德阳市	0.231923299	四线城市
200	乌海市	0.231515919	四线城市
201	荆州市	0.229642437	四线城市
202	南平市	0.228788227	四线城市
203	北海市	0.227825134	四线城市
204	阜新市	0.227372769	四线城市
205	伊春市	0.22539282	四线城市
206	三明市	0.2249859	四线城市
207	铜川市	0.224594588	四线城市
208	鄂州市	0.224331403	四线城市
209	鹤岗市	0.223354941	五线城市
210	梅州市	0.221479348	四线城市
211	揭阳市	0.221426144	四线城市
212	达州市	0.220959893	四线城市
213	张掖市	0.220720871	五线城市

续表7

排序	城市	综合指标	城市类型
214	玉溪市	0.219920198	五线城市
215	衢州市	0.219654268	四线城市
216	广元市	0.218992885	四线城市
217	毕节市	0.218335565	四线城市
218	辽源市	0.216950968	五线城市
219	漯河市	0.216883313	四线城市
220	延安市	0.216195225	四线城市
221	鸡西市	0.213175119	五线城市
222	益阳市	0.212621783	四线城市
223	丽江市	0.212116964	五线城市
224	朝阳市	0.212083561	四线城市
225	酒泉市	0.211386783	四线城市
226	娄底市	0.207867754	四线城市
227	清远市	0.207772738	四线城市
228	曲靖市	0.207573294	四线城市
229	汉中市	0.206576092	四线城市
230	石嘴山市	0.205635176	四线城市
231	亳州市	0.201481907	四线城市
232	松原市	0.201320153	四线城市
233	黑河市	0.201167411	五线城市
234	铁岭市	0.201025833	四线城市
235	百色市	0.200496826	四线城市
236	永州市	0.199712954	四线城市
237	自贡市	0.197965317	四线城市
238	平凉市	0.1969924	五线城市
239	宣城市	0.195987606	四线城市
240	定西市	0.195867052	五线城市
241	安康市	0.195863439	四线城市
242	庆阳市	0.195338408	五线城市
243	巴彦淖尔市	0.194897097	四线城市
244	绥化市	0.193046318	四线城市

附录5 住房特征需求下的综合指数

续表8

排序	城市	综合指标	城市类型
245	宿州市	0.192588073	四线城市
246	内江市	0.191430191	四线城市
247	玉林市	0.190488444	四线城市
248	六盘水市	0.190452006	四线城市
249	金昌市	0.18343653	五线城市
250	潮州市	0.182749209	四线城市
251	眉山市	0.181552158	四线城市
252	七台河市	0.179386202	五线城市
253	孝感市	0.178414398	四线城市
254	咸宁市	0.177238196	四线城市
255	防城港市	0.175227872	五线城市
256	双鸭山市	0.175193461	五线城市
257	荆门市	0.17287522	四线城市
258	鹰潭市	0.172791274	四线城市
259	普洱市	0.172294357	五线城市
260	遂宁市	0.170666923	四线城市
261	钦州市	0.170027039	四线城市
262	雅安市	0.169986186	五线城市
263	中卫市	0.167724657	四线城市
264	宁德市	0.167633601	四线城市
265	固原市	0.16646562	五线城市
266	铜仁市	0.162114892	五线城市
267	梧州市	0.161702175	四线城市
268	乌兰察布市	0.159265105	四线城市
269	河源市	0.156297246	五线城市
270	晚南市	0.154184678	
271	商洛市	0.150301679	五线城市
272	巴中市	0.14959047	四线城市
273	昭通市	0.148145156	五线城市
274	保山市	0.146722389	五线城市
275	安顺市	0.14645917	五线城市

续表9

排序	城市	综合指标	城市类型
276	资阳市	0.145843843	四线城市
277	河池市	0.145378496	五线城市
278	临沧市	0.143223128	四线城市
279	贵港市	0.139855858	四线城市
280	张家界市	0.135021958	五线城市
281	吴忠市	0.134032983	四线城市
282	阳江市	0.131107982	四线城市
283	广安市	0.125403354	四线城市
284	贺州市	0.125138857	四线城市
285	汕尾市	0.124782767	四线城市
286	来宾市	0.124629214	四线城市
287	云浮市	0.11602004	五线城市
288	崇左市	0.111981607	五线城市
289	随州市	0.110371153	四线城市
290	海东市	0.10958969	五线城市

附录6 住房消费景气指数

根据中国城市家庭住房消费调查数据,我们计算得到32个城市的住房消费景气指数(见附表6-1)。我们发现:洛阳、遵义、庆阳、秦皇岛、石家庄、衡阳、呼和浩特这7个城市的家庭户成员,对住房消费市场比较乐观,其住房消费景气指数均大于临界值100;而剩下的25个城市的家庭户成员,则比较悲观。而通过加权计算,我们还得到全国平均住房消费景气指数为86.32,低于临界值100。总而言之,整个住房消费市场呈现了一定的悲观态势。

一、指数设计

住房消费景气指数,主要衡量家庭户成员对住房市场的判断,是一种基于家庭户成员的主观判断。而在本书中,住房消费景气指数主要指城市的住房景气指数,故不涉及农村。本书中的景气指数主要涉及三个方面,包括:

Q1 您家当前的住房支付能力比上一年有何变化?
1. 大幅提高   2. 提高   3. 没有变化   4. 下降

Q2 您对未来一年您家住房支付能力预期如何?
1. 大幅提高   2. 提高   3. 没有变化   4. 下降

Q3 您认为当前购买住房的时机怎么样?
1. 非常好   2. 好   3. 不太好   4. 很不好

以上三个问题的答案中,Q1、Q2、Q3取值为1-4。其中,1表示最乐观,4表示最悲观。利用Q1、Q2、Q3的取值,我们的住房消费景气指数公式为:

$$100 - (100/1.5) \times [(Q1 + Q2 + Q3)/3 - 2.5]$$

设计上式的原因为:

(1)方向调整。由于在 $[(Q1+Q2+Q3)/3-2.5]$ 前面加入了负号,所以住房景气指数的方向与 Q1、Q2、Q3 取值正好相反。所以我们的逻辑为：城市家庭户成员越乐观，即 Q1、Q2、Q3 取值越小，则住房消费景气指数值越大。通过方向调整，越乐观对应着景气指数越大，更符合我们的表述习惯。

（2）临界值调整。当消费者对这 3 个问题的答案正好为平均值为 2.5 时，习惯上应当得出住房消费景气指数为 100。故我们需要用（Q1 + Q2 + Q3）/3 减去 2.5，从而得到临界值 100。

（3）阈值调整。习惯上，景气指数应当在 0 ~ 200。其中，0 表示极端悲观，200 表示极端乐观。当景气指数大于 100 时，表明消费者趋于乐观，越接近 200 乐观程度越高；小于 100 时，表明消费者趋于悲观，越接近 0 悲观程度越深。故我们需要在 [(Q1 + Q2 + Q3)/3 − 2.5] 前面乘以（100/1.5），从而得到住房消费景气指数 0 ~ 200 的取值范围。

另外，有一点需要强调，住房消费景气指数的时效性比较强，我们的调查也主要集中在 7 月、8 月，故本书的住房消费景气指数主要指这两个月当时的调查情况，当然，由于我们的前两个问题涉及年度间的比较，以及第 3 个问题涉及对当年的主观判断。所以，我们的景气指数一定程度上可以反映一年的情况，但本书不提倡这种判断，本书更推崇是对 7、8 两月的景气判断。

二、附表

根据上述方法计算的住房消费景气指数值如附表 6 - 1 所示。

附表 6 - 1　　　　　　32 城市住房消费景气指数

城市	住房消费景气指数	权重（%）
安顺市	92.36	0.76
包头市	87.84	2.24
保定市	97.11	1.04
北京市	78.88	18.57
成都市	80.99	7.32
大同市	84.50	1.83
阜阳市	86.42	1.87
贵阳市	87.67	3.00
哈尔滨市	77.78	5.80

续表1

城市	住房消费景气指数	权重（%）
海口市	96.79	1.84
衡阳市	102.27	1.07
呼和浩特市	101.48	1.98
济南市	92.01	3.99
兰州市	82.91	2.55
洛阳市	125.73	1.91
吕梁市	77.78	0.30
南昌市	77.39	2.13
秦皇岛市	105.62	1.02
庆阳市	112.82	0.35
深圳市	87.53	9.73
石家庄市	103.39	2.58
太原市	75.20	3.28
天津市	80.00	9.53
天水市	84.29	1.09
威海市	89.78	0.81
乌鲁木齐市	90.32	3.21
湘潭市	95.01	0.86
忻州市	89.17	0.53
宿州市	84.80	1.67
徐州市	87.44	1.96
郑州市	92.22	4.05
遵义市	120.00	1.14

附录7 住房支付能力指数

根据2006~2013年的《中国区域经济统计年鉴》及WIND数据库中的数据，我们分别计算了2005~2014年43个大中城市房价收入比指数（PIR）和住房支付能力指数（HAI）。

2005~2014年，一线城市、准一线城市与其他线城市之间的差异明显，总体上讲城镇居民的住房支付能力很弱，并在这年里经历了先变弱后增强的变化。43个代表性城市分五线在2005~2014年的房价收入比均值的分布情况表和走势图如附表1和附图1所示。

附表7-1 2005~2014年我国不同类别城市房价收入比均值的分布情况

城市级别 年份	一线城市	准一线城市	二线城市	三线城市	四线城市
2005	10.37	8.51	7.56	6.96	6.52
2006	10.63	9.54	7.48	7.56	7.29
2007	12.44	10.57	7.71	8.34	7.34
2008	11.57	10.09	7.35	8.27	7.71
2009	13.81	10.61	7.86	9.39	8.22
2010	15.44	11.87	8.58	9.94	9.77
2011	12.56	11.42	8.13	9.94	8.05
2012	11.9	10	7.47	9.03	7.47
2013	12.13	10.58	7.1	8.58	7.48
2014	11.43	10.64	6.59	8.32	7.87

对不同级别城市不同年度间的纵向比较，从四个级别城市的年度总体走势来看，这四线城市的走势基本一致。也就是说，不考虑住房按揭贷款时，由房价收入比所表示的各线城市城镇居民的住房支付能力变化经历了先由弱变强，再减弱再增强的过程。这种类似的趋势说明全国范围内，不同级别城

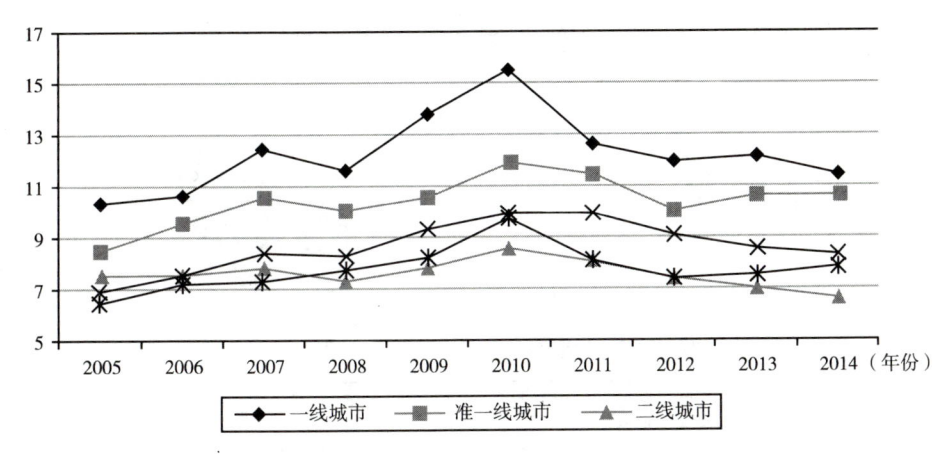

附图1　2005~2014年我国不同类别城市房价收入比均值的分布情况

市的住宅商品房市场都受到相似的影响，2008年主要是由于金融危机，房地产市场受到冲击；2009、2010年各线城市房价收入比出现不同幅度的提升以及2010年以后各线城市房价收入比出现不同幅度的下降主要是由于政府出台的住房调控政策有效发挥了作用。

43个代表性城市分五线在2005~2014年住房支付能力指数均值的分布情况表和走势图，如附表2和附图2所示。

附表7-2　2005~2014年我国不同类别城市住房支付能力指数均值的分布情况

城市级别	北、上、广、深	准一线城市	二线城市	三线城市	四线城市
2005年	0.52	0.63	0.71	0.77	0.82
2006年	0.49	0.55	0.7	0.69	0.72
2007年	0.39	0.46	0.64	0.59	0.67
2008年	0.36	0.41	0.56	0.5	0.53
2009年	0.36	0.47	0.64	0.53	0.61
2010年	0.32	0.42	0.58	0.5	0.51
2011年	0.38	0.42	0.58	0.48	0.59
2012年	0.37	0.44	0.6	0.49	0.6
2013年	0.39	0.44	0.66	0.55	0.63
2014年	0.41	0.44	0.71	0.56	0.59

数据来源：据WIND数据库整理。

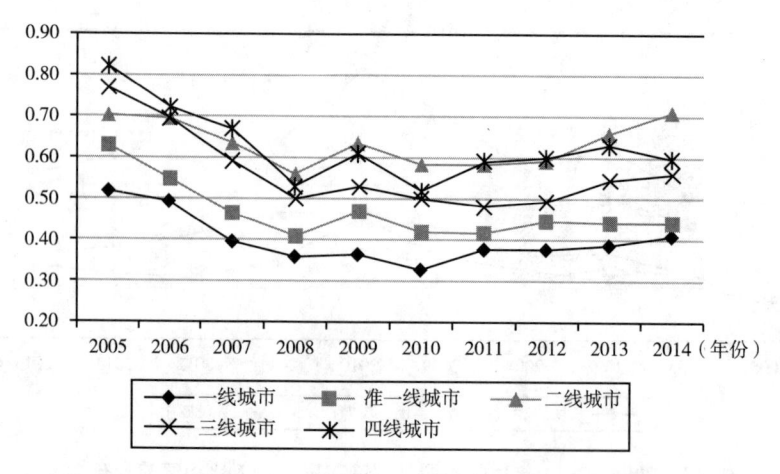

附图 2　2005～2014 年我国不同类别城市住房支付能力指数均值的分布情况

从上述图表我们可以看出：相同年度截面上，一线城市、准一线城市与其他各线城市的差别较大，住房可支付能力严格递增，而二、三、四线城市之间的差别不大且没有明显顺序（这是因为这 43 个代表性城市中的三四线城市多是东部城市或者省会城市，属于所有三四线城市中较发达的一部分）。具体来说，在这 10 年中，一线、准一线、二线城市的 HAI 值几乎都在 0.7 以下，支付能力很弱；三四线城市的 HAI 值除了 2005 年和 2006 年外也均在 0.7 之下，支付能力同样很弱；同一级别的城市在不同年份间的趋势表现。所有城市在 2005～2010 年内的变化趋势基本相同，但也有一些细微的差别，从 2005～2008 年，住房支付能力指数的均值一直在不断减小，2009 年出现上升现象，而后 2010 年又开始下降。这段时期内，住房支付能力指数所表示的城镇居民在住房支付能力经历了逐年下降、之后回升再下降的过程。2011～2014 年这 4 年中，不同级别的城市之间的表现稍有不同。其中，二三线城市的变化相同，均表现为小幅上扬；其他各线城市则基本稳定。

我们按照每年的 PIR、HAI 分别降序、升序排列这些城市如下附表 3、附表 4，从中可以看出住房支付能力随着城市线次提高降低，随着行政级别升高而降低，东部弱于中、西部，另外，值得一提的是三亚这样的旅游城市，住房支付能力远低于其所在的线次城市平均住房支付能力；温州 2005～2012 年住房支付能力的减弱速度远快于其他城市，这是由于温州的炒房热。

附表7-3　　43个大中城市房价收入比指数（PIR）

2005年		2006年		2007年		2008年		2009年	
三亚市	13.76	三亚市	21.23	三亚市	18.05	三亚市	22.39	三亚市	21.97
上海市	10.78	深圳市	11.76	北京市	14.55	深圳市	14.39	温州市	17.27
北京市	9.95	北京市	11.08	厦门市	12.43	北京市	14.13	北京市	14.84
杭州市	9.86	厦门市	10.7	深圳市	11.94	温州市	11.31	深圳市	14.76
深圳市	9.77	上海市	10.22	广州市	11.27	厦门市	11.2	上海市	12.86
天津市	9.14	天津市	9.77	大连市	10.76	杭州市	10.47	杭州市	12.17
沈阳市	8.99	大连市	9.56	上海市	10.48	广州市	9.81	海口市	10.47
大连市	8.95	杭州市	9.41	杭州市	10.28	大连市	9.63	厦门市	10.26
合肥市	8.7	广州市	9.29	天津市	10.23	海口市	9.53	宁波市	9.99
厦门市	8.68	武汉市	8.58	武汉市	9.44	上海市	9.2	广州市	9.77
西安市	8.37	西安市	8.45	温州市	9.43	成都市	9.2	大连市	9.74
青岛市	8.34	福州市	8.4	福州市	8.83	天津市	8.65	福州市	9.52
太原市	8.31	沈阳市	8.2	青岛市	8.58	武汉市	8.4	天津市	9.26
广州市	8.27	成都市	8.19	兰州市	8.53	福州市	8.28	太原市	8.65
昆明市	7.92	南昌市	8.15	成都市	8.48	宁波市	8.15	武汉市	8.48
苏州市	7.88	太原市	8.06	海口市	8.31	兰州市	7.78	南京市	8.38
宁波市	7.79	合肥市	7.88	南宁市	8.27	南宁市	7.72	成都市	8.29
南宁市	7.79	青岛市	7.83	宁波市	8.19	西安市	7.43	南宁市	8.24
南京市	7.69	南宁市	7.82	南昌市	8.05	昆明市	7.42	兰州市	8.23
海口市	7.66	宁波市	7.78	太原市	7.77	太原市	7.39	哈尔滨市	7.83
兰州市	7.65	温州市	7.72	西安市	7.62	乌鲁木齐市	7.38	乌鲁木齐市	7.54
武汉市	7.61	昆明市	7.62	南京市	7.4	哈尔滨市	7.23	长春市	7.49
成都市	7.57	海口市	7.49	长春市	7.3	西宁市	7.09	青岛市	7.22
南昌市	7.33	兰州市	7.38	郑州市	7.29	青岛市	7.02	合肥市	7.16
哈尔滨市	7.11	南京市	7.3	沈阳市	7.26	郑州市	6.86	郑州市	7.1
福州市	7.06	苏州市	7.15	昆明市	7.19	沈阳市	6.8	莆田市	7.08
温州市	7.06	郑州市	6.83	合肥市	7.09	苏州市	6.73	无锡市	7.02
银川市	6.88	哈尔滨市	6.69	苏州市	7.06	长春市	6.68	苏州市	6.99
长春市	6.77	银川市	6.51	哈尔滨市	6.91	南昌市	6.67	贵阳市	6.97
郑州市	6.73	济南市	6.49	乌鲁木齐市	6.67	合肥市	6.59	石家庄市	6.82
济南市	6.61	长春市	6.36	西宁市	6.52	无锡市	6.57	沈阳市	6.81

续表1

2005 年		2006 年		2007 年		2008 年		2009 年	
无锡市	6.51	西宁市	6.24	无锡市	6.26	南京市	6.43	昆明市	6.63
西宁市	6.17	无锡市	6.08	济南市	6.2	贵阳市	6.22	南昌市	6.63
乌鲁木齐市	6	乌鲁木齐市	5.81	重庆市	6.17	济南市	5.99	西宁市	6.53
嘉兴市	5.9	贵阳市	5.71	贵阳市	6.15	莆田市	5.81	北海市	6.39
重庆市	5.57	莆田市	5.65	嘉兴市	6.13	北海市	5.73	济南市	6.32
贵阳市	5.44	嘉兴市	5.54	长沙市	5.93	嘉兴市	5.72	重庆市	6.22
莆田市	5.14	重庆市	5.4	北海市	5.76	泉州市	5.64	银川市	6.15
石家庄市	5.09	长沙市	5.24	莆田市	5.7	银川市	5.48	嘉兴市	5.97
长沙市	5.04	石家庄市	5.23	银川市	5.49	长沙市	5.37	泉州市	5.96
泉州市	4.76	泉州市	5.23	石家庄市	5.4	石家庄市	5.24	西安市	5.93
北海市	4.15	北海市	4.65	泉州市	5.34	重庆市	5.04	长沙市	5.24
呼和浩特市	3.8	呼和浩特市	4.64	呼和浩特市	4.36	呼和浩特市	3.72	呼和浩特市	4.36

2010 年		2011 年		2012 年		2013 年		2014 年	
三亚市	29.25	三亚市	18.65	温州市	15.17	三亚市	16.85	三亚市	21.86
北京市	17.7	深圳市	17.29	三亚市	14.72	深圳市	15.74	深圳市	14.82
深圳市	17.56	温州市	15.93	深圳市	13.99	北京市	13.28	厦门市	13.46
温州市	15.21	北京市	14.15	北京市	13.62	温州市	12.64	北京市	12.64
海口市	14.48	厦门市	12	杭州市	11.17	杭州市	11.2	上海市	10.32
杭州市	14.24	杭州市	11.79	福州市	10.86	上海市	11.08	广州市	10.29
上海市	13.39	上海市	11.14	上海市	10.35	厦门市	10.55	温州市	10.26
太原市	12.32	福州市	11	厦门市	10.34	广州市	9.95	海口市	9.91
厦门市	11.88	海口市	10.13	广州市	9.46	福州市	9.44	杭州市	9.43
宁波市	11.61	宁波市	9.86	宁波市	8.98	海口市	9.1	福州市	9.34
福州市	10.4	大连市	9.8	兰州市	8.82	乌鲁木齐市	8.46	天津市	8.34
广州市	10.39	太原市	9.7	乌鲁木齐市	8.57	太原市	8.33	太原市	8.33
南京市	10.11	广州市	9.52	太原市	8.51	南京市	8.33	大连市	7.97
天津市	9.77	天津市	9.52	海口市	8.5	莆田市	8.22	莆田市	7.91
大连市	9.52	乌鲁木齐市	9.1	南京市	8.27	宁波市	8.2	南京市	7.73
哈尔滨市	8.88	长春市	8.74	大连市	8.26	兰州市	7.97	兰州市	7.63

续表2

2010年		2011年		2012年		2013年		2014年	
成都市	8.78	武汉市	8.55	天津市	8.11	大连市	7.8	宁波市	7.4
乌鲁木齐市	8.71	成都市	8.21	莆田市	7.94	天津市	7.71	乌鲁木齐市	7.27
兰州市	8.67	南京市	8.12	武汉市	7.64	南昌市	7.62	合肥市	7.07
合肥市	8.66	哈尔滨市	8	成都市	7.53	南宁市	7.44	郑州市	6.78
长春市	8.53	苏州市	7.82	南昌市	7.47	郑州市	7.43	西宁市	6.77
南宁市	8.24	无锡市	7.72	南宁市	7.47	武汉市	7.28	南宁市	6.76
苏州市	8.11	南昌市	7.7	西宁市	7.32	哈尔滨市	7	武汉市	6.67
无锡市	8.07	莆田市	7.68	青岛市	7.08	青岛市	6.8	长春市	6.43
武汉市	8.01	兰州市	7.62	郑州市	6.98	西宁市	6.76	南昌市	6.42
青岛市	7.71	青岛市	7.53	苏州市	6.89	成都市	6.71	石家庄市	6.4
贵阳市	7.65	南宁市	7.49	长春市	6.89	苏州市	6.65	苏州市	6.2
北海市	7.51	合肥市	7.49	哈尔滨市	6.82	长春市	6.6	青岛市	6.15
沈阳市	7.46	沈阳市	7.22	沈阳市	6.8	合肥市	6.5	重庆市	6.08
郑州市	7.3	北海市	7.18	合肥市	6.79	沈阳市	6.27	成都市	6
济南市	7.23	贵阳市	7.03	无锡市	6.52	重庆市	6.23	哈尔滨市	5.99
南昌市	7.11	济南市	6.93	昆明市	6.42	昆明市	5.94	贵阳市	5.89
重庆市	6.91	泉州市	6.89	重庆市	6.28	济南市	5.9	昆明市	5.82
莆田市	6.88	西安市	6.71	西安市	6.23	石家庄市	5.87	沈阳市	5.55
西宁市	6.81	重庆市	6.66	贵阳市	6.16	西安市	5.83	济南市	5.54
银川市	6.68	郑州市	6.51	石家庄市	6.14	贵阳市	5.76	泉州市	5.49
嘉兴市	6.66	西宁市	6.51	济南市	6.13	无锡市	5.73	无锡市	5.25
石家庄市	6.25	嘉兴市	6.45	北海市	6.05	北海市	5.72	北海市	5.15
泉州市	5.87	石家庄市	6.36	银川市	5.81	银川市	5.71	西安市	5.07
西安市	5.86	长沙市	6.22	嘉兴市	5.8	泉州市	5.59	嘉兴市	4.98
长沙市	5.68	昆明市	6.22	泉州市	5.73	嘉兴市	5.4	银川市	4.72
昆明市	5.42	银川市	6.22	长沙市	5.55	长沙市	5.13	呼和浩特市	4.45
呼和浩特市	4.35	呼和浩特市	4.06	呼和浩特市	4.41	呼和浩特市	3.9	长沙市	4.45

附表7-4　　　　43个大中城市住房支付能力指数（HAI）

2005年		2006年		2007年		2008年		2009年	
三亚市	0.39	三亚市	0.25	三亚市	0.27	三亚市	0.18	三亚市	0.23
上海市	0.5	深圳市	0.45	北京市	0.34	深圳市	0.29	温州市	0.29
北京市	0.54	北京市	0.47	厦门市	0.39	北京市	0.29	北京市	0.34
杭州市	0.54	厦门市	0.49	深圳市	0.41	温州市	0.36	深圳市	0.34
深圳市	0.55	上海市	0.51	广州市	0.43	厦门市	0.37	上海市	0.39
天津市	0.59	天津市	0.54	大连市	0.46	杭州市	0.39	杭州市	0.41
沈阳市	0.6	大连市	0.55	上海市	0.47	广州市	0.42	海口市	0.48
大连市	0.6	杭州市	0.56	杭州市	0.48	大连市	0.43	厦门市	0.49
合肥市	0.62	广州市	0.56	天津市	0.48	海口市	0.43	宁波市	0.5
厦门市	0.62	武汉市	0.61	武汉市	0.52	上海市	0.45	广州市	0.51
西安市	0.64	西安市	0.62	温州市	0.52	成都市	0.45	大连市	0.51
青岛市	0.64	福州市	0.62	福州市	0.55	天津市	0.48	福州市	0.52
太原市	0.64	沈阳市	0.64	青岛市	0.57	武汉市	0.49	天津市	0.54
广州市	0.65	成都市	0.64	兰州市	0.57	福州市	0.5	太原市	0.58
昆明市	0.68	南昌市	0.64	成都市	0.58	宁波市	0.51	武汉市	0.59
苏州市	0.68	太原市	0.65	海口市	0.59	兰州市	0.53	南京市	0.6
宁波市	0.69	合肥市	0.66	南宁市	0.59	南宁市	0.53	成都市	0.6
南宁市	0.69	青岛市	0.67	宁波市	0.6	西安市	0.55	南宁市	0.61
南京市	0.7	南宁市	0.67	南昌市	0.61	昆明市	0.56	兰州市	0.61
海口市	0.7	宁波市	0.67	太原市	0.63	太原市	0.56	哈尔滨市	0.64
兰州市	0.7	温州市	0.68	西安市	0.64	乌鲁木齐市	0.56	乌鲁木齐市	0.66
武汉市	0.7	昆明市	0.69	南京市	0.66	哈尔滨市	0.57	长春市	0.67
成都市	0.71	海口市	0.7	长春市	0.67	西宁市	0.58	青岛市	0.69
南昌市	0.73	兰州市	0.71	郑州市	0.67	青岛市	0.59	合肥市	0.7
哈尔滨市	0.75	南京市	0.72	沈阳市	0.67	郑州市	0.6	郑州市	0.7
福州市	0.76	苏州市	0.73	昆明市	0.68	沈阳市	0.61	莆田市	0.71
温州市	0.76	郑州市	0.77	合肥市	0.69	苏州市	0.61	无锡市	0.71
银川市	0.78	哈尔滨市	0.78	苏州市	0.69	长春市	0.62	苏州市	0.72
长春市	0.79	银川市	0.8	哈尔滨市	0.71	南昌市	0.62	贵阳市	0.72
郑州市	0.8	济南市	0.81	乌鲁木齐市	0.73	合肥市	0.63	石家庄市	0.73
济南市	0.81	长春市	0.82	西宁市	0.75	无锡市	0.63	沈阳市	0.73

续表1

2005 年		2006 年		2007 年		2008 年		2009 年	
无锡市	0.82	西宁市	0.84	无锡市	0.78	南京市	0.64	昆明市	0.75
西宁市	0.87	无锡市	0.86	济南市	0.79	贵阳市	0.66	南昌市	0.75
乌鲁木齐市	0.89	乌鲁木齐市	0.9	重庆市	0.79	济南市	0.69	西宁市	0.77
嘉兴市	0.91	贵阳市	0.92	贵阳市	0.8	莆田市	0.71	北海市	0.78
重庆市	0.96	莆田市	0.93	嘉兴市	0.8	北海市	0.72	济南市	0.79
贵阳市	0.98	嘉兴市	0.95	长沙市	0.83	嘉兴市	0.72	重庆市	0.8
莆田市	1.04	重庆市	0.97	北海市	0.85	泉州市	0.73	银川市	0.81
石家庄市	1.05	长沙市	1	莆田市	0.86	银川市	0.75	嘉兴市	0.84
长沙市	1.06	石家庄市	1	银川市	0.89	长沙市	0.77	泉州市	0.84
泉州市	1.12	泉州市	1	石家庄市	0.91	石家庄市	0.79	西安市	0.84
北海市	1.29	北海市	1.13	泉州市	0.92	重庆市	0.82	长沙市	0.95
呼和浩特市	1.41	呼和浩特市	1.13	呼和浩特市	1.12	呼和浩特市	1.11	呼和浩特市	1.15

2010 年		2011 年		2012 年		2013 年		2014 年	
三亚市	0.17	三亚市	0.26	温州市	0.29	三亚市	0.28	三亚市	0.21
北京市	0.28	深圳市	0.28	三亚市	0.3	深圳市	0.3	深圳市	0.32
深圳市	0.28	温州市	0.3	深圳市	0.32	北京市	0.35	厦门市	0.35
温州市	0.33	北京市	0.34	北京市	0.33	温州市	0.37	北京市	0.37
海口市	0.35	厦门市	0.4	杭州市	0.4	杭州市	0.42	上海市	0.45
杭州市	0.35	杭州市	0.4	福州市	0.41	上海市	0.42	广州市	0.46
上海市	0.37	上海市	0.43	上海市	0.43	厦门市	0.44	温州市	0.46
太原市	0.41	福州市	0.43	厦门市	0.43	广州市	0.47	海口市	0.47
厦门市	0.42	海口市	0.47	广州市	0.47	福州市	0.5	杭州市	0.5
宁波市	0.43	宁波市	0.48	宁波市	0.5	海口市	0.51	福州市	0.5
福州市	0.48	大连市	0.49	兰州市	0.5	乌鲁木齐市	0.55	天津市	0.56
广州市	0.48	太原市	0.49	乌鲁木齐市	0.52	太原市	0.56	太原市	0.56
南京市	0.49	广州市	0.5	太原市	0.52	南京市	0.56	大连市	0.59
天津市	0.51	天津市	0.5	海口市	0.52	莆田市	0.57	莆田市	0.59
大连市	0.52	乌鲁木齐市	0.52	南京市	0.54	宁波市	0.57	南京市	0.61
哈尔滨市	0.56	长春市	0.54	大连市	0.54	兰州市	0.59	兰州市	0.61
成都市	0.57	武汉市	0.56	天津市	0.55	大连市	0.6	宁波市	0.63
乌鲁木齐市	0.57	成都市	0.58	莆田市	0.56	天津市	0.61	乌鲁木齐市	0.64

续表2

2010年		2011年		2012年		2013年		2014年	
兰州市	0.58	南京市	0.59	武汉市	0.58	南昌市	0.62	合肥市	0.66
合肥市	0.58	哈尔滨市	0.59	成都市	0.59	南宁市	0.63	郑州市	0.69
长春市	0.59	苏州市	0.61	南昌市	0.6	郑州市	0.63	西宁市	0.69
南宁市	0.61	无锡市	0.62	南宁市	0.6	武汉市	0.64	南宁市	0.69
苏州市	0.62	南昌市	0.62	西宁市	0.61	哈尔滨市	0.67	武汉市	0.7
无锡市	0.62	莆田市	0.62	青岛市	0.63	青岛市	0.69	长春市	0.73
武汉市	0.62	兰州市	0.62	郑州市	0.64	西宁市	0.69	南昌市	0.73
青岛市	0.65	青岛市	0.63	苏州市	0.65	成都市	0.7	石家庄市	0.73
贵阳市	0.65	南宁市	0.64	长春市	0.65	苏州市	0.7	苏州市	0.76
北海市	0.67	合肥市	0.64	哈尔滨市	0.65	长春市	0.71	青岛市	0.76
沈阳市	0.67	沈阳市	0.66	沈阳市	0.65	合肥市	0.72	重庆市	0.77
郑州市	0.68	北海市	0.66	合肥市	0.66	沈阳市	0.75	成都市	0.78
济南市	0.69	贵阳市	0.68	无锡市	0.68	重庆市	0.75	哈尔滨市	0.78
南昌市	0.7	济南市	0.69	昆明市	0.69	昆明市	0.79	贵阳市	0.79
重庆市	0.72	泉州市	0.69	重庆市	0.71	济南市	0.79	昆明市	0.81
莆田市	0.73	西安市	0.71	西安市	0.71	石家庄市	0.8	沈阳市	0.84
西宁市	0.73	重庆市	0.71	贵阳市	0.72	西安市	0.8	济南市	0.85
银川市	0.75	郑州市	0.73	石家庄市	0.73	贵阳市	0.81	泉州市	0.85
嘉兴市	0.75	西宁市	0.73	济南市	0.73	无锡市	0.82	无锡市	0.89
石家庄市	0.8	嘉兴市	0.74	北海市	0.74	北海市	0.82	北海市	0.91
泉州市	0.85	石家庄市	0.75	银川市	0.77	银川市	0.82	西安市	0.92
西安市	0.85	长沙市	0.76	嘉兴市	0.77	泉州市	0.84	嘉兴市	0.94
长沙市	0.88	昆明市	0.77	泉州市	0.78	嘉兴市	0.87	银川市	0.99
昆明市	0.92	银川市	0.77	长沙市	0.8	长沙市	0.91	呼和浩特市	1.05
呼和浩特市	1.15	呼和浩特市	1.17	呼和浩特市	1.01	呼和浩特市	1.2	长沙市	1.05

参考文献

陈振锋：《我国保障性住房建设资金现状》，载《住宅产业》2015年第5期。

陈日清：《中国货币政策规则对房地产市场的非对称效应》，载《统计研究》2014年第6期。

戴金平、陈汉鹏：《中国的利率调节、信贷指导和经济波动——基于动态随机一般均衡的分析》，载《金融研究》2013年第11期。

邓富民、王刚：《货币政策对房地产价格和投资的实证分析》，载《管理世界》2012年第6期。王先柱、金叶龙：《货币政策能有效控制房地产企业"银根"吗？——基于财务柔性的视角》，载《财经研究》2013年第11期。

冯科：《中国房地产市场在货币政策传导机制中的作用研究》，载《经济学动态》2011年第6期。谭政勋、王聪：《中国信贷扩张、房价波动与金融稳定效应研究》，载《金融研究》2011年第8期。

吴璟、刘洪玉：《住房价格的合理范围测度：36个城市数据》，载《改革》2007年第4期。

肖争艳、彭博：《住房价格于中国货币政策规则》，载《统计研究》2010年第11期。

张清勇：《中国城镇居民的住房支付能力：1991～2005》，载《财贸经济》2007年第4期，第79～84页。

郑思齐：《住房需求的微观经济分析：理论与实证》，中国建筑工业出版社2007年。

周京奎：《我国公共住房消费融资现状、问题及模式选择》，载《城市问题》2010年第7期。

中国银行业监督管理委员会，商业银行房地产贷款风险管理指引，http://www.cbrc.gov.cn/chinese/home/docDOC_ReadView/887.html

Burke Terry. Measuring Housing Affordability. Swinburne Monash AHURI Centre [R], Swinburne University of Technology, 2004: 1～10.

Clayton J. Rational Expectations, Market Fundamentals and Housing Price Volatility [J]. Journal of Real Estate Economics, 1996, 24 (4).

Landt J and Bray R. Alternative Approaches to Measuring Rental Housing Affordability in Australia [D], Australia: University of Canberra, 1997.

Maclennan, D. and P. Williams (eds) (1990) Affordable Housing in Britain and America. York: Joseph Rowntree Foudation.

Stone M E. What is Housing Affordability? The Case for the Residual Income Approach [J]. Housing Policy Debate, 2006, 17 (1): 151-184.

Thalmann, P. (2003) "Housing poor" or simply "poor"? Journal of Housing Economics, 12, 291~317.

TseRYC, Webb JR. Public vs. Private Real Estate in Hong Kong Using Adaptive Expectations [J]. Journal of Real Estate Portfolio Management, 2001, 7 (2).

后　　记

南开大学经济研究所周京奎教授牵头的房地产与城市发展研究小组经过近3年的文献梳理、理论探索和政策研究，完成了《中国住房消费发展报告》的撰写工作。本报告是对本研究小组以往有关住房消费研究的总结，同时也是对该领域进行系统性研究的尝试。本报告也是我国首部住房消费发展研究报告。

南开大学经济研究所是我国最早招收房地产专业研究生的研究机构，以曹振良教授为学科带头人的房地产研究团队在20世纪80年代末就已先后出版了《土地经济学》、《房产经济学概论》等房地产专业教材。2003年曹振良教授主编的《房地产经济学通论》出版，更使得南开大学房地产经济学教学、科研处于全国的领先水平。周京奎作为曹振良教授的学生，肩负着引领南开大学房地产经济学科占领学术影响高地、社会影响高地的重任。为此，2013年周京奎教授牵头成立了南开大学房地产与城市发展研究小组，制定了一个长期发展规划，提出在未来组织发布一部年度发展报告、发布一部年度调查报告、创建一个数据库、完善一套教材，亦可称"四个一"发展计划。其中，出版《中国住房消费发展报告》是上述发展计划的重要组成部分。

《中国住房消费发展报告》写作经历了研究规划阶段、研究队伍组建阶段、研究资料准备阶段、相关数据收集与数据阶段、报告写作阶段。在研究规划阶段，我们向经济学院领导汇报了整体研究计划，并得到了中国特色社会主义经济建设协同创新中心主任逄锦聚教授、经济学院院长梁琪教授、经济学院副院长周云波教授等领导的大力支持。在报告研究过程中，也得到了南开大学滨海开发研究院常务副院长周立群教授、南开大学经济研究所副所长刘刚教授、经济研究所副所长谢思全教授及经济研究所安虎森教授、钟茂初教授的大力支持。

在报告研究的资料准备阶段，研究小组根据数量经济研究所李柳玲老师和赵红梅老师的建议，我们于2014年下半年对文献进行了系统整理，包括1980~2014年国外重点期刊发表的有关住房消费研究的重点文献，梳理了其选题领域、研究方法、数据来源、关键变量及主要结论，这为我们设计住房消费发展报告框架提供了有力的文献支撑。在启动前期的研究队伍组建阶段，成立了以周京奎教授为主要牵头人，其博士生、硕士生为核心成员的紧密型研究队伍。同时，邀请包括南开大学、天津农学院、首都经济贸易大学、山东大学威海分校、山东财经大学、湘潭大学、南华大学、江苏师范大学、太原师范学院、哈尔滨商业大学、秦皇岛职业技术学院、江西财经大学、深圳大学等高校的教师加入参与数据收集工作，构建了集学术研究、调查研究于一体的综合性研究队伍。

本报告相对于已有的房地产研究报告的特点：一是可为政府制定住房发展政策提供服务。本报告构建了宏观经济基本面与住房消费发展影响与预测模拟平台；构建了住房消费发展指数体系，包括住房特征需求指数、住房支付能力指数、住房价格风险指数、住房消费结构指数、住房消费增长指数、住房消费景气指数等。上述平台及指数体系研究，可以使政府部门掌握住房需求动态变化趋势，制定以需求为导向的住房产业发展规划，并以此构建基于住房需求的住房供给增长型城镇化模式，最终使其成为推动经济增长的新动力。二是为企业制定发展规划提供服务。目前，房地产企业尚难以全面了解城镇家庭住房消费状况、潜力及预期，使企业战略布局缺少市场需求信息支撑，而本报告出版将成为企业获取相关信息的重要平台。其中，《中国住房消费发展报告》所编制的住房各类指数有助于企业了解住房消费发展趋势及不同类型城市间的差异。三是为解决住房民生问题提供服务。从居民住房福利角度来看，合理的住房消费决策是居民获得高水平住房福利的前提。从住房消费能力角度来看，向市场提供与居民消费能力相适应的住房，是改善住房民生问题的关键，这需要全面了解城镇居民的住房消费能力。从住房市场运转效率来看，住房市场运行效率越高，其就越有助于解决住房民生问题。本报告利用宏观、微观数据对住房供给与需求的匹配性、居民住房消费选择、消费能力、市场需求潜力等进行系统研究。因此，本报告可从住房福利水平、住房消费能力、住房市场运行效率等角度为解决住房民生问题提供政策咨询。

《中国城市住房消费发展报告》共15章，包括总报告、住房消费规模、住房消费结构、住房消费能力、住房消费决策、住房消费政策等6篇。具体写作或参与写作分工是：第一篇总报告由周京奎负责。第二篇住房消费规模由周京奎、郑忠华、赵天爽、付贺银负责。第三篇住房消费结构由王贵东负责。第四篇住房消费能力由周京奎、黄雄、靳亚阁负责。第五篇住房消费决策由于静静、靳亚阁、白极星负责。第六篇住房消费政策由周京奎、于静静、白极星、王岩岱负责。另外，本报告附录部分，附录1、2、4、5、6由周京奎、王贵东负责，附录3、7由周京奎、白极星、黄雄负责。

本报告的顺利出版得到了经济科学出版社的大力支持，在此深表谢意。在本报告的校对过程中，天津农学院人文学院吴晓燕副教授负责了大部分校对工作，在此对她的辛勤工作表示感谢。

出版《中国住房消费发展报告》是我们研究团队的首次尝试，但由于我们的学识水平限制，报告中难免会有疏忽之处，敬请学界同仁和读者不吝赐教。

周京奎
2015年12月10日于南开大学